本书为中国社会科学院"'一带一路'法律风险防范与法律机制构建"大型调研项目最终成果。

编委会名单

编委会名誉主任

刘楠来　陈泽宪

编委会主任

陈国平　莫纪宏

编委会副主任

柳华文　廖　凡

编委会委员
（以姓氏拼音为序）

戴瑞君　傅攀峰　郝鲁怡　何晶晶　何田田　黄　晋　蒋小红
李庆明　李西霞　李　赞　刘敬东　刘小妹　罗欢欣　毛晓飞
马金星　曲相霏　任宏达　沈　涓　孙南翔　孙世彦　谭观福
田　夫　王翰灵　张卫华　张文广　钟瑞华

当代国际法丛书
丛书主编 莫纪宏
丛书副主编 柳华文

走近国际法治

国际法的编纂与逐渐发展

Approaching the International Rule of Law
The Codification and Progressive Development of International Law

郝鲁怡 著

中国社会科学出版社

图书在版编目（CIP）数据

走近国际法治：国际法的编纂与逐渐发展 / 郝鲁怡著 .—北京：中国社会科学出版社，2022.5

（当代国际法丛书）

ISBN 978-7-5227-0292-6

Ⅰ.①走…　Ⅱ.①郝…　Ⅲ.①国际法—研究　Ⅳ.①D99

中国版本图书馆 CIP 数据核字（2022）第 091525 号

出 版 人	赵剑英
责任编辑	张冰洁　李　沫
责任校对	王　龙
责任印制	王　超

出　　版	中国社会科学出版社
社　　址	北京鼓楼西大街甲 158 号
邮　　编	100720
网　　址	http://www.csspw.cn
发 行 部	010-84083685
门 市 部	010-84029450
经　　销	新华书店及其他书店
印　　刷	北京明恒达印务有限公司
装　　订	廊坊市广阳区广增装订厂
版　　次	2022 年 5 月第 1 版
印　　次	2022 年 5 月第 1 次印刷
开　　本	710×1000　1/16
印　　张	26.5
插　　页	2
字　　数	420 千字
定　　价	156.00 元

凡购买中国社会科学出版社图书，如有质量问题请与本社营销中心联系调换
电话：010-84083683
版权所有　侵权必究

序

2022年，中国虎年立春时分，全球瞩目的北京冬奥会如约而至，为疫情肆虐下的世界注入了生机和活力。习近平总书记在冬奥会欢迎宴会致辞中说道，新冠肺炎疫情仍在肆虐，气候变化、恐怖主义等全球性问题层出不穷。国际社会应当"更团结"。各国唯有团结合作，一起向未来，才能有效加以应对。要践行真正的多边主义，维护以联合国为核心的国际体系，维护以国际法为基础的国际秩序，共同建设和谐合作的国际大家庭。

过去十余年来，中国作为国际倡议的发起者，坚持弘扬和平、发展、公平、正义、民主、自由的全人类共同价值。习近平总书记首倡的人类命运共同体理念，已被多次写入联合国决议，凝聚了国际共识。在全面依法治国的背景下，科学、准确地把握"涉外法治"大局，关系到中国在国际交往中维护国家主权和安全利益、坚持独立自主的外交政策、推动国际倡议有效落实。作为国际法学者，也应聚焦涉外法治建设的基础理论问题研究，扎扎实实地搭好联通国内法治与涉外法治的学术桥梁。

郝鲁怡撰写的《走近国际法治：国际法的编纂与逐渐发展》一书是我在担任中国社会科学院国际法研究所所长期间策划的"当代国际法"系列丛书之一。2020年，《中华人民共和国民法典》颁布实施，"民法法典化"的法学理想实现了向法治实践的转化，民法典编纂深刻揭示并广泛宣扬了运用法典化思维统一法律规范、树立体系化观念解释适用法律之于社会善治的重要性和必要性。本书以法典编纂理论为基础，将国际法编纂作为研究与运用国际法的一种科学方法，立足于历史考察、比较研究、文献综述等多重视角，深入探索近现代国际法规则的形成与发展脉络及规律，提出了诸多学术上富有启发意义的真知灼见。

  观波谲云诡的世界格局，希望与矛盾共生，冲突与合作并存，战争的阴霾从未离我们远去，俄乌冲突的突然爆发给未来的世界和平增加了更多的不确定因素，故推动和平、安全、更加公平的国际法治规则建立弥足珍贵，国际社会强烈呼唤建构兼具长远价值方向和现实有效性的国际法治体系。本书聚焦鲜少为国内学者关注的国际法编纂领域，首次比较系统全面地绘制了国际法规则演进的多维历史图景，是研究国际法治体系构建方案的一次有益尝试和探索。谨以此只言片语祝贺郝鲁怡女士大作付梓，愿以国际法规则为基础的国际和平秩序永存。

莫纪宏
中国社会科学院法学研究所所长、研究员

前　言

法的编纂以及国际法编纂被赋予什么样的角色？回答这一问题是探寻国际法编纂研究意义的必由之路。在国内法层面，法典编纂（或称法律编纂）属于立法学与法理学范畴。封丽霞教授在其著作《法典编纂论：一个比较法的视角》中指出，法典编纂既是立法完善、实现有关规范性文件系统化的手段和方法，又是一个重新立法的过程。由于法律的变化要慢于社会的变化，经济结构、社会习俗、传统观念、正义观念的变化一般都不会通过法律条文的变化直接反映出来，因此，国家需要周期性的法典编纂来消减社会现实不断变化与立法活动相对滞后之间的张力。①

法典编纂活动既是不同法律制度文明的历史见证，也承载了演进中的时代精神。周旺生教授认为，法典是人们了解人类法律制度乃至整个制度文明最集中最权威的典籍，是固化和记录一定的统治秩序、社会秩序和社会改革成果的有效形式，使人们能够近距离观察某种法或某种法律制度文明。②法典编纂的概念并没有统一、普遍性地被界定。法典通常是对各种规范系统而广泛的编纂，通过运用概括性的法律概念来实现对广泛法律关系的调整。法典编纂的功能既是对现存规范加以阐述和系统化，又期望矫正以往实践的一种审慎确定的新起点，这两个目的往往是同时推进的。③"回顾人类文明史，编纂法典是具有重要标志意义的法治建设工程，是一个国

---

① 参见封丽霞《法典编纂论：一个比较法的视角》，清华大学出版社2002年版，第39—40页。

② 周旺生：《法典在制度文明中的位置》，《法学论坛》2002年第4期，第13页。

③ ［美］H. W. 埃尔曼：《比较法律文化》，贺卫方、高鸿钧译，生活·读书·新知三联书店出版1990年版，第50页。

家、一个民族走向繁荣强盛的象征和标志。"① 2020 年我国《民法典》成功编纂体现了中国法治建设进程的一项划时代成就，开创了我国法典编纂立法实践的先河，更好地发挥了"固根本、稳预期、利长远"的基础性功能。在法治大背景之下，研究探索法典编纂的理论规则与实践进路具有一定学术价值和现实意义。

在各国国内法律体系中，最重要的法律法规由立法者制定，包括经编纂的法典文件。同时，法律因落后于技术革新不断演化的社会，法典编纂职能在法律稳定性与调适需求间更顾及后者。近现代的各国法典编纂路径有大陆法系的部门式法典和英美普通法系的汇编式法典两种基本分野。然而，国际法律体系则有所不同。国际法与国内法是两个相互独立的不同的法律体系，概念、内容、方法和运作规律均有所差别。② 国际法作为法律的属性虽得到承认，但是其立法职能具有分散性质，在国际法领域，创立与展示法律规则效力取决于国家间同意与共同行动，因而，国际法编纂在编纂主体、体例、形式、性质等诸多方面与国内的法典编纂存在显著区别。实践中，如果说大陆法系的部门式法典编纂与英美法系的汇编式法典编纂属于两种迥异的编纂进路，那么国际法编纂则开辟了法典编纂实践的第三种道路。

在国际法层面上，国际法规则的不确定性、碎片化以及强制力缺失是国际法治面临的最大挑战。国际法编纂的历史传统、发展路径、表现形式、价值取向以及运作机制对国际法规则的产生、形成和发展具有深远影响。国际法编纂体现对国际法传统的尊重和沿袭，以发现规则和确定规则为主要目的，而不是取代立法者去创造国际法规则。在不同历史时期，国际法编纂的主体和形式各有差异，国际法编纂和逐渐发展的活动构成多边国际立法活动的重要组成部分。

---

① 王晨：《关于〈中华人民共和国民法典（草案）〉的说明——2020 年 5 月 22 日在第十三届全国人民代表大会第三次会议上》，参见中国人大网：http://www.npc.gov.cn/npc/c30834/202005/50c0b507ad32464aba87c2ea65bea00d.shtml，最后访问时间：2022 年 1 月 30 日。

② 柳华文：《论进一步加强国际法研究和运用》，《国际法研究》2020 年第 1 期，第 12 页。

国际法编纂彰显国际和平与法治的时代精神。王铁崖先生曾指出，从国际关系的发展来看，编纂工作有助于国际和平与安全的维持。① 边沁的国际法编纂思想核心之一是准确地阐明国际法规则能够防止国际冲突的发生，相信通过制定新的国际法规则或将不成文的条款加以明确可以防止国家间的战争。20世纪两次世界大战给人类带来了空前的灾难，促使国际社会创设机制推动国际合作，进一步发展与巩固国际法规则以期避免冲突、消弭战争。《联合国宪章》第十三条赋予联合国大会编纂国际法的职能被视作宪章第一条第一款所规定的依正义及国际法原则有助于防止和消除对和平的威胁和解决争端的"有效集体办法"之一，也是宪章第一条第五款以"国际合作"解决各类国际问题方法的具体表现之一。

日益多极化和不可预测的世界秩序比以往任何时候都更需要建立以国际法治为基础的国际体系。以《联合国宪章》为基础的国际多边体制促进和平与安全、人权和可持续发展，并且推动和引领国际法规则的发展和加强，这是国际法治的真正含义。联合国在2005年《世界首脑会议成果》中代表世界各国申明"决意维护以法治和国际法为基础的国际秩序"②，这对于国家间和平共处及合作至关重要、不可或缺。然而，近年来西方国家将"以规则为基础的国际秩序"的政治话语奉为圭臬，以"民主""自由""多样性"等模糊概念制造少数国家的"规则"，其本质是维护有选择地、不一致地适用国际法和规则的特权，维护少数国家的"霸权"。这无疑与联合国倡导的以法治和国际法为基础的国际秩序背道而驰。联合国将国际法的逐渐发展和编纂作为实施《联合国宪章》和《关于各国依联合国宪章建立友好关系和合作的国际法原则宣言》所揭示的宗旨和原则的一种方法，③ 也是促进国际法治的重要举措——持续促进一个有关各种主题的规范、标准和机制的国际法律框架的编纂、发

---

① 王铁崖：《国际法引论》，北京大学出版社1998年版，第146页。
② 联合国大会：《2005年世界首脑会议成果》，A/RES/60/1，2005年9月16日，第24页，第134（a）段。
③ 联合国大会决议：《国际法委员会第四十八届会议工作报告》，A/RES/51/160，1996年12月16日，序言。

展和推行工作，涉及维护国际和平与安全、和平解决争端、追究国际罪行责任、保护环境和人权。①

国际法的发展以国际法主体的共同价值为基础，国际法编纂在国际层面促进不同法律文化的理解与融通。国际法编纂进程离不开对不同时代、不同国家的成文法与习惯法进行比较研究，在世界主要法律制度的发展趋势当中提炼出国际法规范的一般性特征，发展出最普遍的法学方法以推动国家间达成政治共识及协调一致的行动。例如，国际法委员会编写条款草案主要基于大量的国家实践、各国司法先例、国际司法机构、国际仲裁机构的判例等，不仅有助于澄清和消除国家实践中的不一致之处，也为研究传播国际法提供了丰富的素材。国际法编纂实践表明，国际领域中存在着处理法律多元化或不同国家实践或意见的灵活方法，多样性和统一性并不总是相互冲突的，而是互补的。国际法编纂可以成为"理解共性"和"建立跨文化桥梁"的重要手段。② 国际法委员会前任委员、国际法院现任中国籍法官薛捍勤撰文指出，加强国际法治需要国际合作。随着国际机构的扩展，不同法律制度和文化的法律对话具有深远意义。国际法委员会具有最广泛的代表性，对于法律知识与法律理解方面，没有其他机构比国际法委员会有如此的地位和优势。③

国际法编纂既是发展国际法的一种方法，也是运用国际法的一种实践，对国际法的规范供给和实践运用具有重要的路径意义。何志鹏教授从国际法方法论视角指出，我们在阐发国际法现实问题时，需要充分注意到现存的国际法律规范，并对规范的内涵有准确的了解，而不应粗略地以"根据国际法……""……做法符合或不

---

① 联合国秘书长报告：《加强和协调联合国法治活动》，A/73/253，2018 年 7 月 25 日，第 40 段。

② Mathias Forteau, "Comparative International Law within, Not against, International Law: Lessons from the International Law Commission", (2015) 109 *American Journal of International Law* 498, p. 513.

③ Hanqin Xue, "The Role of the ILC's work in Promoting Peace and Security-Definition and Evaluation", in Georg. Nolte (ed.), *Peace through International Law: The Role of the International Law Commission: A Colloquium at the Occasion of its Sixtieth Anniversary* (Springer-Verlag berlin Heidelberg, 2009), pp. 183 – 184.

符合国际法"等方式一言以蔽之。① 实践证明，国际法编纂体现了一种围绕具体国家实践展开研究的方法，以科学实证的方式描述和定位国际法。国际法委员会运用特有工作程序和方法对国际法领域专题发起调查、特别报告员提交专题报告、工作组提交研究报告、联合国秘书长撰写专题备忘录以及对专题的条款草案发表评注等工作成果，包含了丰富的法理原则、国内与国际案例、双边与条约汇总等素材，构成研究、解读国际法及其与国内法关系的宝贵资源库和参照基础。对国际法编纂工作及其成果进行研究无疑有助于我们站在国际法视角、运用国际法语言为国家的政治与外交实践提供被普遍接受的话语模式。

在我国，国际法编纂的研究未得到国际法学界的重视和青睐。国内的国际法教材通常对国际法委员会及其编纂背景予以浅尝辄止的简单介绍，与国际法编纂相关的学术研究成果也较为鲜见。笔者于2021年8月以"国际法编纂"为主题查阅中国知网，显示仅有10篇与该主题相关的学术期刊论文。这一研究现状与坚持与完善中国特色社会主义制度下"加强国际法的研究与运用"的时代需求极不相符，与推动我国从国际规则的被动适应者到主动引领者角色转变的重要历史使命极不相称。有鉴于此，本书将国际法编纂作为研究与运用国际法的一种科学方法，立足于历史考察、比较研究、文献综述等多重视角，对国际法编纂加以综合研究与阐发，深入探索和把握传统与现代国际法规则的形成、发展脉络及其规律，这对于加强国际法的研究与运用大有助益。

本书共分为八个章节。第一章论述了法典编纂的基本概念与国家的实践进路，对法典编纂的含义、方法、规则以及原理等问题进行了综合性研讨，同时对大陆法系国家与普通法系国家的两种编纂进路做了比较研究。第二章为国际法编纂的起源与基本含义，详细阐释了边沁的国际法编纂思想以及后继者对国际法编纂的性质、目的、范畴等展开的法理论争，主要涉及政治性与法律性分歧以及狭义与广义的二元编纂范式，进而对联合国大会的"逐渐发展国际

---

① 何志鹏、王元：《国际法方法论——法学理论与国际关系理论的地位》，载《国际关系与国际法学刊》第2卷，厦门大学出版社2012年版，第259页。

法"与"国际法编纂"性质与职能给予分析。第三章从历史维度考察了国际法编纂的历史实践与成果，包含19世纪的私人编纂到20世纪第一次世界大战前后的国际立法会议编纂活动以及区域性国际法编纂实践，以期洞察国际法规则形成与发展的深层逻辑和机理，透过历史棱镜来折射对当代和未来的思考。第四章介绍联合国框架内的国际法委员会编纂机制，深入探讨了国际法委员会的成立背景、组织机制与章程、工作流程与方法等，同时讨论了国际法委员会履行编纂职责时与其他机构、国际组织以及国家之间的关系问题。第五章至第七章运用文献综述的方法，以国际法委员会发布的年鉴为研究对象，逐一梳理国际法委员会成立以来在国际法各个领域对不同专题的规则进行编纂与逐渐发展的经过，并且对相关成果进行述评，以期整理并提供特定国际法领域相关问题的规则素材和线索。第八章检审了国际法编纂与逐渐发展对推动国际法治的意义和贡献，并反思联合国国际法委员会编纂机制的局限性。最后考察了中国参与国际法编纂工作的外交实践及其特点。

目　　录

第一章　法典编纂的理论规则与实践路径 ……………………（1）
　第一节　法律文明发展与法典编纂 ………………………………（1）
　第二节　法典编纂的概念与含义 …………………………………（12）
　第三节　法典编纂的两种国家实践进路 …………………………（18）

第二章　法典编纂的第三种实践进路：国际法编纂 ……………（32）
　第一节　国际法编纂思想起源 ……………………………………（32）
　第二节　国际法编纂的概念与方法 ………………………………（40）
　第三节　国际法编纂的主体 ………………………………………（55）
　第四节　国际法编纂的功能与价值 ………………………………（63）

第三章　国际法编纂与逐渐发展的历史实践及成果 ……………（73）
　第一节　私人编纂国际法 …………………………………………（73）
　第二节　以国际会议形式编纂与逐渐发展国际法 ………………（79）
　第三节　国际联盟编纂与逐渐发展国际法 ………………………（93）

第四章　国际法编纂与逐渐发展的新起点 ………………………（108）
　第一节　联合国国际法编纂机制 …………………………………（108）
　第二节　国际法委员会的建立及组织机构 ………………………（114）
　第三节　国际法委员会的工作机制与方法 ………………………（129）
　第四节　逐渐发展和编纂工作的审议流程与成果 ………………（146）

第五章　国际法渊源的编纂与逐渐发展 …………………………（159）
　第一节　条约法的编纂与逐渐发展 ………………………………（159）

第二节　其他国际法渊源的编纂与逐渐发展 …………（194）

第六章　国际法主体相关问题的编纂与逐渐发展 …………（224）
　　第一节　国家和国际组织相关问题的编纂与逐渐发展 ………（224）
　　第二节　个人相关问题的编纂与逐渐发展 …………………（244）

第七章　国际法特定领域的编纂与逐渐发展 ………………（258）
　　第一节　国际刑法的编纂与逐渐发展 ………………………（258）
　　第二节　海洋法与环境法的编纂与逐渐发展 ………………（278）
　　第三节　外交、领事关系和争端解决的编纂与逐渐发展 …（297）
　　第四节　国际责任问题的编纂与逐渐发展 …………………（309）

第八章　国际法编纂与逐渐发展机制的评价及展望 ………（340）
　　第一节　联合国编纂与逐渐发展国际法的意义 ……………（340）
　　第二节　中国参与编纂与逐渐发展国际法的外交实践 ……（356）
　　第三节　联合国国际法编纂机制的调适与扩展 ……………（366）

结　语 ……………………………………………………………（379）

主要参考文献 ……………………………………………………（382）

索　引 ……………………………………………………………（407）

第 一 章

法典编纂的理论规则与实践路径

第一节　法律文明发展与法典编纂

法作为一种社会面目，也是一种历史现实。① 法是文明与文化的构成要素，法的历史是文明史的基本组成部分。在制度文明系统中，法律制度文明占据首要地位，担负着制度文明服务于人类社会的基本责任。在法律制度文明系统中，位居核心的则是法典文明。② 法典编纂与法典化是人类制度进步化的表现。③

一　人类文明的发展与语言文字

探寻人类社会历史发展的轨迹，在很大程度上基于人类最初的语言使用和后来文字的出现。语言不仅是把客体信息引入思维过程的重要媒介，是表现思想的感性的自然形式，而且也是感性的自然本身及外部世界向人化世界、向人类理想世界转换的中介形式。④ "没有语言的中介作用，外部世界的关系和秩序就不会在思维中被确定和把握……如果没有语言，个人所把握的客体的知识就不会成为全社会的成员共同掌握

---

① ［意］朱塞佩·格罗索：《罗马法史》，黄风译，中国政法大学出版社2018年版，第1—2页。
② 周旺生：《法典在制度文明中的位置》，《法学论坛》2002年第4期，第13页。
③ 周旺生：《美国法律编纂制度的启示》，载青峰、罗伟主编《法律编纂研究》，中国法制出版社2005年版，第74页。
④ 参见周少华《规范技术和语言权力——语言在法律中的意义》，《法商研究》2006年第6期，第138页，尾注3。

的、改造现实世界的实践知识,人类就不可能客观地创造理想世界,协调一致地改造现实世界。"① 语言将知识糅合在人们的互动实践中,既是对传统的传递,又是对传统的再造。

人类最基本、最广泛的语言传播方式是口头语言。口头语言在古代体现在诸多的存世传说、神话故事、诗歌当中,它们的创作、传播和流传基本都是以口语的形式完成。原始社会的行为规范与习惯法的很多内容来自并贮存于神话当中。例如,美索不达米亚的《亚乐伽美什史诗》《创世史诗》和《苏美尔王表》,印度的《梨俱吠陀》,中国的《诗经》以及希腊的《荷马史诗》等。人的存在——惯例、习俗、社会规范以及约束因为派生于过去原始神话中盛行的制度,因而被神圣化了,神话既是集体意识与传统观念的象征形态,又是整个民族行为规范的理论依据。②

文字实现了思想逻辑系统化的可能性。例如,在口语文化中,一个词诸如"正义""灵魂""善良"等,由于与句子的其余部分及其社会背景都脱离了,因此很难被对应为独立的实体。而在文字写作表达过程中,这些概念则能够与某种理性秩序的真正含义联系起来。苏格拉底(Socrates)认为,发现真相的适当方法是通过对术语的初始定义分析每个概念,然后发展一个统一的论点,就像躯干与四肢相互配合以完成整体协调。这个过程是分类、收集、问题分析以及理性综合各个环节。这体现了文字与逻辑系统的本质,逻辑趋向于对自然和社会秩序的对象进行统一化,而文字通过登记、记录使某种存在成为永久。③ 书面文字从表达概念和行为规范的阶段,发展到一种可用于定义真理的思想阶段,具有固有的自主性和永久性。

从社会发展的角度来看,文字一旦被发明出来,便被广泛地用于满足正式记录、保存信息、开展人际与组织交往的需求等,成为人类传播的基本元素。④ 文字记载在口语词汇和其所指对象之间建立了一种更为

---

① 王晓升:《语言与认识》,中国人民大学出版社1994年版,第19页。
② 王增永:《神话学概论》,中国社会科学出版社2007年版,第121页。
③ Jack Goody and Ian Watt, "The Consequence of Literacy", (1963) 5 *Comparative Studies in Society and History* 304, p. 330.
④ 张虹:《文字传播与文明:基于两种文字系统的起源、发展和特征》,《新闻战线》2019年第1期(下),第40页。

普遍和抽象的关系，形成了固定的和非个体化的逻辑与思想。"文字是一个具有革命性的技术，一个拥有文字的社会能够进行更为详细的记录……拥有文字的社会能够记录文献并在过去的基础上发展，因此能够产生更为复杂的心智生活。"[1] 由文字所承载的因素不仅包括人类不同社会群体的习惯行为，而且具有不同时空维度下的丰富概念与内容，是人类经历漫长岁月所锻造与积累的无价的思想工具和智力资本。任何人类文化中最重要的因素是通过文字进行传导的，并且存在于任何社会成员对其语言符号赋予的特定意义和理解的范畴。文字使语言客观化和提供实质性的关联，并且以物质形式在空间上传输并随时间保留。代际遗产的相对连续性就是通过语言和文字来加以确保的，这是人类社会经验的最直接和最全面的表达。[2] 因此，人类语言和文字的产生和发展与社会进步和发展有着密不可分的关系，两者是一种共变关系，相互依赖、相互促进。[3]

二　法律文明发展与法律媒介化

（一）法律文明发展的启蒙阶段

法律文明是人类文明与法律相关的各项元素总和，包括法律意识与思想、法律制度、法律行为、法律规范、法律教育等。从法理学的角度看，法理学所指的法律起源，有着更为广泛内涵和丰富的蕴意。例如，法律究竟是在人类历史发展的哪个阶段孕育的？什么时候产生的？在这一历史阶段，人类社会的发展状况如何？法律产生的根源和动因是什么？法律产生的过程如何？最初的法律表现方式怎样？世界各民族和国家法律产生有何差异？其共同规律又是什么？等等。法律与人类关系的历史渊源，并不简单地如同人们习惯认为的那样，只是国家产生之后的特定产物。[4] 诚如哈耶克（Friedrich Hayek）所言，早在人类想到自己

---

[1] ［美］斯特恩斯等：《全球文明史》，赵轶峰译，中华书局2006年版，第26页。

[2] Jack Goody and Ian Watt, "The Consequences of Literacy", (1963) 5 *Comparative Studies in Society and History* 304, pp. 304–305.

[3] 闵敏：《从语言与社会发展看二者的共变》，《西安文理学院学报》（社会科学版）2005年第8期，第15页。

[4] 姜登峰：《法律起源的人性分析——以人性冲突为视角》，《政法论丛》2012年第2期，第174页。

能够制定或改变法律之前，法律已然存在很长一段时间了。①

　　媒介是传播学的一个概念，是人类心灵和外界事物交互作用的场所，为观念的生活世界提供给养的技术资源。② 随着人类文明进步，语言作为群体间有效沟通的媒介，其价值越来越显著。语言发挥了包括"通知与理解的功能、社会功能（共同体的形成）、操作功能（透过语言的帮助，来思考以及计算）、标记功能，以及它对记忆的意义"。③ 从历史维度来看，法律的起源借助于语言表达出来，语言又将人类的思考、逻辑与决策通过语言文字的形式赋予法律以具体的内涵。休谟（David Hume）认为，"法与法律制度是纯粹的语言形成，法的世界肇始于语言，法律是通过语词订立和公布的，语言是表述法律的工具，法律不能脱离语言而独立存在"④。

　　法律文明的起源尽管被历史尘封，却能够从语言的传播与历史的故纸堆中被发掘出来。法律起源的研究范式多种多样，借助文字将其媒介化，能够构建起一条较为清晰的法律文明进化与发展谱系。研究法律文明主要依据早期语言文字的记录。例如，梅因（Maine）指出："若真想发掘人类早期文明的法律观念，荷马史诗这一材料之珍贵性无出其右……荷马史诗朦胧地显示了法律的轮廓。"⑤ 我国学者认为可以从四个途径来梳理人类法律规范的起源。第一是存世之传说（神话），第二是出土之遗存，第三是对原始部落的生活调查，第四是从最早的文字记录下来的习惯法文献，以此逆向追溯习惯更早的形态。⑥

　　人类由自然生存状态过渡到社会组织形态，产生了行为的规范，由人们共信与共行而自动遵守的习惯。不仅如此，还产生类似于刑罚的规

---

①　[英]哈耶克：《法律、立法和自由》（第一卷），邓正来等译，中国大百科全书出版社2000年版，第113页。

②　[美]卡茨等：《媒介研究经典文体解读》，常江译，北京大学出版社2011年版，第177页。

③　刘幸义：《法律哲学》，法律出版社2004年版，第169页。

④　转引自张武汉《语言与法律——从工具论向本体论的认知嬗变》，《河北法学》2010年第7期，第161页。

⑤　[英]亨利·梅因：《古代法与社会原始及现代观念的联系》，郭亮译，法律出版社2016年版，第2页。

⑥　何勤华：《法律文明的起源——一个历史学、考古学、人类学和法学的跨学科研究》，《现代法学》2019年第1期，第30页。

则以及民事规则。原始社会存在的禁礼就是一种法律形式，违犯禁忌的行为是一种受超自然惩罚的罪孽。为了保证这种法律形式的连续性和稳定性，往往披上神话或宗教的神秘色彩，通过使用语言中的某些让人敬畏的表示特殊权力和有神秘色彩的表述使人们记住这些习惯或行为规则。① 马林诺夫斯基（Malinowski）研究美拉尼西亚的部落社会后认为，习惯被人们遵守，并成为一种牢固的传统力量。同时，习惯仍不能完全遏制人们基于自私的欲望而产生的危害社会和他人的人身、财产的行为。因而在传统的习惯规则之外，还确实存在着一种保障人身安全、财产等带有制裁性的"刑法"以及规范各种经济关系的、夫妻和家庭关系的"民法"。②

"探究文辞的深意并非总在于了解文字本身，而在于探究各类型社会情境或社会关系，透过相关语言足以推敲这些语言所处的社会语境。"③ 法就是语言所表达的调整各种社会关系的规则。自法律文明起源，法律就需要借助语言来表达法律规则、社会价值以及权力（权利）的支配关系，所有法律语言传递了行为主体的权利与义务，权力与责任，通过语言来分配社会资源，语言就成了分配权利义务的工具。语言就是法律权力，权力由法律语言所决定，也决定着法律实践的语言细节。④ 同时，法律语言也表达和实现立法宗旨和法律的人本追求。⑤

（二）法律文明发展中的习惯法阶段

梅因认为，法律并不是单独来自于主权者的命令，而是具有丰富的渊源，并且沿着判决—习惯法—法典这样的顺序产生。⑥ 由于社会演化的水到渠成，先民构想出人类行为之规范或曰法则的最早观念，其体现在荷马史诗中的"Themis"（忒弥斯）等词汇的用法之中。彼时，"忒

---

① 参见张武汉《语言与法律——从工具论向本体论的认知嬗变》，《河北法学》2010年第7期，第161—162页。
② 张乃根：《当代西方法哲学主要流派》，复旦大学出版社1993年版，第189—192页。
③ [英]哈特：《法律的概念》，许家馨、李冠宜译，法律出版社2007年版，第2页。
④ [美]约翰·M.康利、威廉·M.欧巴尔：《法律、语言与权力》，程朝阳译，法律出版社2007年版，第18页。
⑤ 周子伦：《〈统一商法典〉的人本体现：语言与法理视角》，《财经法学》2019年第1期，第88页。
⑥ 何勤华：《西方法学史》，中国政法大学出版社1996年版，第312页。

弥斯"的复数形态"Themises"直接等同于"判决"本身,并由审判官经神授而掌控之。由于原始时期的社会机理相对简单,相似案例反复出现,审判官就有可能遵循先例,于是,紧随着"判决"的步伐,习惯这一概念的雏形出现了。因此,在梅因看来,在人类社会的稚弱期,没有立法机构,遑论确切无疑的立法者,法还远没有追上习惯的步伐,只有人类的惯常行为存乎于世,判定是否善恶之最权威的圭臬是判决本身,而非事先存在而后为人触犯的某一部法律。[1] 这一体现"判决观念先于法律观念出现"的历史事实,与英美法系所主张的"先例早于规则、原则和区别技术而存在"的法理逻辑相互映射、彼此衔接。

文字一经产生就带有鲜明的社会分化属性。文字支配口头语言的表达,最重要的是带来知识的发展与积累。文字赋予了一个社会丰富的元素,即统治阶段利用文字记录所带来的垄断权力自然延伸部分获得了爆炸式积累和传播,形成了深深的阶级层面鸿沟。文字产生之初,只有为数极少的人使用,如祭司、贵族、商人,因为这些人有时间和更多的财富去掌握文字。他们形成了特权阶层,成为法律专家并且为国王服务。[2] 在"习惯法时代",习惯或惯例已成为一个有实质的集合体而存在。新兴贵族阶层充当了法律的看护,他们或出身高贵种姓,或望门显族,或僧侣部族,或祭司团体,掌握了解社会纠纷的各种原则,向民众宣称自己对法律知识的独家垄断以及对讼狱原则的乾纲独断。被看护的习惯法都是真正的不成文法,其残留痕迹至今仍旧可以在法律的和民间的用语中发现。[3]

语言文字的记载与传播是巩固习惯、规则和制度的神圣性、合法性的过程,也是普及社会规则所承载的基本价值理念的过程。基本价值理念越是普及和得到广泛认可,习惯所确立的规则越具有合法性,越具有合法性的规则就越能得到普及与认可。文字普及使人类逐渐产生自我意识,愿意为合乎道德的目标而奋斗。当基于社会经验而产生的公平、正

---

[1] [英]亨利·梅因:《古代法与社会原始及现代观念的联系》,郭亮译,法律出版社2016年版,第3—5页。

[2] "Codes and Codification", https://www.encyclopedia.com/environment/encyclopedias-almanacs-transcripts-and-maps/codes-and-codification (last visited 30 January 2022).

[3] [英]梅因:《古代法》,沈景一译,商务印书馆1984年版,第10页。

义等观念最终演化成人们本能或有意识地认为是正确的规则，人类完全被动适应自然界法则的时代就终结了，人类的社会秩序开始建立在自由选择的法律之上。① 文字所产生的民主意识燎原之势与法律大众化相辅相成，互有裨益。公元 5 世纪，希腊大多数自由公民显然可以阅读法律，并积极参与选举和立法。正是由于希腊人的口头语言传统强大，并且字母表灵活，使他们能够不致走上绝对权威的君主制和神权政治。② "一个阅读的大众在希腊时代产生出来。可以看到的书籍数量在亚里士多德时代尤其是托勒密一世在亚历山大里亚建立起大型图书馆之后有了巨大的增长。在它的顶峰时期，这个图书馆的藏书超过了 70 万卷。"③ 约翰·斯图亚特·米尔（John Stuart Mill）曾描述道：如果允许全体人民阅读，允许人们以口头和书面形式提供意见，并且能够通过投票权提名立法机构来实施，那么理性就会对人类思想产生影响。④

（三）法律文明发展中的古代法典化时代

1. 古法典的诞生及其意义

文字的普及开始将人类带入了成文法与法典化时代，"古法典无疑滥觞于文字的发明和普及""原始人的法自披上法典的外衣那一刻起，其自发的演进即戛然而止"，⑤ 并进而成为人类知识民主化和法律大众化运动的推动力。⑥ 可以说，人类从口头语言至文字、书面表达的演变过程与法律从习惯、习惯法的不成文传播状态向成文化状态的历史演变同步并轨。⑦ 各古文明的法律大多使用法典记录。成文法典出现后，法

---

① ［美］约翰·梅西·赞恩：《法律简史》，孙运申译，中国友谊出版公司 2005 年版，第 1 页。

② ［加］哈罗德·伊尼斯：《帝国与传播》，何道宽译，中国人民大学出版社 2003 年版，第 74 页。

③ ［美］威廉·麦克高希：《世界文明史——观察世界的新视角》，董建中、王大庆译，新华出版社 2003 年版，第 394 页。

④ Jack Goody and Ian Watt, "The Consequence of Literacy", (1963) 5 *Comparative Studies in Society and History* 304, p. 333.

⑤ ［英］亨利·梅因：《古代法与社会原始及现代观念的联系》，郭亮译，法律出版社 2016 年版，第 9、11 页。

⑥ ［美］威廉·麦克高希：《世界文明史——观察世界的新视角》，董建中、王大庆译，新华出版社 2003 年版，第 394 页。

⑦ 参见张武汉《语言与法律——从工具论向本体论的认知嬗变》，《河北法学》2010 年第 7 期，第 162 页。

律便进入了自觉的发展阶段，开始成熟。① 古法典可以被定义为用石头、纸莎草纸或羊皮纸等文字媒介记载法律规则并向公众开放的法律集合。② 由法国考古学家在古埃兰王国的首都苏撒城（现伊朗境内）发现公元前 18 世纪的古巴比伦《汉谟拉比法典》文字的石碑，证实了法典的文字体裁的存在。在欧洲，古代法典可追溯到公元前 5 世纪罗马人《十二铜表法》（亦称《十二表法》）。在中国，公元前 5 世纪战国时期，魏相李悝（前 455 年—前 395 年）编纂的《法经》是中国最早出现的较系统的法典。

《汉谟拉比法典》是涉及范围最广和最完整的古代法典。汉谟拉比（Hammurabi）在位时依靠中央官僚统治和税收制度管理帝国，并通过法典来维持帝国的全面统治。学者描述了这一古老的法典——君主集权有利于宫殿建筑的发展，君主喜欢用石头作为铭刻的媒介，尤其是喜欢把法律刻在石头上，其意图是建立庞大的帝国并使之协调一致。征服者的需要加速了文字的定型。③ 一方面，统治者将文字作为有效的统治工具，带有鲜明的指向性与专属性。④ 另一方面，法律被编纂成文和法典化时，其制度背景也随之改变。不论本质有何区别，古法典乃教条、实在法和纯粹道德训令的大杂烩，它们把法律从道德中分离出来，又把宗教从法律中分离出来，其思想性更加进步。⑤

古代法典的多样性证立了多线进化的法律文明。以文字语言为起点，探索各个文化的思维特点，似乎比孔子和亚里士多德（Aristotle）、或从《论语》和《圣经》要更接近影响不同文化思维成因的本源。⑥ 语言体现了人类不同的文明和文化，在语言与法律共同进化过程中，世界各民族和国家形成了法律的多元化。因此，尽管法律规范的起源演变肯

---

① 何勤华：《西方法学史》，中国政法大学出版社 1996 年版，第 312 页。
② ［英］亨利·梅因：《古代法与社会原始及现代观念的联系》，郭亮译，法律出版社 2016 年版，第 12 页。
③ ［加］伊尼斯：《传播的偏向》，何道宽译，中国人民大学出版社 2003 年版，第 32 页。
④ 付淑銮：《论 17 世纪前的欧洲媒介嬗变与传播：文明史视阈的考察》，博士学位论文，东北师范大学，2015 年，第 54 页。
⑤ "Codes and Codification", https://www.encyclopedia.com/environment/encyclopedias-almanacs-transcripts-and-maps/codes-and-codification（last visited 30 January 2022）.
⑥ 关世杰：《跨文化交流学》，北京大学出版社 1995 年版，第 104 页。

定有着普遍性的内在规律，但包括古希腊、古巴比伦在内的诸多早期文明各自创造了富有特色的法律文化。①古法典的特点及意义主要体现在以下方面。

第一，在文化层面，每种文化都有其特定的法律，每种法律都有其特定的文化。而不同文化背景之下法律由不同语言表达出来。每一种语言都是庞大的模式体系，人们借此体系用于交流，分析某些关系和现象，建构意识领域的形式和范畴。②通过具体语言，实在法的概念获得存在，体现了语言构成与认知性对法律的重要作用。古法典的多样性从历史维度上清晰地印证了法律多元主义，法律通过多元（而非单一）规则系统获得，根本地否定了西方法律和价值观在世界各民族中所谓普世性的判断。

第二，在制度层面，古法典将"习惯"与"法律"区别开来。习惯指称任何习惯性的或通常的行动过程以及任何既定惯例。法律是由统治者及其下属实施的行为准则，通过明确的制裁来执行的，而习惯是通过社会控制来执行的。即使习惯的形式保持不变，将它们纳入官方的成文化法典中，也无疑增强了权威性。法的成文化及法典化改变了社会权力的运作方式，揭开了权力的神秘面纱，使得专制制度下的个人有了把握自己命运的可能——当统治者以违犯自己宣布的法律的方式施行暴政时，人民有了反抗的可能和机会。③

第三，在规范层面，古法典是为规制立法者和司法者而设计的，是对权力行使者不信任的物化形式，将权力者的私欲、社会关系利益等限制在不得溢出的范围。法典的公开性使其具有对立法者和守法者共同的约束性，同时，其内容的相对确定性抑制了司法的恣意擅断。自成文法出现以来的立法思想，大多源自于这一根本的媒介性前提。④正如梅因

---

① 王伟臣：《浅议法律起源的研究范式》，《外国法制史研究》（第21卷），第14—15页。

② 转引自[德]伯恩哈德·格罗斯菲尔德《比较法的力量与弱点》，孙世彦、姚建宗译，中国政法大学出版社2012年版，第139—140页。

③ 周少华：《规范技术和语言权力——语言在法律中的意义》，《法商研究》2006年第6期，第131页。

④ 徐国栋：《西方立法思想与立法史略（上）——以自由裁量与严格规则的消长为线索》，《比较法研究》1992年第1期，第2页。

所言及，"古罗马的《十二表法》是古罗马人之习惯的文字化表述，其价值不在于其架构之对称有致，也不在于其用语之明白洗练，而在乎于其公开性，在乎于其告知民从何者当为、何者不当为"。①

2. 古代法典编纂的集大成者——罗马法典

古代时期，最著名影响最深远的法律编纂实践当属古罗马帝国时期的法典编纂。罗马帝国皇帝查士丁尼（Justinianus）于公元528年启动了罗马法律史上最有成效和影响的法典编纂。查士丁尼任命由大法官和著名法学家等组成的法典编纂委员会，对历代皇帝的敕令、元老院的决议、裁判官的告示及古典法学家的著作进行整理、审订和编纂，删除已经失效的或同现行法律相抵触的内容，并按一定原则重新组合和编排。自公元528年至534年，先后完成《查士丁尼法典》《法学阶梯》和《学说汇纂》的编纂工作。其中，《查士丁尼法典》是对历代罗马皇帝发布的敕令和元老院的决议的整理和编纂；《法学阶梯》是在参照著名法学家著作后，对法学原理的编纂；《学说汇纂》是将历代罗马法学家的著作和法律解答进行摘录和整理，然后分门别类地汇集和调整。② 3部法典颁布后，查士丁尼发布敕令，宣布今后适用法律均以此为准，凡是未被编纂入典的法律一律作废，凡是未被《学说汇纂》收入的法学家著作一律不准引用。③ 查士丁尼去世后，后人将其在位期间颁布的168条敕令汇编成册，命名为《查士丁尼新律》。上述4部法典至16世纪时统称为《查士丁尼国法大全》或《罗马法大全》。④ 罗马的法典编纂乃西方法律发展史上的一大壮举，是人类法治文明之旅所收获的重要成果，其影响留存于人类法律文明的历史长河，一直被当作"写成文字的理性"而得到尊重，逾千年而不衰。⑤ 事实上，从那时起，法典编纂就成为法学家梦寐以求的事情。⑥

---

① ［英］亨利·梅因：《古代法与社会原始及现代观念的联系》，郭亮译，法律出版社2016年版，第9页。
② 徐静琳：《规章编纂研究》，《政府法制研究》2003年第11期，第13页。
③ 林榕年主编：《外国法制史》，中国人民大学出版社2001年版，第75页。
④ 徐静琳：《规章编纂研究》，《政府法制研究》2003年第11期，第13页。
⑤ 何勤华：《西方法学史》，中国政法大学出版社1996年版，第192页。
⑥ ［美］罗斯柯·庞德：《法典编纂的源流考察：以民法典的编纂为主要视角》，汪全胜译，张振国、方利平校，载何勤华主编《外国法制史研究》（第6卷），法律出版社2004年版，第158页。

（1）罗马法是法典化体系，是后世法典编纂的楷模

罗马法典编纂并非一蹴而就，而是以高度的理性思维为基础，具有广泛的内容，既包含罗马帝国有效的法律，也包括对法学原理的研究，还包括历代罗马法学家的著作和法律解答等。罗马法典编纂反映出古罗马帝国全盛时期的法律、法学理论和法学著作，呈现了罗马法古典时代的全貌。罗马法是法典化的体系，为后世法典编纂的楷模。罗马法的法典编纂及其理论体系建立在高度的理性思维基础之上。[①]

（2）罗马法典确定了法律体系的分类

罗马法典确定了公法与私法的分类方法。《法学阶梯》提出公法与私法的划分：公法是有关罗马帝国政府的法律，私法是有关个人利益的法律。此外，还确定了自然法、市民法和万民法的分类模式。自然法是以自然为基础，来源于自然理性，是生物间的规则。市民法是适用于罗马市民的法律，其内容包括国家行政管理、诉讼程序、财产、婚姻家庭和继承等法律规范。万民法则是外事裁判官在司法活动中逐步创制形成的适用于罗马市民与外来人以及外来人与外来人之间的法律规范，主要内容包括有关所有权以及债权规范。这种公法与私法的划分方法至今仍然有着重要影响。

（3）法学家的法学理论对罗马法典编纂做出重要贡献

罗马法的形成与发展与罗马法学家的贡献密不可分。谈到罗马法，有"法学家创造罗马法"的美誉。从奥古斯都任皇帝时，就赋予一些著名法学家"法律解答权"，使法学家的解释具有一定的法律效力和较高的权威性；在罗马法鼎盛时期，法学家曾是皇帝立法文件的起草者；5世纪初东西罗马皇帝颁布《引证法》钦定"五大法学家"享有殊荣。法学家对法学理论的研究以及对法律概念的表达构成罗马法典编纂的内容。《查士丁尼法典》出自乔万尼和特里波尼安之手；《法学阶梯》则出自盖尤斯的同名作；《学说汇纂》是诸多法学的言论与学术研究之集合，可以说，罗马法典编纂以及罗马法学传统理论及系统化都是罗马法学家们的思维哲理的精华。[②] 到了罗马帝国后期，法学家的主要活动则

[①] 江平、米健：《罗马法基础》，中国政法大学出版社2004年版，第62—63页。

[②] 参见董茂云《法典法、判例法与中国的法典化道路》，《比较法研究》1997年第4期，第339页。

限于举办法学教育和整理编纂法典工作。①

第二节 法典编纂的概念与含义

一 法典与法典编纂的语源探究

在法学的历史发展中，拉丁文"codex"一词像一枚极有价值的路标，保留、引申并派生出与法典相关的词语。② "codex"的最初意思相当于我们今天使用的"书"的含义。在羊皮纸尚未被广泛使用时，地中海沿岸国家的人们多使用纸莎草制成的纸卷书写。到了公元2世纪末，羊皮纸开始被广泛采用，罗马人发现用羊皮折叠起来缝制的"codex"（书）使用起来非常方便，在公元3世纪至5世纪，当手工制作的抄本书向成册书方向发展时，"codex"的复数形式表述为"codice"，这种语言学上的发展伴随着古罗马国家与法律的发展获得了新意，使"codice"（成册的书）开始与我们今天所说的完整、系统的法律汇编具有了相同之意。从公元3世纪末起，罗马的法学家们就开始把皇帝的敕令尝试着编写成册并且以"codice"的方式出版。例如，公元219年或292年在罗马帝国东部出现了由私人编成的谕令集《格雷哥里安法典》（Codice Gregorianus）。公元5世纪，编纂狄奥多西皇帝敕令的《狄奥多西法典》（Codice Theodosianus）出台。可以说，自公元5世纪时起，"codice"在"编纂成册的书"的含义基础上增加了特殊内涵——完整、系统的法律汇编。公元6世纪，以查士丁尼组织完成的罗马法典为标志，拉丁文"codex""codices"在罗马法中正式确定为从形式到内容均指称"法典"这一法律术语的含义。

从英文词源考察，"codex"的英语名词形态为"code"，与法律领域的概念直接关联，表示"法典"的意思。"code"在英语语境下具有不同的形态，例如，codify、codifier、codification，"编纂"（codifica-

---

① 梁磊：《罗马法理性精神及其当代意义》，《法制与社会》2008年第2期，第113—114页。

② 参见李艳华《近代欧陆法典编纂运动肇起的比较法分析》，载曾宪义主编《法律文化研究》（第3辑），中国人民大学出版社2007年版，第150页。

tion)一词是法典的派生词,由英国的哲学家、法学家和社会改革家杰里米·边沁(Jeremy Bentham)首创,① 可以直译为"法典化",意思是把法律订成法典形式。因此,编纂或法典化都与"法典"这一概念紧密相关。此外,边沁区分使用"codification"和"legislation"(立法)两个不同概念。②

在中国古文字中,"编""纂"都表达了传承记录的含义,把原有的史料经整理后抄录在一起以供后人使用。③ 从中国古籍记载考察,"编":次简也,见《说文段注》:"以丝次第竹简而排列之曰编。"《汉书·张良传》:"出一编书",注:"编谓联次之也,联简牍以为书,故云一编。"纂:通缵,继也,《礼记·祭统》:"纂乃祖服。"④ 值得一提的是,从中文的词源考察来看,"编纂"一词非法律领域的专有名词,因而,如果表示与英文"codification"相对应的中文,一般需要加上法律的概念作为前缀,称为"法律编纂"或"法典编纂"。可以说,在我国,法律编纂与法典编纂是针对同一概念的不同表述,客观上都指代一种使法律规范集中化、系统化和条理化的立法活动。⑤

二 法典编纂的基本含义

学界对于法典编纂的概念并没有形成统一界定,使用不同标准和方法所界定的法典编纂的内涵与性质各有不同,归纳而言分为以下几种情形。

(一)法典编纂性质说

以编纂活动的性质为出发点对法典编纂进行界定。就性质而言,法

---

① 陈体强:《国际法的编纂》,《中国大百科全书(法学)》,中国大百科全书出版社1984年版,第193页。
② 王利明:《民法法典化与法律汇编之异同》,《社会科学家》2019年第11期,第19页。
③ 徐静琳、李瑞:《法的编纂模式比较——兼论规章的系统化》,《政治与法律》2004年第4期,第16页。
④ 《辞海》,中华书局1981年版,第2276、2294页。
⑤ 青峰、赵振华:《美国法律编纂制度考察报告》,载青峰、罗伟主编《法律编纂研究》,中国法制出版社2005年版,第186页。

典编纂是一项重要立法活动，或重要的法律创制活动。[①] 法典编纂是指享有立法权的国家机关对现存的同一部门或同一类的全部规范性文件进行修改、补充，编制成新的、系统化的规范性文件的活动。我国学者在法典编纂的立法性质基础上，总结法典编纂的内涵与外延提出概念的"综合说"，即法典编纂是指特定的立法主体，依据一定的职权和程序，运用一定的技术，在整理、改造和完善现有规范性法律文件的基础上以制定或产生法典为直接目的的国家最高级别的立法活动。这一定义从根本上把法典编纂当作一种立法活动看待，同时结合编纂活动、目的、过程以及技术等综合而成。[②]

（二）法典编纂成果说

以编纂而成的"法典形式"成果来界定法典编纂概念，但是由于对法典的内涵理解各不相同，从而决定了法典编纂概念的差别。

《中国大百科全书》将法典编纂界定为：重新审定某一法律部门的全部现行法律规范，废除已经旧的，修改相互抵触的部分，弥补其缺陷或空白，使之成为基于某些共同原则、内容协调一致、有机联系的统一法律的活动。这种法律就称为法典。法典较单行法规系统、完备，是一种新的立法文件。随着法典的颁布，相应的单行法规即被废除。[③] 由于这一概念将法典定义为新的立法文件，因而，形成法典成果的编纂活动属于立法活动。

有法国学者指出，法典是法律的集合体，是与某一特定主题相关的诸法律规范的总和，具有广泛内涵。法典编纂以综合和科学方法，对特定国家内一个或若干法律部门中普遍和永久规则加以组织综合的系统性表述。此种法典编纂只注重法律规范形式上的变化，而其逻辑性、体系性、系统性等在所不问，内容上既包含具有立法意义的法典，也包含不具有立法意义的文件和判例汇编的"法典"。根据法国的"旧法"，法

[①] 参见周旺生《立法学教程》，法律出版社1995年版，第326页；张文显主编《法理学》，法律出版社1998年版，第85页。

[②] 封丽霞：《法典编纂论：一个比较法的视角》，清华大学出版社2002年版，第21—23页。

[③] 郭宇昭：《法典》，《中国大百科全书（法学）》，中国大百科全书出版社1984年版，第90页。

典只是对处理各种法律事务的王室诏令的汇编。这些旧法典通常仅是许多不同的法律渊源的文本汇编,如处理各种法律事务的皇家法令的集合,布道学家的解决方案、习惯规则、教义论文等。《拿破仑法典》制定后才产生了真正的法典,是具有"实质意义"的法典编纂。①

还有学者从更广义角度阐释作为编纂结果的法典,认为法典编纂是指系统地、综合地、有机地编纂一个国家特定某个或几个法律领域的一般的和持久性的法律规则,它不单指法律创制的方法和过程以及结果(即法典),还包括围绕法典的编纂而形成的法典的精神、社会发展趋势和社会风气。②

(三)法典编纂形体说

日本学者穗积陈重(Hozumi Nobushige)认为,法律有实质和形体两种元素。法律是否能真正地制作出简明正确的条文,又是否是以该国人民容易知其权利义务的形式就是法律的形体问题。法律编纂是对一国法律进行分科编制而形成具有公力的法律书面之事业,或将既有法令进行整理编辑而形成法典的工作,或者是将新设法令归类编纂而形成一编的法典工作。法学者的所谓法典编纂论不是论及法律实质的良否,而只是论究法典编纂的目的、方法、顺序、体裁、问题、用语等,因此法典编纂论属于固有的法律的形体论。③

还有学者将法典编纂分为实质性编纂与形式性编纂两种类型。实质性编纂是指在法律体系整体中勾勒和塑造一个由新规则或革新过的规则组成的完整体系,其目的是构建或修正某一法律秩序。实质性编纂要求有一个相当确定、成熟、清晰的成文法的存在而对其进行法典化,既包含对特定精神的阐发,同时也创造一种宏大的结构体系,故而法典是实质性编纂活动的成果。④ 形式性编纂不是要构建一个由全新的或是修订的规则组成的、用于建立或修正某一法律秩序的连贯的整体文本,而是

---

① [法]让·路易·伯格:《法典编纂的主要方法和特征》,郭琛译,《清华法学》第八辑,第12页。
② 秦齐、崔宏岩:《论德国法典化运动与中国民法体系构建——以萨维尼法典化思想为对照》,《吉林师范大学学报》(人文社会科学版)2013年第5期,第90页。
③ [日]穗积陈重:《法典论》,李求轶译,商务印书馆2014年版,第5—6页。
④ [法]让·路易·伯格:《法典编纂的主要方法和特征》,郭琛译,《清华法学》第八辑,第15—16页。

在形式上仅把既有的、分散的规则汇集在一起却不改变这些规则的内容。形式性编纂的目的是避免法律含混不清、不确定和彼此矛盾,避免其中不必要的细枝末节的规定和毫无益处的内容膨胀,以期推动对法律的研习以及促进法律的适用。①

(四) 法典编纂方法说

有的学者认为法典编纂是法的系统化的方法之一。法的系统化是指采用一定的方式,依据一定的原则,对已经制定和颁布的法律、法规等规范性文件进行归类、调整或编纂,使之集中起来做系统的排列活动。法的系统化方法分为编纂、汇编(consolidation)和法规清理等。② 其中,编纂是指享有立法权的国家机关对现存的同一部门或同一类的全部规范性法律文件进行修改、补充,编制成新的、系统化的规范性法律文件的活动。汇编是指按一定标准,对现行规范性法律文件做出系统排列,汇编成册。法律汇编不是国家的立法活动,不改变规范性文件的内容,只是对现行法律文件进行外部整理,使之系统化。法规清理是由立法机关通过对现行的法律规范进行系统化研究、对比和分析,以确定有效的法律规范和应予修改完善的法律规范,它也是一种立法活动。③ 由此,在方法上,编纂是一项极为重要的立法活动,法规清理是进行法律编纂的重要条件,法律汇编则不属于立法活动,而是一项技术性的整理和归类工作,但是与法律编纂存在一定的内在联系。从目的与作用来看,汇编是编纂的基础,为编纂提供条件,编纂则是对汇编的提升,对原有法律的再创造。④

本书认为,法典编纂既是一种认知活动,也是一种制度实践活动,既基于认识论的基本思维和规律展开,又关涉法律实践活动的制度有效性和合法性追求。⑤ 国家的法典编纂活动由内在的与外在的因素共同促

---

① [法] 让·路易·伯格:《法典编纂的主要方法和特征》,郭琛译,《清华法学》第八辑,第24页。
② 徐静琳、李瑞:《法的编纂模式比较——兼论规章的系统化》,《政治与法律》2004年第4期,第17—18页。
③ 参见章志远《法律编纂制度研究》,《政府法制研究》2019年第5期,第3—4页。
④ 徐静琳、李瑞:《法的编纂模式比较——兼论规章的系统化》,《政治与法律》2004年第4期,第17—18页。
⑤ 李广德:《认识论转向与法律解释原理构建——评张志铭教授〈法律解释学〉》,《法学评论》2017年第1期,第188页。

生。法典编纂的背景及其动机往往是基于消除或弥补因各种普遍的立法和历史现象而产生或遗留的缺陷的必要性，例如，散布在不同渊源中的法律规定的泛滥、法律法规的僵化和不合时宜以及在特定法律体系中逐渐累积的有冲突的法律规范。法典编纂的条件至少包含3项因素：（1）政治背景：在政治社会的各个地区发展了或接受了各自不同的地方法律后，通常需要一个统一的法律。（2）法律需求：现存法律材料发展的可能性暂时不存在，或者因该国家过去没有法律而缺少现成的法律材料；以及现存法律通常不便运用，通篇古语，而又无确定性。（3）机制保障：法律的发展重点已移向立法，而且一个高效率的立法机构已经建立起来。[1] 与此同时，法典编纂作为实践活动具有多元性特质，表现为编纂主体多元、方法性质多元以及成果形式多元。对法典编纂的理解与界定应当建立在不同的制度实践基础上。因此，法典编纂的内涵有广义与狭义之分。

首先，从狭义角度理解，法典编纂是建立在严密逻辑上并为特定领域内法律的发展提供基础，对涉及某一或若干特定领域的成文规则的创造性、系统性构建，构成"以制定或产生法典为直接目的的国家最高级别的立法活动"。[2] 法典编纂属于立法机关的活动，编纂主体是国家立法机关，编纂成果通常是具有制定法性质的法典。狭义的法典编纂与"法典化"是两个可替代概念，是国家立法机关详细而全面记述一个法律体系的所有法律的法典化过程，或是某个法律体系内关于某一方面的所有法律的成文化的国家立法活动。在性质上是法律创制活动，在方法上是对法的系统化，在结果上是产生法典。

其次，从广义角度出发，法典编纂也是为了使法律达到清晰化的目的而将大量立法条文和法规加以汇编的集合性活动。这种汇编活动不仅仅是立法机关的活动，学者也可以完成此项工作。例如，罗马法中发现了官方或私人"法典"，其中就包括对教义著作的汇

---

[1] ［美］罗斯科·庞德：《法律史解释》，曹玉堂、杨知译，华夏出版社1989年版，第13页。
[2] 封丽霞：《法典编纂论：一个比较法的视角》，清华大学出版社2002年版，第23页。

编。再如，美国法的法律汇编是由美国法学会编纂的侵权法、合同法重述等。我国台湾地区的"立法全书"也是由学者将各个单行法汇编在一起。① 广义的法律编纂既包括狭义的法典编纂，也包括由其他主体，如私人、民间机构或官方机构对某一部门法的所有规范文件进行整理和汇编的非立法、非法典化活动，包括法律汇编以及学理研究和阐释。

第三节 法典编纂的两种国家实践进路

一 大陆法系国家的狭义法典编纂

（一）法国与德国的法典化实践

大陆法系的法典编纂活动是在欧洲民族国家形成后开始的，是国家经济发展以及政治、思想统一的产物。近代资本主义商品经济迅速发展，经济交往和社会关系日益纷繁复杂，作为新兴的资产阶级政权，渴望通过法典形式确立自身的合法统治地位，涤除旧的封建主义思想。② 国家主权观念和自然法、人民主权、分权原则等思想的结合，将国家对立法权的垄断推到了一个新阶段，即只有立法机关才能立法，从而确立了成文法在法的渊源中的主导地位，全面系统的法典成为各国法律当中最主要、具有最高效力的部分。欧洲大陆国家的政治统一也为法典编纂提供了前提。具有实质性、真正的大陆法系国家的法典编纂运动勃兴于19世纪，以法国与德国为代表。《法国民法典》是在法国大革命后拿破仑（Napoléon Bonaparte）一统法国的形势下编纂的，《德国民法典》的制定也与德意志的统一密不可分。法典编纂为解决国家法律多元、杂乱无章的状况，实现法律统一，保障资产阶级的政治稳定做出了贡献。

1. 法国实践

法国最早的法典编纂肇始于1791年《法国宪法》，该宪法不仅将

---

① 王利明：《民法法典化与法律汇编之异同》，《社会科学家》2019年第11期，第20页。

② 封丽霞：《近代欧洲大陆法典化运动及其对现代法治的贡献》，载青锋、罗伟《法律编纂研究》，中国法制出版社2005年版，第78—79页。

1791年法国人权宣言列为序言，而且还详细地规定了资产阶级大革命后所确立的各项国家制度和社会制度。① 拿破仑执政后开始投入《法国民法典》的编纂。他设立了由4名委员组成的民法典编纂委员会，经过4个月时间，委员会完成了草案。1803年至1804年，《法国民法典》以36个单行法的形式通过，相当于民法典的36章。1804年3月21日，拿破仑签署法令将单独立法予以合并，共3编36章2281条，命名为《法国民法典》并正式颁布实施。其后，法国立法委员会又陆续制定了一批法典，如1806年民事诉讼法、1807年商法、1808年刑事诉讼法和1810年刑法，加上宪法，合称"法国六法"。法国六法以罗马法为范例、以民法典为基础、以宪法为根本法，构成了完整的成文法体系，成为欧洲大陆法律体系的典型代表。②

2. 德国实践

德国法受罗马法和教会法的影响，自身逐渐整合统一，形成一种普适于整个国家的法，其一部分内容来源于《学说汇纂》(Pandectae)，所以被称为"潘德克顿"体系。③ 德国各邦从17世纪末期开始编纂法典，到了19世纪中期，德国各邦的法典编纂和全国法律统一化运动日益活跃，如1863年《萨克森民法典》、1848年《德国流通票据法》和1862年《德国一般商法典》。1871年德国统一后，迅速制定了各种统一的法典。1871年制定了《宪法典》，后又将北德意志联邦于1870年制定的刑法典改为全德《刑法典》，1877年制定了《民事诉讼法典》《刑事诉讼法典》。德国政治上的统一和宪法中关于制定统一民法典任务的提出，为德国民法典的编纂奠定了政治和法律基础。德国政府于1874年和1890年先后任命两个分别由11人和22人组成的民法典编纂委员会，在罗马法、日耳曼法、教会法、地方习惯法、中世纪商法的基础上，借鉴法国民法典编纂的有益经验和德国法学发展的成果，历经20多年的艰辛努力，最终完成《德国民法典》的编纂工作。该法典草

---

① 莫纪宏：《欧洲大陆法典编纂的历史及其特征》，载青锋、罗伟《法律编纂研究》，中国法制出版社2005年版，第65页。

② 参见莫纪宏《欧洲大陆法典编纂的历史及其特征》，载青锋、罗伟《法律编纂研究》，中国法制出版社2005年版，第65页。

③ 参见秦齐、崔宏岩《论德国法典化运动与中国民法体系构建——以萨维尼法典化思想为对照》，《吉林师范大学学报》(人文社会科学版) 2013年第5期，第90—91页。

案于1897年正式通过，于1900年1月1日生效。①

（二）大陆法系国家的法典编纂特点及评价

大陆法系法典编纂活动建立在理性主义方法的基础之上。自然法学派主张，存在一种基于人类理性的具有永恒和普世价值的法律制度，其原则由立法者加以宣示。② 17 世纪之后，许多欧洲大陆思想家们认为，从无隙可击的自然法中产生的完美法典，将合理取代现存的法律和制度。③ 笛卡尔（Descartes）、莱布尼茨（Leibniz）、卢梭（Rousseau）等理性主义思想家推崇人之理性，只承认理性的实在性，不承认感性认识的实在性，主张理性对于道德内容和标准起着决定性作用，并相信人通过理性的思维推断可发现宇宙之法则。④ 例如，笛卡尔二元哲学观主张，自然界之运行规律是一定且能为人类理性所认知的，那么人类社会生活亦存在着永恒的法则，只要发现这一法则，那么人类社会生活即可如自然界那样被掌握。因此，凭借理性制定一部法典，将社会生活全部规定下来，这样人类就可以像机器一样有条不紊地运转。⑤

《法国民法典》核心起草人波塔利斯（Portalis）强调，法是广泛的理性，是建立在事物的真正本质上的最高理性，生效的法律只能是或应该是分解为实定的规则，分解为特殊规范的法。法典编纂者与立法者认为，只要通过理性的努力，法学家们就能创设出一部体现最高立法智慧的、只需法官机械地适用的、完美无缺的法典。"所有的要求都可由理性独立完成，……唯一需要做的就是调动国内最有力的理性，通过运用这一理性获得一部完美的法典，使那些具有较弱理性的人臣服于法典的

---

① 参见封丽霞《法典编纂论：一个比较法的视角》，清华大学出版社2002年版，第100—101页。

② ［法］让·路易·伯格：《法典编纂的主要方法和特征》，郭琛译，《清华法学》第八辑，第13页。

③ 参见董茂云《法典法、判例法与中国的法典化道路》，《比较法研究》1997年第4期，第343页。

④ 参见吕世伦主编《西方法律思潮源流论》，中国人民公安大学出版社1993年版，第115页。

⑤ 参见邓慧、袁古洁《理性法典化运动背景之探讨及其借鉴——以〈法国民法典〉之编纂为借鉴》，《武汉大学学报》（哲学社会科学版）2011年第3期，第17—18页。

内容。"① 在这种理性主义哲学思想强有力的感召下，近代大陆法系的法典编纂取得巨大成就。从大陆法系编纂实践来看，大陆法系的主要部门法均为大部头法典，以"六法"为典型，有法国六法、德国六法（大多为宪法、民法、商法、刑法、民事诉讼法和刑事诉讼法）。这类法典均体现出体系完整、逻辑严密、条款原则的特点，每部法典需要经过对原有法律规范（法典及单行法）的重新整合，在对某一部门法或某一类法的全部现行法律规范的研究、分析基础上，从统一立法原则出发，进行修订、补充或废止，甚至制定新的规则等再加工，使之成为相互协调适用共同原则的统一体系。就法律效力而言，编纂的法典一经颁布即取代过去的同类规范性法律文件，而成为新的法律，构成国家重要的法律规范。例如，1804 年法国颁布《法国民法典》时，以第 7 号法令强调：自本法成效之日，罗马法、条例、一般的和地方的习惯、成文法以及规则在本法所涉及的所有事务一律失去法律效力。②

对法律传统的尊重构成大陆法系法典编纂的内在价值。孟德斯鸠（Montesquieu）认为，人受气候、宗教、法律、施政的准则、先例、习俗、风尚等多种因素的支配，其结果是形成普遍精神。只要民族精神与整体原则不相违背，立法者就应该尊重这种民族精神。③ 波塔利斯发表《关于民法典草案的说明》阐释了法典的主要原则导向以及民法在社会中的角色、在理论上的正当性依据等，其思想来源于对孟德斯鸠等思想家学说的总结和提炼。波塔利斯主张，"法为人而立，而非人为法而生；法律必须适应它所针对的人民的特征、习惯和情况"，为此有必要保留一切没有必要废除的东西，法律应当珍惜习俗……只有在不革新是最糟糕的时候，才必须要变革。他还指出，立法机关的作用在于以宏观的方法确立法律的一般规则，规定有效的法律适用原则，而不是埋头于那些只在特定场合下产生的细枝末节的问题。后者应该由领会法律一般精神的法官和法学家们去适用法律加以解决。立法者在于从每一个主题中发

---

① 参见［美］罗斯科·庞德《法律史解释》，曹玉堂、杨知译，华夏出版社 1989 年版，第 13—14 页。
② 潘华仿、高鸿钧、贺卫方：《当代西方两大法系主要法律渊源比较研究》，《比较法研究》1987 年第 3 期，第 35 页。
③ ［法］孟德斯鸠：《论法的精神》上卷，商务印书馆 2014 年版，第 15 页。

掘最符合普遍利益的原则。① 作为对传统尊重的表现，法国法典编纂实现了成文法与习惯法的折中，在所有可能的场合去协调它们的规则。这种折中和协调具体表现为将债法、合同法以及所有权和物权制度适用与具有普适性与永恒理性的罗马法加以调整，而家庭法、继承法则适用与各民族独特的风俗和习惯密切相关的本土习惯法加以调整，本土的习惯法与罗马法并不是竞争关系，而是补充关系。②

相类似，萨维尼（Savigny）也阐释《德国民法典》编纂的理论核心是"法是民族精神的产物"。法是客观存在的，不以人的意志为转移，不存在所谓创造法的情况。每个民族都有其特有的发展历程和发展轨迹，在此过程中所形成的民族意识与民族精神的法，在本质上具有民族特性，存在于民族成员间的共同意识的是法的根源。法学工作者只能不断地发现法，而不能创造法。正如编纂，编纂者并不是创造语言规则让人们遵守，而是深入社会生活去发现规则然后撰写至法典中，因此，无论是立法者或是法学家都不能创造法律。通过对作为法的决定性因素的民族精神独具特性的阐述，萨维尼意在指出，正如语言和风俗一样，各个民族的法也具有其独特个性，民族精神内在必然性的发展过程决定了立法者的任务只能是帮助人们揭示民族精神，帮助发现民族意识中已经存在的东西。③ 法国与德国法典编纂的共通之处在于均强调法律形成的历史传统和民族精神，不同之处是前者比后者更为积极，主张在有必要进行改革的时候，通过立法者的介入对立法进行必要的变革。④

概言之，大陆法系的法典编纂不局限于单纯地对现有法律进行记录和整理，而是以一种综合、系统的形式对同属一个部门的法律规范加以崭新、完整和系统的阐述，其性质属于一项真正意义上的法的创

---

① 参见［法］让·路易·伯格《法典编纂的主要方法和特征》，郭琛译，《清华法学》第八辑，第 18—19 页。
② 参见石佳友《法典化的智慧——波塔利斯、法哲学与中国民法法典化》，《中国人民大学学报》2015 年第 6 期，第 93 页。
③ 参见秦齐、崔宏岩《论德国法典化运动与中国民法体系构建——以萨维尼法典化思想为对照》，《吉林师范大学学报》（人文社会科学版）2013 年第 5 期，第 91 页。
④ 参见石佳友《法典化的智慧——波塔利斯、法哲学与中国民法法典化》，《中国人民大学学报》2015 年第 6 期，第 92 页。

制活动。① 这种立法活动的目的不仅是创制新的规则与制度，更为重要的是将调整某一类社会关系的法律规范集中在同一法律文件中，使处于分散状态的法律规范之间具有更加紧密的、内在的逻辑联系。② 大陆法系法典编纂的成果以体系化和系统化为主要特征。其一，体系化在于实体法上反映出其条文的独立性、连贯性和统一性，同时体现各组成部分彼此间的整体和谐；其二，法典又是一部系统性法律，由不同要素、手段、规则和制度根据紧密逻辑关系而组成的有组织整体，使人们可以借助逻辑推理的演绎方法，从一般原则开始，由一般规则到具体规则，获得特定问题的适当解决方法。③

二 英美法系国家的广义法典编纂

在法理学与比较法领域中，学者们对英美法系和大陆法系的划分往往被看作无须加以论证的真理。④ 在论及这两个法律传统的差异时，除了一般认为它们在多个层面，诸如法律渊源、适法技术、法律概念、法官地位等相去甚远，法典化的缺失也常常成为英美法与欧洲大陆法对比的一个因素。故而有学者称："如果说普通法代表着法典的缺失，那么欧洲民法则代表着法典化。"⑤

（一）英国与美国的法典编纂实践

1. 英国实践

在历史上，英国实现政治统一的时代远远早于大陆法系国家，并且建立了强有力的王权和王室法院，形成了独具特色的一元化普通法。从法渊的形式来看，普通法是不成文法，通过记忆和习惯而得以保存流

---

① 参见封丽霞《法典编纂论：一个比较法的视角》，清华大学出版社2002年版，第108页。
② 徐青琳、李瑞：《法的编纂模式比较——兼论规章的系统化》，《政治与法律》2004年第4期，第21页。
③ 参见［法］让·路易·伯格《法典编纂的主要方法和特征》，郭琛译，《清华法学》第八辑，第19—20页。
④ 参见汪庆华《英美法系——真实的存在，抑或虚构的神话——评波斯纳〈英国和美国的法律与法学理论〉》，《比较法研究》2000年第4期，第440页。
⑤ David Lieberman, *The Challenge of Codification in English Legal History*, Presentation for the Research Institute of Economy (Trade and Industry, 2009), p. 2.

传，后来则通过包含了关于法律习惯的文书（monuments）和证明书（evidences）的法院记录、判决报告书、判决的汇编以及著名专家学者的论文来保存，并使其流传下去。① 这种保存的形式属于文献汇编，在性质上是对判例法的成文化。

11 世纪之前，英国基本上适用盎格鲁·撒克逊习惯法，很不系统并且不成文。12 世纪之后形成了通行于全国的普通法体系。这种体系是一种由法官判例汇集的判例法制度，形成了英国法的突出特征，并自此步入了与大陆法系不同的法律传统发展道路。② 13 世纪开始，英国出版《法律年鉴》作为最初的判例汇编，显示了法官和律师对先例的尊重。与《法律年鉴》同一时期，也编辑出版《判决要录》，精选年鉴中判例记录，按内容和专题进行汇编。③ 但在那时，判例的功能在于指引法官发现法院所确认的习惯，先例并无拘束力；汇编和公布的判例往往只记录案件的事实问题，很少涉及法律问题。因此，《法律年鉴》时期的法律基本上是广义的判例法。判例的发展经历了从记忆到记录和从口头到书面的过程，最初记录下来的判例不是作为具有拘束力的法例，而是作为法律存在和运作方式的证据。④ 17 世纪初期，英国法院的判决开始倚据判例，使判例汇编具有了一定的权威性和系统性。在这期间，高等民事法院首席法官和王座法院首席法官柯克（Coke）所作的判例汇编，对于判例法的规范化和判例权威地位的确立，发挥了不可替代的作用。"如果没有柯克的判例汇编，那个时代的法律和法院的新判例，几乎就如没有压舱物的船舶将被淹没于无形。"⑤

19 世纪，随着遵循先例原则的确立，即从上级法院的判决中引申出来的原则对下级法院具有约束力，英国法律案例汇编的重要性凸

---

① 何勤华：《布莱克斯通与英美法律文化近代史》，《法律科学》1996 年第 6 期，第 25 页。
② 高鸿钧：《英国法的主要特征（上）——与大陆法相比较》，《比较法研究》2012 年第 3 期，第 6 页。
③ 何勤华：《西方法学史》，中国政法大学出版社 1996 年版，第 292 页。
④ 高鸿钧：《英国法的主要特征（上）——与大陆法相比较》，《比较法研究》2012 年第 3 期，第 6 页。
⑤ E. Lewis, "The History of Judicial Precedent", (1932) 48 *Law Quarterly Review* 182, p. 235.

显，在性质上发生了很大的改变。早期阶段，英国编印判决汇编只是私人机构的事，而且这类汇编的差别较大。1866 年，英国设立了判决汇编联合委员会，使得私人编印判决汇编终告结束。汇编委员会虽然是一个民间组织，但具有准官方性质，因为其成员都是英国法律学院和律师公会的代表。由判决汇编联合委员会出版的判决笔录，被称为《判案录》。除此之外，还有许多由某些报刊和法律书籍出版者发行的判决汇编专辑，《法律时报判决汇编》《法律杂志判决汇编》《泰晤士报判决汇编》以及《全英格兰判决汇编》，还有一些是特定问题的专辑，如《共同市场判决汇编》等，登载的绝大多数案件也在《判案录》上登载。[1]

总体上，普通法被具体而详细地表述于法庭的判决中或被视为源于习惯的原则体系，这些习惯不是反映在最高法院的判决之中，就是包含在专为修正或扩张这些习惯而通过的零星法规之中，与那些编制成单一的综合性立法文件或法典形式的法律完全相反。[2] 受强大的司法中心主义影响，人们更愿意把对法律的信赖寄托于法官而不是法典。从英国法律传统来看，法律成文化与体系化的实质努力是以一种独特的方法实施，即将"法规汇编"（statute consolidation）作为"法典化"的替代模式。[3] 这一模式展示了实用主义方式，一个问题、一个问题地发展判例法制度固有的法律原则，而坚决反对通过编纂确定任何预先的假定原则。[4]

在历史上，英国曾有过强有力的法典编纂运动，但英国保守主义的政治阻力使其法典编纂归于失败。[5] 近年来，英国编纂法典的努力始终没有停止。由于列入判决汇编的案例达几十万例以上，并且每年都大幅度增长；现行的制定法和授权性法规的数量亦很大，并且不断增多。为

---

[1] 参见［英］G. J. 汉德、G. J. 本特利《英国的判例法和制定法》，刘赓书译、叶逊校，《环球法律评论》1985 年第 1 期，第 14—15 页。

[2] ［美］艾德华·麦克威利：《法典法与普通法的比较》，梁慧星译、陆元校，《环球法律评论》1996 年第 5 期，第 23 页。

[3] David Lieberman, *The Challenge of Codification in English Legal History*, Presentation for the Research Institute of Economy (Trade and Industry, 2009), p. 2.

[4] ［美］艾德华·麦克威利：《法典法与普通法的比较》，梁慧星译、陆元校，《环球法律评论》1989 年第 5 期，第 20 页。

[5] 许中缘：《论普通法系国家法典的编纂》，《比较法研究》2006 年第 5 期，第 43 页。

了减少烦琐细节以及促进查阅法律的便利性，20世纪40年代，英国设立了由法官和律师参加的改革委员会。同时，根据《1965年法律委员会法》的规定，设立了领取全薪的专职委员，以便经常审查法律，目的是使法律得到系统的发展和改革，特别包括编纂法典、消除异常情况、撤销过时的不需要法令、缩减单行法令的数目以及一般情况下法律的简化和更新。1997年，时任法律委员会主席阿顿（Damemary Arden）提出，法典化的目的使法变得更加容易理解，让法官很容易在法典中找到所需答案，帮助法律得以更新与现代化。同时，法典能够作为解决因权威的冲突或者权威的丧失而产生的法的不确定性，而且，随着判例法数量的不断增多，在必要时也应该法典化。① 但是归根结底，英国的法典化运动遭到司法界和律师界既得利益者的顽强抵制，议会不可能为制定法典进行全面的改革——议会的诸多法律专家出于对任何类型的改革的保守态度而反对法典化形式的改革，害怕法律改革可能导致难以预料的社会变革问题。在这些条件下，法典化作为法律改革的工具在英国不可能成功。②

2. 美国实践

美国的法典编纂实践经历了两个发展阶段。

第一阶段：大陆法典编纂运动在19世纪中期对美国产生了强烈影响。19世纪20年代至60年代，美国掀起了法典化运动。1822年，美国路易斯安那州立法机关任命利文斯顿（Edward Livingston）等3人修改与编纂民法典。他们拟订的法典草案被采纳并于1824年颁布，称为《路易斯安那州法典》。该法典共3522条，由三部分组成：人法、物法（包括财产的类型）以及取得财产的方法。在体系上，《路易斯安那法典》就是受"欧陆大陆法系的传统"支配的产物，其法典编纂的素材直接源自于法国的民法典、西班牙的法律以及罗马法的内容。③

除此之外，19世纪前半期美国法典编纂运动的主要成就在纽约州。在菲尔德（David Dudley Field）主导下，纽约州先后编纂了五部法典，

---

① 许中缘：《论普遍法系国家法典的编纂》，《比较法研究》2006年第5期，第36页。

② Robert W. Gordon, "Book Review: The American Codification Movement, A Study of Antebelum Legal Reform", (1983) 36 *Vanderbilt Law Review* 431, p. 442.

③ 许中缘：《论普通法系国家法典的编纂》，《比较法研究》2006年第5期，第44页。

处于美国法制发展的领先地位。纽约州于 1847 年还成立专门委员会致力于"修订、改革、简化和缩短本州法院的规则、惯例、诉状、形式和程序"。至 1865 年，该委员会先后起草了民事诉讼法典、刑事诉讼法典、民法典、刑法典等。① 同时，菲尔德与卡特（James Coolidge Carter）围绕民法典掀起的学术大辩论也受到世人瞩目。民法典起草时，遭到时任纽约州律师协会会长卡特的强烈反对。卡特的反对理由源自于萨维尼的观点，具体而言：（1）根据来自德国的历史法学理论，法律是风俗习惯的自然生长，法典化必然使法律失去活力；（2）作为习惯法的普通法是人民直接立法，比经过代议制民主程序制定的成文法更加民主；（3）法典编纂是立法的超级形式，为维护经济自由应当坚持自由主义，反对立法权对社会生活的过度干预。② 最终，民法典在纽约州未获通过。但是，有 4 个州对五部法典全部采纳，采纳刑事诉讼法典和刑法典的州有 16 个，民事诉讼法典成效最为显著，至 19 世纪、20 世纪之交，美国有 30 个州采纳了这部民诉法典。

第二阶段：美国选择了法典化的折中方法，即"法律重述"。19 世纪的法典化运动的冲击没有从根本上改变美国法的基本模式。美国内战之后，普通法在美国得到了迅速发展。随着遵循先例原则的确立，各州法律比以前更为统一，而判例教学法的采用，培养了大批具有普通法思维的律师和法官。由此，普通法在美国的地位更加牢固，并出现了法律形式主义的倾向。③ 20 世纪初，越来越多的美国法律界人士认识到数量日益增长的、编排复杂、出版无规律的判例堆积成灾，对判例法体系产生破坏性影响。因而，有必要清楚、有条理地论述普通法，使其易懂明了，帮助律师、法官从查找的重负下解脱出来。基于这一愿望，美国哈佛、耶鲁等一些有声望的大学法学院力主建议成立一个"改进法律的永久组织"，计划对美国普通法进行重述。④ 法律重述旨在将杂乱无章的

---

① 陈融：《美国十九世纪前半期法典编纂运动述评》，《历史教学问题》2012 年第 5 期，第 95—96 页。
② 参见徐国栋《菲尔德及其〈纽约民法典草案〉——一个半世纪后再论法典编纂之是非》，《河北法学》2007 年第 1 期，第 19 页。
③ 高鸿钧：《比较法律文化视域的英美法》，《中外法学》2012 年第 3 期，第 448 页。
④ 王力：《〈法律重述〉——美国法律文献介绍系列之四》，《法律文献信息与研究》1997 年第 4 期，第 10 页。

普通法经归纳之后进行更逻辑化、更体系化的编纂，成为国家法之外的民间学者的"示范法"。

1923 年美国法学会成立，负责承担编纂法律重述工作。法律重述的程序是一个民主但漫长的过程。其程序包括：（1）美国法学会斟酌选题，并指定该领域的顶尖专家作为报告人；报告人在助理的帮助下从事研究并提出草案初稿。（2）组建报告人的顾问小组，顾问通常为在该领域有专长的法官、律师或学者，是报告人的合作者；报告人将草案初稿提交顾问小组，征求修改意见。（3）草案初稿经顾问们定期开会修改后，将被提交至大约由 60 位知名法官、律师和学者组成的常设机构。（4）理事们审查通过后的修改稿作为"初步草案"提交定期召开的会员大会讨论修改并向社会公布。（5）报告人提交"最终建议草案"供理事会和会员大会讨论通过。①

在编纂体例上，法律重述统一采用成文的形式，包括"法律规则""评论""报告人附注"三个部分。其中，法律规则是作为解释对象的普遍法规则；"评论"是阐释法律规则，对现有法律资料的考察与解释，全面援引权威观点、判决、法学专著和论文。"报告人附注"是说明该规则的演变历史，并援引派生出该规则的所有判例。②

在内容与功能上，法律重述的目的是阐释不断出现的判例，提出"一个有条理的关于美国一般普通法的阐述，不但包括完全由司法判决发展而来的普通法，而且包括法院通过对制定多年且尚有效力的成文法的适用发展起来的法律"。③ 因此，法律重述不仅对判例与成文法进行汇编，以明确不确定的法律规范以及简化不必要的复杂内容，并且还包含对规范进行分析、批判与构建的成分，在一定程度上具有法律创制的作用，从而构成美国的次要法律渊源，在美国司法实践中得到广泛的适用。据不完全统计，法律重述在美国各类案件判决中被援引的次数已超过 15 万次；④ 在有些州，如果没有一致的成文法和先例，那么法律重述

---

① 许庆坤：《美国法学会"法律重述"及其对我国民间法研究之镜鉴》，《暨南学报》（哲学社会科学版）2014 年第 6 期，第 54 页。

② 参见林彦《美国法律重述与判例》，《法律适用》2017 年第 8 期，第 43 页。

③ [美] 伯纳德·施瓦茨：《美国法律史》，王军、洪德、杨静辉译，中国政法大学出版社 1989 年版，第 219 页。

④ 林彦：《美国法律重述与判例》，《法律适用》2017 年第 8 期，第 43 页。

就作为法律发挥作用。可以说,法律重述推动了美国普通法的统一。①

(三) 英美法系国家的法典编纂特点及评价

上述实践清晰表明,英美法系国家的法典编纂在方法、体例、性质上与大陆法系国家的法典编纂存在根本性差别。有学者认为,大陆法系国家的法典编纂是实质性编纂,英美法系国家的编纂为形式性编纂。②

在英美法系国家中,被称为法典(code)、法律编纂(codification)、法律修订(revised laws)、法律汇编(consolidated laws)的文件并不是真正的立法成果。以美国为例,至少存在三种形式的法典编纂成果。第一,法律汇编成果。1926年的《美国法典》(*United States Code*)是美国建国以来国会制定所有立法文件的汇总集合,按50个主题或编(Title)进行系统地分类和编排,这些主题包括总则、国会、总统、农业、武装力量、关税、教育、司法与司法程序、战争与国防,等等。《美国法典》自公布以来每6年重新编纂颁布1次,都是由既有法律汇编而成,类似于"法律全书式"的综合性法律文件,③因而实为法律汇编。最新版本是2012年法典,共54卷,其中第53卷处于保留状态(Reserved)。④第二,法律重述。法律重述是美国学者为了防止繁杂判例法的一种折中方法。第一版"法律重述"的起草从1923年持续到1944年,涵盖"合同""侵权""代理""恢复原状""财产""冲突法""信托""担保""判决"9个法律领域;第二版的起草从1952年持续至1992年,增加了《美国对外关系法重述》;第三版的起草从1986年持续至今,进一步扩展至"雇佣法""不正当竞争法""美国国际商事仲裁法""连带保证和一般保护法"等领域。⑤2015年又增补了雇佣法方面的内容。目前还在编的领域包括原住民法、慈善型非政府组

---

① 许庆坤:《美国法学会"法律重述"及其对我国民间法研究之镜鉴》,《暨南学报》(哲学社会科学版)2014年第6期,第55页。
② [法]让·路易·伯格:《法典编纂的主要方法和特征》,郭琛译,《清华法学》第八辑,第25页。
③ 封丽霞:《法典编纂论:一个比较法的视角》,清华大学出版社2002年版,第131页。
④ 章志远:《法律编纂制度研究》,《法制政府研究》2019年第5期,第10页。
⑤ 许庆坤:《美国法学会"法律重述"及其对我国民间法研究之镜鉴》,《暨南学报》(哲学社会科学版)2014年第6期,第54页。

织法、儿童与法律、版权法、有关国际商事仲裁的美国法、责任保险等。① 第三，统一法典。美国新一代的法律现实主义学者不仅着眼于形成重述的规则，而且要形成统一的法律。《美国统一商法典》就是在联邦法典编纂机关的主持下，由美国统一州法委员会和美国法学会联合组织制定的一部示范法，现已为美国50个州所采纳，对世界各国的民商事立法及国际商事公约产生了深远的影响。其重要地位举世公认，被誉为英美法系历史上最伟大的一部成文法典。②

英美法系国家的法典编纂建立在经验主义方法的基础之上。英国法学家的法观念中，经验优先于逻辑。③ 培根（Bacon）主张，人的一切认识来源于感觉经验，反对空洞的争辩和烦琐的推论。法本身不是一个逻辑明确的整体，交由法学家组成的立法者所创制，而基本上是一种实用手段，由实际工作的法官和律师加以运用。经验主义者推崇经验是唯一可靠的认识方法。④ 霍布斯（Hobbes）认为，感觉是外部事物作用于感官的结果。只有能感知的个别事物是存在的，一般的概念或观念仅是一些符号或记号。⑤ 霍姆斯（Holmes）则精辟指出：法律的生命不在于逻辑，而在于经验。⑥ 经验主义导致了一种来自于经验、长期判例积累形成的普通法是"永恒法"的思想倾向。因而，英美法系国家对预先做出理性安排的、旨在确定概念与原则一致性的法典编纂持有怀疑态度，拒绝采用民法体系中源于立法原则的演绎推理方法。对此，有学者描述道："科学仅仅是对事实的整理和分类，具体案件的实际判决就是事实，只有在进入事实后才能被观察和分类。因此，要求法律科学为未来制定法律规则，在逻辑上是不可能的。换言之，法学家或法典编纂者不能对未知世界的人类行为进行分类并继

---

① 林彦：《美国法律重述与判例》，《法律适用》2017年第8期，第43页。
② 许中缘：《论普通法系国家法典的编纂》，《比较法研究》2006年第5期，第38页。
③ ［法］让·路易·伯格：《法典编纂的主要方法和特征》，郭琛译，《清华法学》第八辑，第25页。
④ 参见董茂云《法典法、判例法与中国的法典化道路》，《比较法研究》1997年第4期，第345页。
⑤ 朱德生、李真主编：《简明欧洲哲学史》，人民出版社1979年版，第116—117页。
⑥ ［美］小奥利弗·温德尔·霍姆斯：《普通法》，冉昊、姚中秋译，中国政法大学出版社2006年版，第1页。

而为它们制定法律。"①

英美法系制定法的功能在于列举既有的规则或是矫正普通法的不足，目的不是将普通法原则化，并以这些原则替代普通法。② 制定法被看作普通法的例外和偏离，根据普通法和衡平法对制定法进行解释。同时，制定法的效果主要是通过司法适用来实现的。当然，英美法系重视经验主义，并非意味着无视逻辑和理性，而是意指在经验与逻辑和理性冲突时，为了实现特定目标和取得预期效果，法律可以突破逻辑和超越理性。英美法致力于从历史之维建构现实，从效用之维保持活力，从技艺之维寻求个案公正，从行动之维产生变革力量。注重解决现实中具体问题，因而凸显出实用主义的特质。③

概言之，在英美法体系下，法典编纂被看作用以对法律进行"汇编"或"重述"的技术性手段，其主要目的是对既有规则的确认和分类，而不改变这些规则，也不是构建新的体系。例如，《美国统一商法典》是建立在现有规则的基础之上，既尊重传统又弘扬了法典法的优势。④ 在范畴上，法典编纂的涵盖面被设计得较窄，通常局限于特定领域的部门法，例如民法之下的债法、债法之下的合同法、侵权法等领域，这样的法典编纂成果可称为"小法典"。编纂而成的法典不仅不能替代普通法或衡平法的原则，并且避免与普通法采取对立的立场。对法典的解释也是建立在既有法律规则之上，而不是以法典表达的立法目的或它们所反映的政策考量为依据。可以说，英美法系的法典编纂是对既有法条的形式汇编，而非规划法律发展的尝试或是由一般规则的创新体系构成的逻辑连贯、组织严密的整体。⑤

---

① Mathias Reimann, "The Historical School Against Codification: Savigny, Carter, and the Defeat of the New York Civil Code", (1989) 1 *The American Journal of Comparative Law* 95, p. 109.

② 参见董茂云《法典法、判例法与中国的法典化道路》，《比较法研究》1997年第4期，第339—340页。

③ 高鸿钧：《比较法律文化视域的英美法》，《中外法学》2012年第3期，第456页。

④ 徐国栋：《菲尔德及其〈纽约民法典草案〉——一个半世纪后再论法典编纂之是非》，《河北法学》2007年第1期，第26页。

⑤ [法]让·路易·伯格：《法典编纂的主要方法和特征》，郭琛译，《清华法学》第八辑，第26—27页。

第 二 章

法典编纂的第三种实践进路：
国际法编纂

第一节 国际法编纂思想起源

一 国际法编纂活动是国际法史的重要组成

当我们讨论大陆法系与普通法系的法典编纂实践时，看到两个法系受根植于其中的传统、历史、文化以及哲学思想的影响而具有截然不同的法典编纂实践道路。国际社会法律状态的形成与发展不仅融汇了与人类社会发展的外部环境、内在动因、整体结构相关的历史与社会内涵，并且与应对人类历史社会巨变的思想转型大格局密切相关。国际法编纂是国际法律秩序发展历史的产物，是国际法史的重要组成部分。

国际法史是世界历史进程不可分割的部分，其进步发展与世界文明的成就密切相关，[1] 是映射历史上各种价值观的兴起和衰落的一面镜子。[2] 文字记载与法律媒介化对促进国家间交往规则的发展具有重要意义，国际法的历史与人类有文字记载的历史一样久远。[3]

---

[1] 周忠海：《国际法史与国际法的发展》，《政法论坛》1994 年第 5 期，第 83—84 页。
[2] ［美］罗伯特·基欧汉、约瑟夫·奈：《权力与相互依赖》，林茂祥等译，中国人民公安大学 1992 年版，第 235 页。
[3] ［美］阿瑟·努斯鲍姆：《简明国际法史》，张小平译，法律出版社 2011 年版，第 2 页。

第二章 法典编纂的第三种实践进路：国际法编纂

尽管古代国家之间的来往并不多，而且往往处于战争状态，但是只要它们有来往关系，就有尊重使节、信守条约等原则和制度，形成了古代国际法规则的雏形。在古代埃及，公元前1000多年就有对外往来关系的记载。公元前1296年埃及法老与赫梯国王缔结的同盟条约可以说是一个最古老的条约。当然，古代这些原则、规则和制度与近代国际法制度和原则迥然不同。① 到了中世纪，海商法与商法的世界主义倾向对通商条约构成了补充。特别是航海与远洋贸易发展，需要借助相同的需求、习惯、技术和传统的力量，因而习惯成为统一的规则基础，并且逐渐被固定下来。例如，《罗德海法》属于公元8世纪前后海事规则和部分基于旧罗马传统的海事规则的编纂。公元12世纪，《奥列隆惯例集》借鉴《罗德海法》，对比斯开湾奥列隆小岛上的商人法庭所做裁决进行了编纂，被大西洋和白令海沿岸地区所认可。大约于14世纪中叶在巴塞罗那编纂的《海事法典》论述了海战的重要方面——捕获法（prize law），在18世纪得到国家实践的广泛认可，权威的英国法学家承认其为普遍的国际法。②

仲裁也是体现国际规则的重要领域。13、14世纪以及15世纪上半叶，统治者们之间通过某种永久安排来仲裁未来纠纷的协议解决争议。仲裁数量相当惊人，不仅涉及私法事务，还包括今天被认为属于国际法的问题，如边界问题。③ 18世纪前后，不断持续的条约关系进一步促成条约在世界范畴内进行汇编的雏形活动。荷兰出版商于1700年开始发行《和平条约汇编》，后来继之以《通用外交国际法》《主要条约汇编》等，这些汇编对于国际法实证主义方法具有重要的价值。马布里神父（Mably）于1747年出版《基于条约的欧洲公法》是试图在方法论上对新的条约进行汇编的早期尝试之一。④

---

① 王铁崖主编：《国际法》，法律出版社1981年版，第11—15页。
② 参见［美］阿瑟·努斯鲍姆《简明国际法史》，张小平译，法律出版社2011年版，第24—25页。
③ 参见［美］阿瑟·努斯鲍姆《简明国际法史》，张小平译，法律出版社2011年版，第26页。
④ ［美］阿瑟·努斯鲍姆：《简明国际法史》，张小平译，法律出版社2011年版，第111页。

到了 19 世纪，致力于和平思想的政治家和学者对推动国际法编纂发挥了重要作用。① 这一运动的力量部分来自于 19 世纪欧洲各国国内法典编纂成功实践的鼓舞。诸多学者个人为国际法的编纂做出了许多尝试，对适用于各国在不同国际环境下行为的各种原则做合乎逻辑和秩序的说明，在国际法法典化问题的讨论过程中提出了一些有关国际法性质及其发展的深刻而具有争议性的思考。各国许多有名的法学家支持编纂法典的建议，其中一些人甚至编写法典草案。② 进入 20 世纪，国际社会成立了国际联盟及海牙常设国际法院，彰显对国际法做出更明确和更权威规定的必要性。在国际联盟框架下，国际联盟大会致力于"以拟订公约为目的开展编纂工作，将国家关系置于法律和安全的基础之上，并且不损害逐步经各国实践和法理所产生的习惯国际法"。③

第二次世界大战之后，国际社会进入了新的发展阶段。尽管习惯法构成的国际法规范框架提供了国际关系运作所必需的统一框架，但习惯法规则需要得到非常广泛的作为国际法主体的国家间同意才能有效地发挥作用。传统习惯规范需要用本质上更具强制性的法律来取代，例如，经各国同意普遍接受的成文化和法典化的规则。对此，国际社会真正需要编纂国际法并逐步发展国际法，依托联合国多边机制框架促成各国达成重大的社会妥协，厘清有可能达成一致的领域的国际法规则，并且发展新的国际法规则，以便回应国际社会变迁与进步的新趋势。④ 总体而言，国际社会的发展对国际法提出新任务。不断变化的国际社会要求国际法与时俱进，促使国际法不断革新和发展。⑤ 国际法的编纂为推动国际法治进步提供了方法与手段。

---

① Ernest Nys, "Codification of International Law", (1911) 5 *American Journal of International Law* 871, p. 885.

② P. J. Baker, "The Codification of International Law", (1924) 5 *British Year Book of International Law* 38, p. 38.

③ Philip Marshall Brown, "The Codification of International Law", (1935) 29 *American Journal of International Law* 25, p. 28.

④ Riccardo Pisillo-Mazzeschi, "Treaty and Custom: Reflections on the Codification of International Law", (1997) 23 *Commonwealth Law Bulletin* 549, p. 549.

⑤ 邵沙平：《加强和协调国际法治——国际法新趋势探析》，《昆明理工大学学报》（社会科学版）2009 年第 5 期，第 87—88 页。

二 国际法编纂肇始于边沁的法典编纂思想

(一) 边沁功利主义学说

边沁最早提出了将国际法编纂为法典的想法。英文 "codification"（编纂）一词正是边沁创造而来，他提出了系统性法典（包括国际法法典）编纂的理论。如果说格劳秀斯（Grotius）是国际法思想之父，那么边沁则是国际法编纂运动的创始者。[①]

边沁于 1748 年 2 月 15 日生于伦敦的一个中产阶级托利党的家庭。1775 年，边沁撰写其第一部比较重要的作品《关于评论的评论》，对布莱克斯通（Blackstone）敌视改革的态度进行了尖锐的批评。1776 年边沁匿名发表了《政府片论》。至 1780 年代中期，边沁完成了最重要著作中的《道德与立法原理导论》与《论一般法律》。[②]

在法学思想与方法方面，边沁创立了功利主义学说，主张最多数人的最大幸福是衡量对错的唯一恰当尺度，也是政府的唯一恰当目的。[③] 边沁将功利主义思想作为逻辑起点，开创了分析实证主义法学方法论，澄清与法律概念相关的混乱和模糊，建立将法律视为达到一些清楚确切目的之手段的理论。[④] 边沁在驳斥不合理论证、揭露谬误、指出矛盾的同时，将对于科学概念必不可少的思维习惯和调查方法引入对改革的探索。他主张，只有通过像数学那般严格而且无法比拟的更为复杂和广泛的探究，才会发现构成政治和道德科学基础的真理。这种方法可以被简单描述为细节方法，把整体分割成部分，把抽象还原成具体，把种类和概括区分为组成它们的个体，在打算解决每个问题以前把它分解为枝节，这个过程的创造性的准确意义被视为一个逻

[①] Shabtai Rosenne, "Codification of International Law", (1984) 7 *Encyclopedia of Public International Law* 34, p. 36.

[②] 徐同远：《边沁的功利主义理论与分析法学思想》，《比较法研究》2008 年第 6 期，第 119 页。

[③] ［英］边沁：《政府片论》，沈叔平等译，商务印书馆 1995 年版，第 92 页。

[④] ［英］约翰·穆勒：《论边沁与柯勒律治》，余廷明译，中国文学出版社 2000 年版，第 87 页。

辑概念。①

　　法典编纂思想正是起源于功利主义理论。边沁坚信实在法的重要性——"没有法典就没有正义"。他主张，一部法典应该建立在对人类行为类别进行严格逻辑分析的基础上，每一部法律的颁布都应该有其合理的理由。人们应该通过运用合理和系统的方法来寻求更好的法律，以实现福利的既定目标。一部成文法典不仅消除法律上的空白处与不一致，并且使所有人都方便地获得法律。②

　　在自然法盛行的时代不需要有立法理论，实证法经由纯粹的逻辑推论即可导出来。无论是经院哲学，还是理性论的启蒙自然法，对此没有太多的不同主张。③ 秉持功利主义，边沁对自然法、社会契约论进行了抨击，认为自然状态、自然权利和自然法都只是一种虚构，根本不存在，而真正的权利是法律的作品，实在的法律产生实在的权利。边沁将法律定义为：由一个国家内的主权者所创制或者所采纳的、用以宣示其意志的符号集合。法律之源乃主权者意志，立法家须满足7项条件始能达致法律的本意。第一，主权者的意志得以实现，要仰赖于对主权者所意图发生的具体事件的预期；第二，法律必须众所周知；第三，法律必须融贯一致；第四，符合功利主义原理，对于主权者，他在采纳法律过程中所考虑的目的或外在动机，基于功利原则仅仅是社会的最大福利；第五，以特定的方法进行布局结构；第六，法律须有实行的确定性；第七，法律须照字句之清楚解释而不容模棱两可。④

　　以理论为基础，边沁谋求对法律的形式与内容进行改革。他论证了编纂法典或把所有的法律都转换成书面的，并且按系统排列的法典的必要性和可行性。他阐释了一部法典将由什么部分组成以及各部分相互间的联系如何，不仅要包括解释法律必不可少的一切，还要自身修正和改

---

①　[英] 约翰·穆勒：《论边沁与柯勒律治》，余廷明译，中国文学出版社2000年版，第54页。

②　Christiane Ahlborn and Bart L. Smit Duijzentkunst, "70 years of the International Law Commission: Drawing a Balance for the Future", https://www.ejiltalk.org/70-years-of-the-international-law-commission-drawing-a-balance-for-the-future/ (last visited 30 January 2022).

③　[德] 考夫曼：《法律哲学》，刘幸义等译，法律出版社2004年版，第21页。

④　浦薛凤：《英国功利主义派之政治思想》，《清华学报》1932年第7期，第37页。

良一些既有规定。他主张，法典编纂要求为现有的法律制度设计一套适合社会的所有时代和所有状况的"制服"。[1]

1802年，边沁出版《完整法典概论》，系统表达了法典编纂理论以及对两个最重要的法典（民法典与刑法典）进行编纂的基本设想。他指出，编纂应是封闭而详尽的立法，并且应当符合以下标准：（1）必须是完整的，无须用注释和判例的形式补充；（2）在叙述其包含的法则时，必须使每句话都达到最大可能的普遍性；（3）这些法则须以严格的逻辑顺序表达出来；（4）立法概念要具有一致性、唯一性，并且给予准确的界定。[2] 除此之外，他论述了法的整体、一般性划分方法，将法分成宪法、民法、刑法、程序法、财政法、军事法六大部门，明确地展现了部门法的观念，并且对除了财政法、军事法之外的其他部门法进行法典编纂尝试。他认为，民法典是实现幸福最大化的最重要手段。这一法律领域涉及权利和义务的分配，并且将4个附属效用最大化：生存、富足、安全和平。同时，要使民法有效地发挥作用，就必须有一个良好颁布和有效执行的刑法典作为支撑。刑法可以对某些行为施加制裁或惩罚，其目的是使民法的效力更加突出。刑法、民法和宪法共同构成"实体法法典"。[3]

（二）边沁与国际法编纂

"international law"（国际法）一词由边沁在其著作《道德与立法原理导论》中首次创造出来。边沁反对使用"law of nations"（万国法）称谓国际法，他认为万国法与国内法相近，未能充分反映国际法调整国家间关系的特征。他解释道："国际法一词是个新词，被指望来用一种更具实义的方式，表达通常归入万国法名下的那类法律，因为万国法这个名目缺乏特征，更不是由于习惯的效力，就会像是指国

---

[1] ［英］约翰·穆勒：《论边沁与柯勒律治》，余廷明译，中国文学出版社2000年版，第90—91页。

[2] 徐国栋：《边沁的法典编纂思想与实践——以其〈民法典原理〉为中心》，《浙江社会科学》2009年第1期，第37页。

[3] Gunnar M. Ekeløve-Slydal, "Jeremy Bentham's Legacy: A Vision of an International Law for the Greatest Happiness of All Nations" in Morten Bergsmo and Emiliano J. Buis (editors), *Philosophical Foundations of International Criminal Law: Correlating Thinkers* (Torkel Opsahl Academic EPublisher, 2018), p. 438.

内法。"① 1789 年，边沁完成《国际法律原则》著作，包括 4 篇文章：《国际法的目标》《法律统辖范畴内的主体》《关于战争原因和后果的思考》与《普遍和永久和平的计划》，这些论文的基本技巧和目的是将功利主义方法用于国际法，论述了国际法在确保世界和平与所有国家幸福方面的作用。② 正如《国际法的目标》开篇提出："如果这世界上的一位公民要准备一部普遍适用的国际法典，他会选择以什么作为他的目标？答案必将是对各个国家共同和平等的功利。"③

边沁认为，产生法学各主要门类有以下情势：（1）法律的支配范围；（2）负责控制行为的主体的政治性质；（3）有效时间；（4）法律表达方式；（5）涉及的惩罚种类。从法律支配范围出发，法律所表达的可以是涉及某个或某些特定国家的法律或者是涉及一切国家的法律，后者就是属于国际法学。控制行为的主体性质，要么是同一个国家的成员，要么是不同国家的成员，后一种情况下就可被归入国际法。边沁阐明了国际法的目的，包括不伤害他国、保证他国的最大利益、不要成为他国的受害者、接受他国的最大利益以及尽可能减少战争残暴性，并且分析了战争的原因和结果，表达了对普遍和永久和平的诉求。④ 对于国际法的性质，边沁认为，对违反国际法适用"道德"或"宗教"制裁，尽管很少具有功效，但国际法中仍然有足够的类似因素可以称之为法律。

对于国际法的编纂，边沁指出，私人间的关系，即使涉及不同国家，也应当由国内法规则调整，如果国家以个人名义行动，应服从另一国的国内法。国际法是调整国家间关系的，"作为君主相互间的事务，它们将受制于那类可恰当地和专门地称为国际法的法律"。⑤ 而编

---

① [英] 边沁：《道德与立法原野导论》，时殷弘译，商务印书馆 2000 年版，第 364 页，注释 X。

② 该书于边沁去世 11 年后即 1843 年付梓出版。参见 Ernest Nys, "Codification of International Law", (1911) 5 *American Journal of International Law* 871, p. 877.

③ [美] 马克·威斯顿·贾尼斯：《美国与国际法 1776—1939》，李明倩译，上海三联书店 2018 年版，第 17 页。

④ Ernest Nys, "Codification of International Law", (1911) 5 *American Journal of International Law* 871, p. 877.

⑤ 参见 [英] 边沁《道德与立法原野导论》，时殷弘译，商务印书馆 2000 年版，第 367 页。

纂国际法典是"对主权者与其他主权者间的权利和义务的汇集"。①对于一个被赋予起草国际法典任务的个人而言，应当考虑的是所有国家的共同利益，而代表一个特定国家的个别立法者的义务与代表所有国家的立法者的义务应当是相同，需要基于普遍性利益而采取行动。②

在边沁思想中，编纂国际法典不仅是立法技术问题，而且是避免冲突和战争的重要手段。由于对国际法抱有作为防止战争、改善国家关系工具的愿景，边沁格外注重对国际法领域的和平法与战争法的编纂，确定"所有共处国家的最大幸福"为编纂目标，思考如何加强国际法在防止战争和改善国家间关系方面的作用。他认为，战争是一种程序，通过这种程序，国家"牺牲另一个国家的利益来行使其权利"，如果国内的和平和减少犯罪可以通过基于效用原则的立法改革在国内实现，那么，通过制定新的国际法规则，进一步完善国际法使不成文的条款变得明确也可以防止国家间的战争。③ 对此，他提出了预防战争的几种方法，包括：（1）对由习俗所构成的不成文法进行编纂；（2）针对所有不确定的观点以及引起两国冲突的观点制定新的国际公约；（3）完善国内与国际的各类法律制度。

边沁认为，完善的国际法应该是成文化，即以法典或条约形式体现出来的国际法。有关和平的法律是国际法典的"实体法"（substantive laws），而战争法则是同一国际法典的"从属法"（adjective laws）。他主张通过加强国际法的法律性质，建立一个能够为国家间争端作出裁决的国际法庭，解决各国之间的争端。他向英国和法国提出建议，放弃殖民地，建立自由贸易，将海军削减到防止海盗的必要水平以及相互削减军队规模等以减少国家间冲突。然而，他意识到，即使采取了这些措施，国家之间仍可能存在冲突。因此，为了防止争端，各国应同意建立

---

① 钟继军：《边沁国际法思想探论》，《求索》2007年第1期，第106页。
② Ernest Nys, "Codification of International Law," (1911) 5 *American Journal of International Law* 871, p. 878.
③ 钟继军：《边沁国际法思想探论》，《求索》2007年第1期，第108页。

一个国际仲裁法院。①

概言之,"边沁对国际法典编纂的思考反映了英国哲学对国际法发展的主要贡献"。② 他将国际法定义为国家间关系法,力图运用功利主义原则作为一般标准对国际法加以调整,相信一项完全以效用原则为基础的全面的国际法典能够使世界变得更美好,这不仅是属于法律形式的改革,更是法律本质的改革。边沁关于国际法的目的、主体及其在促进全面幸福和防止战争方面的作用的论述,提出加强国际法编纂在预防战争和改善国家间关系方面的方法,对当代有关国际法地位和性质的辩论与思考产生了重要而深远的影响。边沁以降,国际刑法、国际人道法等一些崭新的国际法领域不断涌现,并且在国际法编纂和逐渐发展实践中不断进步前行,在此意义上,边沁的国际法编纂思想使他成为远远超前于其所处时代的远见卓识者。

第二节　国际法编纂的概念与方法

一　国际法编纂的概念

国际法与国内法是两个相互独立的不同的法律体系。国际法是调整国家间关系的法律规范。由于国际法律主体之间是平等关系,缺少核心的、凌驾于国家之上的法律制定者和实施保障者,国际法的规则创立、法律渊源及效力范围取决于盘根错节的法理属性与国际法律秩序的根源。而国内法是一个有权威的国家立法机构和法律实施机构保障的、存在上下垂直权力体系的严密的社会结构,因此,国内法的制定与适用都是明确直接的。③

---

① Gunnar M. Ekeløve-Slydal, "Jeremy Bentham's Legacy: A Vision of an International Law for the Greatest Happiness of All Nations", in Morten Bergsmo and Emiliano J. Buis (editors), *Philosophical Foundations of International Criminal Law: Correlating Thinkers* (Torkel Opsahl Academic EPublisher, 2018), pp. 463 – 464.

② Julien Cazala. Jeremy Benthem et leDroit International, Revue Générale de Droit International Public, 2000 (2), p. 383, 转引自钟继军《边沁国际法思想探论》,《求索》2007 年第 1 期,第 108 页。

③ 柳华文:《论进一步加强国际法研究和运用》,《国际法研究》2020 年第 1 期,第 12 页。

组成国际社会的各个国家建立在主权平等基础上，彼此之间在法律上没有优劣关系，支配它们之间关系的法律必须由国家共同决定。编纂国际法所面临和处理的既不是有形的成文法也不是相当明确的司法判例，而是大量的可能相互矛盾的不同主权国家观点与司法实践。因此，单单将已有的国际法规则以重述方式转化为成文形式，就是一项比国内法编纂困难得多的工作。

边沁国际法编纂思想的核心是制定法典或法典化，即以书面和权威形式的法典规定对国际社会成员具有约束力的全部法律义务。长期以来，学者们对制定国际法典的理解至少有三种观点。第一，国际法的法典化应当类似于大陆法系国家的法典编纂，旨在通过创造新的法律规则，用于规范各种形式的国际分歧或争端；第二，国际法的法典化仅仅是对目前支配国家关系的习惯规则或其他现行惯例的整理与重述，而不宜制定新的规则；第三，将前两种观点合二为一，即对现有规则进行编纂的同时，创设某些新的规则并且使之得到国际社会主体的普遍接受。① 上述观点体现了界定国际法编纂概念的狭义与广义分野——国际法编纂究竟是将已有的、杂乱无章的国际法规则通过整理与汇编，转化为书面的、分类的成文规则，以摆脱与澄清国际法规则的混乱和矛盾，还是进一步创制与发展新的国际法规则？②

（一）狭义的国际法编纂

国际法著名学者奥本海（Oppenheim）深入论述了国际法编纂问题。他抱持实证主义观点，强调阐释既有规则的重要性，提出"排除自然法以及那些所谓自然国际法来拥抱真正的国际法"，也就是国际法科学适用的实证方法。实证方法要求研究者的目标或终点无论为何，都必须从既有的、获得认可的国际法规则出发，这些规则可能存在于国家的习惯实践中，也可能存在于造法性公约中。③ 奥本海还总结了几种反对

---

① ［德］莱因哈德·齐默尔曼：《法典编纂的历史与当代意义》，朱淼译，魏磊杰校，《北航法律评论》2012 年第 1 辑，第 36 页。

② Norman MacKenzie, "The Progressive Codification of International Law", (1926) 4 *Canadian Bar Review* 302, p. 302.

③ L Oppenheim, "The Science of International Law: Its Task and Method", (1908) 2 *American Journal of International Law* 313, p. 333.

国际法编纂的一般性观点，包括：（1）编纂妨碍法律籍由惯例和习惯的"有机增长"；（2）编纂导致立法与法院之间产生"分裂倾向"；（3）编纂实际上无法完全消除争议；（4）无论采取何种预防措施都可能无法避免编纂人员出现错误。① 进而，他提出疑问："国际法真的需要被编纂吗？把它作为习惯法，保留在它未成文法的状态下，留给未来，岂不是更好？"对此，他赞成编纂国际法，但同时持有较为保守的观点，指出，国际法的编纂并不一定涉及重建现有国际秩序和整个国际法体系。尽管编纂在许多方面不仅意味着增加公认的规则，而且还意味着废除、修改和重建其中一些规则，但是，无论如何，一项编纂工作不能彻底改变现有国际秩序，并使整个国际法体系建立在一个新的基础上。编纂只是一项科学任务，在现有国际秩序基础上重述既存的国际法规则，并根据时代的条件和实际情况进行必要的修改和补充。②

奥本海主张，对国际法进行成功编纂应当是严格意义上的"狭义和部分的编纂"，即仅仅在有限范围内针对某些得到"妥善解决"（well-settled）的国际法规则进行部分编纂。这种方式存有两种含义：（1）把习惯法和法院判决所产生的规则变为制定法或公约的过程，而不改变或较少改变法律本身；（2）通过一般公约使各国对于国际法的某些问题取得协议的过程，这些公约是以现行的习惯和协定国际法为根据，但加以修改，以调整各种互相冲突的意见，使之达成共识。③ 奥本海对既有规则的编纂和法典化给予了高度认可——"当国际法开始法典化，当代国际法学家无人能够逃避这一问题……我们的工作是为未来着想，因为这项工作必须为教育下一代提供帮助，因为他们的福祉在于法典的实施。法典化的时机何时称得上成熟取决于我们的工作，终会有一代国际法学家适合这项伟大的工作并为人类的利益而最终完成这项工作……那么从历史深处推动人类向前的美好事物的全能力量，将会在一个获得普遍承认和精准编纂的法律的坚实基础上，团

---

① See P. J. Baker, "The Codification of International Law", (1924) 5 *British Year Book of International Law* 38, p. 46.

② L Oppenheim, "The Science of International Law: Its Task and Method", (1908) 2 *American Journal of International Law* 313, p. 319.

③ 参见［英］劳特派特修订《奥本海国际法》（第八版）（上卷第一分册），王铁崖、陈体强译，商务出版社1973年版，第38页，脚注1。

结所有的国家。"①

奥本海的"部分编纂国际法"的观点也得到一些学者的认可。有学者指出，国际法领域变化非常迅速且复杂，不宜将该领域没有成熟的规范以成文化形式固定下来，避免干扰并妨碍法律的自发生长。并且，由于国际法规则没有得到充分的发展，国家的分歧或缺乏结论性的国际实践使国际规则存在完全空白，国际法典方式无法承载精准和明确的规则。② 因此，通过编纂方式来制定单一、完整的国际法典不是改进国际法的适当方法。国际法典的内容如果是包罗万象的，那么必须包括新的规则，但是新规则如若不能得到国际社会绝大多数国家的明确接受和批准，这种法典也就不具有意义和价值。③

还有学者认为，国际法编纂的实质工作不仅仅是阐明规则，还是确保各国就规则的内容达成一致，而这些规则的适用必须得到各国的认可。拟订涵盖调整各国关系法律规则的国际法典，不可能保证就所创设的新的法律义务说服大多数国家的同意来启动实施签署与批准程序，如此一来，就会使国际法编纂工作陷入说服各国政府愿意接受新的国际法规则的极其漫长和艰苦的过程。④ 如果一项编纂结果不能得到国际社会绝大多数国家的明确接受和批准，那么其不仅缺少应有的法律价值，而且可能因国家拒绝接受这项新规则而阻碍国际法的发展。⑤

狭义国际法编纂观点主张，编纂工作在性质上是科学性而非政治性的，其任务是查明和宣布已有的国际法规则，而不论这些规则是否令人满意或不令人满意、过时或仍然适用。但是各国政府无法实施科学性的编纂，因为各国必须根据各自的国家利益采取政治行动。国际法编纂是一个归纳的（inductive）过程，应当委托给独立法学家而不是由各国政

---

① L Oppenheim, "The Science of International Law: Its Task and Method", (1908) 2 *American Journal of International Law* 313, p. 356.

② Norman Bierman, "Codification of International Law—A Basis of World Government", (1930) 15 *St. Louis Law Review* 151, p. 155.

③ P. J. Baker, "The Codification of International Law", (1924) 5 *British Year Book of International Law* 38, p. 45.

④ Elihu. Root, "Function of Private Codification in International Law", (1911) 5 *American Journal of International Law* 577, p. 579.

⑤ Norman Bierman, "Codification of International Law—A Basis of World Government", (1930) 15 *St. Louis Law Review* 151, p. 156.

府根据国家实践和先例来执行编纂任务。因此，国际法编纂工作为一种非立法活动，以重述而不是缔结条约的形式加以实施，体现了科学性质的非官方行为。①

综上，狭义的国际法编纂是指对国际法领域既有的不成文法或习惯法规则最严格意义的书面记录，聚焦对"现行法"（*de lege lata*）进行系统编制并予以发布，尽量保持语言、概念以及法律方法的一致性。其意在为国际法的不成文原则/规则提供书面形式，促成业已由各国的习惯或惯例协定所涵盖的商定规则，既不涉及对未来规则的思考，也不赞同对现有规则和规范的重新修改或修正。归根结底，将国际法编纂限定于现存规则的狭窄范畴在很大程度上是出于对编纂效果的考量，避免因制定新规则难以获得各国普遍接受而导致编纂归于失败。

(二) 广义的国际法编纂

仅仅从狭义范畴编纂是否能够有益于改进和发展国际法？换言之，国际法不需要对既有规则作实质性改变而仅通过简单和连贯的成文化形式就能得到发展吗？

国际法就像所有"活的法律"一样，不是一成不变的，而是在适用于新情况的过程中不断发展和演进，有时会发生质的变化。国际法受国际社会和国内社会的政治、经济、军事、科学技术或地理环境等各种因素的制约和影响，随着国际社会的发展而发展。国际法的价值取决于它对社会进步发展的贡献，取决于它在何种程度上促进诸如保障和平和防止战争等当代最重要问题的解决。随着国家实践在国际法领域的扩展、深化，各国越来越认识到国际法原则与规范的确定是国际交往的重要保障。任何一个国家如果无视这些规则，就会成为另一个国家采取报复行动的借口。这些规则是随时代的条件和各种力量的产生而变化的，在和平解决国际争端中发挥优势。② 局限于狭义范畴的国际法编纂，没有尝试推动规则的统一或创设新的规则，既不利于改善国际法，也不利

---

① Oscar Schachter, *International Law in Theory and Practice* (Martinus Nijhoff Publishers, 1991), pp. 67–68.

② [美] 阿瑟·努斯鲍姆：《简明国际法史》，张小平译，法律出版社2011年版，第2页。

于发展国际法规则。①

事实上，即使以书面形式对法律的全部或部分进行系统陈述，也并不一定意味着使法律内容完全保持不变，实践中即使最严格意义上的编纂也会涉及一些法律上的细微改变，采取过于严格机械的定义可能破坏使用编纂方式的目的。从广义角度理解，编纂应当是一个创造性的过程，不仅将法律和惯例中产生的原则具体化，而且通过统一现有的规则以及创设新的规则推动国际法的发展。②

无论是历史实践还是现行机制，国际法的编纂均包含一种逐步发展法律的方法，对已有国际法规则进行修改和修正，以便适应时代的变化。③ 特别是，联合国成立以后，《联合国宪章》第十三条规定联合国大会承担"提倡国际法之逐渐发展与编纂"的职能，国际法委员会受联合国大会委托实施此项职能。

就内涵而言，置于《联合国宪章》同一条款内的"逐渐发展"与"编纂"之间具有怎样的逻辑关系，是截然不同的概念还是具有同一性呢？联合国大会在筹备建立国际法委员会期间，曾专门讨论了逐步发展与编纂的概念问题。美国代表表示，发展与编纂国际法的任务是区分开来的，编纂旨在确定规则和重述现行习惯法，而发展包含通过最适当的程序创制新法律，以满足国际社会需求。英国代表对区分方法也表示赞成，认为，除了编纂国际法之外，还有许多其他方法可以鼓励国际法的发展。编纂旨在重述国际法的规则，而不是寻求使各国通过达成协议接受新规则。以公约形式对国际法进行编纂的方法使编纂由科学方法变成了国家间的政治问题，以往国际法的编纂结果之所以失败正是由于使用了不合适的方法。同时，英国代表还指出，发展是一个更广泛的术语，不一定与立法方式完全相一致，而是可能以

---

① P. J. Baker, "The Codification of International Law", (1924) 5 *British Year Book of International Law* 38, p. 42.

② Survey of International Law in Relation to The Work of Codification of The International Law Commission, Preparatory Work within the Purview of Article 18, Paragraph 1, of the Statute of the International Law Commission, Memorandum submitted by the Secretary-General, A/GN. 4/1/Rev. 1, 10 February 1949, p. 5, para. 5.

③ R. Y. Zennings, "The Progressive Development of International Law and its Codification", (1947) 24 *The British Yearbook of International Law* 301, p. 301.

其他方式发生。① 有些国家代表则表达了不同的观点，认为不应将"编纂"与"逐渐发展"做出严格区分。例如，中国代表提出，逐渐发展和编纂是两个不同的任务，但有着密切的联系而相互影响，而且往往相互重叠。阿根廷代表认为，编纂在某种程度上已包括在国际法逐渐发展的一般问题中。南斯拉夫代表认为，在理论上有必要区分发展和编纂，但实践中几乎不可能将两者分开。苏联代表指出，既然《联合国宪章》第十三条将"发展"和"编纂"放在一起，就没有必要对两者做出细致的区分。之所以区分国际法的发展和编纂，并不是将工作分为两项，而是意指一项工作的两个阶段。② 最终，各国形成一致共识，认为联合国大会根据宪章交托给国际法委员会的任务性质可能有所不同：一方面，有些任务可能涉及就尚未达成一致的某一议题起草一项公约。另一方面，其他任务可能涉及在广泛的国家实践、先例和学说中对法律进行更精确的表述和系统化，前者称为"逐渐发展"，而后者称为"编纂"，但这两种术语不是相互排斥的，对现有法律进行系统化整理过程也可能会推动创制新规则并由各国采纳的结果发生。

国际法编纂与逐渐发展并不是两个完全割裂相互独立的概念，《联合国宪章》第十三条使用"逐渐发展"和"编纂"两种措辞的目的是"为便利起见"③，可以根据实际情况，分别适用最有利的方法和程序。至于两者是否具有本质的不同，并没有确切的理论界分。实践中，国际法委员会亦拒绝就"编纂"和"逐步发展"的内涵做出任何明确区分，避免将编纂术语框定在任何狭窄的定义当中。④ 因而，广义的国际法编纂实则涵摄编纂的两种方式，即，以"编纂"方式更精确地制定并系统整理广泛存在的国家惯例、判例和学说的国际法规则，以"逐渐发

---

① Yuen-Li Liang, "The General Assembly and the Progressive Development and Codification of International Law", (1948) 42 *American Journal of International Law* 66, pp. 71 – 72.

② Yuen-Li Liang, "The General Assembly and the Progressive Development and Codification of International Law", (1948) 42 *American Journal of International Law* 66, footnote 20, p. 72.

③ 《国际法委员会章程》界定编纂与逐渐发展的内涵时，强调了"为便利起见"（for convenience of reference）的目的，参见《国际法委员会章程》第 15 条。

④ R. Y. Jennings, "The Progressive Development of International Law and Its Codification", (1947) 24 *British Year Book of International Law* 301, footnote 2, p. 312.

展"方式对国际法所未规定或在各国实践中尚未得到充分发展的各项主题，拟订条约草案。①

1949年，赫施·劳特派特（Lauterpacht）执笔起草了题为《关于国际法委员编纂工作的国际法调查》的联合国秘书长备忘录（以下简称《1949年国际法调查备忘录》），对编纂与逐渐发展国际法的性质做了详尽的阐述。② 备忘录指出，国际法委员会并不限于通过确定现有协议或分歧的确切措施来对现有法律做出声明，而是包含两项内容：（1）以系统的形式确定现行法律。国际法委员会的编纂功能基本上相当于一审法官的作用，即找到法律是什么，并以一种精确的、系统的和详细的形式加以明确，这是法律必要的一般性原则。（2）更广泛意义上发展国际法。逐渐发展国际法的功能是"在国家实践、先例和理论已经广泛存在的领域"，通过填补空白、协调分歧，并且在与国际立法相结合的情况下对国际法规则做出改进。对此，国际法委员会应当在一定程度上将政治性的立法进程与逐渐发展职能结合起来，即主动和积极与各国政府协商，协助将逐渐发展和编纂工作的成果适当地转变为被各国普遍接受的国际公约。仅仅以科学的、技术性方式重述已有规则无法真正编纂和发展国际法，有必要与联合国大会决议或与各国商定多边公约形式相互配合。③

在联合国框架下，国际法编纂不仅是记录与整理已有规则，还包含以制定新规则的方式发展国际法。其有别于"确保各国就规则达成一致"的立法程序本身，而是通过整理已有规则，即"现行法"，以及制定新规则，即"拟议法"（*de lege ferenda*），为"确保各国就规则达成一致"创造条件，最终促进国际立法进程。这种广义的国际法编纂对已有规则进行成文化与系统化，阐明规则的内容并诠释尚未确定的抽象的一般原则和习惯国际法的不确定因素，从而消除规则之间的任何冲突，同时修改或废除旧规则以及制定新规则，最终赋予编纂成果以权威性的

---

① 参见《国际法委员会章程》第15条。
② Memorandum submitted by the Secretary-General, Survey of International Law in Relation to the Work of Codification of the International Law Commission, A/GN.4/1/Rev.1, 10 February 1949.
③ Memorandum submitted by the Secretary-General, Survey of International Law in Relation to the Work of Codification of the International Law Commission, A/GN.4/1/Rev.1, 10 February 1949, p.67, para.112.

自足形式。① 其包含两项内容：其一，把不具备法典形式的现有法律（习惯国际法规则）拟订成法典形式，即狭义的"编纂"；其二，按照法典形式制定新法律，即谋求国际法新规则的发展。② 国际法编纂对于调整国际关系法律规则的演变和国际关系新领域规则的发展发挥重要的作用，并且有助于使国际法规则在解释和适用上以统一来取代分歧。③ 因此，国际社会并未止步于对已有国际法规则的狭义编纂，而是积极倡导并推动对新的规则制定与发展的一种广义进程。④

二　国际法编纂鼓励与促进国际立法

（一）国际法编纂与国际立法的区别

在国内法律秩序中，除了原始社会之外，几乎所有社会的法律结构都是有等级的，并且权力是纵向的，包括得到认可的立法或造法机构，具有强制管辖权、可以解决关于法律争端的不同等级的法院以及公认的执行法律的机构。在国内法体系之中，一国宪法决定立法的机关和程序，立法机关对一般规范的创造被称为立法。每一项编纂成果即使是现存不成文法或习惯法中最严格意义上的书面记载，只有在立法机关采取行动的情况下通过立法程序才能成为"制定法"。

国际法虽然是法的一个独立体系，但不是由某个超国家的世界统一立法机关直接产生的。⑤ 国际法律体系中没有统一立法机构，国际法主体由代表利益迥异的不同国家构成。由于国家间处于法律平等关系，管辖国家间关系的法律必须由国家通过共同决定行动或被各国自愿接受，因此，国家是国际法的制定者也是遵守者。国际法规则要成为法律对各

---

① ［美］罗斯柯·庞德：《法典编纂的源流考察：以民法典的编纂为主要视角》，汪全胜译，张振国、方利平校，载何勤华主编《外国法制史研究》（第6卷），法律出版社2004年版，第174页。

② 陈体强：《国际法的编纂》，《中国大百科全书（法学）》，中国大百科全书出版社1984年版，第193页。

③ Oscar Schachter, *International Law in Theory and Practice* (Martinus Nijhoff Publishers 1991), p. 68.

④ George W Wickersham, "The Codification of International Law", (1926) 4 *Foreign Affairs* 237, p. 240.

⑤ 吴向宇、张俊华：《对国际法治的一些思考》，《河北科技师范学院学报》（社会科学版）2005年第8期，第27—28页。

国具有约束力，必须建立在各国的同意与确认基础上。一般而言，国际法渊源是由习惯所创造的规范和条约所创造的规范组成的。① 在理论上，一般习惯国际法规则的成立应以整个国际社会同意为条件；条约规范则是主权国家参与的、由国家政治利益与目的驱使，将具有普遍重要性的议题制定一项一般性公约，然后确保绝大多数国家签署并批准，使该公约对缔约国产生法律拘束力。②

国际法编纂和国际立法之间的区别是真实存在并且非常重要的。各国援引和适用国际法规则不仅因为基于科学和技术的判断，而且是因为该规则"符合国家利益"的政治考量并经国家同意成为一项法律。③ 一项新的国际法编纂成果，即使只体现国际法领域既有的、普遍接受的规则，也只能通过国家这一国际法主体采取行动以同意原则为基础的立法进程才能使之产生法律效力。④

19世纪中期至第一次世界大战前后，国际社会在诸多重要领域通过召开多边外交会议的形式，汇编、整理、编纂以及制定国际法规则。这些多边外交会议在筹备阶段，查明并拟订已有的国际法规则，在会议召开期间，进一步将修改和定义新规则的程序纳入议程，交由各国讨论，最终将包含已有规则与新规则的公约草案缔结为一项新的公约，并促成与会各国对公约的普遍接受。⑤ 由此，早期的多边外交会议旨在实现两项职能，一是实现对法律的客观确定，即编纂国际法，二是实现对法律的普遍接受，即国际立法。⑥

国际联盟成立后，国际法编纂与一般性公约的起草过程变得更为有效，解决了编纂已有规则与起草新规则工作的主动性问题。任何希

---

① [美]汉斯·凯尔森：《国际法原理》，王铁崖译，华夏出版社1989年版，第253页。
② Norman Bierman, "Codification of International Law—A Basis of World Government", (1930) 15 *St. Louis Law Review* 151, p. 156.
③ Oscar Schachter, *International Law in Theory and Practice* (Martinus Nijhoff Publishers, 1991), pp. 70 – 71.
④ P. J. Baker, "The Codification of International Law", (1924) 5 *British Year Book of International Law* 38, p. 42.
⑤ Cecil Hurst, "A Plea for the Codification of International Law on New Lines", (1946) 32 *Transactions for the Year* 135, p. 147.
⑥ Cecil Hurst, "A Plea for the Codification of International Law on New Lines", (1946) 32 *Transactions for the Year* 135, p. 147.

望编纂或起草新规则的国家在必要时向联盟理事会或大会提出一项提案，如果得到足够的支持，则启动编纂或起草公约的程序。在国际联盟框架之下，联盟理事会可以将筹备工作委托给一些小型国际专家机构，即联盟常设技术委员会之一，如贸易、卫生、经济或其他委员会，或设立一个特设委员会。由这些专家拟订并撰写条约草案的初稿，提交给各国政府。根据各国政府的意见，专家们再编写一份新的草案，最后召开国际会议呈交各国进行商定以期最终通过。① 1930 年由国际联盟主持的海牙编纂会议是编纂与立法竞合方法的最具代表性实践。海牙编纂会议是由各国参加的国际性会议，尝试将编纂国际法与制定国际法相互统一，既对已有规则加以系统化，同时就存在分歧的观点和实践在国家间达成协议。② 然而，海牙编纂会议最终草草收场，没有取得预期成功，这在一定程度上证明了编纂和立法竞合方法所固有的障碍和困难。③

1930 年海牙编纂会议的结果使许多国家对国际编纂与立法竞合的方法产生了深深的怀疑。《奥本海国际法》分析了海牙编纂会议的经验，认为：(1) 就国际法规则分歧达成共识主要是政治性问题，而不能借由法律专家会议来解决；(2) 由于国际会议是受全体一致原则所支配的，因而以法典化或具有约束力的公约形式达成一致的尝试可能使最后达成协议的规则价值降低，从而导致编纂成果可能妨碍而不是促进国际法发展；(3) 即使针对一些大体上无争论的问题，编纂工作也需要长期的准备和讨论，而这种准备和讨论不能很好地在国际会议的仓促氛围下进行；(4) 各国政府普遍采取慎重的态度，在许多情形下，利益和情况的不同会使统一规定有困难或不适宜，反而会暴露和强化了意见的分歧。④

---

① James T. Kenny, "Manley O. Hudson and the Harvard Research in International Law 1927 – 1940", (1977) 11 *International Lawyer* 319, p. 324.

② "United Nations Documents on the Development and Codification of International Law", *Supplement to American Journal of International Law*, Volume 41, No. 4, October, 1947, p. 115.

③ "United Nations Documents on the Development and Codification of International Law", *Supplement to American Journal of International Law*, Volume 41, No. 4, October, 1947, p. 115.

④ [英] 劳特派特：《奥本海国际法》（第八版）（上卷第一分册），王铁崖、陈体强译，商务印书馆 1973 年版，第 45 页。

另有学者主张,不宜将可能出现利益或政策冲突的法律规则纳入国际会议的政治氛围中,因为这种氛围不利于形成健全、公正和稳定的规则。尽管要将法律扩展到新的领域有必要依靠国际条约,但应当避免将以国际社会全体一致和同意为原则的国际立法与编纂国际法混为一谈。①

联合国框架内的"编纂与逐渐发展国际法"在性质上亦有别于国际立法。"编纂国际法"属于狭义性编纂,国际法委员会负责对已有规则进行科学重述,并在联合国授权下发表。国际法委员会在其工作过程中与联合国大会开展协作,在充分了解各国政府的意见基础上就编纂规则发表评注,使得大多数编纂成果都是通过协商一致的方式做出的,因此,尽管这种编纂成果缺乏立法或条约规定的强制性权威,但反映了规则的内在价值,能够发挥有效和建设性的指南作用。"逐渐发展国际法"则是起草拟订国际法新规则的一种形式,保持国际法规则稳定和变化之间的平衡,致力于推动各国就国际法一般规则和原则达成某种程度的共识,但"发展国际法"并不等于说服大多数国家同意签署并批准条约的国际立法程序。②

(二) 以编纂与逐渐发展国际法方法促进国际立法

1947年,联合国大会秘书处编写《鼓励国际法的逐渐发展及其最终编纂方法》备忘录,从方法角度讨论了国际法逐步发展的方法与国际法最终编纂的方法。③ 根据备忘录,其一,逐渐发展方法旨在通过扩大国际立法管辖事项领域、汇编立法材料、促进立法技术(特别是统一条约条款、鼓励批准和加入以及鼓励联合国机构缔结多边国际法律文件)等方式鼓励国际立法。其二,编纂国际法的方法包含鼓励国际条约形式编纂和科学重述国际法规则。

1. 鼓励国际立法的方法

联合国成立后,对国际法编纂没有采纳单一的法律重述方法,而是

---

① Yuen-Li Liang, "The General Assembly and the Progressive Development and Codification of International Law", (1948) 42 *American Journal of International Law* 66, footnote. 29, p. 76.

② Fernando Lusa Bordin, "Reflections of Customary International Law: The Authority of Codification Conventions and ILC Draft Articles in International Law", (2014) 63 *International and Comparative Law Quarterly* 535, p. 540.

③ "United Nations Documents on the Development and Codification of International Law", *Supplement to American Journal of International Law*, Volume 41, No. 4, October, 1947, p. 111.

肯定了在发展国际法方面商定并起草国际公约的可行性，有助于将法律扩展至新的领域。[1] 起草国际公约、逐渐发展国际法的方法，不仅通过技术与科学手段探查各国在解释、适用或确定国际法规则方面可能存在的差异，并且对现有规则提出可接受的改进建议。[2] 这一程序属于国际立法进程的组成部分，具有一种准立法的职能性质，但并非国际立法本身，因为最终经发展形成的国际公约如果对国家具有法律拘束力，只有采用国家同意基础上的接受与批准的立法程序才能实现。逐渐发展国际法合乎国际法的性质与目标，在概括、系统化以及就规则达成一致的进程中形成条约文本，为实施由各国普遍同意并接受而使其生效的国际立法程序奠定了坚实基础。[3]

鼓励国际立法的方法包括：（1）就没有规则规范的领域鼓励商定起草国际条约，从而扩大"受国际法管辖"事项范围。（2）由特定专家组对条约草案负责技术性起草，或制定示范条约。（3）对已有的国际立法资料进行分类等技术性改进，为国际立法进程创造条件。（4）鼓励习惯国际法的发展。习惯国际法是国家实践的结果，其发展并不依赖于有意识的国际努力，但可以通过采取步骤，以查明或汇编摘要的方式使各国国家实践的证据更容易获得，从而促进习惯国际法的发展。（5）鼓励通过司法途径发展国际法。收集和编写各国法院处理国际法问题的裁决，就国家的法律意见提供有用的指引。[4]

2. 鼓励最终编纂国际法的方法

联合国在成立初期也对编纂国际法究竟适用条约方式还是法律重述方式进行了讨论。一方面，法律重述的方法是科学性质的，作为对现有习惯法提供权威的、书面证据的最合适工具，通过自身的内在价值，发挥有效和建设性的说服力影响。另一方面，如果编纂的目的仅仅是通过

---

[1] Yuen-Li Liang, "The General Assembly and the Progressive Development and Codification of International Law", (1948) 42 *American Journal of International Law* 66, p. 77.

[2] M. Forteau, "Comparative International Law within, not against, International Law: Lessons from the International Law Commission", (2015) 109 *American Journal of International Law* 498, pp. 501-501.

[3] ［英］劳特派特：《奥本海国际法》（第八版）（上卷第一分册），王铁崖、陈体强译，商务印书馆1973年版，第47页。

[4] "United Nations Documents on the Development and Codification of International Law", *Supplement to American Journal of International Law*, Volume 41, No. 4, October, 1947, pp. 111-115.

法律重述来宣布或巩固现有的习惯法，那么编纂的效果将受到减损或质疑。因此，应适当地将起草多边条约与编纂相结合，以促进国际法规则自觉、积极、逐渐地发展。① 最终编纂国际法的方法既包含不以条约形式体现的法律重述，同时也包含起草国际条约。就此而言，法律重述可以视为编纂的初始步骤，为以国际公约形式体现的国际法最终编纂或逐渐发展奠定基础。②

1979 年，国际法委员会参与联合国大会关于"多边条约拟订程序的审查"时指出，国际法委员会对"逐渐发展"方法与"编纂"方法之间的区分没有严格保持，并且在实践中演变出合并程序，即以最充分和最有效的方法和形式，拟订与某一专题相关的国际法规则的条款草案，作为缔结国际公约的基础。③ 将编纂与逐渐发展区分开来也是难以做到，尤其在为了使某项原则具有较确切的效力而涉及必要的细节时更是困难。把逐渐发展看作有别于编纂而与公约的起草有特定的联系也是过于简单的认识。对于各种不同的情况，出于各种各样的原因，编纂与逐渐发展方法需要有灵活性。④ 在制定一些国家实践不发达的具体规则时，国际法委员会明确提及逐渐发展的意图。例如，国际法委员会在《外交保护条款草案》评注中指出，"由于表明规则的国家惯例和学说不明确，因此该规则的起草是作为法律逐渐发展的一项工作"；"第 8 条草案实乃法律逐渐发展的体现，它偏离了……传统规则"；"如果说习惯国际法还没有达到这样的发展阶段，则第 19 条草案（a）款必须视为逐渐发展的一步"。⑤ 再如，对《国际组织的责任条款草案》的一般性评论中论及，"本条款草案中有好几项条款所依据的实践有限，这使

---

① R. Y. Jennings, "The Progressive Development of International Law and Its Codification", (1947) 24 *British Year Book of International Law* 301, footnote 2, pp. 309 – 310.

② "United Nations Documents on the Development and Codification of International Law", *Supplement to American Journal of International Law*, Vol. 41, No. 4, October, 1947, p. 116.

③ Yearbook of the International Law Commission 1979, Vol. II (Part One), A/CN. 4/325, p. 189, para. 16.

④ 《国际法委员会年鉴 1996 年》，第二卷（第二部分），A/51/10，第 89 页，第 156—157 段。

⑤ 《国际法委员会年鉴 2006 年》，第二卷（第二部分），A/61/10，第 38 页，《外交保护条款草案》第 5 条评注第（2）段，第 43 页，第 8 条评注第（2）段，第 64 页，第 19 条评注第（5）段。

得编纂与逐渐发展两者之间的边界朝着后者移动"。① 在另外一些情况下，国际法委员会并没有表明其对某一特定规则的审议是编纂方面还是逐渐发展方面的工作，甚至不需要确定某一特定规则的法律地位。最典型的是海洋法编纂工作，国际法委员会认为，没有必要详细阐述沿海国所享有的主权性质和法律基础的问题，与这个问题有关的考虑不能归结为一个单一的因素。……所有对海洋领域一般用途的考虑为委员会拟订沿海国主权权利原则提供了充分的基础。②

综上，在国际法领域，即使是"已经有广泛的各国实践、先例和学说"的一些问题，也往往是有争议的，以致只有用制定新规则的方法才能适应情况要求；对于一些特别新颖的问题，首先考虑到已确立的国际法原则并在这个范围内对已确立的国际法原则进行"编纂"，继而才能用"发展"的方法加以制定。因此，通常必须依靠在同一问题上重新厘定现行原则和制定新原则这两个过程相结合，使编纂与逐渐发展发挥共同的作用和价值。从事国际法编纂的重要任务之一是应当在每一个情形下都使人毫无疑义地了解编纂规则中有多少是现行法律的陈述，多少是对现行法律的改变。③ 尽管拟订一项单一的、包含所有国际法规则在内的国际法典的编纂理想无法得以实现，但是毋庸置疑，实践中无论对已有规则予以成文化与系统化的狭义编纂抑或创设新规则的逐渐发展国际法，都具有促进国际法规则完善的重要意义。联合国成立后，在国际法一些重要的领域，如条约法、外交和领事关系、海洋法、国际刑法等，均以编纂和逐渐发展方法结出丰硕成果，充分展现了国际法编纂在国际法治进程中所具有的持续价值。④

---

① 《国际法委员会年鉴2011年》，第二卷（第二部分），A/66/10，第47页，《国际组织的责任条款草案》总评注第（5）段。

② Yearbook of the International Law Commission 1956, Vol. Ⅱ, A/3159, Articles concerning the Law of the Sea, Commentary (8) of Article 69, p. 298.

③ ［英］劳特派特：《奥本海国际法》（第八版）（上卷第一分册），王铁崖、陈体强译，商务印书馆1973年版，第48页。

④ D. M. McRae, "The International Law Commission: Codification and Progressive Development after Forty Years", (1987) 25 *Canadian Yearbook of International Law* 355, pp. 360 – 362.

第三节 国际法编纂的主体

在不同历史阶段，国际法编纂的主体主要体现为三类，一是私人主体，二是由各国参加的国际会议，三是国际组织。① 19 世纪至 20 世纪初，国际法的法典化工作主要以个别国际法学者或由国际法学者组成的非官方学术团体开展，对适用于各国在不同国际环境下行为的各种原则做出合乎逻辑和有秩序的说明，称为"私人编纂"。② 19 世纪下半叶，以不同国家为主体召开的多边外交会议进一步加强了国际法编纂的力量，展示了制定成文国际法规则的发展趋势。③ 联合国成立后，联合国大会依据《联合国宪章》第十三条赋予的职能授权国际法委员会作为专家机构实施编纂与逐渐发展国际法工作。后两种由各国参加的国际会议或国际组织作为主体开展的编纂工作也被称为"官方编纂"。④

一 私人作为国际法编纂主体

从大陆和英美法系国家的法典编纂历史来看，最初提出法律改革建议和改进办法的大多来自代表和表达共同理念的思想家、学者。致力于推动和平思想的政治家和学者在处理国家间关系的研究中主张将国际法编纂为法典，力图为国际法规范制定或多或少完整的大纲或项目，更加精确地阐述在实际应用中尚未确定的抽象的、一般性原则，以消除习惯国际法的不确定因素。自边沁以降的一百多年里，个人、学术团体等私人主体对国际法的编纂做出了许多尝试。他们坚持编纂工作的科学性，主张国际法编纂是一项只属于专业人士或学术机构的工作，通过研究将

---

① Elihu. Root, "Function of Private Codification in International Law", (1911) 5 *American Journal of International Law* 577, p. 585.

② P. J. Baker, "The Codification of International Law", (1924) 5 *British Year Book of International Law* 38, p. 38.

③ George W Wickersham, "The Codification of International Law", (1926) 4 *Foreign Affairs* 237, p. 240.

④ 国际法编纂的类型根据不同标准可分为全面编纂与个别编纂、私人编纂与官方编纂、全球性编纂与区域性编纂等，参见王铁崖《国际法引论》，北京大学出版社 1998 年版，第 149—154 页。

现行规则、法规、习俗、惯例、法院判决进行重述并转化为书面形式。① 以欧洲与美洲地区国际法学者为代表的编纂活动对国际法规则的形成与发展产生了相当大的影响。②

1. 欧洲的私人编纂活动

詹姆斯·密尔（James Mill）在1816年到1823年为《迪亚布雷塔尼亚百科全书》撰写文章，讨论了规范战争和寻求和平的两项重要措施：一是制定一部法典，二是设立一个法庭。他主张，如果能够制定一套准确的国际交往规则，各国就更有可能遵守对所有国家都最有利的交往原则。他建议召集各国代表起草一份国际法典草案，并由代表们加以修订，然后提交各国政府批准。国际法典应以所有主要文字出版，每一个国家都应尽可能公开庄重地予以承认。1833年，纪尧姆·德·加登伯爵（Count Guillaume de Garden）在其著作《完整的外交性质》中建议，各国应该联合起来制定一个共同适用的国际法典，引入习惯所确定的权利作为法典的基础。1848年，在美国和平协会与英国和平协会联合召开的世界和平之友大会上，伊利胡·伯里特（Elihu Burritt）发表演讲，呼吁有必要通过国际大会形式制定一部明确的国际法典，这对于国际社会至关重要。他设想建立一个由政治家和博学的法学家组成的委员会起草国际法典，交由各国讨论并批准。③ 1852年，法国学者路易斯·巴拉（Louis Bara）发表题为《科学》的著作，提出将国际立法与国家立法同化的建议，并在各国之间建立起同样的法律规则，国家的民事法应规范国家的习俗，国家的商业法则是确定交换的自由，而国际法是制裁国家的法律。1861年，奥地利的多明·佩特鲁舍维奇（Al-phonse de Domin-Petrushevecz）出版著作《国际法典》，主张编纂国际法工作应由一个国际委员会来承担，该委员会应承担相关专题规则的成文化或由公约汇编工作中抽象出具有高级外交性质的问题，例如不干预、权力平衡等。这样经由公认机构和政府判

---

① P. J. Baker, "The Codification of International Law", (1924) 5 *British Year Book of International Law* 38, pp. 39 – 43.

② George W. Wickersham, "Codification of International Law at Geneva", (1926) 11 *Cornell Law Review* 439, p. 442.

③ Ernest Nys, "Codification of International Law", (1911) 5 *American Journal of International Law* 871, p. 883.

断一致的成果最终构成国际法典。① 1868 年德国的布伦奇利（Johann Caspar Bluntschli）出版《现代国际法》，共包括 862 项条款，尝试通过制定文明世界的现有规则来实现编纂国际法的目的。1888 年，意大利的菲奥雷（Pasquale Fiore）出版《国际法典》，指出系统地制定国际法规则体系既要考虑到现有法律也要考虑可能成为法律的规则，法律规则蕴含于国家接受的一般性条约、外交文件中，或者存在于当代的普遍信念中、学者和知识渊博的法学家的共同思想中。因此，他所系统汇编的规则部分代表现行国际法，部分代表未来的国际法。② 1906 年法国的杜普莱利斯（M. Duplessis）在巴黎出版《国际公法典》，由国际和平局加持，内容限于对现有国家间法律的法典化。以上具有代表性的国际法学者根据各自独立的视角表达了编纂全面的国际法典的思考并且尝试拟订法典草案，在国际社会产生了较大影响，极大地推动了私人领域的国际法编纂进程。③

2. 美洲的私人编纂活动

在美国内战时期，弗朗西斯·利伯（Lieber）受托起草规制交战行为的法典。1864 年，被称为《美国军队战场指南》（亦称《利伯法典》）正式颁布，共 157 条，主要涉及战争中的人道主义规则。作为国际法的首部约束军事冲突的法典，《利伯法典》产生了重要影响，成为许多国家效仿的战争法典模本。1872 年，美国著名的法典编纂推动者菲尔德发表《国际法典大纲草案》，包含大约 702 项条款，尝试对当时国际法中的大部分实体法进行编纂，包括外交、条约、庇护、国籍、管辖权、侨民、航海、贸易、海事规则，等等，不仅试图将现存的国际法规则法典化，而且还提出关于修改和提高规则效力的建议，使其符合当时的时代潮流。这部法典被评价为"一个适用范围广泛的条约"，而不是"一个已被多次讨论的联合政府或联合国家的理念"，其本质上并非空想，

---

① Ernest Nys, "Codification of International Law", (1911) 5 *American Journal of International Law* 871, pp. 884–885.

② "United Nations Documents on the Development and Codification of International Law", *Supplement to American Journal of International Law*, Vol. 41, No. 4, October, 1947, pp. 142–143.

③ Elihu. Root, "Function of Private Codification in International Law", (1911) 5 *American Journal of International Law* 577, p. 582.

也不仅仅是一个纯理论化的提议,而是经过深思熟虑符合既有国际法形式的方案。① 1886 年,弗朗西斯·沃顿(Francis Wharton)编辑的《国际法汇编》出版发行。他在序言中指出,美国政治家或法学家在各个方面引领构建一个自由、人道的国际法学体系,并且在汇编中列明了"任何从原则上将会对国际法产生影响以及以汇编形式做出的摘录,将它们以纪年的方式安排在对应的条目下"。沃顿认为国际法非常重要,是美国法的一部分,他从一系列法庭引证论及美国法院对国际法的尊重。《国际法汇编》的重要性不仅在于公开宣称国际法无论在美国国内法院还是外交领域都被视为真正的法律,还在于其紧紧围绕美国的国家实践开展科学、客观的实证研究方法。② 进入 20 世纪,1910 年,加拿大的杰罗姆·英特诺西亚(Jerome Internoscia)分别以英语、法语和意大利语印刷出版了《新国际法典》,包含 5657 项条款。该书三分之二内容包含了过去两、三代(two or three generations)出版的国际法书籍中的内容,其余内容则表达了对普遍和平向往的思想。1911 年,巴西埃皮塔西奥·佩索阿(Epitacio Pessoa)撰写的《国际公法编纂手册》和克莱因(Klein)撰写的《国际公法和私法编纂手册》出版问世。③

上述私人编纂活动多集中于 19 世纪至 20 世纪第一次世界大战之前,其性质属于学术的科学性编纂,其内容旨在将国际法的原则、规则和制度编纂为一个整体的国际法典。学者们尝试制定统一的国际法典的努力并不仅仅是改善国际法律义务的形式,而且可能创设新的法律义务。他们深信更为严格的实证主义、数量更多的法典能够让国际法更加成功。但是各国政府是否同意赋予一项新的规范约束力是政治问题,这些编纂工作本身不可能说服各国政府获得共识或同意,因此对各国政府不产生任何法律的拘束力。事实上,大部分国际冲突都源于真正的、根深蒂固的国家间争端,而非不成熟的国际法规则。"国际法的根本性问

---

① [美]马克·威斯顿·贾尼斯:《美国与国际法 1776—1939》,李明倩译,上海三联书店 2018 年版,第 149 页。

② [美]马克·威斯顿·贾尼斯:《美国与国际法 1776—1939》,李明倩译,上海三联书店 2018 年版,第 150—151 页。

③ "United Nations Documents on the Development and Codification of International Law", *Supplement to American Journal of International Law*, Volume 41, No. 4, October, 1947, pp. 143 – 144.

题不在于详述规则而在于执行规则。"① 因此,通过制定单一和完整的国际法典达成更好的国际共识来定分止争、巩固和平,终究是一种美好愿景,局限性也是显然易见的。② 此外,应当看到私人编纂法典的尝试证明国际法的编纂是可能的,对于整个国际法的编纂运动和促进国际法发展是有积极影响的。③

二 国际会议与国际组织编纂国际法

(一) 国家作为间接主体的国际会议形式编纂国际法

自19世纪中期开始,促进国际法迅速发展的替代方法得到应用,主要是国家之间召开国际外交大会,以"立法"方式缔结一般性公约。④ 这种形式在第一次世界大战之前相当大程度上被使用,主要与制定战争法规则有关,同时在其他领域也制定了许多一般性公约。⑤

国际联盟成立以前,各国政府有意识地逐渐发展国际法的努力可以说起源于1814年至1815年的维也纳会议。此次会议拟订并通过了关于国际河流航行自由原则、外交官等级制度、废除奴隶贸易规定等。⑥ 自此,各国在诸多国际外交会议上就相关问题制定国际法规则,如陆地和海上战争法、和平解决国际争端、统一国际私法、保护知识产权、管理邮政和电信、航海和航空的管理及各种其他国际性的社会和经济问题。1814年至1919年,国际社会先后举行100多次国际会议,通过重述既有法律原则或制定新法律来编纂与发展成文国际法,形成了250多项国际文书。这些成就体现了各国政府通过国际会议发展国际法、处理国际

---

① [美]马克·威斯顿·贾尼斯:《美国与国际法1776—1939》,李明倩译,上海三联书店2018年版,第156页。

② P. J. Baker, "The Codification of International Law", (1924) 5 *British Year Book of International Law* 38, p.42.

③ 王铁崖:《国际法引论》,北京大学出版社1998年版,第150页。

④ P. J. Baker, "The Codification of International Law", (1924) 5 *British Year Book of International Law* 38, p.53.

⑤ "United Nations Documents on the Development and Codification of International Law", *Supplement to American Journal of International Law*, Volume 41, No. 4, October, 1947, p.33.

⑥ H. W. Malkin, "The Inner History of the Declaration of Paris", (1927) 8 *British Year Book of International Law* 1, p.2.

关系的成果和经验。①

奥本海认为,这些立法会议本身代表着国际法部分的编纂,但不是真正的编纂。除非国际社会成员愿意妥协,否则编纂工作很难取得成功。如果各国之间基于国家切身利益的行为和观点相互抵触,并且都希望对方改变观点,采取有利于自己的做法,那么编纂就不可能取得进展。② 国际会议形式的编纂在本质上以国家为主体编纂与制定规则,确保国家就规则是什么达成共识以及这些规则效力与适用得到各国的确认。因而,国家作为主体编纂与逐渐发展国际法归根结底仍然是建立在国家同意原则基础上的国际立法进程。

(二) 国际组织作为国际法编纂主体

1. 国际联盟

第一次世界大战结束后,惨痛的代价使国际社会认识到亟须紧密地团结在一起,寻求摆脱战争、用正义代替武力的国际法规则,以及为促进处于危险之中的重大国际社会利益而共同行动。其中,国际联盟和常设国际法院的建立标志着国际社会在发展国际治理机制方面迈出了关键性步伐。

在国际联盟框架下,发展国际法规则存在两种观点。第一种观点主张单独编纂国际法的时机尚不成熟,或许有必要等到设立一个国际立法机构或者由国际司法机构来解释和发展法律。由常设国际司法机构通过司法实践逐渐地发展判例法比编纂统一的、成文国际法典来不断完善国际法律体系,更具有现实性。第二种观点则反对将编纂国际法与设立常设国际司法机构联系起来,主张应当将国际法规则的制定与司法机构适用法律加以区别,两者有必要并行发展。美国法学家希尔(David J. Hill)认为,一国国内的法官基于国家主权行使裁判权,但国际社会并没有单一的"国际主权",如果国际司法机构不受任何法律的限制,那么它将拥有并行使超越所有国家的、无限的"国际主权"权利。因此,国际司法机构适用的法律应当是经过主权国家的事先同意而

---

① "United Nations Documents on the Development and Codification of International Law", *Supplement to American Journal of International Law*, Volume 41, No. 4, October, 1947, p. 32.

② L Oppenheim, "The Science of International Law: Its Task and Method", (1908) 2 *American Journal of International Law* 313, pp. 320 – 321.

接受和批准的国际法规则。① 英国布莱斯（Bryce）提出利用国际联盟建立一个更好的国际法体系的重要性。他建议，联盟的首要职责之一是设立一个委员会，负责编纂和修正国际法。②

最终，第二种观点获得采纳。国际联盟设立了常设国际法院，这是人类历史上第一个对主权国家拥有管辖权的国际性司法机构，并且牢固地建立在国家间尊重国际法、达成国际协定的基础上。与此同时，1920年，国联理事会决定成立一个由10人组成的法学家咨询委员会（Advisory Committee of Jurists），负责起草常设国际法院规约。③ 该法学家咨询委员会同时建议，由国际联盟采取行动重述既定的国际法规则并制定一些新的规则，还建议为了努力确保就这些事项和有争议的规则达成协议，应尽快召开一次新的国际会议，目的：（1）重新制定国际法规则，特别是那些受到战争事件影响的领域；（2）拟订与商讨国际规则的修改和补充；（3）努力调和不同意见，确保就目前存在争议的规则达成普遍协议；（4）审议目前未受国际法适当管制，但基于国际利益需要宣布和接受的一些专题。④

由此，国际法编纂被纳入国际联盟的重要职责范畴，其实施路径是将编纂已有规则和创制新规则合二为一，通过达成一般性公约方式来确保各国就国际法的某些专题达成一致。这些公约或以现行国际法为基础，或包含习惯法和惯例，并且经过修改以便协调相互冲突的观点，使各国达成共识。在这一过程中，国联成立的专家机构或委员会以现有法律为基础拟订初步协议，其后在国联主持召开的国际外交会议上，由各国对相关规则进行修改并达成一致。⑤

---

① Norman Bierman, "Codification of International Law—A Basis of World Government", (1930) 15 *St. Louis Law Review* 151, pp. 155-158.

② Sanford D. Cole, "Codification of International Law", (1926) 12 *Transactions of the Grotius Society* 49, p. 49.

③ International Court of Justice, "Other Documents" https://www.icj-cij.org/en/pcij-other-documents (last visited 30 January 2022).

④ George W. Wickersham, "Codification of International Law", (1925) 11 *American Bar Association Journal* 654, p. 657.

⑤ Arnold D. McNair, "The Present Position of the Codification of International Law", (1927) 13 *Transactions of the Grotius Society* 129, p. 129.

2. 联合国的国际法编纂机制

联合国成立后，国际法委员会是具体承担联合国大会编纂和逐渐发展国际法职能的专门机构。国际法委员会的任务是，第一，就"国际法尚未规定的"一些问题或"各国实践尚未充分发展成为法律的"一些问题草拟公约草案，以"逐步地发展国际法"；第二，编纂现有国际法，即"在那些已有广泛国家实践、先例和学说的领域内"，使国际法"更加准确地条文化和系统化"。为了履行上述职责，国际法委员会考虑一些方法使足以证明习惯国际法的证据更易于查找，如收集和出版各国的法规、官方文件以及国内及国际法院有关国际法的判例等。国际法委员会草拟公约草案，不仅要把现有习惯法和散见于各种文件的成文规则加以系统化，还要根据国际社会生活进展的需要提出新的法律内容，使国际法逐渐发展。

此外，联合国系统内的其他机构也被赋予旨在促进国际法逐步发展及其编纂的职能。例如，联合国国际贸易法委员会、和平利用外层空间委员会的法律小组委员会、人权理事会等，这些机构都建立在处理和编纂国际法规则相关事项的基础上。此外，大会设立的特别委员会或特设委员会也经常被赋予促进国际法逐步发展及编纂的职能，或展现出促进国际法逐步发展的兴趣，例如，国家间友好关系和合作的国际法原则特别委员会和关于确定侵略问题的特别委员会所做工作就体现出这些特点。还有一些特设委员会的工作也可能促进国际法的发展及其编纂，例如国际恐怖主义特设委员会、《联合国宪章》和加强组织角色的特设委员会、起草劫持人质国际公约特设委员会和加强在国际关系中不使用武力原则的特设委员会等。上述常设机构或特设机构的共同点是对国际法的逐步发展及其编纂的贡献发生在其任务规定的具体领域，而国际法委员会所涉猎领域是"调查整个国际法领域，以便选择编纂的专题"。[①]

综上，国际法演进过程中，由权威性的私人以及学术团体重新厘定国际法或编纂国际法典有利于国际法规则的系统化和完善，而国家作为编纂主体召开国际会议形式不仅没有展现出特别优势，并且还可

---

① Yearbook of The International Law Commission 1979, Vol. II (Part One), A/CN.4/325, p. 187, paras. 10 – 11.

能因实行全体一致原则而发生编纂结果失败或倒退的危险。因此，正式进行法典编纂，把编纂的结果纳为实在国际法的一部分，应该是有组织的国际社会正常和正当努力的目标，① 在此意义上，由联合国所主导的国际法编纂和逐渐发展机制体现了一定的科学性和优越性。在联合国框架内，国际法编纂与国际立法、国际司法相互配合，有机互动。由国际法委员会编纂而成的条款草案可以作为国家间缔结公约的国际立法进程的基础，而国际法适当部分的法典编纂可以增加国际法的明确性和权威性，促使各国更加愿意把争端提交国际司法机构进行司法裁决或仲裁解决。

第四节 国际法编纂的功能与价值

一 国际法方法论与国际法编纂

任何法律体系中的规范都必须得到不断发展，使其更加明确和确定以适应不断变化的社会条件。这一任务是通过各种方式完成的，包括立法、司法决定、行政机构的裁决、商业惯例的发展、专家的学理研究等，而法典编纂也包含在这些活动范畴内。② 法学方法论围绕着对法规范的观察和思考展开，探讨规范的意义，关切规范效力、规范内容以及法院判决中包含的裁判准则。具体可分为应用的方法，表现为创制、执行、适用、衡量、解释、修改等形式，以及研究的方法，表现为分析、批判、综合、诠释、建构等。③ 方法论作为法律的"元学科"，能够直接、有目的地指明判决和学说赋予特定规范哪些内容。④

国家在国际关系中大都以维护及争取自身利益为目标，在此立场

---

① ［英］劳特派特：《奥本海国际法》（第八版）（上卷第一分册），王铁崖、陈体强译，商务印书馆1973年版，第45页。
② Green H. Hackworth, "The International Court of Justice and the Codification of International Law", (1946) 32 *American Bar Association Journal* 81, p. 82.
③ 戚渊：《法律方法与法学方法》，《政法论坛》2009年第2期，第36页。
④ ［奥］恩斯特·A. 克莱默：《法律方法论》，周万里译，法律出版社2019年版，第6页。

主导之下,"扭曲"国际法或朝向对自己有利的方向来主张国际法,亦不足为奇。若国际社会希望逐步走向一个较为和平及符合正义的社会,则正视国际法及适当地发现国际法应是必要的。若要适当发现国际法,则必须运用大家都能接受的方法为之,如此既避免恣意产生的结果,也有助于达成共识。① 从规范本身看,由于国际法规范具有不成体系的特点,国际法常常被认为是初级的或原始的,缺少方法论的自觉是国际法学的一个突出特征。正是因为这些原因,国际法成为一门在质疑与回应过程中不断进步的学科。② 国际法与国际法学的作用是相互的,后者有助于解释与发展国际法,即确认国际法的存在、发展解释方法、界定解释的范畴与形成法律思想。③ 寻求国际法统一理论所必需的、共同的法律价值观念及其现实的基础正是国际法学的长期任务。

建置一套完整的国际法方法论,是有必要的。但是,对于什么是国际法的方法论,并没有普遍接受的定义。有学者认为,国际法的方法论是指国际社会为研究国际法所采取的基本立场及因此而生的研究方法,确定规则是否存在的方法,与国际法律体系方面的一般概念密切相连。由于国际法规范以国际法渊源形式表现出来,国际法方法论与国际法的渊源之间具有不可分割的关系。从国际法渊源出发建构国际法方法论,包含探究国际法渊源的种类、性质、产生、消灭及拘束力原因,确认国际法渊源存在方法、发现国际法渊源内涵的方法以及国际法适用的问题。④ 还有学者主张,国际法的方法论既有广义的含义,即用于获得国际法律体系的科学知识的方法,也有狭义的含义,即用来确定国际法规范或规则存在的方法。这两个概念具有密切的相互关联性,用来确定规范的狭义方法不能和国际法渊源截然分开,而确定国际法渊源

---

① 黄异、周怡良:《有关建构国际法方法论的一些初步看法》,《法学评论》2013 年第 3 期,第 61 页。
② [美] 阿瑟·努斯鲍姆:《简明国际法史》,张小平译,法律出版社 2011 年版,"序言",第 2 页。
③ [德] 沃尔夫刚·拉格夫·魏智通:《国际法》,吴越、毛晓飞译,法律出版社 2002 年版,第 69—70 页。
④ 黄异、周怡良:《有关建构国际法方法论的一些初步看法》,《法学评论》2013 年第 3 期,第 63 页。

属于用来将国际法作为一个法律体系加以研究的广义方法论范畴。[1] 另有学者指出,国际法方法论系指国际法的研究方法,为国际法问题提供宏观观念和为国际法问题提供解析工具的理论和手段,确立国际法的研究方法能够自觉促进国际法的发展和理论研究的深入。在技术层面,涉及对国际规范客体的研究,既从实践角度关注进入审判或者裁决程序的案例,也可关注尚未成为案例的实践以及与法律相关的国际关系事实。[2]

国际法编纂是从阐释法学规范的视角来洞悉国际法的一种方法。边沁所提出的法典编纂思想与方法处理的就是关于法律应当如何阐述的问题,因为即便是最低层级的规范阐释也包含对于难以捉摸之信息的解释、选择和整理。法律重述或编制似乎只是用来描述业已存在的法律,但由于法律渊源之间总是存在相互抵牾,因而法律重述实际上也需要做出许多创制规范的决定,例如,决定所涉法域的哪些特殊性需要被排除而哪些则可被上升为一般性原则。融贯地呈现新的材料或根据新的标准把旧的材料加以分类,较之于纯粹地将新近的立法和司法判决纳入现行体系更加需要建立在综合研判的基础之上。[3] 法典编纂提供了这样一个焦点,它的存在使得法律人能将看似彼此区隔的问题相互联系并融洽地吸纳进新的思想之中,使得必须适用与解释法律之人看到"真理与自身相关",从而理解并关注做出具体裁决所须考虑的规范语境,以避免矛盾并做出不仅本身公平公正且亦与针对其他问题的解决方法相一致的解决方法。[4] 因此,就国际法方法论而言,国际法编纂既是认识法律和解释法律、将事实与规范对接的法律推论活动,也是一个续造既有法律或发现新法律的过程,是实现并塑造法律规范秩序的重要活动。

---

[1] [法]克里斯蒂昂·多米尼赛:《国际法的方法论》,贾中一译,黎均校,《环球法律评论》1988年第2期,第63—64页。

[2] 何志鹏、王元:《国际法方法论——法学理论与国际关系理论的地位》,《国际关系与国际法学刊》第2卷,厦门大学出版社2012年版,第202、263页。

[3] Norman Bierman, "Codification of International Law—A Basis of World Government", (1930) 15 *St. Louis Law Review* 151, p. 157.

[4] [德]莱因哈德·齐默尔曼:《法典编纂的历史与当代意义》,朱淼译,魏磊杰校,《北航法律评论》2012年第1辑,第27页。

二 促进国际法律秩序的规范化与体系化

法律与秩序是相关联的。法律秩序是一套统一于基础规范的法律规范的等级体系，其外延等同于法律，其内涵是法律结构的有序化。① 亚里士多德言及，"法律是某种秩序，普遍良好的秩序基于普遍遵守的法律和习惯"。"法律是秩序的化身""法律是秩序的象征"等命题的讨论使两者之间的关系构成法治理论与建设的重要内容。②

国际法是多元的、多文化的制度，平衡着国际公正的、实现和平的、促进发展的、保护环境的利益，或者说顾及了所有重要的文化、不同的发展阶段和各代人的愿望与价值观念。③ 治理国际社会的国际法从确立秩序的规则开始，并向维持公正的规则伸展。主权国家彼此之间是平权的和并立的，但不是孤立或闭关自守，相互之间交往中建立相互有拘束力的共同行为规则。早期的国际法主要是共处法，例如，关于不干涉内政、尊重国界、承认公海上航行自由、保护外交代表、遵守缔结条约的程序等国际法规则都属于共处法。随着国际相互依存关系增加，国际社会需要更多的合作，由此产生合作法。许多与国际关系有关的事项，并没有受到国际法的约束，这些部分属于各国的"保留范留"，由各国自由处理。④

凯尔森认为，从规范角度，如果没有约定的国际法或习惯国际法的规范对国家设定按照某种方式作行为的义务，国际法主体就依据国际法有任意行为的自由。这种结论虽在逻辑上是可能的，但在道德或政治上却不能令人满意。在这个意义上，国际法律秩序就像任何法律秩序一样是有罅隙的。⑤ 国际法在所有法律制度都具备的三项基本职能——立法、司法和执法上呈现分散性特质。⑥ 从没有共同法律纽带这一不牢固

---

① ［奥］凯尔森：《法与国家一般理论》，沈宗灵译，商务印书馆2017年版，第175页。
② 何勤华等：《法律名词的起源》（上），北京大学出版社2009年版，第94页。
③ ［德］沃尔夫刚·格拉夫·魏智通：《国际法》，吴越、毛晓飞译，法律出版社2001年版，第6—11页。
④ 李浩培：《国际法的概念和渊源》，贵州人民出版社1994年版，第27页。
⑤ ［美］汉斯·凯尔森：《国际法原理》，王铁崖译，华夏出版社1989年版，第255页。
⑥ ［美］汉斯·摩根索：《国家间政策：权利斗争与和平》，［美］肯尼思·汤普森、戴维·克林顿修订，徐昕、郝望、李保平译，王缉思校，北京大学出版社2006年版，第353页。

的基础出发,国际实践规则的发展和扩大是试图调整一种原始的初级的制度以适应国际交往的新要求。在这一增长和扩大的过程中,不存在一个国际立法机构能够涤除陈旧的传统和取代过时的习俗。① 国际法的分散性质中本身存在的不确定性引起进一步的不准确,因而使先天不足的国际法继续缺乏力量。②

国际法是国际政治的规范表述,反映了国家间体系的政治主张。即便国际法最终是政治体系和政治家们的产物,它也是由司法实践和法律程序进一步巩固与改进的,包括国际法院和其他法院及仲裁机构等,还通过编纂形式的集体表达,来解释和运用国际法规则。萨维尼指出,世界社会法首先是由习惯和普遍信念发展起来的,然后由法律活动加以发展,因此,在各处都由内部的不露声色的法律实施力量加以发展,而不是由立法者的专横意志发展的。世界社会正在不断出现的法律不仅要根据表现在国际立法和行政当中的各国政府的集体政治意志,以及表现在普遍接受的程序性和实体性公正原则标准中的道德规则,而且还要根据正在发展着的共同具有的历史经验,也就是要根据可以理解为构成一个新时代开端的跨国习惯法的发展来解释、论证和指引其发展。③

法典编纂是从关注法律体系各个零碎部分到法律体系本身的转折,将法律作为单一的、融贯的、系统之整体,且具有智识魅力的有机整体的尝试。④ 法典编纂与法律的体系化目标直接相关,其实质是法律渊源体系的理性化,以消除主体实施和适用法律的困难,确保法律的可及性。法典化并非是对现有的法律规则进行简单的汇编,而是要形成一个理性化的体系;体系性被确定为是法典的核心特征。⑤ 法典编纂的中心

---

① Charles G. Fenwick, "Codification of International Law", (1918) 12 *The American Political Science Review*, pp. 301 – 304.

② [美]汉斯·摩根索:《国家间政策:权利斗争与和平》,[美]肯尼思·汤普森、戴维·克林顿修订,徐昕、郝望、李保平译,王缉思校,北京大学出版社2006年版,第357页。

③ [美]哈罗德·J. 伯曼:《论实证法、自然法及历史法三个法理学派的一体化趋势》,《环球法律评论》1989年第5期,第14—15页。

④ [德]莱因哈德·齐默尔曼:《法典编纂的历史与当代意义》,朱淼译,魏磊杰校,《北航法律评论》2012年第1辑,第36页。

⑤ 参见石佳友《解码法典化——基于比较法的全景式观察》,《比较法研究》2020年第4期,第15—16页。

目标就是对立法机构和学术界的长期成果予以体系化，开展既往的法律知识汇编，遵循先前的司法实践和法学理论中的主流观念，必要时辅以概念化和系统化观点，"在深奥的法学中追溯完善的系统知识"。①

国际法编纂有助于将表现在国际法学说中的发现实践形成的各种观念制度化、规范化，在某种程度上避免立法的分散性、效力的不准确性、适用的混乱性等不足。② 为了了解在某一特指的历史阶段中对世界各国均有约束力的国际法规则，在理论上就必须把全世界各国在这方面的情况进行编纂。尽管不等同于国际立法程序，但是在法律效果上，国际法编纂既能够在法律意义上叙明规则以促进法律的确定性，也能够为实现新规则的发展奠定基础，进而构建对国际法所有的或近乎所有的主体都具有约束力的规则体系，使其更符合时代要求。③ 可以说，国际法编纂与国际法律秩序的发展需求同步并轨，共同进步。④

三 国际法编纂与国际法治进程

近年来，国际法治成为国际话语的一个突出特征。将法治的政治理想从国内环境转到国际环境并非易事，因为"国际法制度不是任何立法者的工作，而是在逐渐消除特别影响权力界限的混乱时产生的……其不可避免的结果是许多最重要的规则具有不确定性"。⑤

创造法律、遵守或不遵守国际法都是由国家自身来完成的，这对

---

① ［德］托马斯·西蒙：《何为立法？为何立法？——法典编纂与调控性立法：立法上规范制定的两种基本功能》，载［奥］汉斯·凯尔森等《德意志公法的历史理论与实践》，王银宏译，法律出版社 2019 年版，第 174—175 页。
② 刘志云：《国际法发展进程中的观念及其影响途径》，《现代法学》2007 年第 4 期，第 150 页。
③ Gabrielle Kaufmann-Kohler, "Soft Law in International Arbitration: Codification and Normativity", (2010) *Journal of International Dispute Settlement* 1, pp. 15 - 16.
④ ［美］汉斯·摩根索：《国家间政策：权利斗争与和平》，［美］肯尼思·汤普森、戴维·克林顿修订，徐昕、郝望、李保平译，王缉思校，北京大学出版社 2006 年版，第 356—358 页。
⑤ P. J. Baker, "The Codification of International Law", (1924) 5 *British Year Book of International Law* 38, p. 38.

于国际法规则的实施方法产生深刻影响。① 一方面，国际法在出现后的几百年间，多数情况下得到了认真的遵守，否认国际法作为有法律拘束力的法律规则存在是不尊重事实。另一方面，承认国际法的存在并不等于承认国际法如同国内法律制度一样具有强制力。对各个国家而言，由于缺乏立法机关、有强制管辖权的法庭及制裁，国际法在形式结构上显得与国内法非常不同，就像形式简单的社会结构，仅仅由科予义务的初级规则所构成，是一种原始形式的法律。② 即使在国家之间可以达成一致规则的前提下，在不同历史时期，哪些条约或规则对特定国家有效、效力范畴以及法律适用的不确定性和混乱的局面也时常发生。因为"各国政府总是急于摆脱国际法可能对它们的外交政策产生的约束性影响；却利用国际法来促进它们的本国利益，避免产生不利的法律责任。国家一向把国际法的不准确性当作达成自己目的的现有工具，有时通过提出没有根据的法律要求或曲解公认的国际法条约来达到这一目的"。③

国际制度的重要价值之一是法理主义，即通过法治化的手段来规范国家的对外行为和国家间的利益分配和协调，只有实现了法治化才能使国际关系合理化和有序化。国际法的合法性与国际法的创制进程相关联，而且规范不是机械地为利益所控制，而是受制于争议、解释和重新解释。国际机制理论是用理性选择语言来重新诠释国际法，包含大量的以法律形式编纂而成的制度，在这个意义上，所有正式的国际制度都是国际法的一部分。④

法律的思想（即秩序是必不可少的）一直发挥着核心作用。每个社会无论大小、强弱，都创设了社会发展要遵循的原则框架。什么可行、什么不可行，哪些是被允许的行为、哪些是被禁止的行为，都有

---

① [英]马尔科姆·N. 肖：《国际法》（上），白桂梅、高健军、朱利江、李永胜、梁晓晖译，北京大学出版社2011年版，第6页。
② [英]哈特：《法律的概念》，许家馨、李冠宜译，法律出版社2006年版，第273页。
③ [美]汉斯·摩根索：《国家间政策：权利斗争与和平》，[美]肯尼思·汤普森、戴维·克林顿修订，徐昕、郝望、李保平译，王缉思校，北京大学出版社2006年版，第357页。
④ [美]罗伯特·基欧汉、约瑟夫·奈：《权力与相互依赖》，林茂祥等译，中国人民公安大学出版社1992年版，第235页。

着明确的说明并被社会的成员所领悟。被称为国际法的法律也是如此。① 法律规范乃是人类据以决定其彼此间的行为,以及衡量其行为之规则的整体,可以预防争端或以和平的方式解决争端。② 一般而言,大多数社会成员能够以符合由法律权威所创制的法律规范的方式来实施行为。对于宪法以及同宪法相一致的法律规范的普遍服从能够催使法律或合法性价值的生成,即能够使个体所组成的社会达至和平与秩序。③ 法治的概念包括两项基本要求,这两项要求在国内往往被认为是理所当然的,并且对法治的具体化是必不可少的。其一,主体适用法律的完整性要求;其二,法律规则和原则实现的确定性要求。国际法作为一个植根于习惯的不断发展的法律制度,正在努力满足这两项要求。在立法层面,《国际法院规约》第 38 条国际法渊源中所提到的一般法律原则"不受限制地提供人类法律经验中所体现的实体法资源"。在司法层面,常设国际法院 1927 年"荷花号案"(*Case of the S. S. Lotus*)曾创设"封闭规则",④ 即"国际法不禁止即为允许"原则,行动自由是在没有禁止的情况下推断出来的。⑤

在历史上,促进与维护和平一直是国际法编纂活动的核心与动力。例如,1899 年及 1907 年两次海牙会议作为国际法编纂的早期实例,进行了有关争端解决及使用武力方面的编纂。⑥ 这两次和平会议借鉴了前几次有关战争法问题会议的工作和经验及一些国家政府以往和平解决争端的实践,就若干重要公约取得了一致意见,极大地发展与编纂战争规则,促进国际和平与争端解决。再如,1848 年世界和平

---

① [英]马尔科姆·N. 肖:《国际法》(上),白桂梅、高健军、朱利江、李永胜、梁晓晖译,北京大学出版社 2011 年版,第 1 页。
② [德]卡尔·拉伦茨:《法学方法论》,陈爱娥译,商务印书馆 2004 年版,第 77 页。
③ [瑞典]杰斯·布加罗普:《凯尔森的法律与正义哲学理论》,张翠梅译,《求是学刊》2019 年第 3 期,第 4 页。
④ *The Case of the S. S. Lotus* (*France/Turkey*), 1927 PCIJ Report Series A No. 10, p. 18.
⑤ Fernando Lusa Bordin, "Reflections of Customary International Law: The Authority of Codification Conventions and ILC Draft Articles in International Law", (2014) 63 *International and Comparative Law Quarterly* 535, pp. 563 – 564.
⑥ [英]蒂莫西·希利尔:《国际公法原理》,曲波译,中国人民大学出版社 2006 年版,第 35 页。

之友大会召开，会议通过决议，谴责为解决国际争端而诉诸武力，建议编纂国际关系守则，并呼吁政府注意建立裁军制度的必要性。建立各国代表大会以及通过一项经所有国家同意通过的法典是此次和平大会的目的。

近年来，联合国致力于在国家与国际两级层面实现法治。联合国国际法委员会多次强调了国际法编纂工作与促进国际法治之间的密切关系，并且秉承这样的信念，即所有国家，不论其状况如何，均须遵守法律至上原则，委员会通过与确定和适用法律的其他机构合作，确保在法律明显呈现支离破碎趋势之际，一些法律规则仍能一致地适用于某一"横截面"的所有国家和实体。[①] 在此基础上，国际法委员会力图通过国际法编纂，为总是非一致性和非结论性的国家惯例、法律先例和理论意见提供一个合理的平衡依据，主要体现在以下几个方面。

第一，在编纂与逐渐发展国际法中，以系统性的处理办法查明法律渊源，尤其注意条约、国家实践、一般原则、国家和国际法庭的司法判决；采用普遍接受确认法律的方法，重视国家实践和看法，同时考虑到国际组织的实践，并在适当的情况下，也考虑到非政府组织和个人在国际事务中日益重要的作用，从而在国际关系中促进法治。

第二，在编纂与逐渐发展国际法中，确信各国不论其大小、强弱，也不论其影响大小，都须遵守具有约束力的法律规则，力求拟订可以普遍适用的规则草案，并在规则的解释或适用出现争议时，力主推广争议应以和平方式解决的原则。

第三，在编纂与逐渐发展国际法中，预先假定法治要求所有国家、国际组织和其他国际实体在行事时都怀着对法律的充分敬意。在国际一级，法治还意味着须对具体规则的内容具有敏感性。在所处理的编纂事项方面，委员会格外谨慎地行事，力求确保所提议的规则能够平衡地反映不同国家和非国家的利益，以及考虑到人权因素，诸如个人的尊严和安全以及公平性，同时考虑到既有的先例，提高国际关系的秩序性、清晰性和一致性，从而促进法治。

第四，国际法委员会作为直接从事法律方面工作的联合国机构之

[①] 《国际法委员会年鉴2008年》，第二卷（第二部分），A/63/10，第165页，第346段。

一,在促进法治方面继续与其他国际机构进行合作。在履行拟订国际法规则任务时,与各国在大会里进行了密切协作。与国际法院保持共生关系——国际法院多次依赖本身作为有约束力文书的条约和作为习惯国际法令人信服根据的、由委员会编写的其他文件。反过来,委员会极为重视国际法院的裁决。国际法院与委员会之间的关系有助于促进法治,不仅通过以一致和透明的方式适用明确的规则,而且通过表明不同的认定法律机构以相同的方式确定国际法规则。①

---

① 《国际法委员会年鉴2008年》,第二卷(第二部分),A/63/10,第164—165页,第342—345段。

第 三 章

国际法编纂与逐渐发展的历史实践及成果

第一节 私人编纂国际法

自19世纪以来，国际法研究院（The Institute of International Law）、国际法协会（The International Law Association）、美国哈佛国际法研究部（The Harvard Research in International Law）等学术机构相继成立，承担了一部分的重要的国际法编纂工作。这些机构均属于非官方性质的机构，成员由世界范围的卓越的法学家、研究人员组成，草拟了诸多法典草案和建议，在一定程度上为召集国家间外交会议缔结具有造法性质的一般性多边公约创造了条件。

一 国际法研究院

（一）历史沿革与组织机构

1873年9月11日，国际法研究院在比利时根特成立。根据《国际法研究院章程》规定，国际法研究院属于不具有任何官方性质的民间研究机构，宗旨是促进国际法的发展，包括：（1）努力制定符合文明世界法律良知的一般性原则；（2）促进逐步和渐进编纂国际法的合作；（3）探寻公认的符合现代社会需要的原则；（4）在其职权范围内为维持和平或遵守战争法做出贡献；（5）研究法律解释、适用中可能出现的困难，必要时对可疑、有争议的案件提出合理的法律意见；（6）通过出版物、公共教学和所有其他手段提供合作，确保规范各国人民相互关系的正义和人道原则占据优势。①

国际法研究院由荣誉会员、会员和副会员②组成。现有会员165名，其中包括3名中国籍会员（薛捍勤、易显河和Roy S. Lee）和1名中国籍副会员（刘振民）。③ 薛捍勤还担任本届国际研究院主席团主席，任期自2019年至2021年。④ 国际法研究院设立项目委员会，由12名会员组成，从其会员和副会员当中选举产生，任期为3届，由研究所所长担任主席。项目委员会的职能是就工作方案和报告员的甄选提供咨询意见，并跟踪各特别委员会的工作进展情况。研究所设立特别委员会，专门研究某些一般性问题的发展。⑤ 截至2021年12月，国际法研究院现有的特别委员会包括：第一委员会（腐败与对外投资），第二委员会（国际法的法理与判例），第三委员会（适用于全球公地的损害预防规则），第五委员会（自然灾害与国际法），第六委员会（国际法院和裁判机构的法律选择），第九委员会（人权与文化多样性），第十委员会（分配正义与可持续发展），第十一委员会（海盗与当前问题），第十五委员会，第十七委员会（关于主权违约：国际公法与国际私法）以及编辑委员会和关于研究院历史委员会。⑥

国际法研究院每1—2年举行一届年会，自1874年至2021年共举行了80届年会。就国际法不同领域的议题开展研究，出版物包括年鉴、决议、报告、研究院出版的学术成果等。2019年年会在海牙举行，相关议题包括"互联网与侵犯隐私：管辖权问题、适用法律与外国判决的执行""国际投资法庭的各方平等性""人权与国际私法"等。2021年

---

① The Statutes of the Institute of International Law, article 1, https：//www.idi‒iil.org/app/uploads/2017/06/Statutes‒of‒the‒Institute‒of‒International‒Law.pdf（last visited 30 January 2022）.

② 根据《国际法研究院章程》第4条规定，如果副院士有效地参加了三届会议，将成为院士。

③ https：//www.idi‒iil.org/en/membres‒par‒categorie/associes/（last visited 30 January 2022）.

④ https：//www.idi‒iil.org/en/membres/（last visited 30 January 2022）.

⑤ Rules of the Institute of International Law, article 1‒2, https：//www.idiiil.org/app/uploads/2017/06/Rules‒of‒the‒Institute‒of‒International‒Law.pdf（last visited 30 January 2022）.

⑥ https：//www.idi‒iil.org/en/commissions/page/2/（last visited 30 January 2022）.

年会在线举行，相关议题包括"流行病与国际法""联合国及联合国授权国际机构的领土管理""各内部机构对联合国系统内组织性文书的演变解释的限制"等。

(二) 编纂成果

逐渐发展和编纂国际法是国际法研究院的主要职责之一。在第 1 届会议上，意大利学者曼奇尼（Mancini）主张，编纂工作至少是适用于多数国家之间关系的规则，以此避免盲目地使用武力和无谓的流血。卡尔沃（Carlos Calvo）则建议渐进、逐步地编纂国际法规则。创始人之一贾克明斯（Rolin Jaequemyns）指出，编纂工作具有必要性，但国际法基本原则方面仍然缺乏一致意见，这将直接妨碍起草一项可被整个国际社会普遍接受的统一法典。因此，国际法研究院不予事先判断编纂是否与科学进步的相容问题，而是对每一项逐步和渐进的编纂工作提供支持。①

在不同历史阶段，国际法研究院都致力于对国际法编纂问题的深入讨论与研究。在 1929 年年会上，国际法研究院通过了《关于编纂国际法的宣言》，主张编纂应当根据国际社会演变，为人类利益提供道德和正义的规则；应当首先由科学机构确定规则，区分不同专题实施编纂工作；规则的确定不以政治利益的考虑为指导，而是以成熟的理论和判例为指导，得到理论、判例和学说的支持。在 1947 年年会上，国际法研究院重申"有必要进行国际法编纂，以消除其中的一些不确定因素并促进其遵守"。同时指出，依照 1930 年国际联盟海牙编纂会议的方法进行的任何正式编纂都将是有风险的，因为它将编纂规则的约束力建立在各国明确接受的基础上。这种方法的结果是，每一个政府都有机会以其拒绝接受的方式对法律规则提出疑问，由于这些规则业已经法理和判例法确立，因此，这种疑问将削弱和破坏法律的确定性。编纂的目的是澄清和巩固法律，不排除编纂为国际公约和宣言的可能性，但编纂工作的首要任务是在国家和国际一级开展科学研究，以便准确把握国际法的现状以及填补国际法的空白并解决其不完

---

① Ernest Nys, "Codification of International Law", (1911) 5 *American Journal of International Law* 871, p. 889.

善之处。① 在1967年年会上，国际法研究院强调"巩固和逐步发展条约法对维持和平与国家间合作所必需的国际法律关系的安全的重要性"，建议在编纂条约法过程中，以适当的形式规定，声称一项条约已经终止、打算终止或打算退出该条约的一方有义务以特定形式向其他各方表明其立场和理由，如果当事各方之间存在分歧，应采取和平解决争端的手段。② 在1995年年会上，国际法研究院讨论了"就同一专题编纂一系列国际公约所产生的问题"。国际法研究院认为，"编纂性公约"一词应指任何多边公约，其中载有旨在编纂或逐步发展一般国际公法规则的规定；"一般性编纂公约"一词应指一项编纂公约，该公约通常开放给各国参加，而不论其所属的区域集团或集团；"区域性编纂公约"一词是指在区域一级缔结的编纂公约，该公约可保留属于有关区域集团的国家参加。这种区域编纂公约可载有编纂或逐步发展的一般国际公法规则或只适用于本区域各国之间的国际公法规则的规定。编纂性公约的效果可以是对习惯国际法规则的宣告或载有宣布或成文化的习惯规则或有助于根据国际法院规约的标准创造新的习惯法规则。③

自成立以来，国际法研究院起草和通过了大量不同国际法领域的示范性"法典"，从哲学和历史的角度引领了国际法研究的潮流。④ 1899年和1907年在海牙举行的两次和平会议也都得益于该研究院的逐步编纂国际法工作的不懈努力。其编纂的重要草案有：《国际仲裁程序条例草案》（1875年）、《陆战法规手册》（1880年）、《国际海上捕获条例》（1882年和1883年）、《海战法规手册》（1913年）、《国际人权宣言》（1929年）等。⑤

---

① Commission on the History of the Institute, Report on the Book for the 150th Anniversary of the Institute: Historical Aspects, p. 670.

② Commission on the History of the Institute, Report on the Book for the 150th Anniversary of the Institute: Historical Aspects, p. 671.

③ Commission on the History of the Institute, Report on the Book for the 150th Anniversary of the Institute: Aistorical Aspects, p. 672.

④ Elihu. Root, "Function of Private Codification in International Law", (1911) 5 *American Journal of International Law* 577, p. 582.

⑤ 陈体强：《国际法的编纂》，《中国大百科全书（法学）》，中国大百科全书出版社1984年版，第193页。

二 国际法协会

（一）历史沿革与组织机构

1873年10月10日，国际法革新与编纂协会（The International Association for the Reform and Codification of the Law of Nations）在比利时布鲁塞尔成立，1895年改名为国际法协会。国际法协会的宗旨是研究、澄清和发展国际公法以及国际商法和私法规则，促进对国际法的理解和尊重。其目标是将全世界各个领域对国际法感兴趣的所有人汇集在一起，包括法律和调解实践、司法、学术界、商界和国际、政府和非政府组织等；推动全世界特别是青年一代对国际法的普遍理解；促进更加尊重和遵循国际法等。[①] 国际法协会的决议及其各委员会和研究小组的报告为国际法的发展提供了依据并对其产生影响。

国际法协会是一个国际性非政府组织，在联合国一些专门机构具有咨商地位。国际法协会现有个人会员和团体会员约4600多名，协会的组织机构有大会、理事会、执行委员会、协会下设的21个专业委员会、8个学术团体以及63个分支机构（中国香港和中国台湾地区均设有分支机构）。[②] 国际法协会每2年举行一届年会，至2020年已举行79届年会，第79届年会于2020年11月29日至12月13日在线举行，活动主题是"为未来搭建桥梁"。

（二）编纂成果

根据1873年成立国际法协会的章程规定，编纂一部国际法典是国际法协会的任务之一。在1921年年会上，国际法协会通过一项决议，授权理事会负责编写和平时期的国际法典，并且将起草工作分为不同部门，以专题清单形式逐渐编纂国际法。[③] 多年以来，国际法协会关于国际法的研究与编纂工作给国际法领域带来了历史性的进展。编纂草拟的成果包括：《约克-安特卫普共同海损规则》（1877年）、《国际仲裁程

[①] https://www.ila-hq.org/index.php (last visited 30 January 2022).
[②] https://www.ila-hq.org/index.php/branches (last visited 30 January 2022).
[③] Hollis R. Bailey, "Codification of International Law", (1924) 1924 *Proceedings of the American Branch of the International Law Association* 9, p. 10.

序规则》（1895 年）、《领水管辖权规则》（1895 年）、《交战与中立法》（1905 年）、《战俘待遇条例》（1921 年）、《国际刑事法庭规约》（1926 年）、《海上中立公约》（1928 年）、《关于保护外侨财产的公约草案》（1932 年）、关于国际河流法的《赫尔辛基规则》（1966 年）、《关于外交和领土庇护的公约草案》（1972 年）、《国家豁免公约条款草案》（1982 年）、《关于空间碎片造成的损害的国际文书》（1994 年），等等。① 特别值得一提的是，国际法协会通过其空间法委员会对外层空间国际法的编纂和不断发展做出了贡献。空间法委员会在 1958 年纽约举行的国际法协会第 48 届年会期间举行了第 1 次会议。在此后举行的各次大会上，空间法委员会主要处理外层空间的法律地位问题和外层空间活动引起的赔偿责任问题。

三　美国哈佛大学国际法研究部

1927 年，美国哈佛大学法学院在国际法教授哈德森（Manley O. Hudson）领导下成立编纂国际公约的研究与起草部门，简称为哈佛国际法研究部。② 该研究部成立目的之一是为 1930 年国际联盟举行的海牙编纂会议做准备，参与拟订国际联盟选定的 3 项议题的公约草案，供大会审议，包括国籍、领水、国家对其领土上造成外国人的人身或财产损害的责任。研究部所承担的公约草案和评注于 1929 年 4 月完成，并送交国际联盟秘书长，秘书长高度赞扬了哈佛国际法研究部为会议开展的研究工作及其重要贡献，认为，研究部所拟订的文件对于各国处理国籍、领水以及外国人所受损害的责任问题具有宝贵的资料价值。③

1930 年，该研究部出版了由理查德·弗洛诺伊（Richard W. Flournoy）和哈德森主编的《各国国籍法选编》，还发表了 4 项草案，包括"外交特权和豁免""领事的法律地位和职能""法院对外国的管辖权"和"海盗行为"。1932 年至 1939 年，该研究所先后出版了《各

---

① 陈体强：《国际法的编纂》，《中国大百科全书（法学）》，中国大百科全书出版社 1984 年版，第 193 页。

② James T. Kenny, "Manley O. Hudson and the Harvard Research in International Law 1927 – 1940", (1977) 11 *International Lawyer* 319, p. 319.

③ James T. Kenny, "Manley O. Hudson and the Harvard Research in International Law 1927 – 1940", (1977) 11 *International Lawyer* 319, p. 323.

国海盗法选编》《各国外交和领事法律和条例选编》和《各国中立法律、条例和条约选编》，并发表了"引渡""对犯罪的管辖权""条约法""司法协助""中立"和"国家在侵略情况下的权利与义务"等6项草案。这些以公约草案形式完成的专题研究，其条款附有评论、意见、法院的判决、国家立法和实践，还包括广泛的附录，提供国内法、条约和其他正式文件的摘录和分析，不仅为国际法相关领域的编纂提供了丰富的国际习惯法、国际条约、国家实践等法律渊源，而且为未来的国际法编纂工作程序与方法提供了很好的借鉴，对国际法编纂做出较大的贡献。[①]

除以上机构之外，19世纪末至20世纪初，国际社会涌现出300多个为特定目的进行研究的国际协会，领域涉及政治经济、促进工商业发展、航海和铁路、刑罚学与犯罪人类学、保护旅客、儿童和动物的合法权益、保护工业产权和文艺产权、教育和保险、卫生和人口统计、世界和平等。尽管大多数协会并非有意识地编纂或发展国际法，而是旨在创设规范私人行动的国际惯例和规则，但这些私人机构或团体敦促缔结条约和召开会议，主张必须依据国际协定对超越任何国家法律界限的活动进行规制，在一定程度上也促进了国际法规则的编纂与发展。[②]

第二节 以国际会议形式编纂与逐渐发展国际法

一 早期国际会议对国际法的编纂

（一）战争规则的编纂

1. 战争规则的早期编纂与发展

自19世纪下半叶至第一次世界大战前后，国际社会举行多次国际

[①] "United Nations Documents on the Development and Codification of International Law", *Supplement to American Journal of International Law*, Vol. 41, No. 4, October, 1947, pp. 146-147.

[②] Elihu. Root, "Function of Private Codification in International Law", (1911) 5 *American Journal of International Law* 577, p. 583.

会议、包括1856年巴黎会议、1864年日内瓦会议、1868年圣彼得堡会议、1874年布鲁塞尔会议、1884年巴黎会议、1899年和1907年的两次海牙会议、1906年日内瓦会议、1909年伦敦会议、1922年华盛顿会议、1925年日内瓦会议以及1929年和1930年伦敦会议等。国际社会通过召开这些国际会议逐渐形成并确立了一系列陆地与海上的战争规则，为促进国际和平安全而持续发展国际法。

1856年巴黎会议通过关于海战的《巴黎宣言》，这是编纂国际海事法的第一次重大尝试。该宣言指出，战时的海事法长期以来一直是争端频发领域，法律和义务的不确定性导致中立国和交战国之间产生分歧甚至冲突，因此就这一问题达成共识至关重要。此次会议就4项海事法规则达成协定：（1）私掠船不再被视为合法；（2）中立国船旗可以保护敌人的货物，但战争违禁品除外；（3）不得在敌人船舶上捕获中立国货物，但战争违禁品除外；（4）封锁要有拘束力，必须是有实效的，即必须由真正足以阻止进入敌国海岸的部队所维持。① 《巴黎宣言》作为第一个最重要的规范交战国和中立国海上权利的国际文书得到了普遍接受。② 大多数国际社会的成员都是该宣言的缔约国，使得上述海事法规则成为普遍国际法，并且公约的非签字国在实践中也总是按照这些规则行事。③

1863年，伤兵救护国际委员会（后更名为红十字国际委员会）在日内瓦成立。1864年由该委员会倡导，瑞士政府在日内瓦召集了法国、意大利、西班牙等国参加的国际会议。与会的12个国家签署《改善战地陆军伤者境遇的公约》。这是关于战时伤病员待遇的第一个"日内瓦公约"，规定军队医院和医务人员的中立地位；规定伤病军人不论国籍应受到接待和照顾，并按公约规定的条件遣返。1874年布鲁塞尔会议通过了第一部陆战国际法规范——《关于战争法律和习惯的国际宣言的布鲁塞尔计划草案》，即《布鲁塞尔宣言》，规定了战俘待遇规则、交

---

① Charles H. Stockton, "The Declaration of Paris", (1920) 14 *The American Journal of International Law* 356, p. 356.

② H. W. Malkin, "The Inner History of the Declaration of Paris", (1927) 8 *British Year Book of International Law* 1, p. 2.

③ ［英］劳特派特：《奥本海国际法》（第八版）（下卷第二分册），王铁崖、陈体强译，商务印书馆1973年版，第4页。

战占领者规则、平民待遇规则以及关于准许游击战士作为合法战斗人员进行战争规则,① 这4项规则标准后来被纳入"日内瓦第三公约"第4条,构成现行交战资格法律的基础,是历史实践中最重要的陆地战争法规则的编纂成果。②

2. 1899年和1907年海牙和平会议

1899年,由俄国皇帝尼古拉二世发起的第一次和平会议在海牙召开。与会国家集会讨论战争法规的编纂。此次会议订立了3项宣言,即《关于膨胀(达姆)弹的海牙宣言》《关于从气球上投下的投射物和爆炸物的海牙宣言》《关于散布窒息性或有毒气体的投射物的海牙宣言》,还产生了两个可以称为法典的重要公约,即《和平解决国际争端公约》和《关于陆战法规与惯例的公约》。这两个公约具有较为重要的实践性意义,常设仲裁法院的各法庭曾经据此裁决了许多案件,充分证明了对国际法某些部分的编纂是切实可行的。可以说,"第一次海牙和平会议在国际法的历史上标志了一个时代",即"试图对战争的权利——不但作为法律的工具,而且作为法律上承认的改变法律权利的方法——加以限制的开端"。③

第二次海牙和平会议于1907年召开,与会国家通过了有关和平解决国际争端和战争法规的13项公约,其中3项是修订第一次海牙和平会议的公约。13项公约分别包括:(1)修订《和平解决国际争端公约》;(2)《限制使用武力索取契约债务的公约》;(3)《关于战争开始的公约》;(4)修订《关于陆战法规与惯例的公约》;(5)《中立国和个人在陆战时的权利和义务的公约》;(6)《关于战争爆发时敌国商船地位的公约》;(7)《关于商船改充军舰的公约》;(8)《关于敷设自动触发水雷的公约》;(9)《关于战时海军轰炸的公约》;(10)修订《日内瓦公约原则适用海上战争的公约》;(11)《关于海战中限制行使拿捕权的公约》;(12)《设立国际捕获法庭的公约》;(13)《中立国家在海

---

① Tracey Leigh Dowdeswell, "The Brussels Peace Conference of 1874 and the Modern Laws of Belligerent Qualification", (2017) 54 *Osgoode Hall Law Journal* 806, p. 806.

② Daniele Bujard, "The Geneva Convention of 1864 and the Brussels Conference of 1874", (1974) 163 *International Review of the Red Cross* 526, p. 527.

③ [英]劳特派特:《奥本海国际法》(第八版)(下卷第一分册),王铁崖、陈体强译,商务印书馆1973年版,第39、130页。

战中的权利和义务的公约》。①

1899年和1907年两次海牙和平会议共同被誉为"第一次真正意义上的和平时期为维护和平而召开的国际大会",② 证明了在使和平解决国际争端制度化以及部分地编纂与发展战争规则是相对有效的,对促进国际法规则与实践发展具有重要意义。虽然编纂完整的、系统的战争法典并不是两次海牙会议的目的并且也不可行,但会议所达成的相关公约发挥了宣示现行的习惯国际法的重要作用。例如,纽伦堡国际军事法庭认为,《关于陆战法规与惯例的公约》所规定的一般战争法规和习惯已经被所有文明国家所承认,并被认为是宣示战争法规和习惯的,对于非缔约国是完全可以适用的。③ 值得一提的是,《关于陆战法规与惯例的公约》序言部分创造了"马顿斯条款",规定:"在颁布一项更为全面的战争法典之前,缔约国认为可以宣布,在它们通过的条例不包括的情况中,民众和交战国仍然受到国际法原则的保护和仲裁,因为这些原则产生于文明国家之间确定的惯例、人类原则以及公众良知的要求。"④ 该条款后来不仅在1949年"日内瓦四公约"的《附加议定书》以及《禁止或限制使用某些可被认为具有过分伤害力或滥杀滥伤作用的常规武器公约》的序言中得到重申,⑤ 并且为现代涉及战争规则和武器使用规则的条约所援引,譬如2008年《禁用集束弹药公约》。⑥ 据此,国际法院亦认定,"马顿斯条款"构成了习惯国际法。⑦

3. 1908年伦敦海军会议

1908年12月至1909年2月,由英国提议并主导发起,当时的主

---

① [英]劳特派特:《奥本海国际法》(第八版)(下卷第一分册),王铁崖、陈体强译,商务印书馆1973年版,第166—167页。

② Nobuo Hayashi, "The Role and Importance of The Hague Conferences: A Historical Perspective", *The United Nations Institute for Disarmament Research Resources*, 2017, p. 7.

③ [英]劳特派特:《奥本海国际法》(第八版)(下卷第一分册),王铁崖、陈体强译,商务印书馆1973年版,第170—171页。

④ T. Meron, "The Martens Clause, Principles of Humanity and Dictates of Public Conscience", (2000) 94 *American Journal of International Law* 78, p. 79.

⑤ T. Meron, "The Martens Clause, Principles of Humanity and Dictates of Public Conscience", (2000) 94 *American Journal of International Law* 78, p. 80.

⑥ 参见《禁用集束弹药公约》序言。

⑦ *Legality of the Threat or Use of Nuclear Weapons*, Advisory Opinion, I. C. J. Reports 1996, p. 265, para. 84.

第三章 国际法编纂与逐渐发展的历史实践及成果 83

要海军大国（英国、美国、德国、西班牙、法国、意大利、日本、荷兰、俄罗斯和奥匈帝国）在伦敦举行会议，就相关议题商定普遍的国际法规则以及讨论设立国际捕获法院。会议讨论的议题包括：违禁品、封锁、连续航行、损害中立船只、在公海上将商船改装为军舰、在交战期间将商船从交战方转变为中立船只，以及将财产所有人的国籍或住所作为决定财产是否是敌方财产的主导因素问题，等等。① 在会议筹备阶段，为了便利会议成果的拟议工作，英国政府提出几项"讨论基础"（bases of discussion）。第一，会议成果以"宣言"还是"公约"形式体现？有的国家建议拟订由战争规则组成的一套全面法典，在缔约国之间发生战争时具有约束力，并且在互惠的情况下对各国已承认具有普遍效力的规则和其他迄今尚未承认具有国际法效力的新规则进行区分。最终，与会国采纳了英国的建议，即会议成果应当达成一项"宣言"而非"公约"。因为公约只能通过新的规定加以修正，宣言规则可以尽可能协调各国政府有关国际法规则的不同观点和解释，并且能够根据情况加以适用或发展，并由法院做出必要的修正。② 第二，会议的性质是编纂还是立法？对此，英国指出，会议的主要任务不是为了制定由新规则组成的拟议法，而是旨在发展和扩大国际法既有法律规则的范围。因此，会议并不打算提出任何新的理论，而是就统一界定现行法律原则达成共同协定，以体现国家间的共同利益与共同规则。③

经过近三个月的会期，与会国家通过了《关于海战法的宣言》、"最后议定书"和"总报告"。总报告以法理学原则和实践为依据，对《关于海战法的宣言》各项条款做了清晰的解释性评注。"最后协议书"包含一项正式声明，提请各国政府注意缔结 1907 年海牙会议拟订的《国际捕获法院公约》的好处，旨在为一些国家由于宪法原因在批准方面遇到的困难铺平道路。《关于海战法的宣言》则阐明各主要海军强国

---

① "United Nations Documents on the Development and Codification of International Law", *Supplement to American Journal of International Law*, Vol. 41, No. 4, October, 1947, p. 44.

② "United Nations Documents on the Development and Codification of International Law", *Supplement to American Journal of International Law*, Vol. 41, No. 4, October, 1947, p. 44.

③ "United Nations Documents on the Development and Codification of International Law", *Supplement to American Journal of International Law*, Vol. 41, No. 4, October, 1947, p. 46.

所承认的国际法原则,并且推动设立国际捕获法院,宣言最后条款强调:"本宣言必须作为一个整体来对待,不能分割。"

伦敦海军会议的成功是各国相互妥协和同意的结果,筹备阶段就明确了会议的目的不是要制定新的规则,而是记录(note)、界定(define)以及在必要时完善(complete)习惯法的内容,会议通过的文件在实质上符合普遍公认的国际法原则。[1] 会议设定"讨论基础"的筹备方法和安排大大促进了会议的顺利进行,为以国际会议形式编纂国际法提供了实践范例。因此,伦敦海军会议被誉为国际法编纂运动的一个里程碑,其筹备工作被认为是外交史上前所未有的典范。[2]

(二) 其他领域的国际法的逐渐发展

除了为促进和平,对战争规则进行编纂与发展,国际社会还在诸多重要领域发展了一般性国际公约,多是由各国参加的多边外交大会指定机构拟定初步协议的形式来启动,或整理与汇编能够普遍适用的已有规则,或起草涉及各国共同关心的新规则等方式,最终以公约形式落地。尽管许多国际公约并没有得到普遍批准,但仍然呈现了代表国家间利益的国际规范不断演变的特征,这种利益是国际社会成员日益相互依存的结果,构成了国际法的显著发展。[3] 以下列举以国际会议形式编纂与逐渐发展国际法的一些早期成果。[4]

1. 国际私法领域

1893年9月12日至27日,荷兰筹备第一届海牙国际私法会议,向各国政府转交了一份备忘录和由荷兰准备的公约案文。备忘录由两部分组成。第一部分阐述了荷兰对即将举行的会议的看法,第二部分以调查表的形式拟订了公约草案,预提交会议讨论。荷兰政府建议12个被邀

---

[1] "United Nations Documents on the Development and Codification of International Law", *Supplement to American Journal of International Law*, Vol. 41, No. 4, October, 1947, p. 48.

[2] "Records of the Eighth Ordinary Session of the Assembly of the League of Nations", 1927, O. J., Special Supplement No. 54, p. 204.

[3] P. J. Baker, "The Codification of International Law", (1924) 5 *British Year Book of International Law* 38, pp. 58 – 62.

[4] 各领域成果参见 "United Nations Documents on the Development and Codification of International Law", *Supplement to American Journal of International Law*, Vol. 41, No. 4, October, 1947, pp. 34 – 43。

请国政府向会议提交关于本国现行国际私法立法的声明。各国政府都对这一建议做出了回应。以这种筹备方式为基础，各国先后于 1893 年、1894 年、1900 年、1904 年、1925 年和 1928 年举行 6 次会议，推动了统一国际私法领域的编纂。①

2. 国际邮政、通信规范

1878 年《万国邮政联盟成立公约》所附条例第 30 条第 8 款规定，由万国邮政联盟负责为今后的国际邮政会议做准备工作。国际邮政的筹备程序一般由各邮政机构在下届大会前一年提交提案，主席团将提案汇编成一份"提案汇编"，分发给所有成员征求意见。在收到意见和反对建议后，主席团编制一份作为大会议程的新版"会议记录"。1863 年至 1939 年国际邮政国际会议先后召开 12 次会议。从 1864 年到 1908 年，国际电报通信国际会议共举行 10 次。1932 年以来，电报和电话通信的管理与无线电的管理相结合，并于 1932 年在马德里会议上成立了电信联盟。

3. 知识产权领域

保护工业产权是 1880 年以来历次保护知识产权国际会议讨论的主题，有关该主题的巴黎公约首先在 1883 年 3 月 20 日获得通过，后来逐渐经过 6 次修订。保护艺术和文学知识产权是 1884 年至 1928 年举行的 7 次国际会议的主题。

4. 海事法与海上安全

国际海事委员会是 1897 年成立的一个非官方机构，目的是促进海事法的统一。该机构负责筹备 1910 年在比利时布鲁塞尔举行的国际海事会议，欧洲所有海洋国、美国和多数南美洲国家参加了此次会议，并且通过了《统一船舶碰撞若干法律规定的国际公约》和《统一海上救助若干法律规定的国际公约》。国际海事会议分别于 1924 年和 1926 年再次在比利时布鲁塞尔举行，通过了《统一提单若干法律规定的国际公约》《统一国有船舶豁免若干法律规定的国际公约》《统一海事留置权和抵押权若干法律规定的国际公约》等多项国际性文件。海上安全问题是 1889 年在华盛顿举行的国际海洋会议的主题，但当时没有签署任何

---

① 1951 年第七届海牙国际私法会议通过《海牙国际私法会议章程》，标志着它已演变成以逐渐统一国际私法为目的的常设的政府间国际组织。

公约。1912年"泰坦尼克号"灾难发生后,英国政府于1914年主持召开海上生命安全问题国际会议,与会国家通过了《海上人命安全公约》。

5. 航空领域

航空问题成为1910年在巴黎举行的一次国际会议的主题。1919年巴黎和平会议设立了一个航空委员会,目的是制定一项公约,会议于1919年10月13日通过《管制航空航行公约》,这是第一个关于航空的国际公约。

二 区域性国际会议编纂国际法:美洲实践

(一) 美洲国家间会议编纂国际法

1826年美洲国家在巴拿马召开会议,签署了联盟公约(Pact of Union),提出制定缔约方在战时与和平时期应遵循的国际法规则和原则。在阿根廷和乌拉圭两国政府倡议下,美洲地区7个国家(阿根廷、玻利维亚、巴西、智利、巴拉圭、秘鲁和乌拉圭)于1888年在乌拉圭首都蒙得维的亚举行了第1届美洲国家间会议,对国际私法进行编纂并签署了5项公约,涉及几乎所有与国际私法有关的专题:民法、商法、文学和艺术版权、专利、商标等。1901年10月至1902年1月,16个美洲国家在墨西哥城举行了第2届美洲国家间会议,与会各国尝试设立国际法编纂联合机构,签署一项旨在拟订国际公法典和私法典的公约,提请美国国务卿和各美洲国家部长任命一个由5名美洲法学家和2名欧洲法学家组成的委员会,负责起草规范美洲国家之间关系的"国际公法典"和"国际私法典"。由于该公约仅获得5个国家的批准,因而最终未能生效。[1]

第3届美洲国家间会议于1906年在巴西的里约热内卢举行。会议议程包括审议设立一个法学家委员会,负责编纂关于国际公法和国际私法的法典草案。与会多数代表主张应当全面地编纂国际法,并且建议,要使编纂的法典具有积极价值,必须遵循一般法律原则,特别关注已通

---

[1] Minutes and Documents, Second International Conference of American States, Mexico, 1901 - 1902, p. 716.

过条约达成一致的议题以及列入各国国内法的原则,同时以处理美洲国家与其他国家关系的实际需要为出发点。与会各国设立了美洲法学家国际委员会(International Commission of American Jurists)(以下简称"法学家委员会")。

1912 年,第 4 届美洲国家间会议期间,美洲 17 个国家代表着手研究由巴西政府负责拟订的两项法典,即国际私法典和国际公法典。有些代表主张,法学家委员会的工作应以这两项法典为基础全面地编纂国际法。但多数代表主张应当对国际法进行部分和渐进的编纂。根据会议决定,法学家委员会进一步分为 6 个工作委员会(working committees),其中 4 个负责国际公法工作,2 个负责国际私法工作。第 1 委员会设在华盛顿,由美国、墨西哥、危地马拉、萨尔瓦多、哥斯达黎加和巴拿马的代表组成,将研究和拟订关于海上战争和中立守则。第 2 委员会设在里约热内卢,由巴西、哥伦比亚、秘鲁和古巴的代表组成,将在战争法和内战索赔方面做类似的工作。第 3 委员会设在圣地亚哥,由阿根廷、智利、玻利维亚、厄瓜多尔的代表组成,研究和平时期的国际法一般问题。该委员会一致商定"逐步和渐进编纂"(gradual and progressive codification)国际法的问题,并提出一些可进行编纂的成熟专题。① 第 4 委员会设在布宜诺斯艾利斯,由智利、阿根廷、哥伦比亚、乌拉圭的代表组成,将汇编和平解决争端和国际法庭组织规则。设在蒙得维的亚(由巴拉圭、乌拉圭、巴西组成)和利马(秘鲁、委内瑞拉、玻利维亚和古巴)的 2 个国际私法委员会将分别就外国人的待遇和刑法开展工作。② 在工作程序上,法学委员会负责收集有关美洲国家适用的习惯国际法、公约以及国内立法与司法裁决等详细资料。6 个工作委员会拟订的专题将提交法学家委员会的第二次会议讨论,由三分之二代表核准的所有专题将提交下一届美洲国家间会议。法学家委员会第二次会议定于 1914 年举行。但由于第

---

① "United Nations Documents on the Development and Codification of International Law", *Supplement to American Journal of International Law*, Vol. 41, No. 4, October, 1947, p. 119, footnote. 17.

② "United Nations Documents on the Development and Codification of International Law", *Supplement to American Journal of International Law*, Vol. 41, No. 4, October, 1947, p. 119.

一次世界大战爆发，第二次会议未能如期举行。

1912年7月，第3委员会提议设立学术团体来编纂国际法，美洲国际法研究院（American Institute of International Law）于1912年10月12日应运而生，并于1915年12月29日在华盛顿特区举行的第二届泛美科学大会开幕式上正式成立。该研究院的性质为一个专门研究美洲国际法并促进其进步的国际科学协会，致力于协调美洲国际法与当时由欧洲国家所主导"一般国际法"之间的关系，并且推动美洲国家间的关系与规则的建立和发展。[①] 1916年，美洲国际法研究院拟订并通过《国家权利和义务宣言草案》，成为法学家委员会研究的基础项目之一，并且也是联合国成立后讨论《国家权利和义务宣言草案》的最初蓝本。[②] 1924年，泛美联盟理事会通过一项决议，提请美洲国际法研究院就特定国际法专题拟订草案，为因第一次世界大战搁置的第二次法学家委员会会议的编纂工作做准备。美洲国际法研究院共提交了30项专题草案，泛美联盟将其中27项提交至法学家委员会进行编纂，包括国家地位、外国人、条约法、外交和领事人员、海上中立、庇护、国家在内战时的责任以及争端的和平解决等。[③]

1923年第5届美洲国家间会议上，各国代表同意将1912年第3委员会提出的"逐步和渐进编纂国际法"建议作为讨论基础，涉及专题包括：国际法的基础、美洲国际法的基本权利、海事中立性、邻国在争议领土上的权利和义务、外交豁免和领事人员的地位。由于法学家委员会会议自第一次世界大战以来一直没有举行，而且其工作也暂停，第5届会议批准恢复法学家委员会的职能与工作。此外，会议签署了《避免或防止冲突条约》等多项国际协定，其中《避免或防止冲突条约》获得除阿根廷以外的所有美洲国家批准。

法学家委员会第二次会议于1927年4月至5月在里约热内卢举行。除中美洲的危地马拉、洪都拉斯、萨尔瓦多和尼加拉瓜，其他美洲国家

---

① Elihu Root, "The Declaration of the Rights and Duties of Nations Adopted by the American Institute of International Law", (1916) *The American Journal of International Law* 211, p. 212.

② 参见 "Preparatory Study Concerning a Draft Declaration on The Rights and Duties of States", Memorandum submitted by the Secretary-General, A/CN.4/2, 15 December 1948, p. 3。

③ "United Nations Documents on the Development and Codification of International Law", *Supplement to American Journal of International Law*, Vol. 41, No. 4, October, 1947, p. 121.

均派出代表与会。此次会议取得了较为丰硕的成果，成功起草了 12 项国际公法典和 1 项国际私法典。美国代表詹姆斯·布朗·斯科特（James Brown Scott）认为，会议超过了为编纂目的而举行的所有其他会议的价值，[①] 其成功原因得益于个人和主管机构事先开展的细致的筹备工作。在会议期间，一些个人及研究团体所做的长期编纂成果得到广泛的讨论，例如，1912 年埃皮塔西奥·佩索阿（Epitacio Pessoa）提交的国际公法编纂项目，拉斐特·佩雷拉（Lafayette Pereira）在 1912 年起草的关于冲突法典草案，1923 年亚历杭德罗·阿尔瓦雷斯（Alejandro Alvarez）拟备的美洲国际法编纂项目，美洲国际法研究院起草的冲突法典，除此之外，委员会还对 1889 年蒙得维的亚会议签署的公约进行了详细审查。[②] 同时，此次会议将法学家委员会改作常设机构，每两年举行一次会议。

第 6 届美洲国家间会议于 1928 年在古巴哈瓦那举行。维克托·莫尔图阿（Victor M. Maurtua）受命研究国际法和国家的基础：存在、平等、承认等问题。他阐述了编纂的目的、方法和局限性，并指出，制定和发展国际法必须建立在美洲各国都承认的、衡定的国际原则之上。会议审查了法学家委员会提交的所有专题，并在下列领域签署了公约：(1) 外国人地位；(2) 条约法；(3) 外交人员；(4) 领事人员；(5) 海事中立；(6) 庇护；(7) 发生内战时国家的责任。美洲的许多国家批准了这些公约。其中，13 个国家批准了《外国人地位公约》和《国家在内战时的权利和义务公约》，12 个国家批准了庇护和外交人员有关的公约，10 个国家批准了领事人员公约，7 个国家批准了海事中立公约和 6 个国家批准了条约法公约。在争端解决方面，哈瓦那会议通过了以下决议：(1) 美洲国家将强制性仲裁作为和平解决国际争端所采用的司法性手段。(2) 美洲国家将在 1 年内在华盛顿举行调解和仲裁会议，形成实现强制仲裁原则的公约。[③]

此外，会议还通过了一项"逐步编纂国际法决议"，规定：(1) 制

[①] "United Nations Documents on the Development and Codification of International Law", *Supplement to American Journal of International Law*, Vol. 41, No. 4, October, 1947, p. 123.

[②] "United Nations Documents on the Development and Codification of International Law", *Supplement to American Journal of International Law*, Vol. 41, No. 4, October, 1947, p. 123.

[③] "United Nations Documents on the Development and Codification of International Law", *Supplement to American Journal of International Law*, Vol. 41, No. 4, October, 1947, p. 126.

定国际法应当通过技术准备、适当组织、调查和国际协调委员会以及下述各委员会的合作。(2) 法学家委员会应按照各国政府为编纂国际公法和国际私法而指定的日期举行会议。(3) 建立3个常设委员会（the permanent committees），一个设在里约热内卢，负责有关国际公法的工作，一个设在蒙得维的亚从事国际私法工作，还有一个设在哈瓦那研究比较立法和统一立法。①

1933年第7届美洲国家间会议通过了关于国际法未来编纂的第IXX号决议，规定继续维持法学家委员会，并且建议各国成立由国际法专家组成的国家委员会负责国际法编纂工作。会议还设立了一个专家委员会（the commission of experts），由泛美联盟负责从各国提交名单中选择7人组成，作为法学家委员会的一个小组委员会，承担集中和系统的国际法编纂工作。②专家委员会于1937年在华盛顿举行了第1次会议，委托相关委员对以下专题进行审查和研究：关于侵略、制裁的定义和防止战争；调查、协调与仲裁；国籍；和平法典；政府船只豁免问题以及金钱索赔等。1938年专家委员会第2次会议在利马举行，对相关报告进行了研究和论证，随后提交第8届美洲国家间会议。

第7届会议第一次尝试将国家权利和义务宣言体现在单一文书中，③最终通过了《国家权利和义务公约》，并获得16个美洲国家批准。会议还通过了4项关于妇女国籍、国籍、引渡和政治庇护的国际公约。智利、厄瓜多尔、洪都拉斯和巴拿马批准了国籍公约，10个国家批准了妇女国籍公约和政治庇护公约，11个国家批准了引渡公约。此外会议还通过了一项决议，要求各国批准和遵守一系列避免和预防冲突的公约、条约和协定，包括：1923年《避免和预防冲突条约》，1928年在巴黎签署的《关于废弃战争作为国家政策工具的一般公约》（亦称《巴黎非战公约》）；1929年在华盛顿签署的《调解公约》；同年的《美洲仲裁条约》以及在里约热内卢签署的《反战条约》（又称《萨韦德拉·

---

① "United Nations Documents on the Development and Codification of International Law", *Supplement to American Journal of International Law*, Vol. 41, No. 4, October, 1947, pp. 124 – 127.

② "United Nations Documents on the Development and Codification of International Law", *Supplement to American Journal of International Law*, Vol. 41, No. 4, October, 1947, pp. 127 – 129.

③ "Preparatory Study Concerning a Draft Declaration on The Rights and Duties of States", Memorandum submitted by the Secretary-General, A/CN.4/2, 15 December 1948, p. 8.

拉马斯条约》)。

美洲维持和平会议法律问题委员会于1936年在阿根廷布宜诺斯艾利斯举行,主要议题是与和平密切相关的问题。会议通过"关于国际法编纂"第6号决议,就以下事项做出规定:第一,重建第6届会议所设立的常设委员会,以便能够对国际法编纂进行初步研究。第二,以下列方式开展相关研究:(1)国际法编纂国家委员会应对各自国家拟编纂的各专题所涉理论进行研究,并将研究结果转交编纂常设委员会。(2)常设委员会应根据法学家委员会的讨论和筹备工作拟订公约草案和决议。(3)常设委员会的研究应及时转交至专家委员会,后者将开会修订和协调这些研究报告。(4)在完成对常设委员会研究报告的一般性修订工作后,专家委员会应将所有此类筹备研究报告一并提交泛美联盟,以便转交至各美洲国家,最终提供给法学家委员会会议讨论并审议。(5)专家委员会以出席会议的多数成员采取行动,但须有西半球两大司法制度的代表出席。

第8届美洲国家间国际会议于1938年在利马召开时,审议专家委员会所提出的下列项目:(1)侵略和制裁的定义;(2)调查、调解和仲裁;(3)国籍;(4)和平法典;(5)政府船只的豁免;(6)金钱索赔等。会议通过了一项全面决议,对工作的连续阶段进行分类,并确定各机构应履行的具体职责,来协调美洲国际法的编纂工作。决议建议将各国国家委员会研究报告以初步草案的形式提交常设委员会,专家委员会据此将编写的草案提交泛美联盟,并由该联盟转交给美洲各国政府。这项工作的最后阶段将由法学家委员会会议审议。[①]

(二) 美洲地区编纂国际法的特点

自第1届美洲国家间会议至第二次世界大战期间,美洲地区创立了多个从事国际法编纂的机构,包括美洲法学家委员会、各国的国家委员会(除美国和海地之外共19个),第6届美洲国家间会议设立的3个常设委员会以及总部设在美国华盛顿的法学家委员会所属专家委员会,形

[①] "United Nations Documents on the Development and Codification of International Law", *Supplement to American Journal of International Law*, Vol. 41, No. 4, October, 1947, pp. 129 – 133.

成一套较为全面的国际法编纂制度与机制。自19世纪末至第二次世界大战前后，美洲国际法有赖于推动国际立法的浓厚政治气氛和由法学家组成的专业委员会的技术性编纂工作的有机结合，在编纂与促进国际法规则方面积累了丰富的实践经验，取得了较为丰硕的编纂成果，极大地推动了美洲地区国际法的发展。

值得一提的是，自1823年美国总统门罗（Monroe）在国会发表咨文，向欧洲明确宣称美洲体系的存在及其独立和不可侵犯，"美国作为一个迅速成长的强国，对其美洲各邻邦起着越来越强的引力作用"。[①]在这一历史时期，美国为了谋求脱离由欧洲列强主导的国际体系，达到控制整个美洲的区域霸权的政治目的，积极地在美洲国际法编纂实践各项专题的起草和国际法规则议定等环节扮演重要角色。尤其是，美国借助民间学术团体的力量，积极参与国际联盟以及美洲国家间的国际法编纂活动，对国际法规则的成文化与制定发挥了实质性的主导作用。美国运用外交谋略、军事威胁、领土扩张、主导创立规范与秩序"游戏规则"等手段有力地助成将系统性政治影响覆盖于整个美洲，最终形成其对整个美洲的优势与统治。

由于美洲国家编纂国际法体系设置过于庞杂，国内编纂与国家间的编纂机构多头并立，存在难以协调的不足。对此，1945年，泛美联盟在墨西哥召开美洲和平与战争问题会议，考虑重组美洲国际法编纂体系，设立一个小型、永久性的技术专家委员会，代表整个美洲共同体，作为协调编纂活动的中央机构，主要职能之一是与官方及私人编纂机构以及美洲各国的杰出法学家进行联络与沟通。编纂范畴也包括发展国际法，即"制定新的规则，以适应各国相互关系中不断变化的状况"。[②] 1948年，美洲国家在波哥大签署《美洲国家组织宪章》。根据宪章，上述各编纂机构将停止运行，由新成立的美洲法学家理事会和美洲法律委员会取而代之。前者承担"促进国际公法与国际私法编纂与发展工作"中的司法事务咨询，并对不同美洲国家的立法统一问题开展研究，后者

[①] 时殷宏：《现当代国际关系史：从16世纪到20世纪末》，中国人民大学出版社2006年版，第135页。

[②] "Inter-American Juridical Committee, Recommendations and Reports", Official Documents 1942–1944（Eio de Janeiro, 1945）, pp. 119–122.

是由9个法学家组成的美洲组织常设委员会,具体承担编纂工作的研究和准备。①

第三节 国际联盟编纂与逐渐发展国际法

一 国际联盟与国际法编纂工作

国际联盟是国际社会分立而据的各主权国家历史上第一次组成的普遍性的常设政治组织。国际联盟致力于促进国际规则的发展,重塑已有的国际法规则,特别是受战争影响的国家间法律规则,调和对国际法特定问题的各种不同意见,对有争议规则达成普遍理解,并研究一些尚未得到充分规定的问题,以确保各国的安全和福祉。旨在统一地规范国家行为以维持普遍和平的《国际联盟盟约》也成为国际法的重要组成部分。它所赋予的主要职能是保障国际集体安全,要求各国"放弃对武力要素的传统控制,根据多边协定和国际机构的规定履行接受行动或不行动的义务"。②

（一） 国联编纂机构——逐渐编纂国际法专家委员会

1920年负责起草《常设国际法院规约》的法学家咨询委员会为强调国际争端的司法解决与法典编纂的密切关系,通过了一项促进国际法的决议,建议应当尽快召开一次新的国际会议,旨在:（1）就受第一次世界大战影响的领域重新制定国际法规则;（2）拟定与商讨国际规则的修改和补充;（3）努力调和不同意见,确保就目前存在争议的规则达成普遍协议;（4）审议目前未受国际法适当管制的专题,根据国际司法利益要求宣布和接受法律规则。③ 在召开国际法编纂会议时应当邀请包括国际法研究院、国际法协会、美洲国

---

① Ramaa Prasad Dhokalia, *The Codification of Public International Law* (Manchester, Manchester University Press, 1970), p. 139.
② 时殷宏:《现当代国际关系史:从16世纪到20世纪末》,中国人民大学出版社2006年版,第191页。
③ George W. Wickersham, "Codification of International Law", (1925) 11 *American Bar Association Journal* 654, p. 657.

际法研究院在内的一些重要学术机构采用任何他们认为合适的方法或使用任何合作方式参与国际法编纂工作，更全面地确定并协调适用于国家间相互关系的国际法规则。[1]

在1924年国际联盟第5届大会上，瑞典代表团阐述了国际联盟在促进国际条约法方面取得的进展以及现存差距问题，提出由国联大会或由国联主持举行的国际会议缔结国际公约或其他国际文书来发展国际法，同时建议理事会邀请国联成员国列明适合纳入国际公约或其他附属协定的国际法专题事项。1924年9月22日，根据瑞典代表团的提案，国联大会通过了一项决议，一方面肯定了瑞典提案，但同时决定采纳不同的编纂国际法程序，即不要求各国政府来拟订适当的专题，而是将该任务委托给特定的编纂专家委员会。该委员会是代表世界主要文明形式和主要法律制度的机构，主要承担以下职责：（1）编制一份现阶段最可取和可实现的国际法专题事项的临时清单；（2）秘书处将名单通知各国政府，并审查收到的答复；（3）就充分成熟的问题和可能遵循的程序向理事会提出报告，以便最终为会议解决问题做好准备。该决议体现了政府间为促进国际法的编纂与发展迈出了重要的一步，在世界范围内第一次尝试对所有领域的国际法进行编纂和发展，而不仅仅就个别和具体的法律问题制定规则。[2]

由此，国际法编纂被纳入国际联盟成为一项重要工作，通过达成一般性公约方式来确保各国就国际法的某些专题形成一致。这些公约或以现行国际法为基础，抑或包括习惯法和惯例，并且经过修改以便协调相互冲突的观点使各国达成共识。在这一过程中，专家机构或委员会以现有法律为基础拟订初步协议，之后可以在国际外交会议上对法律进行修改，因而是编纂已有规则和创制新规则的合二为一。[3]

---

[1] Philip Marshall Brown, "The Codification of International Law", (1935) 29 *American Journal of International Law* 25, p. 27.

[2] Arnold D. McNair, "The Present Position of the Codification of International Law", (1927) 13 *Transactions of the Grotius Society* 129, p. 130.

[3] Arnold D. McNair, "The Present Position of the Codification of International Law", (1927) 13 *Transactions of the Grotius Society* 129, p. 129.

在此基础上，国联理事会于 1924 年 12 月正式任命由 17 名法学家组成的"逐渐编纂国际法专家委员会"（Committee of Experts for the Progressive Codification of International Law）（以下简称"编纂专家委员会"）负责研究国际法的编纂问题。17 名法学家包括来自中国、瑞典、法国、意大利、英国、萨尔瓦多、荷兰、葡萄牙、捷克斯洛伐克、日本、波兰、德国、阿根廷、美国、比利时、西班牙等国专家和 1 名穆斯林法律专家。中国代表为常设国际法院法官王宠惠（Wang-Chung-Hui）。[1]

（二）拟备编纂专题清单

编纂专家委员会第 1 次会议于 1925 年 4 月 1 日至 8 日在日内瓦举行，由哈马舍尔德（Hammarskjbld）担任主席。经初步讨论确定，委员会职责不是编纂法律，而是就其认为已经成熟可以编纂的问题以及如何才能最好地完成这些问题的编纂提出报告。委员会采用的处理方法归纳如下：（1）选择初步需要审议的专题；（2）将每个专题提至一个由两名或三名成员组成的小组委员会，其中一名是报告员；（3）由整个委员会审查小组委员会的报告，包括公约草案；（4）对被认为初步成熟的编纂专题做出采用或拒绝的决定；（5）由联盟理事会向各国政府通报各小组委员会就初步成熟编纂专题所做的报告；（6）委员会审议各国政府对这些报告的答复；（7）向理事会报告其认为可取、可行的编纂议题；（8）上述程序完成后，联盟应采取必要步骤召开一次或多次国际会议，最终实现由所有国家或大多数国家缔结构成国际法规则或体现国际社会共同利益的公约。[2]

在此基础上，编纂专家委员会通过了一份初步审查的专题清单，包括关于国籍的法律冲突、领海法、外交特权和豁免、政府船只的法律地位、引渡、国家对外国人的人身或财产在其领土内所受损害承担的责任、国际会议程序和条约缔结与起草程序、制止海盗行为、在国际法中适用时效、海洋勘探规则、在境外犯下罪行的国家刑事管辖权

---

[1] "Resolution Adopted by the Council of the League of Nations on 12 December 1924", *League of Nations Official Journal*, February, 1925, p. 274.

[2] Arnold D. McNair, "The Present Position of the Codification of International Law", (1927) 13 *Transactions of the Grotius Society* 129, p. 132.

原则，等等，同时以研究上述问题为目的任命了 11 个小组委员会。①

编纂专家委员会第 2 次会议于 1926 年 1 月 12 日至 29 日在日内瓦举行，优先选择 7 项专题起草了调查问卷，包括国籍、领水、外交特权和豁免、国家对外国人的人身或财产在其领土内所受损害承担的责任、国际会议程序和条约缔结与起草程序、海盗、海洋勘探，并"提请各国考虑编纂国际协定方式对这些问题进行规范是否可取并且可实现"。1927 年 4 月 2 日，编纂专家委员会召开第 3 次会议，并向国联大会提交报告，指出第 2 次会议所列专题的调查问卷已经得到各国政府的充分考虑，只有少数政府对上述所有专题持有反对态度，除此之外，（1）有 33 个国家答复了国籍问题的调查问卷：其中 9 个国家赞成对国籍问题进行编纂，11 个国家不反对编纂，但提出一些意见，2 个国家坚决反对编纂，2 个国家部分反对，1 个国家主张双边解决，其他国家建议将该专题推迟。（2）35 个国家对领水问题做了答复：有 21 个国家原则上同意进行编纂，3 个国家认为缔结公约既不可能也不适当，2 个国家没有给出肯定或否定回答。（3）32 个国家对外交特权和豁免做了答复：其中 24 个国家明确赞成召开国际会议编纂，2 个国家原则上赞成，3 个国家表示反对。（4）37 个国家对国家责任问题进行答复：其中 24 个国家完全赞成编纂，5 个国家虽赞成但有保留意见，4 个国家认为缔结一项公约既不可能也不适当。（5）26 个国家对国际会议程序做出答复：14 个国家完全赞成编纂，5 个国家虽赞成但有保留意见，7 个国家反对。（6）31 个国家对海盗问题做了答复：其中 9 个国家赞成编纂，9 个国家虽赞成但持有保留意见，3 个国家虽没有反对但认为该问题不紧迫，6 个国家未发表任何意见，2 个国家认为缔结一项公约既不可能也不适当。（7）34 个国家对海洋勘探问题做了答复：其中 21 个国家政府给予赞成答复，有 5 个国家既不赞成也不反对，2 个国家没有发表意见。②

此次会议上，编纂专家委员会还编写了 4 份新专题事项的调查问

---

① Norman MacKenzie, "The Progressive Codification of International Law", (1926) 4 Canadian Bar Review 302, p. 304.

② "United Nations Documents on the Development and Codification of International Law", Supplement to American Journal of International Law, Vol. 41, No. 4, October, 1947, pp. 70 – 71.

卷，并转交各国政府，即关于刑事事项中司法和司法外行为的来文、领事的法律地位和职能、外交代表等级的修订、法院对外国的管辖权。[1]

国联理事会于 1927 年 6 月 13 日至 17 日在日内瓦举行会议，审议了编纂专家委员会提交的第 3 次会议工作报告。1927 年 9 月 27 日，国联大会在理事会报告基础上通过决议，决定：（1）对"足够成熟"的 3 项专题进行审议，即"国籍""领海"和"国家对外国人的人身或财产在其领土内所受损害承担的责任"；（2）尽快在海牙举行第一次编纂会议；（3）请理事会指示秘书处研究国际会议程序和条约缔结与起草程序；（4）指示联盟经济委员会与哥本哈根海洋勘探常设理事会合作研究海洋物种国际保护问题；（5）请理事会任命一个由 5 人组成的编纂会议筹备委员会，对国家间实践、法律先例与数据进行广泛了解，对拟审议的 3 项专题进行一般性调查，根据各国政府提供的资料和不同意见起草详细的报告，为开展 3 项专题的编纂工作确立"讨论基础"。[2] 这一"讨论基础"筹备环节正是遵循了 1899 年和 1907 年海牙会议筹备工作的路线。[3] 讨论基础的性质既不是简单地重述现有法律，也不是纯粹的新法律提案，讨论基础内容不仅包括各政府所表示的意见摘要以及筹备委员会对于现行法与拟议法的陈述，而且包含各国在提供所需资料方面合作以确保会议成功的基本要素。[4]

国联理事会于 1927 年 9 月 28 日任命了筹备委员会，由法国的巴斯德万特（Basdevant），智利的卡洛斯·卡斯特罗·鲁伊斯（Carlos Castro Ruiz），荷兰的弗朗索瓦（Francois），英国的塞西尔·赫斯特（Cecil Hurst）和意大利的马西莫·皮洛蒂（M. Massimo Pilotti）5 名专家组成。筹备委员会于 1928 年 2 月 6 日至 15 日在日内瓦举行会议，拟订所需

---

[1] Jesse S. Reeves, "Progress of the Work of the League of Nations Codification Committee", (1927) 21 *American Journal of International Law* 659, p. 660.

[2] "Resolution Adopted by The Assembly of The League of Nations", 27 September 1927, paras. 1 – 5.

[3] Arnold D. McNair, "The Present Position of the Codification of International Law", (1927) 13 *Transactions of the Grotius Society* 129, pp. 133 – 134.

[4] "United Nations Documents on the Development and Codification of International Law", *Supplement to American Journal of International Law*, Vol. 41, No. 4, October, 1947, p. 79.

信息的要点清单请各国政府提供必要的信息：(1) 国内法和国际法的现行法律状况，并尽可能详细地介绍法学书目；(2) 来自各国国家惯例的信息；(3) 对现行规则可能的补充以及弥补国际法现有缺陷方式的看法。显然，前两项是关于现行法的资料，第三项是要求提出拟议法的建议。筹备委员会共收到 30 个国家的答复，纳入编纂会议拟议的 3 项专题起草讨论基础。

二 1930 年海牙国际法编纂会议

(一) 会议的召开与成果

国际联盟的国际法编纂会议于 1930 年 3 月 13 日至 4 月 12 日在海牙举行，来自 48 个政府的代表出席了会议，对筹备委员会所确定的 3 项专题，即"国籍""领海"和"国家对外国人的人身或财产在其领土内所受损害承担的责任"进行了广泛的审议讨论。编纂会议成果主要体现在以下几个方面。

第一，国籍问题的编纂成果较为显著。会议通过了下列文书：(1)《关于国籍法冲突的某些问题的公约》，有 30 个国家签署；(2)《双重国籍兵役议定书》，有 20 个国家签署；(3)《无国籍状态的议定书》，有 24 个国家签署；(4)《无国籍状态的特别议定书》，有 15 个国家签署。此外，会议还就国籍各方面包括国籍证明问题等提出了 8 项建议。此次编纂会议不仅为解决国籍问题的国内冲突法制定了统一规则，并且将规范国籍的国内法与国际法结合在一起。第二，领海问题的编纂工作亦较为成功。会议通过了一项包含 13 个条款以及关于领海法律地位附件的"领海条款草案"的决议，还通过了"关于内陆水域的建议"和"关于保护渔业的建议"。由于各国在领海宽度和与领水邻接的"毗连区"问题分歧严重，会议未能就领海问题制定一项公约，但对于领水的法律地位包括无害通过权以及测算领水的基线取得某种程度的共识。[①] 会议建议国联理事会继续领海问题的编纂与发展工作，并在认为适当的时间召开一次新的会议。第三，国家责任方面的编纂工作最

---

① [英] 劳特派特：《奥本海国际法》（第八版）（上卷第一分册），王铁崖、陈体强译，商务印书馆 1973 年版，第 43 页。

不成功，因为筹备委员会无法完成关于各国在其领土上对外国人的人身或财产造成责任问题的研究，故而最终无法向会议提交用于审议的报告。编纂会议通过了逐步编纂国际法的一般性建议，但没有试图就今后国际法编纂会议的专题事项发表意见，因为这属于国联的职权范围，应当由作为各国政府组成的政治机构的联盟理事会决定。①

同时，编纂会议对编纂工作所涉及的技术性问题提出一些改进建议。具体如下：

建议一，今后各国缔结任何特别公约时，应尽可能以此次编纂会议的规定为指导。建议二，后续的国际法编纂会议也应以编纂科学工作为基础，国际和国家机构应尽早开展国际法基本问题的研究，特别是原则和规则及其适用问题。建议三，在下列基础上安排后续编纂会议筹备工作：（1）由负责选择适合编纂专题的编纂专家委员会起草报告，简要清楚地说明所选专题缔结国际协定的可行性与可取性，并送交各国政府征求意见。随后，由国联理事会最终拟订专题清单；（2）授权适当的机构负责起草公约草案的任务，起草的公约草案送交各国政府征求意见；（3）国联理事会将参加会议的绝大多数国家正式核可的问题列入会议方案。②

（二）海牙编纂会议的特点与意义

1930年海牙编纂会议是历史上第一次也是唯一一次专门的国际法编纂大会，展示了国际组织在国际法编纂过程中所发挥的重要作用，为促进国际和平与法治开启了先河。③ 海牙编纂会议是国际社会为之付出巨大努力的国际法编纂实践，不仅反映了当时国际社会处理国家间关系规则发展的一些重要问题与特点，而且为国际法编纂实践积累了丰富经验以及提供了编纂方向。海牙编纂会议的特点体现在以下几个方面。

---

① "United Nations Documents on the Development and Codification of International Law", *Supplement to American Journal of International Law*, Vol. 41, No. 4, October, 1947, p. 83.

② "General Recommendations with A View to the Progressive Codification of International Law", paras. 1 – 5, Adopted at the Conference for the Codification of International Law, March-April, 1930, Final Act, League of Nations Doc. C. 228. M. 115. 1930. V, p. 18.

③ League of Nations, "Progressive Codification of International Law", (1931) 12 *League of Nations Official Journal* 1586, pp. 1586 – 1588.

1. 编纂与立法的双重竞合方法归于失败

从国际法编纂实践进程来看,召开国际会议就国际法一般规则和原则达成国际公约的方法,成为19世纪末至20世纪初使用最广泛的方法。正如国际联盟大会决议提及,"编纂的精神不应仅仅限于现有规则的记录,而应旨在使它们尽可能适应当代国际社会的各项条件"。[①] 海牙编纂会议在程序上立足于从技术角度处理编纂国际法某些规则的问题,但会议形式却是带有政治色彩的国际外交会议。[②] 会议内容具有重述现行国际法规则与拟订新的国际法规则的两重性,会议方法带有弥合国家不同政治利益所致分歧与科学技术角度处理规则的两重性。因而,海牙编纂会议在性质上是编纂和立法程序的结合,不仅意在以精确的语言重述并确立已有的国际法规则使之具有约束力,同时是在国联主持下通过立法发展国际法的过程。

令人遗憾的是,通过召开一次国际会议就国际重要领域的问题同时实现编纂和立法所产生的困难与分歧在海牙编纂会议中彰显无疑。海牙编纂会议的3项专题均是关乎国家利益的重要问题,基于政治和国家利益考量,与会各国既不能轻易在短期内就现有规则达成一致,也不能就需要解决的新问题与新规则形成统一意见。[③] 针对3项专题,与会国家基本划分为两大阵营:一方是大国的代表,主张海洋和商业的绝对自由、拥有保护其海外公民的人身和财产的广泛权利、明确其海外公民所在国家应负有的国家责任,这些立场符合大国利益;另一方是大国以外的其他国家代表,他们对于商业和海洋自由有不同的看法,拒绝国家拥有对其海外国民的延伸性保护权利,并反对本国承担外国人身与财产损害的国家责任,这些立场考量同样立足于国家自身利益。大国的意愿虽不足以直接确立和改变国际法规则,但可以阻止所有国家在特定问题上形成统一的意见。因而,各国在所编纂的3项专题上为统一国际规则目

[①] "Resolution Adopted by The Assembly of The League of Nations", 27 September 1927, para. 6 (d).

[②] Alejandro Alvarez, "Impressions Left by the First Hague Conference for the Codification of International Law", (1930) 16 *Transactions of the Grotius Society* 119, pp. 126 – 127.

[③] "United Nations Documents on the Development and Codification of International Law", *Supplement to American Journal of International Law*, Vol. 41, No. 4, October, 1947, p. 78.

的所做出的让步及达成的共识都极为有限。①

此外，海牙编纂会议不足之处还表现在编纂专题选择上缺乏充分研究和论证准备。3 项编纂专题——国籍、领海和国家责任之间的关系过于松散，在国际法上是相互独立的，规则关联性不强，在有限的会期内需要各国对这 3 个专题确定既有规则和拟订新规则，而且拟通过公约形式促使国家作为缔约方接受和遵守相关国际法规则，无疑是一个仓促的决策过程。最终事实证明亦如此，就编纂效果而言，海牙编纂会议是失败的。对此，领海问题特别报告员指出，必须最谨慎地挑选需要编纂的专题。如果为编纂时机尚不成熟的问题开展编纂与立法，不仅对消除或减少国家间存在的观点分歧毫无帮助，甚至可能增加分歧。②

2. 海牙编纂会议为未来的国际法编纂工作指明方向

国联大会第一委员会对海牙编纂会议作了冷静客观的评价，认为海牙编纂会议工作成果构成国际法编纂进程的组成部分。参加海牙编纂会议的各国政府也对此次编纂工作进行了积极反思和总结，并向大会提交了若干草案意见。这些决议草案表达了各国政府对如何为未来国际法编纂工作争取更大成功的看法。第一，这些意见讨论了编纂与发展国际法的关系。例如，英国、法国等国提出将习惯国际法规则编纂与制定新规则加以区分。习惯法国际规则的编纂不宜以谈判和缔结公约形式进行，因为在谈判过程中各国可能出于政治原则对原本已长期确定的习惯法规则提出质疑，反而造成不必要的法律上的困难。公约中规定的法律是否可能用于修改习惯法，应适用法律科学方法加以审查或由司法裁决来解决。第二，编纂筹备工作至关重要。应当加强编纂专题选择方法的初步研究，审查拟通过规则价值的必要性，筹备工作包括依据所有科学数据来拟订公约草案。③

1931 年 9 月 25 日，国联大会通过一项编纂程序的决议，决定继

---

① Alejandro Alvarez, "Impressions Left by the First Hague Conference for the Codification of International Law", (1930) 16 *Transactions of the Grotius Society* 119, p. 123.

② Ramaa Prasad Dhokalia, *The Codification of Public International Law* (Manchester University Press, 1970), p. 127.

③ "United Nations Documents on the Development and Codification of International Law", *Supplement to American Journal of International Law*, Vol. 41, No. 4, October, 1947, p. 88.

续进行编纂工作，其目标是将各国关系置于法律和安全的基础之上起草公约，并且不损害基于各国实践和国际法理论逐步产生的习惯国际法规则：①（1）无论是国联成员国或非成员国均有权就以国际公约形式编纂的专题提出建议，建议应当附有一份解释性的备忘录，以便使各国政府能够在国联大会之前进行研究。（2）国联大会最终决定所提议的专题是否成熟并适合编纂。（3）大会提请国联理事会设立一个专家委员会，编写公约草案和解释性声明，并由大会决定是否应暂时保留专题以供编纂之用。（4）如果大会做出肯定性决定，专家委员会的报告将转交给国联成员国和非成员国进行评论。（5）各国政府的评论将由专家委员会审查。在这个阶段有两种可能性，专家委员会根据各国的评论对公约草案进行修订，再交由各国政府征求意见。然后，大会将审查修订草案及其评论，并就可能需要采取的任何进一步行动做出决定，或决定将该草案提交编纂大会。显然，依照这一程序，各国政府可以评论方式充分参与议题草案的商讨，"如果赞成编纂某一特定专题的意见占大多数，则就有充分的理由认为编纂将产生积极的结果"。② 可以说，该决议力图就逐步发展和编纂国际法的程序和国联主持谈判普遍性公约的立法程序之间实现某种程度的折中平衡。此后，国际联盟未再召开专门的国际法编纂会议，该决议所确定的基本程序和多数内容最终由联合国成立后的国际法委员会编纂机制所继承发展。③

三 国际联盟对国际法的逐渐发展

除了一般性地编纂国际法之外，由国际联盟主持缔结国际公约的国际立法进程构成发展国际法的重要组成部分。在联盟主持下缔结的国际文书主要以国际外交会议方式拟订并通过。国联大会和理事会作为主导机构，负责启动议程、组织筹备工作并召集会议，由联盟秘书

---

① "Resolution Adopted by the Assembly of the League of Nations", 25 September 1931, *Official Journal*, Special Supplement, No. 92, 1931, p. 11.

② "Judge Huber in the First Committee of the Assembly", 19 September 1931, O. J. *Special Supplement*, No. 94, p. 42.

③ "United Nations Documents on the Development and Codification of International Law", *Supplement to American Journal of International Law*, Vol. 41, No. 4, October, 1947, pp. 92 – 93.

长为筹备工作和外交会议提供保障工作。1920 年至 1939 年,国际社会在国际联盟的主持下共缔结了大约 120 项国际文书,促进了国际法在许多领域的发展和完善。①

(一) 和平解决国际争端与战争法

1927 年国联设立仲裁和安全委员会,负责拟订和平解决国际争端总则,该文件于 1928 年 9 月 26 日经由国联大会通过。同时,大会还通过了一系列关于和平解决国际争端、互不侵犯和互助的双边和多边条约范本。委员会还拟订了《财政援助公约》和《改进防止战争手段公约》并获得大会通过。同一时期,经该委员会拟订的其他国际文件还包括《关于禁止在战争中使用窒息、有毒或其他气体及细菌作战方法议定书》《关于监督国际武器弹药和战争工具贸易的公约》等。②

(二) 经济与金融领域

1920 年,国联设立经济和金融组织委员会,作为第一个专门从事国际经济管理的国际机构,通过拟订国际公约促进国际经济关系各个领域的立法,对国际法的发展做出了贡献。③ 主要包括:(1) 统一商法规则:缔结 3 项有关汇票和本票公约以及 3 项有关支票的公约;(2) 商事纠纷解决:1923 年关于仲裁条款议定书和 1927 年关于执行外国仲裁裁决的公约;(3) 1931 年建立国际农业抵押信用公司的公约;(4) 1929 年禁止伪造货币公约和 2 项议定书;(5) 1923 年简化海关手续公约和议定书;(6) 1928 年关于骨头和兽皮出口的公约和议定书;(7) 1935 年促进肉类及肉制品贸易的 3 项公约;(8) 1928 年关于经济统计的公约和议定书;(9) 1931 年关于捕鲸规则的公约和 1937 年关于捕鲸管理的协议。

该委员会还起草示范公约力促缔结国家间的双边协定。例如,大

---

① "United Nations Documents on the Development and Codification of International Law", *Supplement to American Journal of International Law*, Vol. 41, No. 4, October, 1947, p. 53.

② "United Nations Documents on the Development and Codification of International Law", *Supplement to American Journal of International Law*, Vol. 41, No. 4, October, 1947, p. 53.

③ Yann Decorzant, "Private and public initiatives in the Economic and Financial Organization of the League of Nations in the early 1920's", European Business History Association Annual Meeting 2007, p. 2.

多数关于双重征税问题的双边协定是在20世纪30年代缔结的,并且以1928年政府专家大会拟订的示范公约为基础。委员会认为,示范公约有助于解决国家间谈判中出现的许多技术困难,并具有双重优点:其一,示范公约构成了统一的实践和立法范本,其二,示范公约的条款具有足够的弹性,在任何双边协议中进行修改以满足不同的国家间的各项条件。①

(三) 通信与交通领域

1921年成立的国际联盟通信和交通组织的基本任务之一是为统一和简化某些行政和技术议题,就交通自由和通信手段问题确定和编纂国际法(无论是国际公法或国际私法)的一般性原则。② 该组织对通信与交通领域的编纂成果包括:(1) 交通:1921年关于交通自由的公约和规约、关于国际关注水道的公约和规约和承认无海岸国家旗帜权利的宣言;(2) 统一河流规则:1925年《关于测量内河航行中所使用船只公约》,1930年关于内河碰撞、内河航行船舶登记和内河航行船舶悬挂旗帜权利等3项公约;(3) 海事问题:1923年《关于国际海港制度公约》,1930年《关于海上信号协定》《不设站的有人操控灯塔协定》和《关于统一海上浮标系统协定》;(4) 铁路与公路:1923年《关于国际铁路制度公约》,1931年《统一道路信号协定》《对外国机动车辆征税协定》《未偿清或丢失旅行标识程序协定》;(5) 移民:1929年《关于准备移民交通卡协定》;(6) 电力:1923年《关于影响一个以上国家的电力传输公约》和《水力发电公约》;等等。③

(四) 知识合作领域

国际和平与安全通常被视作政治、经济和法律问题,而不是知识问题。国联成立后,有代表指出,知识保护与合作工作也有助于推动

---

① "United Nations Documents on the Development and Codification of International Law", *Supplement to American Journal of International Law*, Vol. 41, No. 4, October, 1947, pp. 54-55.

② "United Nations Documents on the Development and Codification of International Law", *Supplement to American Journal of International Law*, Vol. 41, No. 4, October, 1947, p. 56.

③ "United Nations Documents on the Development and Codification of International Law", *Supplement to American Journal of International Law*, Vol. 41, No. 4, October, 1947, pp. 56-57.

与实现国际和平与安全目标。鉴于此,1922年国际联盟成立知识合作委员会,指导关于知识合作的工作,负责促进知识工作和科学家、研究人员、教师、艺术家和其他职业人员之间的国际关系,推动国家间的国际谅解作为维持和平的手段。① 在该委员会促动之下,国际社会分别于1933年通过《教育人物电影的国际发行公约》,1936年通过《为和平事业使用广播的公约》,1937年通过《历史教学宣言》,等等。②

（五）社会与人道问题

国际联盟还推动各国政府在解决一些人道主义和社会问题方面的合作,达成的国际协定主要包括:(1) 1921年《禁止贩卖妇女和儿童公约》;(2) 1933年《禁止贩卖成年妇女公约》;(3) 1923年《禁止淫秽出版物流通和贩运国际公约》;(4) 1926年《禁止奴隶贸易公约》;(5) 1927年《国际救济联盟公约》和章程;(6) 1933年《关于俄罗斯、亚美尼亚和被同化难民的国际地位公约》,1936年《来自德国的难民地位临时安排》,1938年《来自德国的难民地位公约》;等等。③

（六）毒品和危险药品

国际联盟推动打击鸦片和其他危险毒品活动立法的国际法律文书获得各国的广泛批准。主要包括:(1) 1931年《限制生产和管制麻醉药品的公约》;(2) 1925年《国际鸦片公约》及议定书;(3) 1927年《禁止鸦片的制造、贸易和使用的协定》;(4) 1936年《禁止非法贩运危险药品的公约》及议定书;等等。④

（七）外国人待遇的规则编纂工作

1927年在日内瓦举行的世界经济大会建议国际联盟理事会召开一

---

① "League of Nations: Intellectual Cooperation", https://libraryresources.unog.ch/lonintellectualcooperation/ICIC (last vistied 30 January 2022).

② "United Nations Documents on the Development and Codification of International Law", *Supplement to American Journal of International Law*, Vol. 41, No. 4, October, 1947, p. 57.

③ "United Nations Documents on the Development and Codification of International Law", *Supplement to American Journal of International Law*, Vol. 41, No. 4, October, 1947, pp. 57-58.

④ "United Nations Documents on the Development and Codification of International Law", *Supplement to American Journal of International Law*, Vol. 41, No. 4, October, 1947, p. 59.

次国际会议，起草一项关于外国人待遇的国际公约，并且在此基础上开展广泛的编纂工作，编纂有关外国人待遇的国际法并且统一关于外国人待遇的国内法。对此，国联经济委员会实际负责公约草案的起草，并交由各国进行讨论。公约草案以国民待遇原则为基础，即外国人根据所在国法律与本国公民享有平等待遇。但这一原则受到一些国家质疑，因为各国国内法规定国民待遇方面的不平等可能导致缺乏互惠性。1929年11月5日至12月5日国际联盟在巴黎举行了关于外国人待遇的国际会议，42个国联成员国与5个非成员国参加会议。会议期间审查了若干问题，包括：国际贸易的保障措施，旅行、停留和创业的自由，从事贸易、工业和就业，民事权利和法律保障，产权，特殊费用，财政待遇和对外国公司的待遇。由于大多数国家决定保留尽可能广泛的行动自由，而不接受对其主权的任何限制，并努力使出于经济、国防或安全原因而采取的措施合法性得到承认，或保护本地劳动力市场。因此，对于这一问题存在很大的分歧，会议最终没有达成一项公约，只形成了关于后续工作的最后议定书。但会议审议的公约草案对以后双边和区域安排的起草产生了一定的影响。①

概言之，经历了第一次世界大战浩劫的国际社会，把对未来的希望转向发展既定制度与常设司法机构来定纷止争，共同承诺促进与维护和平。对此，《国际联盟盟约》在序言中提出"牢固地确立对国际法的理解，作为各国政府之间的实际行为规则"。国际联盟在海牙设立的常设国际法院强调有必要对国际法做出更明确和更有权威的规定。② 国际法编纂工作和常设国际司法机构的发展和完善齐头并进，相辅相成。一方面，编纂的稳步进展将有助于法院的有效运作，另一方面，国际司法机构做出的裁决以及对尚未解决的法律部分的解释，将有助于编纂。

国联时期的国际法编纂工作标志着国际法已经跨越了是否可取或

---

① "United Nations Documents on the Development and Codification of International Law", *Supplement to American Journal of International Law*, Volume 41, No. 4, October, 1947, pp. 60 – 61.

② Philip Marshall Brown, "The Codification of International Law", (1935) 1 *American Journal of International Law* 25, p. 26.

是否可行的争论阶段,正处于逐步建立的实际过程中。国际法编纂任务不再是理想主义者所追求的遥不可及的目标,而朝着建立在牢固的法律基础之上的法治进程迈出了实际步伐。[①] 同时,国际联盟时期所确定的国际法编纂的范畴、方法和运行模式等,为联合国成立后的国际法委员会机构设置及工作流程的产生奠定了基础。

---

① Norman Bierman, "Codification of International Law—A Basis of World Government", (1930) 15 *St. Louis Law Review* 151, pp. 166–167.

第 四 章

国际法编纂与逐渐发展的新起点

第一节 联合国国际法编纂机制

20世纪人类经历两次世界大战。每次大战之后，在国家关系中不可避免地出现对新的法律和秩序的渴望。第一次世界大战之后，国际社会成立国际联盟，制定《常设国际法院规约》建立国际司法机构，并且尝试努力编纂国际法规则。第二次世界大战接近尾声时，人们在建立一个新的国际组织——联合国的讨论中，重新认识到有必要扩大国际法的范围，加强国际法规则的确定性，并加速国际法发展进程。联合国在鼓励国际法的逐步发展和编纂方面开展工作的法律基础来自《联合国宪章》第十三条[①]赋予联合国大会的责任，即大会应发动研究并做出建议，以促进政治上之国际合作，并提倡国际法之逐渐发展与编纂。

一 《联合国宪章》第十三条第一款（子）项产生始末

1945年4月25日至6月25日，50个国家代表在旧金山召开了联合国国际组织会议（United Nations Conference on International Organization, UNCIO），又称旧金山会议，通过了《联合国宪章》，并于1945年6月26日开放供签署。负责制定《联合国宪章》的第Ⅱ/2委员会（Committee Ⅱ/2）同时审议了为"振兴和加强"（revitalizing and

---

[①] 根据《联合国宪章》中文作准文本，该条为宪章第十三条第一项（子）款。因中文对法律文本序号的习惯用法为"条、款、项……"，故本书沿用中文习惯用法。

strengthening)因两次世界大战剧变且动摇的国际法而应当采取的措施。一些国家代表提出对国际法进行编纂（codification）、发展（development）、修订（revision）3 个概念，成为 Ⅱ/2 委员会重点讨论的议题。[①] 有的国家代表主张使用"发展"概念将"编纂"排除；还有国家代表认为，发展法律是第一步，而编纂是发展法律进程中的必然过程。委员会还同时审议了联合国大会在"修订"国际法方面的任务。有国家反对给予大会以国际立法机关的权力，但同时也认为，大会的任务不仅仅局限于重述现行法律规则。

对此，第 Ⅱ/2 委员会表决了 3 项问题：第一，联合国大会是否有权发起研究并就编纂国际法提出建议？对此，委员会以 24 票赞成对 8 票反对予以认可。第二，是否应授权联合国大会发起研究，并就促进修订国际法规则和原则提出建议？对这一问题，委员会以 16 票赞成对 8 票反对也予以确认。第三，联合国大会是否有权制定国际法规则，并且在安全理事会核准后对会员国具有约束力？这一问题遭到强烈反对，只得到 1 票赞成，却有 26 票反对。[②] 以上议题随后被提交至Ⅱ/2 委员会的 B 小组委员会。在小组委员会第 7 次会议上，关于"发展"一语是否也包括"修订法律"的概念也出现了尖锐的意见分歧。小组委员会向Ⅱ/2 委员会提交两项可替代草案，建议大会负责开展研究以促进政治领域的国际合作。案文 A：编纂国际法，同时鼓励国际法的发展，并促进对国际法的修订；案文 B：鼓励国际法的逐步发展及其编纂。这两项案文随后被提交至Ⅱ/2 委员会第 21 次会议上进行讨论。赞成案文 A 的代表坚持认为，应明确提及并保留"修订"这一概念，抵消编纂可能产生的僵化效果，保持规则的灵活性。赞成案文 B 的代表认为："逐步发展"一词意味着"对现有规则的修改和补充"（modifications as well as additions），在稳定与变化之间达成"良好的平衡"。由于后一观点占绝大多数，最终，"大会应着手进行研究和提出建议，以鼓励国际法的逐步发展和编纂"作为最后案文被纳入《联合国宪章》第十三条第一款

[①] See Yuen-Li Liang, "The General Assembly and the Progressive Development and Codification of International Law", (1948) 42 *American Journal of International Law* 66, pp. 66 – 67.

[②] Yuen-Li Liang, "The General Assembly and the Progressive Development and Codification of International Law", (1948) 42 *American Journal of International Law* 66, p. 67.

(子）项。①

二 设立国际法委员会的筹备与议定

（一）国际法逐渐发展与编纂委员会

第1届联合国大会第2次会议对《宪章》第十三条第一款（子）项的执行问题进行了审议，并将该事宜委托给大会第六委员会（即法律委员会）。② 第六委员会遂将问题交由其第一小组委员会进行详细审查。③ 对此，第一小组委员会提出建议，设立一个委员会研究联合国大会为履行第十三条第一款义务而可能采用的方法，并且在大会实施任何有关国际法的逐步发展及最终编纂的明确计划之前向大会提交深思熟虑的、详细的报告。1946年12月11日，联合国大会通过第94（Ⅰ）号决议，指定17个联合国会员国派出代表，组建国际法逐渐发展与编纂委员会（Committee on the Progressive Development of International Law and its Codification）（以下简称"发展与编纂委员会"）。④ 发展与编纂委员会接受大会指示，研究大会鼓励国际法的逐步发展及编纂的方法，并且为此目的确保联合国若干机构合作的方法，以及争取国家或国际机构协作以实现这一目标的方法，在此基础上，向大会下一届常委会提出报告。⑤

摆在发展与编纂委员会面前的任务包括研究国际法编纂中各种方法以及考虑为执行《宪章》第十三条赋予大会的任务而可能建立的机制。发展与编纂委员会研究讨论了4项主要问题，包括（1）逐渐发展和编

---

① Yuen-Li Liang, "The General Assembly and the Progressive Development and Codification of International Law", (1948) 42 *American Journal of International Law* 66, pp. 67 – 68.
② 根据联合国大会程序，大会下设7个委员会，其中第六委员会为法律委员会，负责处理涉及国际法院和发展国际法等相关的法律事务和问题。
③ 第一小组委员会由比利时、加拿大、中国、古巴、捷克斯洛伐克、埃及、挪威、美国和英国的代表组成，UN Journal No. 39, Supplement No. 6, p. 50。
④ 17个成员国分别为：阿根廷、澳大利亚、巴西、中国、哥伦比亚、埃及、法国、印度、荷兰、巴拿马、波兰、瑞典、苏联、英国、美国、委内瑞拉、南斯拉夫。参见 "Progressive Development of International Law and Its Codification", A/RES/94（Ⅰ）, 11 December 1946, 决议所附国家名单。
⑤ "Progressive Development of International Law and Its Codification", A/RES/94（Ⅰ）, 11 December 1946, paras. (a) – (c).

纂之间是否存在区别？（2）这种发展和（或）编纂应当通过国际公约的手段还是通过独立法律专家起草科学性法律重述进行？（3）应设立何种常设机制协助联合国大会执行任务？（4）该机制与大会本身和其他机构的关系如何？① 发展与编纂委员会于 1947 年 5 月 12 日举行会议审议了主要事项，布赖尔利（Brierly）作为特别报告员就大会鼓励逐步发展和编纂国际法所采取的方法向大会提交题为"国际法逐渐发展及其编纂"报告并获得通过。② 报告建议成立一个国际法委员会，并提出了一些旨在作为该委员会章程基础的规则。

发展与编纂委员会达成了一项共识，即执行编纂任务的最佳路径是设立一个委员会或特别委员会，作为联合国大会的附属机构，并且具有常设性质。为此，发展与编纂委员会审议了一个机构能否承担逐步发展和编纂所有国际法分支的任务的机构建设问题，甚至还讨论了为国际私法以及国际刑法设立单独的委员会的建议。最终，发展与编纂委员会一致同意为履行国际法编纂任务设立单一委员会，命名为国际法委员会（The International Law Commission），以落实《联合国宪章》第十三条第一款（子）项的规定。③

（二）国际法委员会的组成与性质

发展与编纂委员会讨论在设立逐渐发展国际法与编纂工作新机构时，各国代表提出了若干概要性计划，其中有两种明显迥异的观点。一些代表主张，能够有效地开展工作的机构应当是一个纯粹的科学机构，由具有最高最广泛国际声望的国际法学家组成，完全脱离政治考虑，不服从各国政府的指示。另有一些代表则认为，国际法的发展和编纂任务从本质上属于各国国家间关系的事项，因为接受法律规则约束是整个国际社会的重要问题，并且需要各国政府的同意才能有效地接受和运作所制定的规则。如果这项工作不是委托给政府代表，而是给予独立的法学

---

① Yuen-Li Liang, "The General Assembly and the Progressive Development and Codification of International Law", (1948) 42 *American Journal of International Law* 66, p. 70.

② 报告内容参见，"Progressive Development of International Law and Its Codification Note by the Secretary-General", A/331, 18 July 1947。

③ "Progressive Development of International Law and Its Codification Note by the Secretary-General", A/331, 18 July 1947, para. 3.

家以超然和客观的方式研究法律问题,那么《联合国宪章》第二条所规定的所有会员国主权平等原则或将受到危害。

对此,美国代表建议,未来的国际法委员会应当依据与选举国际法院法官的同等程序通过大会和安全理事会选出、由国际法领域杰出人员组成。这种任职地位和任命方法将给予委员会相当大的工作自由和独立性,其工作结果同时受制于大会。英国代表则提议,设立一个小型委员会,其提名将完全摆脱政治指派的风险。受托执行的职责仅严格限于对既有法律规则的非官方性质的重述,对任何人不具有约束力,除非通过国际条约方式被普遍接受。波兰代表主张,设立一个至少11人组成的常设专家委员会,由联合国各国政府提名人选,大会从国际法院院长起草的22人名单中选出11名。每个政府都有权提名4人,其中两人是本国公民。苏联代表则提出,由政府代表组成的委员会平等地开展工作。委员会不仅负责方法的研究,而且被赋予更明确的任务。荷兰代表以调和各种分歧意见为出发点,提出联合国大会设立一个小规模的编纂委员会,由具有最高国际法地位的国际律师组成。该委员会应选择所编纂的专题进行研究,向政府和其他合作机构发放调查问卷。第一阶段工作由独立专家开展,而最终拟订的重述成果主要基于官方政府来源的信息。巴西代表也主张有效的工作不能仅仅是学术性的,各国政府之间协商并开展工作对编纂的成功至关重要。[①]

发展与编纂委员会大多数委员对于编纂任务完全由国家代表委员会承担或单独建立一个完全学术型工作机构的两种观点,没有形成统一的意见而最终倾向于两者兼具的方案,即委员会以国际法院法官的选举方法为基础由独立成员而非国家委派代表组成,但委员会成员的提名可由国家做出。[②]

发展与编纂委员会还讨论了国际法委员会编纂任务的性质,认为,大会委托国际法委员会的任务在性质上可能有所不同。有些可能涉及就

[①] Yuen-Li Liang, "The General Assembly and the Progressive Development and Codification of International Law", (1948) 42 *American Journal of International Law* 66, pp. 78 – 79.

[②] "Progressive Development of International Law and Its Codification Note by the Secretary-General", A/331, 18 July 1947, para. 4.

国际法尚未规定的问题或国家实践中尚未高度发展的问题拟订公约,另一些任务则包括在有广泛的国家实践、先例和理论的领域对法律进行更精确的形式化和系统化。为便利起见,第一类任务被称为"逐步发展",第二类任务被称为"编纂"。①

(三) 国际法委员会的工作程序

考虑到国际法委员会承担执行发展和编纂国际法双重任务的性质有所差别,发展与编纂委员会设想了发展和编纂两种不同的程序。在任命特别报告员的程序上,就是否应允许非委员会成员担任特别报告员问题,发展与编纂委员会出现了意见分歧。针对编纂任务,一些代表主张,由于国际法编纂任务的范围包括国际公法、国际私法以及其他的国际法分支,因而由委员会成员之外的外部人员担任特别报告员也是可取的。另一些代表则认为,对于像特别报告员如此重要的职务,应当由委员会成员担任。针对逐渐发展任务,多数代表赞成外部任命方式。此外,发展与编纂委员会还拟议任命一个小组委员会,与特别报告员合作撰写临时草案。最终,发展与编纂委员会达成一致,某些情况下接受外部任命,但有关编纂工作的特别报告员和合作编纂小组委员会应当由国际法委员会的成员担任。②

发展与编纂委员会同时决定,授权国际法委员会根据需要可以与学术机构协商,并经多数授权在必要时与个别专家协商。在编纂程序上,选定专题和任命报告员之后,国际法委员会应与报告员一起拟订工作计划,并要求各国政府在合理时间内提交有关法律文本和官方文件等作为编纂工作基础的资料。对于向各国政府征询意见的程序应当放在编纂的哪一阶段,法国代表建议,在选择专题和制订工作计划后应当立即征求各国政府意见。苏联、瑞典、南斯拉夫和波兰的代表主张,在草案完成之后与各国政府的协商至关重要。美国代表提出,各国政府基于自愿可随时提出意见,因此编纂过程中没有必要再次征求意见,因为编纂工作主要是法律和科学的,而

---

① "Progressive Development of International Law and Its Codification Note by the Secretary-General", A/331, 18 July 1947, para. 7.

② "Progressive Development of International Law and Its Codification Note by the Secretary-General", A/331, 18 July 1947, paras. 12–13.

不是政治性的。① 对这一问题,发展与编纂委员会经微弱多数表决确定,国际法委员不必在编纂工作初期阶段要求各国政府提供意见,而是草案完成之后再征求各国政府的意见。此外,发展与编纂委员会在报告中还建议,通过改进多边条约的技术和条约的统一性来鼓励国际法逐步发展的特殊方法;国际法委员将审议鼓励已经批准和加入多方公约的效用和重要性;习惯国际法的发展以及通过司法程序发展法律;确保联合国多个机构的合作以及争取可能有助于实现编纂目标的国家或国际机构提供援助的方法等。②

第二节 国际法委员会的建立及组织机构

一 国际法委员会正式成立

1947年9月23日,联合国大会将发展与编纂委员会撰写的"国际法逐渐发展及其编纂"报告交由第六委员会讨论。在1947年9月25日和26日的一般性辩论之后,第六委员会将报告提交其第二小组委员会(Second Sub-Committee)。第二小组委员会成员包括:澳大利亚、巴西、中国、哥伦比亚、多米尼加共和国、法国、希腊、荷兰、巴拿马、波兰、瑞典、美国、英国、美国、南斯拉夫。中国代表刘志(Liu Chieh)担任小组委员会主席,特别报告员为荷兰的弗朗索瓦(J. P. A. Frangois)。第六委员会第二小组委员会审议了前述的发展与编纂委员会关切并讨论过的主要问题,保留了该委员会建议的一般性模式,对其中饱有争议的问题做了一些修正。③

第一,在逐渐发展与编纂任务和方法问题上,第二小组委员会接受发展与编纂委员会对逐渐发展与编纂的两种任务做出区别,并强调这种区别的主要目的是"为便利起见"。对于方法问题,小组委员会多数意

---

① Yuen-Li Liang, "The General Assembly and the Progressive Development and Codification of International Law", (1948) 42 *American Journal of International Law* 66, pp. 81 – 83.

② "Progressive Development of International Law and Its Codification Note by the Secretary-General", A/331, 18 July 1947, paras. 16 – 20.

③ Yuen-Li Liang, "The General Assembly and the Progressive Development and Codification of International Law", (1948) 42 *American Journal of International Law* 66, p. 85.

见认为，国际公约方法仅应用于国际法的逐步发展工作，但在编纂工作中，其他方法都是被允许的，包括建议大会：（1）报告既已发布，不必采取行动；（2）以决议方式表示注意，或通过这项报告；（3）向会员国推荐这项草案，以求缔结一项公约；（4）召集会议以缔结一项公约。①

第二，关于国际法委员会成员组成方面，第六委员会进行一般性辩论后决定国际法委员会的成员不提供全职服务，因为代表们普遍认为，发展与编纂委员会所设想的全职工作性质过于复杂和昂贵，以致担心影响国际法委员会所需的杰出专家不愿接受任职。此外，发展与编纂委员会关于参照国际法院法官选举程序由大会和安全理事会来选举国际法委员会成员的建议，被最终修改为由大会选举产生。这一规定体现在《国际法委员会章程》第3条：委员会委员由大会根据联合国会员国政府所提名单选出。

对国际法委员会成员的国籍问题，发展与编纂委员会没有进行讨论，小组委员会在章程草案中提出了一项附加要求，即仅允许联合国会员国的国民有资格当选。但第六委员会最终将这一规定从章程草案中删除了。因此，国际法委员会的成员可以由非联合国会员国的国民担任。关于选举程序，发展与编纂委员会建议每一会员国可以最多提名8名候选人，而最终小组委员会修改为会员国可提名2名其本国国民和2名其他国家的国民作为候选人。关于填补临时空缺，发展与编纂委员会建议由安全理事会从国际法委员会最初的提名人选名单中选择人员填补空缺，而最终小组委员会修改为由国际法委员会自行决定填补空缺的人选。

第三，在国际法委员会的职能方面，发展与编纂委员会设想由国际法委员会统一处理国际公法、国际私法、国际刑法及其他国际法分支；在国际私法领域，国际法委员会应考虑与荷兰政府磋商，防止减损海牙国际私法会议所做的宝贵工作并避免重复。但是小组委员会出于实际考虑认为，这将使成员选举涉及国际公法和国际私法专家的平均分配问题，导致国际法委员会选举程序复杂化，因此决定国际法委

---

① 参见《国际法委员会章程》第23条。

员会应主要关注"国际公法"。最终《国际法委员会章程》第 1 条规定,"本委员会主要关心的是国际公法,但不妨碍它介入国际私法的领域"。

对于履行职能时必须遵循的程序,小组委员会修改了发展与编纂委员会建议在某些情况下对特别报告员和小组委员会的成员进行外部任命,而要求一律从国际法委员会的成员中任命特别报告员和小组委员会的成员。此外,发展与编纂委员会提出的"通过改进多边条约的技术和条约的统一性来鼓励国际法逐步发展的特殊方法;鼓励已经批准和加入多边公约的效用和重要性"的建议没有得到采纳。小组委员会仅认可了"使习惯国际法的证据更容易获得的方法"建议。最终,《国际法委员会章程》第 24 条规定:委员会应研究方式和方法,便利各方利用国际习惯法的依据,如搜集和出版有关国家惯例以及各国法庭和国际法庭做出的国际法问题的判决,并应就此事项向大会提出报告。

在小组委员会修改工作的基础上,1947 年 11 月 21 日,联合国大会以 44 票赞成、0 票反对、6 票弃权通过了第六委员会报告和《国际法委员会章程》,[①] 以联合国为主体、国际法委员会为实施机构的国际法编纂机制得以正式确立。

《联合国宪章》第二条第一款规定,联合国组织基础建立在各会员国主权平等原则之上,每个国家有义务按照国际法处理与其他国家的关系和遵循国家主权在国际法上至高无上的原则。促进国家主权与平等地处理国家间关系,无疑需要更明确地阐明国际法规则是什么。[②] 其真正的要点不是绝对不受约束地强调主权,而是强调平等。只有所有国家接受平等赋加于其他国家的类似义务,才能取得真正的法治进程,保护所有国家免受任意行动。联合国多边框架下的国际法编纂机制的建立彰显了由国家政治行为所塑造的国际社会法治进程的新发展趋势。国际法编纂对于阐明和澄清国际法的困

[①] "Establishment of an International Law Commission", A/RES/174(Ⅱ), 21 November 1947.

[②] Hartley Shawcross, "The International Law Commission", (1950) 3 *International Law Quarterly* 1, p. 2.

难或模糊问题开展有价值的创造性工作，使国际法规则渐趋确定化、规范化，并且为各国所普遍接受创造有利条件。①

二 国际法委员会的性质与法律地位

(一) 国际法委员会在联合国的地位

1. 国际法委员会是联合国大会的附属机构

成立国际法委员会的组织文件《国际法委员会章程》并没有直接写明国际法委员会的地位，国际法委员会是联合国大会为履行《联合国宪章》第十三条第一款（子）项职责而设立，是联合国大会的附属机构。

联合国《大会议事规则》规定，有关大会各委员会程序规则应适用于任何附属机关，除非大会或附属机关另有决定。因而，国际法委员会首先应当遵循联合国《大会议事规则》，同时作为一个相当特殊的机构，也可以起草自己的议事规则开展工作。② 例如，《大会议事规则》第125条规定，各委员会的决定应由出席并参加表决的成员的过半数做出，该条也适用于委员会的程序。只是多年来，国际法委员会越来越多地通过共同理解或协商一致意见，不经表决就实质性和程序性事项做出决定。③

2. 国际法委员会是独立的专家机构

国际法委员会是一个相当独立的专家机构，不受各国政府控制也不代表任何委员国籍所属国的观点。在其章程调整的范围内，国际法委员会可以自行选择将处理的专题，有权以最有利于履行职责的方式开展工作，以落实《联合国宪章》第十三条的根本宗旨。联合国大会以及其他机构都不应试图向委员会提出任何具有详细指示性质的内容，以避免影响甚至干扰其追求的编纂和发展的主要目的。④

---

① Ramaa Prasad Dhokalia, *The Codification of Public International Law* (Manchester University Press, 1970), p. 164.
② Yearbook of the International Law Commission 1949, p. 11.
③ Yearbook of the International Law Commission 1979, Vol. II (Part One), A/CN.4/325, p. 186, para. 8.
④ Hartley Shawcross, "The International Law Commission", (1950) 3 *International Law Quarterly* 1, pp. 1–8.

国际法委员会成员的地位也具有独立性，而非联合国受雇人员。国际法委员会成员享有特派专家的地位。2002年，联合国秘书长公报《关于非秘书处官员和特派专家的地位、基本权利和义务的条例》规范了联合国特派专家的地位、行为和责任问题。根据条例，特派专家的职责并非国家性质，而纯属国际性质。官员和特派专家执行职务时，不得寻求或接受任何政府或本组织以外任何其他来源的指示。官员和特派专家的个人观点和信仰包括其政治和宗教信仰不受侵犯，但应确保这些观点和信仰不影响其公务和联合国的利益。官员和特派专家应随时谨言慎行，以符合其身份，不得从事与正当履行联合国职责不相容的任何活动。凡是有碍其身份或有损这种身份所要求的忠诚、独立和公正的行动，尤其是公开言论，都应避免。①

（二）国际法委员会与联合国大会的关系

根据《国际法委员会章程》第16条和第18条规定，由联合国大会将逐渐发展国际法的建议交付国际法委员会，后者根据法定程序开展工作；对于国际法的编纂，国际法委员会如认为某一专题必须或适合进行编纂时，应向大会提出建议。同时，应优先处理大会请它处理的任何问题。

联合国大会主要通过审议国际法委员会每年向大会提交的报告来履行其对于国际法编纂与发展的职能。国际法委员会成立后，自1949年第1届会议开始，就每届会议所做工作向联合国大会提交报告。该报告是国际法委员会定期向大会通报其关于各个专题方案的工作进展情况以及在编写这些专题条款草案方面的成就。② 审议"国际法委员会报告"项目被列入大会每届常会议程，并分配给第六委员会，由第六委员会对国际法委员会报告进行实质性讨论。这些决议草案一旦在全体会议上通过，就成为大会的决议。③

---

① 秘书长公报：《关于非秘书处官员和特派专家的地位、基本权利和义务的条例》，ST/SGB/2002/9，2002年6月18日，第1（a）条，第2（b）（d）条。

② Yearbook of The International Law Commission 1979, Vol. II (Part One), A/CN.4/325, p. 202. paras. 64 – 65.

③ Yearbook of The International Law Commission 1979, Vol. II (Part One), A/CN.4/325, p. 202. para. 67.

联合国大会通常根据第六委员会建议，针对国际法委员会工作做出以下相关决定：(1) 要求委员会开始研究或继续研究若干专题，或优先考虑委员会本身已经选定的某些专题；(2) 对委员会的某些草案和建议拒绝或推迟采取行动；(3) 将草案退还给委员会重新考虑和重新起草；(4) 邀请委员会对与条款草案有关的悬而未决的实质性问题发表评论；(5) 决定召集外交会议研究和通过委员会编写的公约草案；(6) 针对与正在研究的专题或正在拟订的草案实质内容密切相关的事项向委员会提供广泛的指导；等等。此类讨论以及由此产生的若干决议便逐步形成了两个机构间工作关系的总格局。[1]

国际法委员会编写专题的最后条款草案和解释性报告，并连同其建议，一并通过秘书长提交大会。当国际法委员会针对某一特定专题拟订的完整条款草案获得联合国大会决议形式通过后，国际法委员会就完成了自己的编纂职责。对于条款草案是否可被接受、是否适于缔结一项公约以及最终是否拟订为一项国际公约并为国家批准接纳，则属于政治范畴的国家关系问题。

联合国主持下制定的全部国际规范和标准无疑仍然是国际法治进程的最大成就之一。1949年设立的联合国大会工作方法和程序问题特别委员会强调大会主持制定公约的重要性，相信在许多场合下应利用大会的权威和大会的辩论对舆论所产生的重大影响来促进国际合作，并建议大会在审议全体会员国政府代表谈判制定国际公约的程序方面保持必要的行动自由。[2] 国际法委员会编纂成果是国际立法的重要基础，联合国大会对国际法编纂工作与国际立法进程的衔接发挥了重要的协调作用。针对由国际法委员会拟就的条款草案，联合国大会有权决定是否进一步讨论国际法委员会拟订的条款草案所涉及的主要实质性问题，并且在各国政府所表示的不同意见基础上起草并拟订广泛并且可以接受的公约案文，作为召开全权代表会议加以审议的前期步骤，推动国际立法与编纂

---

[1] Yearbook of The International Law Commission 1979, Vol. II (Part One), A/CN. 4/325, pp. 203-204. paras. 69-76.

[2]《大会工作方法和程序问题特别委员会提出并经大会通过的建议和意见》，联合国大会议事规则，附件一，https://www.un.org/chinese/ga/rule/annex1.shtml#note2，最后访问时间：2022年1月30日。

及逐渐发展国际法工作的有效衔接。

(三) 国际法委员会与联合国大会第六委员会的合作

第六委员会是联合国大会下设的主要委员会之一，负责处理法律问题。根据联合国《大会议事规则》第100条规定，每个会员国可派遣代表一人出席各主要委员会，联合国所有会员国都有权参加第六委员会，并且有权就委员会讨论的事项发表意见进行辩论。可以说，第六委员会是各国参与讨论、议定国际法律重大事项并发表意见建议的一个重要的政治平台。

国际法委员会与第六委员会之间具有密切合作的关系。国际法委员会的报告始终是处理法律事项的第六委员会会议程上最重要的单一项目。每年都有曾担任过国际法委员会的委员由其本国指派到第六委员会担任代表。当选为国际法委员会委员的人中也有曾担任过其国家在第六委员会的代表。国际法委员会的主席也出席第六委员会会议以介绍该委员会的报告。[1] 第六委员会审议国际法委员会报告的既定做法，促进了两者之间现有关系的发展。[2]

联合国十分重视第六委员会与国际法委员会之间的相互协作及方法的有效性。1987年联合国大会通过第42/156号决议，建议继续努力改进第六委员会审议国际法委员会报告的方式，以便对国际法委员会的工作提供有效指导，并决定第六委员会应就设立一个其性质和任务有待确定的工作组问题进行磋商，该工作组将在围绕国际法委员会的报告举行辩论时召集会议，以促使对国际法委员会议程上的一个或多个专题进行集中的讨论。[3] 1989年12月4日联合国大会通过第44/35号决议提出，第六委员会在就国际法委员会的报告进行辩论时，如能做好安排以便有条件对报告所述主要专题专心处理，那么是有益的。同时，如果国际法委员会指明在哪些具体问题上各国政府意见对

---

[1] 国际法委员会官网：https://www.un.org/chinese/law/ilc/relation.htm，最后访问时间：2022年1月30日。

[2] R. Q. Quentin-Baxter, "The International Law Commission", (1987) 17 *Victoria University of Wellington Law Review* 1, p.1.

[3] 参见联合国大会《国际法委员会报告》，A/RES/42/156，1987年12月7日，第6段。

其工作的继续进行有特别意义,也将会有利于辩论的进行。该决议还敦促各国政府及有关国际组织尽可能充分而迅速地以书面形式响应国际法委员会的请求,对委员会的问卷提出评论、意见和答复,并对其工作方案的各项专题提供材料。① 之后,联合国大会分别在第 45/41 号、第 46/54 号、第 47/33 号、第 48/31 号和第 49/53 号决议中,建议继续努力改进第六委员会审议国际法委员会报告的方式,以期对国际法委员会的工作给予有效的指示。

1996 年,联合国大会通过第 50/45 号决议,进一步强调:"加强第六委员会作为政府代表机构同国际法委员会作为独立法律专家机构之间的相互作用,以期改善两个机关之间的对话。"② 该决议再度表明这两个机构的特性,同时又清楚地示意它们之间的对话可加以改善。根据大会决议,国际法委员会着手讨论了两个机构互动的实质性问题。

2004 年联合国大会通过第 59/41 号决议,"欢迎国际法委员会同第六委员会之间加强对话",鼓励除其他外继续采取非正式协商的做法,在出席大会的第六委员会成员代表和国际法委员会成员之间展开讨论;鼓励各代表团在就国际法委员会报告进行辩论时,尽可能遵照第六委员会商议确定的工作方案进行,并考虑做出简洁和有重点的发言;鼓励会员国考虑在第六委员会讨论国际法委员会报告的第一个星期(国际法周)期间派法律顾问出席,以便能对国际法问题进行高级别讨论;请国际法委员会继续特别注意在其年度报告中,就每一专题指出在哪些具体问题上,如果各国政府在第六委员会上或以书面形式表示意见,将特别有助于为国际法委员会今后的工作提供有效的指导。③

第六委员会与国际法委员会保持密切关系,使其成为各国政府参与国际法委员会专题编纂并就专题各项内容发表本国立场和意见的重要场所。各国参加第六委员会一般性辩论议程,对国际法委员会工作的讨论和反馈采取了多种多样的形式。首先,在对某一专题进行工作的早期阶

---

① 参见联合国大会《国际法委员会第四十一届会议工作报告》,A/RES/44/35,1989 年 12 月 4 日,第 4—6,第 11 段。
② 参见联合国大会《国际法委员会第四十七届会议工作报告》,A/RES/50/45,1996 年 1 月 26 日,序言第 7 段。
③ 联合国大会:《国际法委员会第五十六届会议工作报告》,A/RES/59/41,2004 年 12 月 2 日,第 10—13 段。

段,各国被要求就国家的实践和立法情况提供资料,回答问题清单。其次,在第六委员会审议阶段,会员国代表可就国际法委员会向大会提交的年度报告发表意见。第六委员会对报告讨论采取了分开讨论的有益方式,以便专心探讨报告的各个组成部分。除此以外,各国还被要求应委员会在其报告中所提出的特定要求以及就任何专题通过的条款草案提出书面意见。① 这种既定做法既促进了联合国大会和国际法委员会之间现有关系的发展,并且使国际法委员会通过第六委员会和书面评论程序同各国保持密切联系。国际法委员会在每一届会议上都充分考虑到大会建议以及第六委员会及各国政府就国际法委员会的一般工作或其具体草案提出的意见。

实践中,第六委员会在向国际法委员会分配专题或确定某些专题为优先次序时提出总的政策方针,并运用其判断力来决定应对国际法委员会的最后草案和建议采取何种行动。然而,第六委员会倾向于很有节制地行使这种政策监督,并且普遍接受这样一种观点,即国际法委员会应有很大程度的自主权,大会不应对其下达详细的指示。② 第六委员会尽管认真地审议国际法委员会的报告,却从未就其临时草案的形式或内容的改动做出过确切指示,而且在编纂工作进入最后阶段前,也就是通过相应的编纂公约前,不对委员会提出的最后草案进行修改。即使对该委员会最后草案进行修改,也是交给受托拟订公约的机构负责。

可以说,第六委员会与国际法委员会编纂工作的互动为国家参与编纂与逐渐发展国际法提供了基础和平台,为促进编纂工作的科学性与政治性融通搭建了桥梁,并且有效地维持科学地编纂和逐渐发展国际法与国际立法政治进程之间的良好平衡关系。

三 国际法委员会章程

《国际法委员会章程》由发展与编纂委员会所撰写"国际法逐渐发展及其编纂"报告经第六委员会小组委员会认真讨论审议后最终形成,

---

① 《国际法委员会年鉴1996年》,第二卷(第二部分),A/51/10,第92—93页,第176—182段。

② Yearbook of The International Law Commission 1979, Vol. II (Part One), A/CN.4/325, p. 187, paras. 10 – 11.

并经联合国大会决议通过，为国际法委员会的组织机构运行和工作方法及程序提供了基本法律依据。《国际法委员会章程》不享有条约的地位，可经联合国大会决议修订。联合国大会曾经分别于1950年、1955年、1956年、1961年和1981年通过6项决议[1]修改过章程，修改内容主要涉及国际法委员会成员、成员任期以及举行会议的地点等程序问题，而章程的实质内容历经70多年大体未做任何改动，证明了该章程是稳定性与灵活性兼备、富有远见的文件，经受住了时间与实践演变的考验。[2]

《国际法委员会章程》共有26项条款，第1条阐明了国际法委员会的宗旨，其后内容分为三章。第1条重申了《联合国宪章》第十三条第一款（子）项内容，以此为基础，确立了国际法委员会的宗旨和工作范畴，即国际法委员会以促进国际法的逐渐发展和编纂为宗旨，同时规定其工作范畴"主要关心的是国际公法"，但不妨碍介入国际私法的领域。实践中，国际法委员会并没有针对国际私法领域开展专门的编纂工作，国际私法问题只是偶尔作为其审议国际公法问题的一部分而有涉及（诸如涉及国家及其财产的豁免专题）。

章程第一章为"国际法委员会的组成"（第2条至第14条），对国际法委员的构成人数、资格条件、选举方法、任期等做出规定。根据章程最初规定，国际法委员会设在纽约，但委员会认为联合国欧洲办事处的条件更有利于提高委员会成员履行职责的效率，事实上，在其第1届会议之后，国际法委员会几乎一直在日内瓦举行会议（除了1954年第6届会议在巴黎举行和1965年至1966年第17届会议在日内瓦和摩纳哥两地分摊）。1955年，国际法委员会正式改至在日内瓦办公。[3] 章程第14条要求联合国秘书长在力所能及的范围内，尽量提供委员会所需的工作人员和设施。联合国法律事务厅编纂司对委员会的工作做出了实质性贡献，其主要职能之一是为委员会提供秘书处。为了方便委员会和联

---

[1] 相关决议分别为：A/RES/485（V）of 12 December 1950, A/RES/984（X）of 3 December 1955, A/RES/985（X）of 3 December 1955, A/RES/1103（XI）of 18 December 1956, A/RES/1647（XVI）of 6 November 1961 and A/RES/36/39 of 18 November 1981.

[2] 迈克尔·伍德：《国际法委员会章程》，https：//legal. un. org/avl/pdf/ha/silc/silc_c.pdf，最后访问时间：2022年1月30日。

[3] 《国际法委员会年鉴1996年》，第二卷（第二部分），A/51/10，第98页，第222段。

合国特别报告员的工作，编纂司为逐步发展国际法及编纂工作准备、调查研究专题以及制订特定专题的工作计划等。① 由于委员会成员不是专职的，因此，该司的贡献更为重要。编纂司历任司长同时担任委员会的秘书一职。②

章程第二章为"国际法委员会的职责"（第15条至第24条），由A、B两部分组成，分别规定了"逐渐发展国际法"和"编纂国际法"的工作程序和方法。《国际法委员会章程》沿袭《联合国宪章》第十三条文义表述方式，在编纂现有国际法规则和发展国际法领域的新规则之间做出了区别。

发展国际法的功能或多或少具有政治性，涉及制定新的法律规则。国际法委员会在履行这一职能时，要求按照大会或联合国其他机构的指示采取行动和各会员国的批准。A部分区分了（一）大会将逐渐发展国际法的建议交付委员会的情况（第16条）；（二）联合国会员国、大会以外的联合国主要机构、专门机构，或"根据政府间协定成立以鼓励国际法的逐渐发展和编纂为宗旨的官方机关"提出提议和多边公约草案的情况（第17条）。因此，在逐渐发展的职能上，委员会的工作不能超越它认为最符合现有原则的方式就新的专题起草新法律。这些草案的议定将由大会和各个国家根据谈判达成协议。

在编纂领域，委员会所关心的是确定现行法律是什么，并以更精确的方式拟订和使之系统化。因而，其任务是澄清规则而不是确立规则。第二章B部分阐述了编纂的单独程序。其中，第20条规定，国际法委员会有权对编纂专题提交自己的结论性意见。第20条规定，委员会应以条款形式编写草案，并连同其评注一起提交大会，评注的内容包括：（1）充分说明判例和其他有关资料，包括条约、司法判决和学说。（2）涉及以下各点的结论：（a）各国惯例和学说对每项问题的同意程度；（b）目前存在的不同意见和争执，以及因主张一种或另一种解决办法产生的争论。由此得见，《国际法委员会章程》实际上并没有

---

① Yearbook of The International Law Commission 1979, Vol. Ⅱ (Part One), A/CN.4/325, p. 186, para. 9.

② 迈克尔·伍德：《国际法委员会章程》，https://legal.un.org/avl/pdf/ha/silc/silc_c.pdf，最后访问时间：2022年1月30日。

将委员会的编纂职能限于仅就现有法律规则进行陈述，相反地，它清楚地表明了委员会做出结论和判断的职责，即委员会在其草案的评注中应提出与协议或分歧程度有关的结论。结论性意见不同于纯粹的规则陈述，其暗含着在现有法律规则的基础上，对什么是适当的规则做出果断判断。B 部分另一个重要条款是第 23 条，列出了委员会工作的一系列可能的成果，委员会可就编纂成果向大会建议。在实践中，第 23 条同样适合于涉及逐渐发展的各项专题。①

章程第三章为"与其他机构的合作"（第 25 条至第 26 条），规定委员会认为必要时可就任何问题向主管该问题的联合国机构进行协商；委员会如认为有助于履行职务，得就交付其处理的任何问题，与任何官方或非官方的国际与国家组织进行协商。实践中，国际法委员会与其他机构进行更广泛协商的趋势不断加强，特别是在委员会接手新的正在出现的专题时。近年来，国际法委员会就诸如共有自然资源、国际组织的责任以及发生灾害时的人员保护等一些崭新的前沿性专题会同外部专家进行了广泛协商。这充分表明，在国际法委员与政府以及同非政府机构和专家协商合作的问题上，早在 70 多年前拟就的章程具有卓著的预见性与前瞻性。

四　国际法委员会的委员及其任职资格

（一）国际法委员会的委员

1947 年《国际法委员会章程》通过时，规定国际法委员会由 15 名委员组成。之后，国际法委员会的委员人数历经三次扩大：依照联合国大会 1956 年 12 月 18 日第 1103（XI）号决议，从 15 人增加到 21 人；依照联合国大会 1961 年 11 月 6 日第 1647（XVI）号决议，增加到 25 人，依照联合国大会 1981 年 11 月 18 日第 36/39 号决议，增加到 34 人，并一直保持至今。②

---

① 迈克尔·伍德：《国际法委员会章程》，United Nations Audiovisual Library of International Law 2009，https：//legal. un. org/avl/pdf/ha/silc/silc_ c. pdf，最后访问时间：2022 年 1 月 30 日。

② 国际法委员会官网：https：//www. un. org/chinese/law/ilc/members. htm，最后访问时间：2022 年 1 月 30 日。

1956年国际法委员会成员的第一次增加得益于联合国主要机构成员国的扩充。随着联合国会员国数量的增加，经济及社会文化理事会和国际法院的成员国均有所增加，遂有国家代表提议相应地扩大国际法委员会的成员组成。因为随着联合国会员国的增多，国际法委员会15名成员难以满足《国际法委员会章程》第8条关于"委员会全体则应确实代表世界各主要文明形式和各主要法系"的要求，所以为了弥补这一缺陷，最好的做法是增加成员的数量，以确保第8条的条件完全得到贯彻。其后，1961年，联合国新增了21个会员国，国际法委员会再一次相应地扩充了成员组成。1981年，基于联合国会员的大幅增加以及"自1961年以来加入联合国的各会员国，对于委员会关于国际法的逐渐发展及编纂的工作日益感到关切"，国际法委员会组成委员再次增加，最终定为34名委员会，至今保持不变。①

国际法委员会规模的扩大以及随之而来的起草委员会人数的增加既对发展与编纂国际法起到了促进作用，但同时也在一定程度上减缓了委员会的工作效率。② 由于国际法委员会的委员不是接受全年专门任职的委任，国际法委员会曾于1951年再次建议改为全职制，以便加快委员会工作效率。然而，第六委员会讨论该问题时，大多数代表团认为，很难找到愿接受专职职位的合适人选，并且开支是一个重大问题，因此，大会在1952年1月31日第600（VD）号决议中决定暂时不就这一问题采取任何行动。此后在第六委员会不同辩论场合，间或也有一些代表团提议将国际法委员会委员改为专职制，但大会从未就此采取行动。

国际法委员会虽于1947年11月正式成立，但其成员的第一次选举直到1948年11月3日才举行。《国际法委员会章程》详细地规定了国际法委员会委员的选举办法。根据章程第4条规定，由联合国的会员国提名委员候选人。每一会员国根据第3条和第8条规定的候选人资格条件，可提名4位候选人参加选举，其中两人为提名国的国民，两人为其

---

① 联合国大会：《扩大国际法委员会：修正委员会规程第2条和第9条》，A/RES/36/39，1981年11月18日，序言和第1段。
② Robert Rosenstock, "United Nations and the Codification of International Law, 1995 International Law Weekend Dinner Address"，(1995 – 1996) 1995 *Proceedings of the American Branch of the International Law Association* 43, p. 48.

他国家的国民。规约第 6 条至第 9 条规定，会员国应于选举年 6 月 1 日以前将候选人名单书面送交秘书长，但遇有特殊情况时，会员国可在大会开幕 30 日以前另提候选人，以代替其 6 月 1 日以前提名的候选人。秘书长应尽快将名单连同提名国家提出的候选人履历，一并送交各会员国。秘书长应编制名单送交大会，供选举使用。联合国大会根据候选人名单进行选举，以得票最多并得出席及投票会员国过半数选票者当选，人数可达各区域集团的规定最高名额。同一国家的两个国民不能担任同一届国际法委员会的成员，因此，如果同一国家的国民有一人以上得票超过当选票数，由得票最多者当选；如票数相等，由年龄较高或最高的候选人当选。1947 年《国际法委员会章程》第 10 条规定，国际法委员会委员任期应为 3 年，连选连任。然而，实践验证，更长的任期有利于委员会开展工作，经修订，委员会委员的任期被延长至 5 年，并连选连任，确认成为一项永久性制度。自 1948 年国际法委员会第一次选举至今（最近一届任期为 2017 年 1 月 1 日至 2021 年 12 月 31 日），共产生 229 名委员。[1]

（二）国际法委员会委员的任职资格及特点

《国际法委员会章程》第 2 条和第 8 条规定了对国际法委员会的候选委员的任职资格。第 2 条规定候选委员个人所具备的条件，即"各委员应为公认胜任的国际法界人士"，第 8 条规定国际法委员会全体的资格要求，即"委员会全体则应确实代表世界各主要文明形式和各主要法系"。这些条件只针对国际法委员会在选举委员时的候选委员，不对当选委员施加任何强制性的禁止或取消资格。

"公认胜任"措辞最早出现于国际联盟《常设国际法院规约》第 2 条，但究竟什么是"公认胜任"并没有绝对的衡量标准。"主要文明形式""主要法系"措辞亦来源于《常设国际法院规约》。国际联盟专家委员会在解释这两个词的含义时强调，"主要文明形式"这一条件对于常设国际法院作为真正意义上代表国际社会的国际司法机构至关重要；同时，"主要法系"并非指国际法语境下的不同法律体系，

---

[1] 国际法委员会历任委员名单，参见 Present and Former Members of the International Law Commission (1949 - present), https://legal.un.org/ilc/guide/annex2.shtml，最后访问时间：2022 年 1 月 30 日。

而是确保无论国际诉讼中涉及哪一个国家的国内法,都应给予同等解释。①

由于欧洲国家以及晚近包括美国在内的美洲各国在国际法编纂与发展过程中扮演主导和主要角色,因而来自这些国家的国际法专家在国际法委员会担任委员的比例较高,相较而言,亚洲与非洲各国的国际法专家担任国际法委员会委员的比例较少。② 与此同时,由于受语言所限,使用非英语从事国际法研究的学者对国际法的重要贡献以及发表的重要学术成果很难在国际社会广为关注,因而,在选举国际法委员会的委员时,也往往处于明显的劣势,除非其工作得到西方国家的认可或关注。1948 年至 1966 年,国际法委员会的委员组成具有显著的西方国家和西方法律体系的特点,之后,这一情形得到一定程度的改善,亚洲和非洲国家的代表逐渐增多。1956 年首次增加 6 名委员席位时,第六委员会通过了一项关于附加名额分配的"绅士协定"(gentlemen's agreement),确定 3 名来自非洲和亚洲国家、1 名来自东欧、1 名来自拉丁美洲、1 名来自英联邦国家的名额不列入已确定的地区分配,这是国际法委员会委员扩大过程中,增添了"公平地域分配"这一新原则的明示性规定。③ 1981 年联大第 36/39 号决议规定,34 名委员按下列分配方法选出:(1) 8 名非洲国家国民;(2) 7 名亚洲国家国民;(3) 3 名东欧国家国民;(4) 6 名拉丁美洲国家国民;(5) 8 名西欧或其他国家国民;(6) 1 名非洲与东欧国家国民轮流;(7) 1 名亚洲与拉丁美洲国家国民轮流。④

综上,国际法委员会是联合国框架内国际机构的重要成就之一,如果国际法委员会要在国际法领域确立并巩固法律发展与编纂工作的权威,那么至关重要的是委员会组成应能够代表人类社会文明多样

---

① Manley O. Hudson, *The Permanent Court of International Justice*, 1920 – 1942, *A Treatise* (The Macmillan Company, 1943), p. 157.

② Manley O. Hudson, *The Permanent Court of International Justice*, 1920 – 1942, *A Treatise* (The Macmillan Company, 1943), pp. 145 – 147.

③ Official Records of the General Assembly, Eleventh Session, Annexes, agenda item 59, A/3427, para. 13, https://legal.un.org/ilc/ilcmembe.shtml#a15 (last visited 30 January 2022).

④ 联合国大会:《扩大国际法委员会:修正委员会规程第 2 条和第 9 条》,A/RES/36/39,1981 年 11 月 18 日,第 3 段。

性、经济与政治的普遍性以及法律的广泛性,并确保没有特定的法律制度具有压倒性的优势。为了确保国际法委员会工作的独立性和专业性以及尽可能获得整个国际社会的高度信任和认可,委员会的选举经由联合国大会普选产生。委员应当拥有极为渊博的国际法专业知识和国际性的开放视角,能够从法理学阐释不断变化的国际理念,同时还须具有深厚的法律学识,具备编纂规则与起草文件的能力。与此同时,国际法委员会自身也在不断地优化其组成结构,与最初的人数相比,国际法委员会委员已扩展翻倍增加,从而尽可能地保障其具有相当的代表性。来自世界更多国家、更广泛代表的委员组成是改善并进一步维持国际法委员会工作的独立性、专业性和科学性的有利因素。

第三节 国际法委员会的工作机制与方法

一 国际法委员会的常会制度和议事规则

(一) 年会会期

联合国《大会议事规则》第十三部分(第96条至第133条)专门规定了"大会可设立它认为执行其职务所必需的委员会"议事程序,国际法委员会作为联合国大会的附属机构,同样适用这些规定。另外,《大会议事规则》第45条(秘书长的职责)和第60条(公开和非公开会议)也同样适用于国际法委员会。同时,国际法委员会确定,在需要时可以制定和通过自己的议事规则。[①]

国际法委员会每年举行一届年会,1949年举行了第1届年会,2021年举行了第72届年会。年会会期在1973年以前一般为10周。基于国际法编纂和逐渐发展工作需要以及鉴于委员会议程各项专题的重要性和复杂性,1973年联合国大会通过第3071(XXVIII)号决议核可国际法委员会将1974年年会期延长为12周。[②] 1974年12月14日联合国大会第3315(XXIX)号决议"关于国际法委员会现有工作计划的重要

---

① Yearbook of the International Law Commission 1949, pp. 10-11, para. 18.
② 参见联合国大会《国际法委员会报告》,A/RES/3071(XXVIII),1973年11月30日,第5段。

性"确认国际法委员会年会会期为期 12 周,必要时可由大会加以复核。① 1986 年,因预算问题 12 个星期会期再次被缩减至 10 周,但由于国际法委员会表示了强烈的反对意见,第二年又恢复至 12 周。② 1996 年第 48 届会议,国际法委员会结合联合国大会第 50/45 号决议对其工作程序的审查,审议了各届会议的会期和设置。国际法委员会认为,应当考虑到工作情况和大会的任何优先事项,逐年(year to year basis)确定每届会期长短(例如 12 周或少于 12 周)。③ 同时,每届会期还可以分为两个部分。自此,国际法委员会对每届年会的会期保持一种灵活、以需求为基础的办法,长短不一,分别有 10 周、11 周或 12 周;同时,年会是否分期也逐年有所不同。④

(二) 全体会议及一般性辩论

国际法委员会的每届年会均举行全体会议(plenary),对国际法委员会需要决定的有关实质性和程序性问题进行审议。国际法委员会每届年会设立主席团,由该届会议选出的 5 名委员组成,负责审议本次年会的工作议程和其他组织事项。扩大主席团除了包括在本届会议上选出的主席团成员,还包括前任委员会主席和特别报告员,可应要求审议与委员会工作的组织、方案和方法有关的问题。如果在非公开会议或非正式磋商中做出决定,则由主席在全体会议上宣布。

国际法委员会在全体会议上主要审议分别由各专题的特别报告员、工作组、研究组、起草委员会、规划组起草的报告以及可能需要整体审议的其他事项。国际法委员会在每届年会开始时通过会议议程,临时议程由秘书处根据委员会的决定和《国际法委员会章程》有关规定编制。全体会议进行一般性辩论,其主要作用是确立委员会对某个专题的广泛做法,为诸如起草委员会或工作组等附属机构和特别报告员提供指导,这对于确保附属机构按照委员会整体方针开展工作

---

① 参见联合国大会《国际法委员会报告书》,A/RES/3315(XXIX),1974 年 12 月 14 日,第 5 段。
② Yearbook of the International Law Commission 1986, Vol. II (Part Two), p. 64, para. 252.
③ 《国际法委员会年鉴 1996 年》,第二卷(第二部分),A/51/10,第 88 页,第 148(m)段,第 98 页,第 222—224 段。
④ 《国际法委员会年鉴 1996 年》,第二卷(第二部分),A/51/10,第 99 页,第 227—232 段。

至关重要。委员会主席应尽可能指出全体会议辩论所关注的主要意见及趋势，以便利起草委员会执行任务。委员会主席宣布会议开始，并允许至少有四分之一的成员出席的一般性辩论得以进行。但是如果委员会要做出决定，那么必须要有委员会多数成员在场。在早期，国际法委员会的决定往往是通过表决做出的，随着实践发展，委员会通过共同理解或协商一致意见，就程序和实质性事项不经表决做出决定的情况更加普遍。①

（三）年度报告及工作文件

每届年会结束时，国际法委员会向联合国大会提交年度报告（yearbook），介绍会议工作。年度报告是国际法委员会定期向大会通报工作进展以及在起草专题草案方面展示成果的主要文件，也是《国际法委员会章程》第16条和第21条规定的必要公开方式。② 年度报告包括有关会议安排、委员会在会议期间实质性审议专题的工作进展和未来工作信息、委员会在会议期间通过的条款草案和评注文本以及任何程序性建议。年度报告内容包括以下主要章节：第一章讨论组织问题；第二章总结了本届会议的工作；第三章确定了各国政府的评论以及国际法委员会应关注的具体问题；随后的各章节专门讨论会议上考虑的每个不同专题；最后一章包含委员会的其他决定和结论。有时委员会还将其他有关文件，例如工作组报告或被纳入长期工作方案的各个专题的准备大纲，列入其报告的附件。③

按照联合国大会的一贯政策，国际法委员会自成立以来，在每届年会上形成临时和最后形式的摘要记录（summary records）。提供会议摘要记录是对委员会的工作程序和方法以及一般国际法编纂过程的必然要求。各国不仅需要了解国际法委员会报告所记录的委员会的整体结论，而且可以通过摘要记录了解个别委员的观点和结论。摘要记录也是向国

---

① Yearbook of the International Law Commission 1979, Vol. Ⅱ (Part One), A/CN.4/325, p.186, para. 8.

② "International Law Commission", https：//legal. un. org/ilc/meetings. shtml#a10（last visited 30 January 2022）.

③ Yearbook of the International Law Commission 1979, Vol. Ⅱ (Part One), A/CN.4/325, p.202, paras. 65-66.

际机构、学术团体和一般公众开放讨论的一种手段。国际法委员会将摘要记录视为逐步发展和编纂国际法重要准备文件,"是国际法逐步发展及其编纂过程中必不可少的部分,对于国际法委员会的工作至关重要"。①

应国际法委员会要求,联合国大会于1955年通过第987(X)号决议,要求秘书长安排印刷国际法委员会年会主要文件,包括研究报告、主要决议草案以及摘要记录,最终形成《国际法委员会年鉴》出版物,出版文字为英文、法文和西班牙文。1969年增加俄文出版,1982年增加阿拉伯文出版,1989年增加中文出版。每届《国际法委员会年鉴》印发两卷(1949年第1届年会除外,只有一卷),第一卷载有国际法委员会会议的摘要记录,第二卷以系统的方式提供有关国际法委员会专题工作文件的最后文本,包括国际法委员会的年度报告、特别报告员就委员会工作方案中的各项专题提交的报告以及委员会秘书处就特定专题编写的研究报告和备忘录。②

《国际法委员会年鉴》是用于记录并保存国际法委员会发展与编纂国际法历程的不可缺少的工具,也是研究、传播和更广泛地了解国际法委员会在逐步发展和编纂国际法方面所做努力的重要文件。多年来,《国际法委员会年鉴》不仅"作为权威性国际法律出版物对于理解国际法委员会工作以及加强国际法治的关系至关重要",并且得到国际法院、其他法庭以及各国政府在诉讼和正式来文等不同场合的广泛援引,成为寻求习惯国际法证据的宝贵资源。③

二 国际法委员会的工作机制

国际法委员会编纂与逐渐发展国际法的机制主要包括起草委员会(drafting committee)制度、特别报告员(special rapporteurs)制度和工

---

① 《国际法委员会年鉴2004年》,第二卷(第二部分),A/59/10,第137页,第367段。
② 参见《国际法委员会年鉴2011年》,第二卷(第二部分),A/66/10,第182页,第408段。
③ 参见《国际法委员会年鉴2011年》,第二卷(第二部分),A/66/10,第182页,第406—407段。

作组（working groups）制度，[1] 三者相互配合开展工作。特别报告员的职责包括撰写某一专题报告，在全体会议上参与审议该专题的讨论，并编写条款草案的评注文本供委员会审议等。工作组一般在一项专题尚处于初步构思及形成的较早阶段介入工作，因此更加密切地参与一项专题的方法构建。工作组可以在国际法委员会多届会议上持续、连贯地开展工作，成员数量保持不变。起草委员会主要针对特别报告员已撰写的条款草案案文进行研究，对于协调各种观点和制定普遍可接受的解决方案方面发挥着重要作用。[2]

（一）起草委员会

起草委员会是国际法委员会在1949年第1届年会上建立并且在前3届会议用以处理特定专题的机构。自1952年第4届会议开始，国际法委员会确定起草委员会具有常设性委员会的地位。1958年，国际法委员会正式确认起草委员会"不仅可以受托起草文件方面问题，而且受托解决国际法委员会全体未能解决或者可能造成不必要延长讨论的实质性问题"。[3] 起草委员会主席由国际法委员会选举，自1974年起担任会议主席团成员。起草委员会的其他成员根据国际法委员会主席的建议在每届会议上选举产生，以确保有充分的代表性并考虑到其他因素，包括语言能力。[4]

1992年，国际法委员会制定了起草委员会的组成与工作方法准则。起草委员会委员组成在每届会议上因不同专题而异，但总体上保持能够与起草职责相适应的范围内公平地代表主要法律制度和不同工作语言，具体包括：（1）起草委员会是国际法委员会主席领导下的单一机构，每个专题工作可能由不同委员组成；（2）为提高效率，起草委员会一般在每届会议上将工作集中在两到三个专题上；（3）每届会

---

[1] Yearbook of the International Law Commission 1979, Vol. Ⅱ (Part One), A/CN.4/325, p. 210, paras. 104-105.

[2] 参见《国际法委员会年鉴1996年》，第二卷（第二部分），A/51/10，第97页，第213段。

[3] Yearbook of the International Law Commission 1958, Vol. Ⅱ (Part Two), A/3859, p. 108, para. 65.

[4] Yearbook of the International Law Commission 1979, Vol. Ⅱ (Part One), A/CN.4/325, p. 197, para. 45.

议开始时，每位委员可以自荐愿意承担哪些专题，由国际法委员会主席及委员会其他委员协商，为每个专题推荐委员；(4) 每个专题起草委员会的成员应不超过 14 名，并应确保尽可能为熟悉不同工作语言的委员；(5) 非某个特定专题的起草委员会成员的委员可以参加会议，但建议克制发言；(6) 国际法委员会在年会期间，应为起草委员会提供足够的时间，以便及时完成委托任务；(7) 当专题工作性质具有复杂性并表明花费更多精力时，可为此目的给起草委员会更多时间；(8) 起草委员会应在对每个专题的审议结束后尽早向国际法委员会提交报告。①

实践中，国际法委员会通常在第一次讨论特定专题时不会做出决定，而是将其留给起草委员会来尝试起草总体满意的案文。实践中，起草委员会已经逐渐成为受托谈判实质性问题的机构，而且一旦证实专题的某一核心问题很难在起草委员会中解决，就可尽快将其转移至工作组这样一个比较非正式的机构进一步研究。②

（二）特别报告员

尽管根据《国际法委员会章程》第 16 条规定，仅在逐步发展国际法任务之下任命特别报告员，但是一直以来，委员会在专题审议初期阶段就任命特别报告员，并不以该专题是否被归类为逐步发展任务范畴为前提，无论是编纂或逐渐发展，均以特别报告员的研究工作为基础。③因此，特别报告员制度是国际法委员会编纂机制的最核心组成部分，对国际法委员会工作具有至关重要的作用。

1. 就特定专题撰写报告

一般情况下，委员会任命了一名成员担任某一专题的特别报告员，特别报告员的职责一直持续到其所负责的专题完成为止。如果有必要任命新的特别报告员，委员会通常会在适当时间内中止原特别报告员在该专题上的工作，以便新任命的特别报告员根据该专题工作阶段来执行所

---

① 参见《国际法委员会年鉴 1992 年》，第二卷（第二部分），A/47/10，第 58 页，第 371 段。

② 参见《国际法委员会年鉴 2011 年》，第二卷（第二部分），A/66/10，第 178 页，第 375 段。

③ 《国际法委员会年鉴 1996 年》，第二卷（第二部分），A/51/10，第 94 页，第 185 段。

要求任务。①

针对特定专题所指定的特别报告员负责撰写报告，阐明和解释该专题的法律状况，并在报告中提出条款草案的建议。特别报告员的报告不仅构成国际法委员会的工作基础，也是委员会根据章程确定的工作方法和技术的重要组成。同时，特别报告员在报告中具体说明下一届会议计划的工作性质和范围，以确保今后的报告满足整个委员会的需要，同时在会议之前向各成员提供充分的观点和意见，以便进行研究和思考，并且适当地就将任何条款草案提交起草委员会或工作组提出建议。② 2011年，国际法委员会通过"特别报告员工作指引"，规定特别报告员应当：（1）每年就负责的专题撰写实质性报告；（2）尽可能将每份报告篇幅限制在50页以内；（3）至少在每届年会开始前六周向秘书处提交其完整报告；（4）尽可能出席每届年会的大部分会议，以确保委员会的工作方案不必做出特别调整；（5）辩论结束之后尽快做出总结；（6）撰写简明的评论草案，对每届年会通过的有关议题的案文做出解释。③

自1949年至2021年选举之前，国际法委员会共有61名委员担任各项专题的特别报告员，特别报告员就所负责专题每年向国际法委员会提交报告。④ 由于专题的复杂性与特性不同，某些特别报告员连续多年就同一专题向国际法委员会提交多份报告，从1份至数份不等。例如，"国家责任"专题在历时半个世纪的编纂过程中，先后有5名特别报告员，共撰写并提交了33份报告。"条约保留"专题的特别报告员共提交16份报告。⑤ 各专题特别报告员报告对所涉专题的背景、各国实践、司法判例、国际法理论学说等做出细致深入的阐释和分析，构成研究相

---

① "Structure of the Commission", footnote. 19, https：//legal. un. org/ilc/structure. shtml#a29 (last visited 30 January 2022).

② Yearbook of the International Law Commission 1979, Vol. II (Part One), A/CN. 4/325, p. 210, para. 104.

③ 参见《国际法委员会年鉴2011年》，第二卷（第二部分），A/66/10，第178页，第372段。

④ 各项专题的历任特别报告员名单，参见"Special Rapporteurs of the International Law Commission (1949 – 2016)", https：//legal. un. org/ilc/guide/annex3. shtml (last visited 30 January 2022).

⑤ "Special Rapporteurs of the International Law Commission (1949 – 2016)", https：//legal. un. org/ilc/guide/annex3. shtml (last visited 30 January 2022).

关国际法领域规则的重要基础，对推动国际法的理论研究与实践运用发挥了无可替代的作用。此外，委员会任命一个咨询小组就报告的总体方向以及特别报告员希望提出的任何具体问题提供意见。实践中，是否采用咨询机制取决于特别报告员，并且在某种程度上取决于该专题的复杂程度。事实上，有的特别报告员更愿意在更少指导和干扰下独自工作，有些特别报告员有时会寻求一些成员的意见。例如，国际法委员会在2002年届会期间就"外交保护"专题设立非正式协商小组，由特别报告员担任主席讨论船员和机组人员以及公司和股东的外交保护问题。[①]

2. 撰写附有评注的条款草案

特别报告员的一项重要职责是负责起草专题的草案案文，具体流程包括：第一，拟订一套条款草案；第二，向起草委员会解释条款草案背后的理由；第三，将起草委员会意见纳入修改的条款以及评注中，并最终接受整个起草委员会的意见，即使这种意见不同于特别报告员提出的看法。

国际法委员会强调，特别报告员在执行此项职能时应当秉持国际法专业人员立场，而不是维护任何不成熟的个人观点。[②] 特别报告员就负责专题的条款草案做出评注，并在表述和篇幅上尽量统一，并根据起草委员会所做修改进行修订，以备全体会议对条款草案进行一般性辩论时使用。[③]

评注的主要功能是解释条款草案案文，评注内容包括：（1）充分说明判例和其他有关资料，譬如条约、司法判决和学说。（2）涉及以下各点的结论：①各国惯例和学说对每项问题的同意程度；②目前存在的不同意见和争执，以及因主张一种或另一种解决办法而产生的争论。对于第②项中的意见分歧，国际法委员会的惯常做法是，将意见分歧反映在一读通过的条款草案评注中，二读通过的条款的评注中不包括意见分

---

① 参见《国际法委员会年鉴2002年》，第二卷（第二部分），A/57/10，第49页，第113段。

② 参见《国际法委员会年鉴1996年》，第二卷（第二部分），A/51/10，第95页，第200段。

③ 参见《国际法委员会年鉴1995年》，第二卷（第二部分），A/50/10，第127页，第508段。

歧，而限于解释通过的案文。①

(三) 各类工作组

1. 规划组

自 20 世纪 70 年代开始，国际法委员会为每届年会设立了一个规划组（planning group），并委托其负责审议委员会的方案和工作方法。2011 年，规划组工作具体调整为：(1) 应密切跟踪国际法委员会工作，并考虑到某议程中包括的专题，就如何以最佳方式安排将要举行的年度届会向委员会提出建议。(2) 可以向全体会议提议完成专题的优先顺序，同时考虑到大会可能提出的建议。(3) 应与特别报告员和研究组协调员合作，在开始着手任何新专题时确定该专题的暂定时间表，同时列出可能需要的研究年限，并定期审查该时间表年度目标的实际情况，在适当时候予以更新。(4) 应在每年届会结束时讨论下一年届会的初步计划和会期，并相应向委员会提出建议。②

2. 长期计划工作组

1992 年，国际法委员会制定了选择国际法领域专题的新程序。在广泛审议了委员任期内的活动规划后，国际法委员会一致认为，采取任何固定的时间表固然不切实际，但在一定期限内规划委员会活动目标却是有用的，因此应当拟订一个供委员会内部使用的、以 5 年为期限的长期计划暂定时间表。③ 自 1992 年开始，每届年会均设立长期计划工作组（working group on the long-term programme），任务是建议将相关专题纳入委员会的长期工作计划。

按照拟订长期计划程序，委员会指定成员就预选清单中所列专题撰写简短的大纲或说明性摘要，围绕以下内容进行阐释：(1) 该专题提出的主要问题；(2) 与该专题相关的适用条约、一般原则或相关的国家立法或司法决定；(3) 现有学说；(4) 对于决定选择的专题，须对

---

① "Structure of the Commission", footnote. 28, https://legal.un.org/ilc/structure.shtml#a29 (last visited 30 January 2022).
② 参见《国际法委员会年鉴 2011 年》，第二卷（第二部分），A/66/10，第 178—179 页，第 378 段。
③ 参见《国际法委员会年鉴 1992 年》，第二卷（第二部分），A/47/10，第 58 页，第 363—367 段。

研究该专题或起草公约草案的利弊做出分析。① 长期计划工作组负责审议成员撰写的各种专题的大纲或摘要，以期确定专题并向委员会提出建议。工作组主席在每届会议上向规划组提供年度口头进度报告，并在5年期的最后1年提交最终书面报告，包括建议纳入委员会的长期工作计划的专题列表。②

3. 特设工作组和研究小组

国际法委员会还专门就某些特定议题设置工作组，也称为小组委员会（subcommittees）、研究组（study groups）或协商组（consultative groups）。这些特设的工作组是由委员会或规划组为不同目的和任务而设立的。成员数量有限或不限成员名额。从以往的编纂实践来看，国际法委员会设立工作组的方式有4种。

（1）在任命特别报告员之前建立工作组，承担相关专题的初步工作或确定工作范围与方向。大多数情况下，委员会随后将进一步任命工作组主席作为该专题的特别报告员。此类工作组已经负责并开展的专题研究包括：纽伦堡原则；国家和政府的继承；国家与国际组织间或两个或多个国际组织相互间缔结的条约问题；国际水道非航行使用法；外交信使和没有外交信使护送的外交邮袋的地位；因国际法不加禁止的行为引起的损害后果的国际赔偿责任，等等。③

（2）任命特别报告员之后建立工作组，审议具体问题或确定特定议题未来工作的方向，或审议拟议评论和条款草案。在大多数情况下，委员会随后将任命专题的特别报告员为工作组主席。此类工作组已经负责并开展的专题研究包括：仲裁程序；国家责任；国家与国际组织之间的关系（专题的第一部分和第二部分）；危害人类和平及安全治罪法草案；与国家继承有关的自然人国籍问题；国际组织的责任；自然资源的共享；条约冲突；驱逐外国人和引渡或起诉的义务；对条约的保留和习

---

① 参见《国际法委员会年鉴1992年》，第二卷（第二部分），A/47/10，第58页，第369—370段。
② 参见《国际法委员会年鉴1993年》，第二卷（第二部分），A/48/10，第105页，第425—427段。
③ 参见国际法委员会官方网站，https://legal.un.org/ilc/structure.shtml#a29，最后访问时间：2022年1月30日。

惯国际法的识别；等等。①

（3）委员会还设立了工作组处理一些紧急情况。这些工作组通常规模很大，没有任命特别报告员。此类工作组已经负责并研究的专题包括：外交代表及受国际法保护的其他人员不可侵犯的问题；审查多边条约制定进程；危害人类和平及安全治罪法草案；国际刑事法院规约草案；国家及其财产的司法管辖豁免；等等。②

（4）以研究组的形式处理一些特定专题工作。国际法委员会在2002年第54届会议提出，由于"国际法不成体系"专题更适合进行研究，而不是拟订条款草案，因而第一次设立研究组形式负责"国际法不成体系"专题。此后，基于相同原则，先后成立"最惠国条款""条约随时间演变"专题的研究组。虽然研究组在各自主席的指导下开展工作，没有特别报告员，但委员会可以酌情考虑通过任命一名特别报告员取代研究组的可能性。

工作组在本质上始终隶属于国际法委员会或国际法委员会的规划组，由这些机构发布必要的任务授权，确定任何研究的参考依据，审查并修改提案，并就工作成果做出决定。成立工作组或工作组与特别报告员并行的、灵活的模式，使国际法委员会能够根据每一项专题的需要及特点量身定制其工作方法，从而有助于提高其工作的整体效率。国际法委员会充分肯定了工作组的积极作用，建议更广泛地利用工作组来解决特定分歧。③

三　选择和确定逐渐发展与编纂的专题

根据《国际法委员会章程》第18条规定，委员会应对整个国际法领域进行调查，以期选择有待编纂的专题，并应同时顾及政府或非政府方面现有的草案，如认为某一专题必须或适合进行编纂时，应向大会提出建议。同时，应优先处理大会请它处理的任何问题。实践中，由于国

---

① 参见国际法委员会官方网站，https：//legal. un. org/ilc/structure. shtml#a29，最后访问时间：2022年1月30日。
② 参见国际法委员会官方网站，https：//legal. un. org/ilc/structure. shtml#a29，最后访问时间：2022年1月30日。
③ 参见《国际法委员会年鉴1996年》，第二卷（第二部分），A/51/10，第97页，第217—219段。

际法委员会并不真正区分逐渐发展与编纂任务职能，因而一律开展国际法领域问题的调查，并经选择后最终确定专题。

（一）1949 年基于调查选择的专题

1949 年第 1 届会议中，国际法委员会讨论了是否应该制定编纂整个国际法的总计划。赞成这一观点的委员认为，一开始就应编制完整的国际公法典计划，将编纂的具体专题列入该计划框架内。但国际法委员会决定，虽然编纂整个国际法是最终目标，但是可取的行动是先就一些具体专题开始编纂工作，至于一般性的系统计划可以留待今后进行细化。[1] 由劳特派特执笔的《1949 年国际法调查备忘录》以编纂工作的历史经验为基础，围绕阐发国际法委员会编纂职能的目的，详尽论述了国际法委员会专题选择与调查工作。[2]

备忘录指出，专题选择是委员会履行编纂与逐渐发展国际法任务的组成部分，国际法逐渐发展目标包含需要填补立法努力的紧急的和新的问题，而编纂目标则涵盖整个国际法领域。在这一框架内，国际法编纂工作不再由制定旨在成为公约并由相当多的国家接受的草案的必要性来决定。委员会可以就一个由于现有分歧和不确定因素、或由于其他原因不大可能得到大多数国家接受的专题提出完整草案，也可以准确地说明有关已达成协议的现行法律以及澄清其他方面的立场，甚至可以为相互冲突的观点和做法提供解决办法。[3]

备忘录强调，选择专题是将逐渐发展与编纂工作纳入一项全面计划蓝图，取决于便利性、可用手段和人员、分类和科学对称性等客观因素。有必要参照《国际法委员会章程》第 15 条所确定的客观标准，对"已经广泛存在的国家惯例、判例和学说"系统地制订长期计划，逐步开展科学的编纂工作和促进立法工作，使之与联合国作为制定国际法的

---

[1] Yearbook of the International Law Commission 1949, A/CN. 4/13 and Corr. 1 – 3, pp. 280 – 281, paras. 15 – 16.

[2] Memorandum submitted by the Secretary-General, "Survey of International Law in Relation to the Work of Codification of The International Law Commission", A/GN. 4/1/Rev. 1, 10 February 1949, p. 3, para. 2.

[3] Memorandum Submitted by the Secretary-General, "Survey of International Law in Relation to the Work of Codification of the International Law Commission", A/GN. 4/1/Rev. 1, 10 February 1949, pp. 14 – 16, paras. 19 – 20.

主要机构之一的任务相称。① 为此，备忘录详细调查了国际法 9 个主要领域的相关规则，分别为：国际法的一般问题、国际法上的国家、国家的管辖、国际法上的个人、条约法、外交关系法与豁免、领事关系法与豁免、国家责任法和仲裁程序法。

国际法委员会在审议备忘录基础上草拟了一份临时清单，暂定在国际法领域编纂 14 项专题，包括：（1）国家和政府的承认；（2）国家和政府的继承；（3）国家及其财产的司法管辖豁免；（4）在本国领土外所犯罪行的管辖权；（5）公海制度；（6）领海制度；（7）国籍包括无国籍问题；（8）外国人待遇；（9）庇护权；（10）条约法；（11）外交关系和豁免；（12）领事关系和豁免；（13）国家责任；（14）仲裁程序。其中，有 3 项被赋予优先权：公海制度问题，由弗朗索瓦（J. P. A. Francois）担任特别报告员；仲裁程序问题，由赛勒（G. Scelle）担任特别报告员；条约法问题，由布赖尔利担任特别报告员。② 14 项议题为临时性的，在国际法委员会做进一步研究后或遵照大会意愿的前提下可以增加或删除。某些专题经国际法委员会审议后进行了修正，"国家和政府的继承"议题被分为三部分，即条约的继承、条约以外事项的继承和国际组织的成员资格的继承。"公海制度"和"领海制度"也最终被统一归纳为"海洋法"。

（二）后续补充专题

1996 年，国际法委员会进一步全面审查和调查了国际法的主要领域，编制了将专题分列在国际法 13 个主要领域的大纲，分别为：国际法的来源、国际法的主题、国家和其他法人的继承、国家管辖/管辖豁免、国际组织的法律、个人在国际法中的地位、国际刑法、国际空间的法律、国际关系/责任的法律、环境法、经济关系法、武装冲突法/裁军、争端的解决等。③ 分列出来的专题有委员会已经审议的专题、正在

---

① Memorandum Submitted by the Secretary-General, "Survey of International Law in Relation to the Work of Codification of the International Law Commission", A/GN.4/1/Rev.1, 10 February 1949, pp. 16. – 17, paras. 21 – 22.

② Yearbook of the International Law Commission 1949, A/CN.4/13 and Corr. 1 – 3, p. 280, paras. 15.

③ 《国际法委员会年鉴 1996 年》，第二卷（第二部分），A/51/10，第 137 页，附件 2。

审议的专题以及未来可能的专题。

国际法委员会编制大纲的目标：（1）将国际法中主要受习惯国际法规则制约的一般性领域分门别类；（2）在上述一般性标题之下列举委员会或个别委员在某些时日或另一些时日向委员会提出的可供着手的各个专题；（3）增添一些可能着手、但委员会不拟对将来着手的可行性采取坚定立场的专题；（4）总结已经全部完成或部分完成的专题等。①

总体而言，以1949年调查工作和暂定的14项编纂清单为起点，国际法委员会在后续工作通过审查国际法领域新问题，不断增加与补充了编纂专题的类别，至2019年，或继承或发展了39项专题，共同构成国际法委员会的基本工作方案。

这些专题具体包括：（1）国家权利和义务宣言草案；（2）纽伦堡原则；（3）国际刑事管辖问题；（4）使习惯国际法证据更容易获得的方式方法；（5）危害人类和平及安全治罪法草案；（6）对多边公约的保留；（7）定义侵略问题；（8）国家与国际组织之间的关系；（9）历史水域包括历史海湾制度；（10）特别使节；（11）在国际联盟主持下扩大参加一般多边条约的问题；（12）最惠国条款；（13）国家与国际组织间或两个或两个以上国际组织间缔结条约问题；（14）外交代表及受国际法保护的其他人员不可侵犯的问题；（15）国际水道非航行使用；（16）外交信使和没有外交信使护送的外交邮袋的地位；（17）审查多边条约制定过程；（18）因国际法未加禁止的行为造成的损害性后果的国际责任；（19）对条约的保留；（20）与国家继承有关的自然人国籍；（21）外交保护；（22）国家的单方面行为；（23）国际组织的责任；（24）共有自然资源；（25）国际法不成体系：国际法多样化和扩展带来的困难；（26）武装冲突对条约的影响；（27）驱逐外国人；（28）引渡或起诉的义务；（29）发生灾害时的人员保护；（30）国家官员的外国刑事管辖权豁免；（31）与条约解释有关的嗣后协定与实践；（32）条约的暂时适用；（33）习惯国际法的识别；（34）与武装冲突有关的环境保护；（35）保护大气层；（36）危害人类罪；

---

① 《国际法委员会年鉴1996年》，第二卷（第二部分），A/51/10，第137页，附件2，第2段。

(37) 强行法；(38) 一般法律原则；(39) 与国际法相关的海平面上升。① 这些专题分为以下几项类别。

1. 作为1949年专题的具体后续行动，由联合国大会提请委员会审议的新专题

主要有：国家与国际组织之间的关系［1958年12月5日大会第1289（XIII）号决议］；历史海湾在内的历史水域的法律制度［1959年12月7日大会第1453（XIV）号决议］；特别使节［1961年12月18日大会第1687号（XVI）号决议］；最惠国条款［1967年12月1日大会第2272（XXII）号决议］；国家与国际组织间或两个国家之间缔结的条约问题［1969年11月12日大会第2501（XXIV）号决议］；因国际法未加禁止的行为造成的损害性后果的国际责任［1973年11月30日大会第71（XXVIII）号决议］。

2. 与1949年专题相关的新专题

主要有：(1) 涉及1949年清单的外交关系和豁免问题：外交信使的地位和外交邮袋；国家官员的外国刑事管辖权豁免。(2) 涉及条约法问题：对条约的保留；武装冲突对条约的影响；与条约解释有关的嗣后协定与实践；条约的暂时适用；强行法。(3) 涉及国家和政府继承的问题及国籍问题：与国家继承有关的自然人国籍。(4) 涉及国家责任问题：外交保护；国际组织的责任。(5) 涉及外国人待遇：驱逐外国人。(6) 涉及危害人类和平及安全治罪法草案问题：危害人类罪。

3. 与1949年清单中任何专题都不相关的新问题

主要有：国际水道的非航行使用法；国家的单方面行为；共享自然资源；国际法不成体系；引渡或起诉的义务；发生灾难时保护人员；习惯国际法；与武装冲突有关的环境保护；保护大气层。

4. 应大会要求，国际法委员会就特定法律问题审查案文或拟订条款草案的特别任务

主要有：国家权利和义务宣言草案［1947年11月21日大会第178（Ⅱ）号决议］；制定纽伦堡原则［1947年11月21日大会第177（Ⅱ）

---

① 参见国际法委员会官方网站，https://legal.un.org/ilc/programme.shtml，最后访问时间：2022年1月30日。

号决议]；国际刑事管辖权问题［1948年12月9日大会第260 B（Ⅲ）号决议]；危害人类和平及安全治罪法草案［1947年11月21日大会第177（Ⅱ）号决议]；对多边公约的保留［1950年11月16日大会第478（Ⅴ）号决议]；界定侵略的问题［1950年11月17日大会第378（Ⅴ）号决议]；扩大参加国际联盟主持缔结的一般多边条约的问题［1962年11月20日大会第1766（ⅩⅦ）号决议]；外交代表的保护和不受侵犯的问题［1971年12月3日大会第2780（ⅩⅩⅥ）号决议]；审查多边条约的制定过程［1977年12月8日大会第32/48号决议]。

迄今，国际法委员会已就1949年暂定14项专题清单和后续39项专题中的大部分进行了审议，并提交了最后报告。在清单所列专题当中，只有"国家和政府的承认"和"在本国领土外所犯罪行的管辖权"这两项专题，国际法委员会从未进行过实质性审议；在后续专题中，外国人待遇和庇护权曾分别纳入国家责任专题和外交保护专题进行研究，但最终没有进行下去。①

以上得见，传统上，国际法规则主要以权利与义务对等的互惠原则为基础处理各国的相互关系，那些受互惠原则支配、最适合编纂的一些传统问题已得到妥善解决。最初拟编纂的事项只剩下少数问题：主要是承认问题、域外管辖权、外国人权利和领土庇护等，这些问题要么已经受到其他文书的规范，要么具有极端的政治性质而不适宜编纂。近年来，国际法委员会所选择的专题出现了一些新的变化和倾向，开始涉足与保护国际社会共同利益相关的环境、个人权利等一些领域，也更加强调规范行为体责任问题的次级规则，即关于规则的创建、更改、确定以及遵守情况的规则。② 可以说，专题选择既反映了国际法委员会的工作方法，也在一定程度上预示了国际法未来发展的方向。

（三）国际法委员会的长期工作专题

1997年，国际法委员会进一步制定了指导选择长期工作专题的明确标准指出，所选专题应当符合：（1）反映各国在逐渐发展和编纂国

---

① 参见国际法委员会官网：https://legal.un.org/ilc/programme.shtml#a47，最后访问时间：2022年1月30日。

② Gerhard Hafner, "The International Law Commission and the Future Codification of International Law", (1996) 2 *ILSA Journal of International & Comparative Law* 671, pp. 674-676.

际法方面的需要；（2）在国家实践方面应足够成熟处于较高级的阶段，从而允许逐渐发展和编纂；（3）为逐渐发展的目的应当是具体和可行的。委员会还商定不应仅限于传统的专题，也可考虑反映国际法最新发展和整个国际社会迫切关切的专题。①

2014年，长期计划工作组确定，需要对委员会的工作进行系统审查并调查今后可能审议的专题。工作组特别回顾，自1996年国际法委员会系统审查和编制了说明性专题总方案之后，这些年没有开展类似工作。因此工作组商定，以1996年清单为基础，审查和更新可能审议的专题清单。为此，工作组决定建议委员会请秘书处在本5年期结束前，根据后续发展动态审查1996年清单，编写一份委员会可能审议的专题清单，并附以简短的解释性调查说明。② 同时，委员会审议了联合国大会关于国内和国际法治的第68/116号决议，③ 重申其逐渐发展和编纂国际法的任务时，认识到法治与联合国三个主要支柱：和平、安全、发展之间的相互关系，也意识到法治面临的挑战，并继续致力于促进法治在国际层面得到尊重，就关系到法治的专题开展工作。④

截至2021年，纳入国际法委员会长期工作计划的专题包括：（1）对沉船的所有权和保护超出了国家海事管辖权的范围；（2）国际组织的司法豁免权；（3）在跨境信息流动中保护个人数据；（4）域外管辖权；（5）国际投资法中公平公正的待遇标准；（6）国际组织参加的国际争端的解决；（7）国际法院和法庭的证据；（8）普遍刑事管辖权；（9）就严重违反国际人权法和严重违反国际人道主义法行为对个人给予赔偿；（10）防止和打击海盗和海上武装抢劫行为；（11）确定国际法规则的辅助方法。⑤

---

① 《国际法委员会年鉴1997年》，第二卷（第二部分），A/52/10，第72页，第238段。
② 《国际法委员会报告》，大会正式记录，第六十九届会议补编第10号，A/69/10，2014年，第258—259页，第269—272段。
③ 该决议重申大会在鼓励国际法的逐渐发展和编纂方面的作用，并进一步重申各国应遵守国际法规定的所有义务。参见联合国大会《国内和国际的法治》，A/RES/68/116，2013年12月18日，第3段。
④ 《国际法委员会报告》，大会正式记录，第六十九届会议补编第10号，A/69/10，2014年，第259—260页，第273—280段。
⑤ Current Status of the Work of the Commission and Forthcoming Deadlines, https://legal.un.org/ilc/status.shtml (last visited 30 January 2022).

第四节　逐渐发展和编纂工作的审议流程与成果

一　审议流程

如前所述，国际法委员会逐步发展与编纂的方法不仅不是相互排斥、严格区分的，并且事实上两者有机联系、相互融合，对国际法现有规则整理与系统化的过程中可以出现制定新规则的结果。因此，委员会关于逐渐发展与编纂的工作是一套综合程序，根据具体专题的特点和情况需要灵活地做出调整。① 当某一专题被列入工作方案后，国际法委员会并不需要立即开始审议该专题，对某一专题实际审议结果往往是将该专题列入其下一届会议的议程。

委员会就某一专题开始工作的决定主要受审议其他专题的情况和联合国大会所提要求的影响。例如，对某些专题的特别委托或优先要求。② 在一些情况下，甚至在一个专题被列入议程之前，为此目的设立一个小组委员会或工作组可以进行初步工作。委员会对列入议程的专题进行审议时通常分为三个不同阶段。③

（一）初步审议阶段

主要用于安排工作和收集有关材料和先前判例。初步阶段的工作主要包括：任命特别报告员；拟订工作计划；必要时，要求政府和国际组织提供数据和资料，以及要求秘书处提供研究调查和汇编。

（二）第二阶段：对条款草案进行一读

第二阶段为对特别报告员提交的临时条款草案的建议进行一读的阶段。第二阶段的工作主要包括：（1）讨论特别报告员的报告。特别

---

① "Report of the Working Group on Review of the Multilateral Treaty-making Process", A/CN. 4/325, p. 189, para. 16.

② "Report of the Working Group on Review of the Multilateral Treaty-making Process", A/CN. 4/325, p. 191, para. 22.

③ "Report of the Working Group on Review of the Multilateral Treaty-making Process", A/CN. 4/325, p. 191, para. 35.

报告员提交国际法委员会讨论的报告同工作文件或初步报告不同,通常载有一套附带评注的条款草案。在特别报告员介绍了该报告并就此交换了意见之后,国际法委员会开始逐条进行讨论,以期拟订一套最终条款草案。在审议每一项条款草案之前,都由特别报告员介绍。各成员可对特别报告员提出的条款草案或其书面备忘录提出修正案或其他意见。(2)起草委员会拟订条款草案供国际法委员会审议。起草委员会编制条款草案案文供委员会审议,并协助国际法委员会协调和合并条款草案。起草委员会所提交的案文可能不仅包括起草问题的解决办法,而且也包括国际法委员会"未能解决或似乎可能导致过长讨论"的实质问题的解决办法。因此,起草委员会是委员会工作审议流程中的一个不可缺少的组成部分,不仅为起草工作也为谈判提供了一个框架,在协助国际法委员会履行其任务方面起着重要的中心作用。[1]

国际法委员会一读成果体现为某一专题的初步条款草案,并附有评注。国际法委员会通常通过秘书长将条款草案转交各国政府,请它们提出评论和意见。在涉及文本篇幅较长的草案时,国际法委员会不等整个初步草案的完成,就分批将初步条款草案转交各国政府。在一读初步条款草案过程中或在条款草案完成后,若认为有必要,国际法委员会可以表明,条款草案是作为公约的基础或者用作缔结一项公约的基础而拟订的。[2]

(三)第三阶段:对条款草案进行二读

第三阶段是再次审议初步草案并最终定稿。根据各国政府提出的书面意见和第六委员会提出的口头意见,国际法委员会启动二读程序,重新审查根据特别报告员报告一读通过的初步条款草案。审议的基础包括特别报告员的报告对各项条款的评论和修改建议总结,政府间组织以及各国的评论和意见摘要,各国政府、受邀参与评论的任何机构所做答复以及第六委员会辩论中提出的任何评论。根据上述书面

---

[1] Yearbook of the International Law Commission 1979, Vol. Ⅱ (Part One), A/CN. 4/325, p. 197, para. 44.

[2] Yearbook of the International Law Commission 1979, Vol. Ⅱ (Part One), A/CN. 4/325, p. 198, paras. 47-49.

和口头意见，国际法委员会审议和核可修订的草案，由全体会议通过附有最终条款草案及其评注，并连同进一步行动建议，列入提交联合国大会的会议工作报告中。①

通常在完成编纂或逐渐发展的工作报告后，国际法委员会将根据《国际法委员会章程》第23条，建议联合国大会就经二读完成的特定专题成果分别采取不同的行动，包括：（1）发布报告，但不必行动；（2）以大会决议方式表示注意或通过该报告；（3）向成员国推荐该草案，以期缔结一项公约；（4）召开会议以缔结一项公约。

二 逐渐发展与编纂的成果形式

（一）条款草案

尽管《国际法委员会章程》第16条规定，委员会为逐渐发展国际法拟订公约草案，第20条规定，委员会编纂国际法应以条款形式编写草案，但国际法委员会认为，在实践中把逐渐发展看作是有别于编纂而与公约起草有特定的联系是过于简单的认识。对于各种不同的情况来说，出于各种各样的原因，需要有灵活性。故而国际法委员会以"编纂和逐渐发展"相互结合的概念为基点开展工作，拟订与所有国家或许多国家关注的普遍性议题相关的多边案文，此种案文既要力求反映公认的规章原则，又要视需要提出概念的细节、特性并加以进一步发展。② 通常情况下，条款草案既构成国际法的编纂，也构成国际法的逐步发展，国际法委员会均以条款草案（draft article）和评注（comments）的方式完成一个专题的工作，进而视情况建议联合国大会以条款草案为基础缔结一项公约。

（二）其他形式

编纂国际法的成果还采用原则（principles）、准则（guidelines）或结论（conclusions）等形式。例如，拟订《纽伦堡原则》时，国际法委

---

① Yearbook of the International Law Commission 1979, Vol. II (Part One), A/CN.4/325, p. 198, paras. 50–51.
② 《国际法委员会年鉴1996年》，第二卷（第二部分），A/51/10，第89页，第156—157段。

员会强调其职责"并非审查这些原则是否为国际法原则,而只是将这些原则系统地阐述出来"。① 在"条约的保留"专题中,委员会通过了《对条约的保留实践指南准则草案》,特别强调即使该准则草案包含《维也纳条约法公约》确立的准则以及一些习惯国际法准则,但本身不是一项强制性文书,而是条约谈判各方和负责条约执行者的"工具箱",用以寻找在条约保留方面所遇到的实际问题的答案。② 在"习惯国际法的识别"专题中,委员会通过了《习惯国际法的识别结论草案》,指出草案试图就确定习惯国际法规则的存在(或不存在)及内容的方法提供实际指导,而不做出过于硬性的规定。③ 2011 年国际法委员会再次强调,特别报告员或研究组应该尽可能在早期阶段就特定专题所开展的工作之最后形式做初步说明,可采取公约、原则宣言、准则、带有结论和建议的阐述性研究报告等形式,并随工作进展予以审查和适当调整。④

(三)最后报告

一些情况下,委员会关于某一专题工作成果是在一读阶段就通过一项最后报告(final report),并非附有评论的条款草案。在某些情况下,大会还要求委员会就其已提交最后报告的专题进行进一步的工作。(1)发表报告,不必采取行动,有关毗连区的条款草案(1953 年)和关于"引渡或起诉的义务"专题的最后报告(2014 年);(2)通过报告。载有大陆架和渔业草案的报告(1953 年)和《仲裁程序示范规则》(1958 年)。

三 国际法委员会编纂成果概览

(一)已编纂的国际法专题

截至 2021 年,按编纂工作启动的时间先后排列,国际法委员会自

---

① Yearbook of the International Law Commission 1950, Vol. II (Part One), A/CN.4/22, p. 189, para. 36.
② 《国际法委员会年鉴 2011 年》,第二卷(第三部分),A/66/10,第 39 页,第(3)—(4)段。
③ 联合国大会:《国际法委员会报告》,大会正式记录,第七十一届会议补编第 10 号,A/71/10,2016 年,第 77 页,第(1)—(3)段。
④ 《国际法委员会年鉴 2011 年》,第二卷(第二部分),A/66/10,第 179 页,第 383 段。

成立以来编纂专题的进度以及取得的成果大致归纳如下。①

序号	专题	时间	状态	成果形式	向大会建议
1	国家的权利和义务	1949—1950	终止	《国家权利和义务宣言草案》	无
2	纽伦堡原则	1949—1950	已完成	《纽伦堡法庭宪章及法庭判决所确认的国际法原则》	无
3	惩治危害人类和平与安全罪行	1949—1996	已完成	1951年《危害人类和平及安全治罪法草案》；1996年《危害人类和平及安全治罪法草案》	大会选择确保草案得到最广泛接受的最适当形式
4	国际刑事司法机构	1949—1997	已完成	《国际刑事法院规约草案》	召开外交大会，在规约草案基础上缔结一项公约
5	更容易获得习惯国际法证据方法和手段	1949—1951	已完成	《使习惯国际法的证据更易于查考的方法和手段》工作报告	无
6	条约法	1950—1966	已完成	《条约法条款草案》	召开外交大会，在条款草案基础上缔结一项公约
7	仲裁程序	1950—1958	已完成	《仲裁程序的公约草案》；《仲裁程序示范规则草案》	通过大会决议提请注意

---

① "Periods during which Topics were on the Agenda of the International Law Commission", http://legal.un.org/ilc/guide/annex1.shtml（last visited 30 January 2022）.

续表

序号	专题	时间	状态	成果形式	向大会建议
8	公海制度	1950—1962	已完成	《公海制度临时草案》	召开外交大会，将工作成果以一项或多项公约体现出来
9	多边公约的保留	1951	已完成	《多边公约的保留结论意见》	无
10	国籍包括无国籍状态	1951—1954	已完成	《消除未来无国籍状态的公约草案》；《减少未来无国籍状态的公约草案》	由大会决定哪项草案优先缔结一项公约
11	领海制度	1950—1964	已完成	《领海制度临时草案》	召开外交大会，将工作成果以一项或多项公约形式体现出来
12	外交关系与豁免	1954—1961	已完成	《外交往来和豁免条款草案》	向成员国推荐条款草案，以期缔结一项公约
13	国家的国际责任	1954—2001	已完成	《国家对国际不法行为的责任条款草案》	提请大会注意，并在条款草案基础上缔结一项公约
14	领事关系与豁免	1955—1961	已完成	《领事往来与豁免条款草案》	召开外交大会，在条款草案基础上缔结一项公约
15	国家与国际组织之间的关系	1959—1971	已完成	《国家代表与国际组织的关系条款草案》	召开外交大会缔结公约

续表

序号	专题	时间	状态	成果形式	向大会建议
16	特别使节	1958—1967	已完成	《特别使节条款草案》	采取适当措施缔结一项公约
17	扩大参与国际联盟主持下缔结的一般多边条约	1963	已完成	联合国秘书长报告	无
18	最惠国条款	1968—2015	已完成	1978年《最惠国条款草案》；2015年《最惠国条款工作组最后报告》	提请大会注意并鼓励广泛传播
19	国家在条约方面的继承	1969—1978	已完成	《国家在条约方面的继承条款草案》	召开外交大会，在条款草案基础上缔结一项公约
20	条约之外事项的继承问题	1969—1981	已完成	《国家在国家财产、档案和债务方面的继承条款草案》	召开外交大会，在条款草案基础上缔结一项公约
21	各国与国际组织间或两个或两个以上国际组织之间缔结的条约	1971—1982	已完成	《国家与国际组织间或国际组织相互间的条约法条款草案》	召开外交大会，在条款草案基础上缔结一项公约
22	国际水道非航行使用	1971—1997	已完成	《国际水道非航行使用法条款草案》	以联大决议方式或召开外交大会，缔结公约
23	外交代表及受国际法保护的其他人员不可侵犯问题	1971—1973	已完成	《对应受国际法特别保护人员罪行条款》	起草并缔结一项公约

续表

序号	专题	时间	状态	成果形式	向大会建议
24	外交信使和外交邮袋的地位	1977—1989	已完成	《外交信使和没有外交信使护送的外交邮袋的地位的条款草案》	提请大会注意条款草案，召开外交大会缔结一项公约
25	多边条约制定进程审查	1978	已完成	向大会提交报告	无
26	国家及其财产的管辖豁免	1979—1999	已完成	《国家及其财产的管辖豁免条款草案》	召开外交大会，在条款草案基础上缔结一项公约
27	条约保留	1995—2011	已完成	《对条约的保留实践指南准则草案》	通过大会决议提请注意，并广泛传播
28	关于国籍的国家继承	1995—1999	已完成	《国家继承涉及的自然人国籍问题条款草案》	以宣言形式通过此项条款草案
29	外交保护	1997—2006	已完成	《外交保护条款草案》	建议大会在条款草案基础上缔结一项公约
30	国家的单方面行为	1997—2006	已完成	《适用于能够产生法律义务的国家单方面声明的指导原则》	提请大会注意该指导原则
31	国际法不加禁止的行为国际责任（预防危险活动造成的跨界损害）	1997—2001	已完成	《预防危险活动的跨界损害的条款草案》	建议大会在条款草案基础上缔结一项公约

续表

序号	专题	时间	状态	成果形式	向大会建议
32	国际法不成体系：国际法多样化和扩展引起的困难	2002—2006	已完成	研究组报告：《国际法不成体系问题：国际法多样化和扩展引起的困难》	提请大会注意这些结论
33	共有的自然资源（跨界含水层）	2002—2008	已完成	《跨界含水层法条款草案》	通过大会决议提请注意，并在条款草案基础上缔结一项公约
34	国际法不加禁止的行为国际责任（危险活动引起跨界损害的国际责任）	2002—2006	已完成	《危险活动引起跨界损害情况下的损失分配原则草案》	大会以决议形式核准，并监督各国采取行动予以落实
35	国际组织的责任	2002—2011	已完成	《国际组织的责任条款草案》	通过决议提请注意，并在条款草案基础上缔结一项公约
36	驱逐外国人	2005—2014	已完成	《驱逐外国人的条款草案》	通过决议提请注意，并在条款草案基础上缔结一项公约
37	武装冲突对条约的影响	2005—2011	已完成	《武装冲突对条约的影响条款草案》	通过决议提请注意，并在条款草案基础上缔结一项公约
38	或引渡或起诉的义务	2006—2014	已完成	《或引渡或起诉的义务最后报告》	无

续表

序号	专题	时间	状态	成果形式	向大会建议
39	发生灾害时的人员保护	2007—2016	已完成	《发生灾害时的保护人员的条款草案》	在条款草案基础上拟订一项公约
40	国家官员的外国刑事管辖权豁免	2007—2017	已完成	《国家官员的外国刑事管辖豁免条款草案》	无
41	与条约解释相关的嗣后协定与实践	2009—2018	已完成	《与条约解释相关的嗣后协定和嗣后实践的结论草案》	提请大会注意，并广泛传播
42	条约的暂时适用	2012—	正在进行	《条约的暂时适用指南草案》一读	无
43	习惯国际法的识别	2012—2018	已完成	《习惯国际法的识别的结论草案》	提请注意该结论草案，予以广泛传播；落实秘书处备忘录
44	保护与武装冲突有关的环境	2013—	正在进行	《与武装冲突有关的环境保护原则草案》一读	无
45	保护大气层	2013—	正在进行	《保护大气层的指南草案》一读	无
46	危害人类罪	2013—2019	已完成	《防止及惩治危害人类罪条款草案》	召开外交大会，制定一项公约
47	一般国际法强制性规范	2015—	正在进行	《一般国际法强制性规范（强行法）的结论草案》一读	无

续表

序号	专题	时间	状态	成果形式	向大会建议
48	国家责任方面的继承	2017—	正在进行	无	无
49	一般法律原则	2018—	正在进行	无	无

（二）编纂性公约成果

截至 2021 年，国际社会在国际法委员会条款草案基础上所缔结的"编纂性公约"的基本情况。[①]

	公约名称	通过方式	开放签署时间	生效时间/条件	缔约国
1	《领海及毗连区公约》	联合国外交大会	1958 年 4 月 29 日	1965 年 9 月 10 日	52
2	《公海公约》	联合国外交大会	1958 年 4 月 29 日	1965 年 9 月 10 日	63
3	《捕鱼及养护公海生物资源公约》	联合国外交大会	1958 年 4 月 29 日	1966 年 3 月 29 日	39
4	《大陆架公约》	联合国外交大会	1958 年 4 月 29 日	1964 年 6 月 10 日	58
5	《减少无国籍状态公约》	联合国外交大会	1961 年 8 月 30 日	1975 年 12 月 13 日	78
6	《维也纳外交关系公约》	联合国外交大会	1961 年 4 月 18 日	1964 年 4 月 24 日	193

[①] 参见黄惠康《论国际法的编纂与逐渐发展——纪念联合国国际法委员会成立七十周年》，《武大国际法评论》2018 年第 6 期，第 21—22 页。最新信息更新至 2022 年 1 月。

续表

	公约名称	通过方式	开放签署时间	生效时间/条件	缔约国
7	《维也纳领事关系公约》	联合国外交大会	1963年4月24日	1967年3月19日	182
8	《特别使节公约》	联合国大会决议	1969年12月8日	1985年6月12日	39
9	《维也纳条约法公约》	联合国外交大会	1969年5月23日	1980年1月27日	116
10	《关于防止和惩处侵害应受国际保护人员包括外交代表的罪行的公约》	联合国大会决议	1973年12月14日	1977年2月20日	180
11	《维也纳关于国家在其对国际组织关系上的代表权公约》	联合国外交大会	1975年3月14日	尚未生效，需35个国家批准或加入	34
12	《关于国家在条约方面的继承的维也纳公约》	联合国外交大会	1978年8月23日	1996年11月6日	23
13	《关于国家对国家财产、档案和债务的继承的维也纳公约》	联合国外交大会	1983年4月8日	尚未生效，需15个国家批准或加入	7
14	《关于国家与国际组织间或国际组织相互间条约法的维也纳公约》	联合国外交大会	1986年3月21日	尚未生效，需35个国家批准或加入	33（另有12个国际组织）
15	《国际水道非航行使用法公约》	联合国大会决议	1997年5月21日	2014年8月17日	37

续表

	公约名称	通过方式	开放签署时间	生效时间/条件	缔约国
16	《国际刑事法院罗马规约》	联合国外交大会	1998年7月17日	2002年7月1日	123
17	《联合国国家及其财产管辖豁免公约》	联合国大会决议	2004年12月2日	尚未生效，需30个国家批准或加入	22

第 五 章

国际法渊源的编纂与逐渐发展

第一节 条约法的编纂与逐渐发展

一 以编纂成果为基础缔结的条约

(一)《维也纳条约法公约》

1. 编纂经过

条约是国际法的主要渊源。在历史上,条约规则以各种编纂方式表现出来。最早的条约法编纂成果可能是 1928 年第 6 届美洲国家间会议通过的《关于条约的公约》(Convention on Treaties)。[①] 国际联盟时期的编纂专家委员会提出并审议了"是否可能为国际会议程序和缔结及起草条约制定规则,以及规则应该是什么"的问题。该委员会在收到各国政府的答复后得出结论,认为有关条约的规则已经足够成熟适合编纂,然而,最终国联理事会决定,此项问题并不紧迫,建议秘书处进一步研究。

自国际法委员会成立之后,对条约问题的编纂即被列入编纂工作的重点。在 1949 年第 1 届会议上,国际法委员会选择"条约法"(law of treaties)作为其优先编纂的专题,并且先后于 1949 年第 1 届、1952 年第 4 届、1955 年第 7 届和 1961 年第 13 届会议上分别任命布赖尔利、劳特派特、杰拉尔德·菲茨莫里斯(Gerald Fitzmaurice)和汉弗莱·沃尔多

[①] "United Nations Documents on the Development and Codification of International Law", *Supplement to American Journal of International Law*, Volume 41, No. 4, October, 1947, p. 126.

克（Humphrey Waldock）作为条约法专题的特别报告员。

关于编纂范畴与成果形式，第一任报告员布赖尔利建议对条约法专题起草一项公约，① 第二任报告员劳特派特主张，"对现有法律予以系统化"，② 第三位报告员杰拉尔德·菲茨莫里斯则认为，对条约法进行编纂应采用评注性法典（expository code）的成果形式而不宜适用公约。对此，国际法委员会最初赞成采取"具有一般性质的法典"（a code of a general character）形式，而非起草一项国际公约。这一考虑主要基于两个原因，首先，关于条约法编纂本身采取条约的形式似乎是不合适的，因为许多与条约有关的法律由原则和抽象规则所表述，并不特别适合于以框架公约形式制定；其次，编纂成果以评注性法典形式陈述，好处在于正文中可以包含一定数量的声明性和解释性材料。③ 故而，国际法委员会于1959年向联合国大会提交的报告中进一步指出：条约法本身并不依赖于条约，而是一般习惯国际法的一部分。如果条约法体现在一项多边公约中，但有些国家没有成为公约的缔约国，或成为公约的缔约国但随后予以否认，则可能会产生质疑；因为一些具体的习惯国际法实际上将受到条约规定的约束。毫无疑问，只要一项公约体现了习惯国际法的规则，就会出现类似困难。在实践中，这通常无关紧要，但就条约法而言，它可能很重要——因为条约法本身就是所有条约的规则和效力的基础。由此可见，如果决定以国际公约的形式提出，肯定需要进行相当大的起草和规则改动，并可能需要略去重要但有分歧的资料。④

但是至1961年第13届会议时，国际法委员会对条约法工作方案发生了根本性的转变，决定从仅就条约法进行评注性法典的编纂转变为准备起草以缔结国际公约为基础的条款草案。⑤ 委员会随后在1962年第14届会议的报告中解释了这一决定："当前许多新国家正在成为国际社

---

① James F. Hogg, "The International Law Commission and the Law of Treaties", (1965) 59 *American Society of International Law Proceedings* 8, p. 11.
② Yearbook of the International Law Commission 1953, Vol. II, A/CN.4/63, p. 90, para. 3.
③ Yearbook of the International Law Commission 1956, Vol. II, A/CN.4/101, pp. 106–107, paras. 7–10.
④ Yearbook of the International Law Commission, 1959, Vol. II, A/4169, p. 91, para. 18.
⑤ Yearbook of the International Law Commission, 1961, Vol. II, A/4843, p. 91, paras. 29–30.

会的成员,条约法的巩固尤其重要。一部评注性法典,无论如何精心地拟订,都比不上公约形式对巩固法律规范所发挥的效力。编纂一项多边公约形式的条约法规则,将能够使所有有意愿的新国家获悉直接参与制定法律的机会。为了使条约法具有最广泛和保障性基础,各国参与其中具有可取性。"[1] 1965年,国际法委员会进一步强调,条约法不同部分的法律规则是相互关联的,因此最好编入一项单一的公约。虽然关于条约法的某些领域可能要单独处理,但只有将实质内容纳入统一的、条款紧密结合的公约中,才能适当地协调有关不同领域的规则。因此,委员会决定,条款草案应体现为单一的公约形式。[2]

在条款草案的范畴上,国际法委员会强调:(1)条款草案的适用范围限于各国之间缔结的条约,将国家与国际法其他主体(如国际组织)之间的条约以及此类其他主体之间的条约排除在外。(2)适用范围不涉及非书面形式的国际协议。(3)条款草案不应载有关于下列领域的任何规定:敌对行动爆发对条约的影响;国家在条约方面的继承;一国在未履行条约义务方面的国际责任问题;最惠国条款;以及规定个人履行义务或享有权利的条约适用。[3]

国际法委员会于1964年第16届会议上完成了对条款草案的一读,在1965年第17届会议上根据各国政府的评论开始对条款草案进行二读,重新审查了最终赋予条款草案应采取哪种形式通过的问题,并坚持其在1961年表达倾向于达成公约形式的意见。同时,第六委员会在其报告中也指出,绝大多数代表都核可了国际法委员会决定以公约形式编纂条约法。[4] 国际法委员会在1966年第18届会议上二读通过了《条约法条款草案》,包括75项条款及评注,[5] 同时建议联合国大会召开国际全权代表会议,研究条款草案并缔结一项关于该专题

---

[1] Yearbook of the International Law Commission, 1962, Vol. Ⅱ, A/5209, p. 160, para. 17.

[2] Yearbook of the International Law Commission, 1965, Vol. Ⅱ, A/6009, p. 157, para. 18.

[3] Yearbook of the International Law Commission, 1966, Vol. Ⅱ, A/6309/Rev. 1, pp. 176 – 177, paras. 28 – 34.

[4] Yearbook of the International Law Commission, 1966, Vol. Ⅱ, A/6309/Rev. 1, p. 175, paras. 17 – 22.

[5] 《条约法条款草案》案文及评注,参见 Yearbook of the International Law Commission, 1966, Vol. Ⅱ, A/6309/Rev. 1, pp. 177 – 273。

的公约。①

2. 联合国主持召开外交大会缔结公约

联合国大会于1966年12月5日通过第2166（XXI）号决议，决定召开一次国际全权代表会议，考虑针对条约法通过国际公约或其他可能适当形式来落实国际法委员会编纂成果。②

联合国第一次条约法会议于1968年3月26日至5月24日在维也纳举行，103个国家的代表和13个专门机构和政府间机构的观察员出席了会议。第二次会议于1969年4月9日至5月22日也在维也纳举行，110个国家的代表和14个专门机构和政府间机构的观察员出席了会议。在此次会议上，与会国家正式通过了《维也纳条约法公约》。除《维也纳条约法公约》之外，会议还通过了两项宣言：《关于在缔结条约时禁止军事、政治或经济胁迫的宣言》和《关于普遍参加维也纳条约法公约的宣言》以及大会"最后文件"所附的5项决议。③《关于普遍参加维也纳条约法公约的宣言》表示，涉及编纂和逐渐发展国际法的多边公约或以此为目的的多边条约体现国际社会的整体利益，应普遍对外开放，以确保国家尽可能广泛地加入《维也纳条约法公约》。④《维也纳条约法公约》于1969年5月23日开放供签署。所有联合国会员国、专门机构的成员国、国际原子能机构成员国、《国际法院规约》缔约国以及经联合国大会邀请的任何其他国家都可以成为公约缔约国。公约于1980年1月27日生效，截至2021年，共有116个缔约国。⑤

3. 成果述评

《维也纳条约法公约》是在国际法委员编纂条款草案的基础上，通过联合国主持召开国际外交会议，由各国政府参与并且建立在国家同意前提下最终缔结为一项普遍性国际条约。《维也纳条约法公约》体现了

---

① Yearbook of the International Law Commission 1966, Vol. II (Part Two), A/6309/Rev. 1, p. 177, paras. 36.

② 2166 (XXI) International Conference of Plenipoterntiaries on the Law of Treaties, (A/6516), 5 December 1966, para. 2.

③ "United Nations Conference on the Law of Treaties", https://legal.un.org/diplomaticconferences/1968_lot/ (last visited 30 January 2022).

④ Declaration on Universal Participation in the Vienna Convention on the Law of Treaties, Final Act of the United Nations Conference on the Law of Treaties, A/CONF. 39/2, p. 285.

⑤ United Nations, Treaty Series, Vol. 1155, p. 331.

国际编纂与国际立法活动有机结合的最终成果，是对指导国家间关系规则的一次系统、全面的编纂和发展。1966年，国际法委员会曾指出，关于条约法的工作既构成编纂也构成国际法的逐步发展，正在提出某些新规则供大会和各国政府审议。明确区分哪项规定属于编纂或国际法的逐步发展是不可行的，[①] 因此，该公约的大部分规定是对既有习惯规则的成文化，但也包含了不少新的规则内容。就此意义而言，《维也纳条约法公约》既是受到国际社会众多国家批准接受的一项国际法律文件，对缔约国具有法律拘束力；同时，该公约又多是习惯国际法的编纂，因而在很大程度上已被各国和国际法学界视为一般性条约法法典和条约法的首要渊源。[②]

条约法是国际法委员会在国际法编纂与逐渐发展方面取得重大成就的领域之一。《维也纳条约法公约》为和平时期条约关系提供了一个国际法律框架，包括关于缔结和生效条约的规则、条约的遵守、适用、解释、修正和修改，以及关于条约的无效、终止和中止执行的规则。《维也纳条约公约》对于促进《联合国宪章》宗旨，包括维护国际和平与安全、发展国家间友好关系和实现国家间合作具有重大的现实意义。

（二）《关于国家在条约方面的继承的维也纳公约》

1. 编纂经过

国际法委员会将条约的国家继承作为国家继承专题的分项专题之一开展编纂工作，于1967年和1973年分别任命汉弗莱·沃尔多克和弗朗西斯·瓦拉特（Francis Vallat）为该分专题的特别报告员，并且于1968年、1970年、1972年和1974年在其第20、22、24和第26届会议上审议了这一分专题。为协助国际法委员会编纂工作，联合国法律事务厅编纂司先后编写了"国家对多边条约和双边条约继承问题"的多份备忘录，详细考察了不同历史时期，多边与双边条约的缔约国在领土发生变更情况下继承条约的国家实践与惯例。多边公约主要涉及7个领

[①] Yearbook of the International Law Commission, 1966, Vol. II, A/6309/Rev.1, p.177, para. 35.

[②] 黄惠康：《论国际法的编纂与逐渐发展——纪念联合国国际法委员会成立七十周年》，《武大国际法评论》2018年第6期，第14页。

域，包括：(1) 知识产权领域：1866 年《伯尔尼公约》及其修订（研究一）；(2) 战争规则领域：1889 年和 1907 年"海牙公约"（研究二）；(3) 国际人道领域：1949 年"日内瓦四公约"（研究三）；(4) 知识产权领域：1883 年保护工业产权《巴黎公约》及其修订特别协定"（研究四）；(5) 国际贸易领域：《关税及贸易总协定》及其附属文书(研究五)；① (6) "联合国粮食及农业组织缔结并交存总干事的多边公约和协定"（研究六）；② (7) 国际电信领域：1932 年马德里和 1947 年大西洋城《国际电信公约》及其修订的附属国际电信规则以及国际电信联盟缔结的电报、电话、无线电和其他无线电条例（研究七）。③ 此外，备忘录分别选定引渡条约、航空运输协定和贸易条约等三类双边条约，对继承问题的国家实践与惯例加以梳理阐释。④

1972 年第 24 届会议，国际法委员会一读通过了国家在条约方面的继承条款草案并附有评注，同时根据《国际法委员会章程》第 16 条和第 21 条，决定将草案转交会员国政府征求意见。⑤ 1974 年第 26 届会议，国际法委员会二读通过了《国家在条约方面的继承条款草案》及其评注，⑥ 并向联合国大会提交了一项建议，即，大会应请会员国就条款草案提出书面意见，并应召开全权代表会议研究条款草案，以缔结一项关于该专题的公约。⑦

2. 联合国主持召开外交大会缔结公约

---

① 研究一至研究五备忘录参见 Yearbook of the International Law Commission, 1968, Vol. Ⅱ (Part Two), A/CN.4/200 and Add. 1 and 2, pp. 7–85。

② 研究六备忘录参见 Yearbook of the International Law Commission, 1969, Vol. Ⅱ (Part Two), A/CN.4/210, pp. 23–44。

③ 研究七备忘录参见 Yearbook of the International Law Commission, 1970, Vol. Ⅱ (Part Two), A/CN.4/225, pp. 62–95。

④ 引渡条约备忘录参见 Yearbook of the International Law Commission, 1970, Vol. Ⅱ (Part Two), A/CN.4/229, pp. 105–129。航空运输协定与贸易条约备忘录参见 Yearbook of the International Law Commission, 1971, Vol. Ⅱ (Part Two), A/CN.4/243 and Add. 1, pp. 118–181。

⑤ Yearbook of the International Law Commission, 1972, Vol. Ⅱ (Part Two), A/8710/Rev. 1, p. 230, para. 53.

⑥ 《国家在条约方面的继承条款草案》案文及其评注，参见 Yearbook of the International Law Commission, 1974, Vol. Ⅱ (Part One), A/9610/Rev. 1, pp. 174–269.

⑦ Yearbook of the International Law Commission, 1974, Vol. Ⅱ (Part One), A/9610/Rev. 1, p. 174, para. 84.

1975年12月15日联合国大会通过第3496（XXX）号决议，决定召开国际全权代表会议，审议条款草案，并将其工作成果纳入一项国际公约或它可能认为适当的其他文件。① 联合国主持的国际全权代表会议于1978年7月31日至8月23日在维也纳举行，近百个国家代表团参加了会议。会议除了负责起草、协调和审查所有案文外，还委托起草委员会审议国际法委员会通过的条款草案，并编写公约案文和最后文件。会议还设立了一个非正式协商小组，以便审议第6、7和12条草案，并在续会上设立一个和平解决争端特设小组。②《关于国家在条约方面的继承的维也纳公约》包括序言、50项条款和附件，相当大程度地保留了国际法委员会通过的条款草案的结构和案文。该公约于1978年8月23日开放签署，于1996年11月6日生效，截至2021年，共有23个缔约国。③

3. 成果述评

长期以来，对于国家在国际条约继承问题上，国家惯例和习惯尚未产生确定的和一致的先例，因此，编纂与逐渐发展有关国家在条约方面的继承的规则，是确保各国处理条约继承问题的国际关系的法律保障的一种方法。④ 其目的为"制定切实可行和详细的条款，使目前稀少的规则具有统一性和明确性，并且在顾及各国以及国际社会利益前提下发展并填补现有规则的空白"。⑤ 公约同时确定，对于条款未予规定的问题，仍以习惯国际法规则为准。

从内容来看，该公约规定，按照不同的领土变更情况分别适用不同的条约继承规则，将领土变更区分为部分领土的变更、独立、合并和分离等四种情况。但是，该公约没有从条约内容的性质来规定什么样的条约可以继承，只是规定了国家继承不影响有关边界制度、领土制度，以

---

① 联合国大会：《国家在条约方面的继承》，A/RES/3496（XXX），1975年12月15日，第3段。
② Official Records of the United Nations Conference on Succession of States in Respect of Treaties, 31 July – 23 August 1978, Vol. III, Documents of the Conference, First and Resumed Sessions, A/CONF. 80/32, Annex.
③ United Nations, Treaty Series, 1946, p. 3.
④ 参见《关于国家在条约方面的继承的维也纳公约》序言。
⑤ Yearbook of the International Law Commission, 1974, Vol. II（Part One）, A/9610/Rev. 1, p. 169, paras. 58 – 59.

及对自然财富与资源的永久主权的国际法原则。另外，公约强调适用于依照国际法，尤其是《联合国宪章》所体现的国际法原则而发生的国家继承，近代国际法所承认的通过武力或威胁而产生的领土变更，诸如割让、征服、吞并、瓜分等，依据现代国际法是非法的、无效的，因而也不引起国家继承问题。①

值得一提的是，《关于国家在条约方面的继承的维也纳公约》确定了新国家条约继承的"白板原则"（clean slate），这是国际法委员会编纂的一项重要贡献。在研究了国家惯例后，国际法委员会认为，一个新的国家在得到适当理解和有限的情况下，以崭新的历史开始其条约关系更符合《联合国宪章》的自决原则，将"白板原则"确定为新独立国家条约继承的基本准则源于与分离案件有关的条约惯例。此外，国际法委员会也指出，现代法律虽然使新独立国家在"白板原则"下自由地决定其条约关系，但也设定了一些使条约关系保持最大程度连续性的限制，这符合其本身和条约其他缔约国的利益。同时，"白板原则"在任何情况下不能免除新独立国家尊重边界解决办法和某些其他具有领土性质的条约义务。②

（三）《关于国家与国际组织间或国际组织相互间条约法的维也纳公约》

1. 编纂经过

1969年第2次联合国条约法会议通过的附于大会最后文件中，有1项"关于《维也纳条约法公约》第1条的决议"，建议联合国大会向国际法委员会提议研究"国家与国际组织之间或两个及两个以上国际组织之间缔结条约"问题。③ 据此，联合国大会于1969年11月12日通过第2501（XXIV）号决议提议国际法委员会就此问题展开研究。④

国际法委员会在1970年第22届会议上将该问题列入其工作方案，

---

① 《关于国家在条约方面的继承的维也纳公约》第6条。
② Yearbook of the International Law Commission, 1972, Vol. II (Part Two), A/8710/REV.1, p. 227, paras. 36 – 37,.
③ "Resolution Relating to Article 1 of the Vienna Convention on The Law of Treaties", Final Act of the United Nations Conference on the Law of Treaties, A/CONF.39/2, p. 285.
④ 2501 (XXIV) Report of the International Law Commission and Resolution relating to Article 1 of the Vienna Converntion on the Law of Treaties, A/7746, 12 November 1969, para. 5.

并设立了一个小组委员会,以审议该专题涉及的初步问题。① 1971 年第 23 届会议上,小组委员会向委员会提交了一份报告,载有小组委员会成员对主席编写的调查表的答复意见摘要以及向委员会提出的建议。工作小组认为,与国际组织有关的条约规则与国家间条约有关规则基本相同,因此,所需要的是以《维也纳条约法公约》为蓝本进行修改以适应国际组织的特殊性质,特别是关于缔结条约的规则。另一方面,每一个国际组织的特点都与任何其他组织大不相同,只有采取最大的审慎措施才可能制定适用于国际组织的一般性规则。同时,国际组织的法律地位与国家也不是平等的。国际组织由各主权国家组成,之所以能够作为国际法的主体,是基于各主权国家通过订立协议等技术手段将本国权利让渡形成国际组织单一权利的结果。②

国际法委员会审议了工作组报告并未经修改地通过了该报告,任命保罗·路特(Paul Reuter)为专题特别报告员。1972 年至 1982 年,特别报告员向国际委员会共提交 11 份报告,并根据之前工作基础以及各国评论意见编写条款草案。国际法委员会在 1980 年第 32 届会议上对条款草案进行一读,并将其转交各国政府和主要国际组织征求意见和评论。国际法委员会在 1981 年和 1982 年第 33 届和第 34 届会议对条款草案进行了二读,通过了《国家与国际组织间或国际组织相互间的条约法条款草案》(以下简称《国家与国际组织间条约法条款草案》),③ 包括 80 项条款、附件及其评注,并建议大会召开会议就此专题缔结公约。④

2. 联合国主持召开外交大会缔结公约

联合国大会 1982 年 12 月 16 日通过第 37/112 号决议,请各国对国际法委员会编制的条款草案提出书面评论和意见,并决定以国际法委员

---

① Yearbook of the International Law Commission, 1970, Vol. II, A/8010/Rev. 1, p. 310, para. 89.
② See Yearbook of the International Law Commission, 1971, Vol. II (Part Two), A/CN. 4/250, p. 136, paras. 5 – 6.
③ 《国家与国际组织间或国际组织相互间的条约法条款草案》案文及其评注,参见 Yearbook of the International Law Commission, 1982, Vol. II (Part Two), A/37/10, pp. 16 – 75。
④ See Yearbook of the International Law Commission, 1982, Vol. II (Part Two), A/37/10, p. 16, para. 57.

会通过的条款草案为基础缔结一项国际公约。① 联合国主持的国际全权代表会议于 1986 年 2 月 18 日至 3 月 21 日在维也纳召开，共有 97 个国家与 19 个国际组织代表参加了会议。②《关于国家与国际组织间或国际组织相互间条约法的维也纳公约》于 1986 年 3 月 21 日开放供所有国家和任何有能力缔结条约的国际组织签署。截至 2021 年，共有 45 个缔约方批准或加入该公约（其中有 33 个国家和包括联合国在内的 12 个国际组织）。由于根据该公约第 85 条规定，公约待第 35 个国家批准或加入后生效，不包括国际组织，因此该公约至今尚未生效。

3. 成果述评

《关于国家与国际组织间或国际组织相互间条约法的维也纳公约》与《维也纳条约法公约》之间具有密切的关联性。在编纂过程中，国际法委员会曾指出：《国家与国际组织间条约法条款草案》的编纂与《维也纳条约法公约》之间具有密切关系，编写《国家与国际组织间条约法条款草案》未脱离《维也纳条约法公约》的基本案文。《维也纳条约法公约》为本条款草案提供了一般框架，使得这一条款草案与《维也纳公约》实质内容基本相同。

与此同时，国际组织是各国意志行为的结果，其权利义务内容取决于国家为建立该国际组织所设定的职能性质，由成立该国际组织的相关国际文件做出规定。因而，国际组织不仅与国家存在根本性区别，而且由于所承担的职能范畴具有多元化特征，不同国际组织彼此之间在法律形式、职能、权力和结构上也各不相同。最典型的例子是关于国际组织缔约能力的规定。《维也纳条约法》第 6 条规定：每一国家皆有缔结条约之能力。《国家与国际组织间条约法条款草案》第 6 条同样对国际组织的缔约能力做了规定，即"国际组织缔结条约的能力依照该组织的规则"，这一条款文义与性质显然与国家固有的缔约能力截然不同，至少反映在条约制度方面，每一个国际组织都具有其依本组织规则所享有的

---

① 联合国大会：《关于国家和国际组织间或国际组织相互间的条约法公约》，A/RES/37/112，1982 年 12 月 16 日，第 2、5 段。

② Official Records of the United Nations Conference on the Law of Treaties between States and International Organizations or between International Organizations, Vienna, 18 February - 21 March 1986, Vol. II, Documents of the Conference (United Nations publication, Sales No. 94. V. 5), A/CONF. 129/15.

特定的缔结国际条约的个体能力。①

就规则性质而言,《国家与国际组织间条约法条款草案》与《维也纳条约法公约》相类似,相关规则既构成国际法的编纂,也构成国际法的逐步发展。② 条款草案为国际组织提供了协商一致的一般规则的同时,力图在拒绝国际组织享有《维也纳条约法公约》给予国家的一些便利与国际组织适用某些被认为只有国家才适用的灵活性规则之间保持平衡。③

二 条约保留专题

(一) 多边公约保留的研究及结论

1948年12月9日联合国大会通过《防止及惩治灭绝种族罪公约》(以下简称《灭种罪公约》)后,联合国秘书长在执行多边公约保存职责时,遇到了多边公约保留问题的困扰。因为依照国际联盟时期的惯常做法,如果多边公约中没有规定提出和接受保留程序,联合国秘书长只有在确定任何其他直接相关国家对保留没有反对意见之后,才会接受提出保留的批准或加入文书。但是,当秘书长要求联合国大会针对《灭种罪公约》就这一程序发出指示时,受到一些会员国的质疑。于是,联合国大会于1950年通过第478(V)号决议,提请国际法院做出对《灭种罪公约》保留的咨询意见。

联合国大会所咨询的问题是:对批准或加入《灭种罪公约》或在批准后签署《灭种罪公约》做出保留时:1. 如果保留国受到一个或几个公约缔约国的反对而其他缔约国不反对,那么保留国是否可以被视为公约缔约国而仍然保持其保留? 2. 如果"问题1"的答案是肯定的,那么该项保留分别在提出保留国、反对该项保留国家、接受该项保留国家之间具有何种效力。3. 如果有以下情况的国家提出反对保留,那么保

---

① Yearbook of the International Law Commission, 1982, Vol. Ⅱ (Part Two), A/37/10, p. 24, Commentary of Article 6, para. (3).

② Yearbook of the International Law Commission, 1982, Vol. Ⅱ (Part Two), A/37/10, p. 14, para. 49.

③ Yearbook of the International Law Commission, 1982, Vol. Ⅱ (Part Two), A/37/10, pp. 12-15, paras. 35-43.

留的法律效力是什么：（1）属于签署国但尚未批准；（2）还未签署或加入的国家。①

第478（V）号决议还提请国际法委员会在编纂条约法工作中，从编纂和国际法逐步发展两个角度来研究对多边公约的保留性问题；将此项研究列为优先处理事项，并将研究结果尤其是关于以秘书长为保管人的多边公约向大会第6届会议提具报告。②

对于联大提请的关于多边公约的保留问题咨询意见，国际法院于1951年以7比5票结果出具意见，认为：

1. 如果一国提出的一项保留符合公约的目标与宗旨，那么虽然受到一个或几个缔约国反对，该国仍然视为多边公约缔约国。

2. 如果反对保留方认为该项保留不符合公约目标与宗旨，对其而言，保留国不是缔约国；如果反对保留方认为该项保留符合公约目标与宗旨，则保留国为缔约国。

3. 如果签署方提出反对保留，那么在签署时产生与"问题1"相同的法律效力；如果还未签署或加入的国家提出反对，则不产生法律效力。③

1951年国际法委员会第3届会议上，条约法专题特别报告员布赖尔利提交了"对多边公约的保留意见"报告，④另外两名委员提交了两份备忘录，⑤国际法委员会以此为基础，优先审议了多边公约的保留问题，并且年度工作报告中发表了《关于多边公约保留结论意见》。⑥

国际法委员会认为，国际法院针对《灭种罪公约》保留问题所做咨询意见中所确立的"保留应当与多边公约的目标和宗旨相一致"的规则，对于一般性多边公约而言并不适用。在通常情况下，缔约方将公

---

① "Reservations to Multilateral Conventions", A/RES/478（V）, 11 November 1950, para. 1.
② "Reservations to Multilateral Conventions", A/RES/478（V）, 11 November 1950, para. 2.
③ *Reservations to the Convention on Genocide*, Advisory Opinion, I. C. J. Reports 1951, pp. 29–30.
④ Yearbook of the International Law Commission, 1951, Vol. II, A/CN. 4/41, pp. 1–23.
⑤ Yearbook of the International Law Commission, 1951, Vol. II, A/CN. 4/L. 9, A/CN. 4/L. 14, pp. 17–23.
⑥ 《关于多边公约保留结论意见》案文参见 Yearbook of the International Law Commission, 1951, Vol. II, A/1858, pp. 130–131。

约视为一个整体，对其中任何一项规定的修改都可能损害其目标和宗旨。那些构成公约目标和宗旨的条款与那些不构成公约目标和宗旨的条款之间即使具有内在区别，那么这种区别也很难通过客观检验方法加以确定。因此，以是否符合公约目标和宗旨的标准判断保留的性质在实践中难以操作。①

有鉴于此，国际法委员会提出以下建议。第一，联合国各机关、各专门机构和各国在制定各项多边公约的过程中，应考虑在公约中直接加入关于保留是否可予接受和不予接受的规定。第二，在任何多边公约和任何可适用的组织程序没有相反规定的情况下，对各项多边公约，特别是联合国秘书长作为保存人的公约，应采取下列做法：

1. 多边公约保存人在收到每一项保留时，应通知所有正在或有权成为公约缔约国的国家。

2. 多边公约的保存人与有关国家就某项保留问题进行沟通时，应要求该国在指定时间内表明对保留的态度，如果有必要可以指定时间延长。但是如果在指定或延长的时间内，一个国家未能向保存人表明对该项保留的态度或表示反对保留，那么，在此期间内其签署、批准或接受公约的同时，应当视为同意保留。

3. 多边公约的保存人应将对多边公约保留的所有答复送交所有正在或有权成为多边公约缔约国的国家。

4. 如果一个多边公约基于签署生效，那么一个国家在签署时提出保留的，只有所有签署国未对保留提出反对的情况下该保留国才能成为缔约国；当公约在固定期限内开放供签署时，只有在该期限内所有签署国未对该项保留提出反对的情况下该保留国才能成为缔约国。

5. 对于在签署后还须以某种其他形式获得批准或接受才能生效的一项多边公约：（1）一个国家在签署时提出的某项保留，除非该国在之后批准或接受时予以重申，否则该保留无效；（2）提出保留的国家只有在批准或接受公约时，没有任何其他签署、批准或接受公约的国家提出反对的情况下，该保留国家可以成为公约的缔约国。如果签署国对该项保留提出反对，但签署国在 12 个月内没有批准或接受公约，则不

---

① Yearbook of the International Law Commission, 1951, Vol. II, A/1858, p. 128, para. 24.

对保留国构成影响。①

联合国大会于1952年1月12日通过第598（Ⅵ）号决议，第一，建议联合国各机构、各专门机构及各国在拟订多边公约时，应考虑将关于是否准许附有保留及保留有何效力之规定，载入公约。第二，对于《灭种罪公约》所附保留，应遵守国际法院做出的咨询意见。第三，联合国秘书长作为未来由联合国所主持缔结的公约的保管人时，（1）在提出保留或反对保留之文件交存时继续为其保管人，对此等文件之法律效力则不做主张；（2）将此等有关保留及反对保留之文件送达一切有关国家，由各国决定其法律意义。②

（二）条约保留问题的编纂

1. 编纂经过

在1993年第45届会议上，针对条约保留这一重要的条约法理论问题，国际法委员会认为1969年《维也纳条约法公约》、1978年《关于国家在条约方面的继承的维也纳公约》和1986年《关于国家与国际组织间或国际组织相互间条约法的维也纳公约》规定的一些原则过于笼统，无法为国家的条约保留实践提供指导。这些公约对区分保留和解释声明的问题、解释声明的范围、保留的有效性（保留的合法性条件及其对另一国的适用性）以及保留的反对（特别是针对条约既不禁止也不违背其目的和宗旨的保留的可接受性和反对的范围）等解释模棱两可，同时这些公约也没有提到保留对条约生效的影响等。基于此，虽然没有必要对《维也纳条约法公约》第19条至第23条所确立的条约保留制度提出质疑，但可以进一步加以澄清和发展。③ 国际法委员会根据长期计划工作组的建议，经大会批准决定将"与条约保留有关的法律和惯例"专题列入委员会的议程。

1994年第46届会议，国际法委员会任命阿兰·佩莱（Alain Pellet）

---

① Yearbook of the International Law Commission, 1951, Vol. Ⅱ, A/1858, pp. 130 – 131, paras. 33 – 34.

② "Reservations to Multilateral Conventions", A/RES/598（VI）, 12 January 1952, para. 1 and para. 3.

③ 《国际法委员会年鉴1993年》，第二卷（第二部分），A/48/10，第106页，第427—430段。

为该专题的特别报告员。特别报告员于 1995 年第 47 届会议上提交第 1 份报告，详细研究了国际法委员会之前关于保留及其结果的工作，并提供了与该专题相关的问题清单，包括与《维也纳条约法公约》所载关于保留的含糊不清条款和存在的差距，以及与某些条约或条款具体目标相关的条款、或源于某些特定的条约方法的条款，概述了国际法委员会未来工作的范围和形式。[1] 同时，特别报告员指出，专题的编纂形式应当倾向于通过一项更加灵活、且与《维也纳条约法公约》中有关保留的已有条款更容易衔接的文书。[2] 1996 年，特别报告员委员会在第 48 届会议上提交第 2 份报告，涉及对条约保留法律制度的统一性及多样性问题，特别论及有关人权条约的保留问题。[3]

特别报告员首先考虑了保留的法律制度的职能。条约具有两种冲突的利益：一方面是扩大条约的范围，即条约最好应有尽可能多的国家批准，另一方面涉及条约的完整性，即同样的规则一定要适用于所有当事方，达成一项有漏洞或例外、规则因国家不同而异的条约制度是没有意义的。保留的法律制度的职能就是在相互冲突的利益之间求得平衡：争取广泛参加的目标和同时维护构成条约存在的订约理由。从国家同意角度来看，应当在保留国的同意自由和其他当事国的同意自由之间找到一种平衡。对此，特别报告员指出，国家之所以受条约的约束，是因为国家同意并承诺受此约束。它们可以自由地做出或不做出这种承诺。保留的情况同样适用，"根本的基础仍然是国家在未同意条约的情况下不受国际法的约束，这是条约法的出发点，同样也是有关保留的国际法规则的出发点"。因此，适用于保留的规则一定要照顾到双重平衡：（1）条约的普遍性和完整性要求；（2）保留国的自由和其他缔约国同意的自由，并且二者在很大程度上是相互重叠的。[4]

其次，特别报告员考虑了维也纳公约的保留制度是否可较具体地适

---

[1] 《国际法委员会年鉴 1995 年》，第二卷（第一部分），A/CN.4/470，第 131—161 页。
[2] 《国际法委员会年鉴 1995 年》，第二卷（第一部分），A/CN.4/470，第 160—161 页，第 170—182 段。
[3] 《国际法委员会年鉴 1996 年》，第二卷（第一部分），A/CN.4/477 Add.1，第 45—94 页。
[4] 《国际法委员会年鉴 1996 年》，第二卷（第一部分），A/CN.4/477 Add.1，第 61—62 页，第 90—97 段。

用于规范性条约，特别是人权条约的问题。《维也纳条约法公约》所订立的保留制度被其订立者设想为能够并且有必要适用于所有多边条约，而不论其目标为何。数目有限的缔约方缔结的、规定了一些有限的例外的某些条约和国际组织的组织约章除外。特别报告员认为，没有任何决定因素要求为规范性条约甚至为人权条约通过一项特别的保留制度。《灭种罪公约》的咨询意见以及随后的"编纂者"都充分考虑到了这些文书的特殊性质，没有必要因此建立一项总的限制性制度。1969年、1978年和1986年维也纳公约的起草者从未设想过，负责监督某些条约的机构可能须在适用由它们建立的保留制度中发挥的作用，尤其是在保护人权领域。但只要适用一般国际法原则并考虑到保留制度的职能和分配给这些机构的职责，就能界定这项作用。[1]

此外，特别报告员还建议国际法委员会通过一项"国际法委员会关于对规范性多边条约包括人权条约的保留的决议草案"，吁请"将来应该在多边规范性条约包括人权条约中增添特定条款以便消除有关可适用的保留制度、条约所建立的机构享有确定保留可允许程度的权利，以及这种确定的法律效力的不确定情况"。[2] 1997年，国际法委员会特别就该决议草案通过了一项初步结论（preliminary conclusion），进一步重申了《维也纳条约法公约》和《关于国家与国际组织间或国际组织相互间条约法的维也纳公约》的保留规定为一般性条约保留制度，目的与宗旨是确定保留可接受性的最重要标准；这一制度具有灵活性，适宜于所有条约的要求，而无论其目的或性质如何，并且有助于在开放条约吸引尽可能多的参与方与保护公约完整性这两个相互矛盾的要求之间达致平衡。保留的目标同样适用于规范性多边公约，包括人权领域的条约，因而《维也纳条约法公约》的一般性规则也适用于人权条约的保留。

委员会注意到，许多人权条约的监督机构设立引起了一些在起草这些条约时没有想到的法律问题，这些问题与各国提出的保留意见是否可以接受相关；如果这些条约未提及保留问题，那么人权条约监督机构在

---

[1] 《国际法委员会年鉴1996年》，第二卷（第一部分），A/CN.4/477 Add.1，第94页，第253—260段。

[2] 该决议草案内容，参见《国际法委员会年鉴1996年》，第二卷（第二部分），A/51/10，第86页，脚注238。

执行条约赋予其职责范畴内，有权就各国是否可以接受保留意见等问题提出评论和建议；但是监督机构这一职责不影响缔约方及因解释或适用条约产生的争端解决机构的规范形式。对此，委员会建议，如果各国寻求赋予监督机构具有确认或决定接受保留的权限，那么应当在规范性多边公约，包括人权条约及现有条约的议定书中规定特定条款，同时，监督机构行使处理保留问题的权限效力不应超出其履行一般性监督职责的权限效力。如果一项保留不可接受，则保留国有责任采取行动，包括保留国应修改其保留以消除不可接受性，或撤回其保留，或放弃成为条约的缔约国。最后，国际法委员会希望以上结论将有助于澄清适用于规范性多边公约，特别是在人权领域的保留制度。[①]

2011年第63届会议，国际法委员会通过了《对条约的保留实践指南准则草案》（以下简称《对条约的保留实践指南》），包括导言、条款案文、评注、关于"保留对话"结论及参考文献的附件。[②] 根据《国际法委员会章程》第23条，委员会建议大会注意到《对条约的保留实践指南》并确保尽可能广泛地传播，并且建议大会考虑建立一个保留协助机制，在第六委员会范围内设立对条约的保留"观察台"，建议各国考虑在区域和分区域层级上建立类似的"观察台"。[③]

2. 成果述评

对于条约而言，条约的保留制度至关重要，如果缔约各方可随时提出保留，可随时以任何方式提出保留，推卸其在条约下所负的义务，不仅会严重妨碍法律关系的稳定性，而且还影响到"条约必须遵守"这一原则本身。

在《维也纳条约法公约》产生之前，条约保留问题的重要性就受到联合国重视。联合国秘书长在保管多边公约时面临因保留所带来的现实难题，提出两项平行解决方案，其一，提请国际法院就特定公约的保留问题根据现行法律的解释做出咨询意见，其二，要求国际法委员会从

[①]《国际法委员会年鉴1997年》，第二卷（第二部分），A/52/10，第57—58页，第157段。

[②]《对条约的保留实践指南准则草案》案文及其评注，参见《国际法委员会年鉴2011年》，第二卷（第三部分），A/66/10/Add.1，第27—353页。

[③]《国际法委员会年鉴2011年》，第二卷（第二部分），A/66/10，第27页，第73段。

编纂和国际法逐渐发展的角度研究这一问题。可以说，这是联合国历史上由国际法委员会与国际法院就同一问题出具本机构意见的首次也是唯一一次实践。

国际法委员会以更广泛的一般性多边条约为出发点，从历史维度考察了国际联盟、美洲国家组织在处理多边条约保留时所遵循的原则和实践做法，在此基础上"自由地提出了自己认为对各国未来最方便采用的一些做法"，并且最终得出结论，认为，国际法院在咨询意见中采取"目的和宗旨"的标准仅适用于《灭种罪公约》，并不适用于一般多边条约。值得一提的是，在处理与司法机构的关系时，国际法委员会并没有落入英美法"遵循司法判例"的窠臼，将国际法院的咨询意见奉为圭臬，而是立足于对各项条件进行客观的把握与分析基础上出具结论意见，这一过程与结果既充分展示了国际法委员会自身工作的独立性与专业性，同时也体现了对《国际法院规约》第 38 条和第 59 条关于"司法判例"地位和拘束力的相关规定的尊重和维护。

《维也纳条约法公约》颁布之后，其所载关于条约保留的有效性和效果规则存有漏洞，有时还模糊不清，使条约保留一般性制度的研究具有紧迫性。自 1994 年开展条约保留编纂工作以来，国际法委员会建立了广泛的研究基础。1995 年至 2011 年，特别报告员阿兰·佩莱先后提交了 17 次报告，持续讨论了这一专题，研究领域涉及条约保留的合法性、可适用性和效力，特定领域条约的保留，如人权条约、人道法条约、国际私法条约、其他国际领域条约的保留等，援引资料涉及各国对保留问题的国家实践、各类国际司法判例关于条约保留问题的裁决、国际法院的咨询意见、国际组织实践以及大量学术理论观点，国际法委员会对条约保留的编纂工作在很大程度上有助于研究、澄清、补充与进一步发展条约的保留制度。

《对条约的保留实践指南》的目的旨在向经常遇到棘手问题的国际法实践者提供帮助，引导使用者采取与现行规则相符或者最适合逐渐发展这些规则的解决办法。《对条约的保留实践指南》分为五个部分，第一部分述及保留和解释性声明的定义以及两类单方面声明的区别，还对一些针对条约做出的既不构成保留也不构成解释性声明的单方面声明以及可能的相关备选办法进行介绍；第二部分述及在保留和解释性声明以及相关反应（对保留的反对和接受、对解释性声明的赞同、重新定性和反对）领域应当遵循的形式和程序；第三部分讨论了保留和解释性声明以及相关反应的允许性，阐述了评估这些允许性的标准，并针对各国在评估允许性时最容易出现分歧的各类保留，一些准则还明确阐述了评估保留允许性的方式和保留不允许的后果；第四部分考察保留和解释性声明产生的法律效果，按照有效与否加以阐述，同时还分析了反对或接受保留的效果；第五部分对《关于国家在条约方面的继承的维也纳公约》中唯一的保留条款，即关于国家继承情况下新独立国家处理保留的方式的第20条，做了补充和延伸，并添加了国家合并或分离情况下的解决办法，同时还论述了与国家继承有关的反对或接受保留以及解释性声明方面出现的问题。

《对条约的保留实践指南》作为编纂成果体现了国际法委员会"非条约模式"的工作方法，由多边谈判转向单边研究方式，但仍然混合了编纂和逐步发展共同方法。正如国际法委员会的解释，指南中的一些规定反映了"具有习惯性质的规则几乎毫无疑问"，而其他规则的习惯性质则"有待商榷"。[①]

《对条约的保留实践指南》虽不具备任何强制性质，但其中各项准则所阐述的规范与《维也纳条约法公约》的规则存在不同程度的关联性，包含各种各样的强制程度，具有非常多样的法律价值。主要体现如下：（1）有些准则转录《维也纳条约法公约》规定，这些规范属于习惯国际法，尽管不具有强制性，但对所有国家或国际组织都具有约束力，无论其是否为《维也纳条约法公约》的当事方；（2）《维也纳条约法公约》中列出的其他规则的习惯性质存有争议，但《实践指南》予以转录，应有助于确立为习惯规则；（3）有些准则是对《维也纳条约法公约》未述及执行方式的补充，这些规则本身具有无可争议的习惯性质；（4）有些准则述及《维也纳条约公约》对之保持缄默的一些问题，但公约为其确立的规则之习惯性质不受质疑；（5）有些准则是对拟议法的明确阐述，有的是以在《维也纳条约法公约》边缘发展出来的实

---

① Kristina Daugirdas, "The International Law Commission Reinvents Itself", (2014 – 2015) 108 *American Society of International Law Unbound* 79, p. 80.

践为依据的；(6) 还有一些准则只是一些建议，完全是出于鼓励的目的。①

国际法委员会将《对条约的保留实践指南》描述为一个"工具箱"，为国际法从业人员提供帮助，解答与保留有关的各种实际问题。因而，从性质来看，《对条约的保留实践指南》最后一类准则凸显了其法律性质，即其不是一项强制性文书，而是条约谈判各方和负责条约执行者的工具，用以寻找在保留以及对保留和解释性声明的反应方面所遇到的实际问题的答案。指南不妨碍各国和国际组织共同商议排除不适合某项条约宗旨的规则。鉴于指南的准则不具有强行法性质，因此在任何情况下，只要所有相关国家或国际组织同意，就可以对其进行克减。②

三 条约随时间演变：嗣后协定和实践专题

（一）编纂经过

条约随时间流逝而变化，根据国际社会的社会需求而演变。这一特点反映在《维也纳条约法公约》第 31 条第 3 款（甲）项和（乙）项中，也就是承认嗣后协定和嗣后实践在一项条约解释中的作用。国际法委员会认为有必要编纂条约的嗣后协定和实践的问题，其目的在于：第一，设立有充分代表性的嗣后实践资料库，成为获取嗣后协定和实践有关案例的正当来源；其二，总结出某些一般性结论或准则，可以为解释和适用条约提供一个参照点，从而有助于对条约共同背景的了解，尽可能减少条约解释与适用的冲突。③

国际法委员会在 2008 年第 60 届会议上，决定将"条约随时间演变"专题列入其工作计划。之后专门成立了研究组，由格奥尔格·诺尔特（Georg Nolte）担任主席。研究组研究了许多国际司法判例，例如国际经济领域（世界贸易组织、伊朗－美国索赔法庭、投资争端解决国际中心仲裁庭、北美自由贸易区法庭）、国际人权领域（欧洲人权法院、

---

① 《国际法委员会年鉴 2011 年》，第二卷（第三部分），A/CN/66/10/Add.1，第 38—40 页。
② 《国际法委员会年鉴 2011 年》，第二卷（第三部分），A/CN/66/10/Add.1，第 39 页。
③ 《国际法委员会年鉴 2008 年》，第二卷（第二部分），A/63/10，附件一，第 175—176 页，第 21—22 段。

美洲人权法院、《公民及政治权利国际公约》人权事务委员会）以及其他领域（国际海洋法法庭、国际刑事法院、前南斯拉夫问题国际刑事法庭、卢旺达问题国际刑事法庭以及欧洲联盟法院）的判例。同时，研究组就相关问题开展讨论，涉及（1）不同领域的裁决机构对关于条约解释的一般规则的依赖；（2）某些条约（尤其是人权条约和国际刑法条约）的特殊性在多大程度上影响有关裁决机构对条约的解释；（3）裁决机构对各种条约解释方式所给予的不同关注；（4）对嗣后协定和惯例是条约解释手段的普遍承认；（5）在各种条约解释方法中，不同裁决机构对嗣后惯例所赋予的作用和意义；（6）用于条约解释的嗣后惯例概念，包括惯例可视为嗣后的时间点；（7）相关的嗣后惯例可能有哪些行为者；（8）在嗣后惯例情况下，演进性解释作为目的性解释的一种形式；等等。①

研究组认为，《维也纳条约公约》第 31 条所载规定，不论作为适用的条约规定还是习惯国际法的体现，被不同裁判机构视为解释条约的一般规则而予以认可。② 第 31 条第 3 款（甲）项和（乙）项含义范围内的嗣后协定和嗣后惯例可作为解释方式，大多数裁决机构在解释和适用条约时也都予以考虑。③

不同机构的解释方法有所差别，大致分为三种情况：（1）传统式：同国际法院一样，大多数裁决机构（伊朗—美国索赔法庭、解决投资争端国际中心仲裁庭、国际海洋法法庭和国际刑事法院等）惯常采纳的方法是考虑第 31 条所载所有解释资料，并不赋予某些解释资料更多的权重。（2）案文导向式：世贸组织专家组和上诉机构的报告在许多情况下对条约的案文（协议条款的普通或特殊含义）进行某种程度的强调，但不就目的性解释进行强调。此外，这一方法似乎取决于对确定性的特殊需要，并与世贸组织相关协议的许多条款的技术特点有关。（3）宗

---

① 《国际法委员会年鉴 2011 年》，第二卷（第二部分），A/66/10，第 170 页，第 339—340 段。
② 《国际法委员会年鉴 2011 年》，第二卷（第二部分），A/66/10，第 171 页，第 344 (1) 段。
③ 欧盟法院在解释和适用欧洲联盟创始条约时，总体上不曾将缔约方的嗣后惯例纳入考虑，但在解释和适用欧盟与第三国间订立的条约时却考虑嗣后惯例。参见《国际法委员会年鉴 2011 年》，第二卷（第二部分），A/66/10，第 172 页，脚注 628。

旨导向式：区域人权法院以及《公民及政治权利国际公约》人权事务委员会在许多情况下强调目标和宗旨。这一方针似乎取决于人权条约实质性条款的特点，这类条约涉及的是不断演变的社会中个人的权利。①

研究组指出，评估嗣后协定和嗣后惯例对不同裁决机构发挥的作用时考虑这些各种方针颇有裨益。欧洲人权法院和美洲人权法院强调其适用的人权条约的特殊性质，并声称法院的解释方针受这种特殊性质的影响。国际刑事法院和其他刑事法庭适用某些从刑法和人权一般原则中衍生出来的特别解释规则。②世贸组织上诉机构对"嗣后惯例"定义是"缔约方对条约解释达成协定且足以成为一种可辨别的模式的一致、共同和连贯的一系列行为或裁决"，结合了"惯例"元素（一系列行为或裁决）和达成协定的要求（一致、共同），属于第 31 条的狭义嗣后惯例。但另一些裁决机构在使用"惯例"这一概念作为解释方式时未提及和要求在缔约方之间形成可辨别的一致，属于广义的嗣后惯例。大多数裁决机构使用嗣后惯例作为解释资料，但嗣后惯例对更倾向于以案文为导向（世贸组织上诉机构）或以宗旨为导向（美洲人权法院）的裁决机构而言发挥的作用较小。欧洲人权法院因提及欧洲委员会成员国之间的共同法律标准，所以更强调嗣后惯例。③关于嗣后协定，极少有裁决机构依赖嗣后协定，这一情况也许部分取决于某些条约义务，尤其是人权条约义务的特征，因为这些条约义务的实质性内容可能不适宜政府之间达成嗣后协定。④

在 2012 年第 64 届会议上，国际法委员会将专题改为"与条约解释相关的嗣后协定和嗣后实践"，任命格奥尔格·诺尔特为专题特别报告员。2013 年第 65 届会议至 2018 年第 70 届会议，特别报告员共提交 5 次报告，编写了《与条约解释相关的嗣后协定和嗣后实践的结论草案》（以下简称《条约解释结论草案》）。在 2018 年第 70 届会议上，国际法

---

① 《国际法委员会年鉴 2011 年》，第二卷（第二部分），A/66/10，第 171 页，第 344 (2) 段。
② 《国际刑事法院规约》第 21 条第（3）款和第 22 条第（2）款。
③ 《国际法委员会年鉴 2011 年》，第二卷（第二部分），A/66/10，第 172 页，第 344 (3)(5) 段。
④ 《国际法委员会年鉴 2011 年》，第二卷（第二部分），A/66/10，第 173 页，第 344 (8) 段。

委员会二读通过了《条约解释结论草案》及其评注。① 同时，国际法委员会决定建议联合国大会：（1）在一项决议中注意到关于与条约解释相关的嗣后协定和嗣后实践的结论草案，在决议中附上该结论草案，并确保对其进行最广泛的传播；（2）提请各国及所有可能受命解释条约者注意该结论草案及其评注。②

（二）成果述评

了解嗣后行为、事件和发展如何影响现行法律，在任何法律制度下都十分重要。在国内法中，法律颁布或契约缔结后重要的嗣后发展，是立法机构或契约当事方通过修正案和法院做出演进式法律续造。但在国际法中，情况要复杂得多。不同国际法渊源，特别是条约和习惯国际法受不同规则和机构的约束，而且彼此之间相互作用，嗣后行为、事件和发展对习惯国际法与条约具有不同的影响。

就习惯国际法而言，某一规则是某些行为、伴随的法律评价表述以及对其反映（国家实践和法律意见）这一总体进程的结果。原则上，这一进程一直在继续，某项规则因而不断得到重申或受到要求变革的压力，因此嗣后的行为、事件和发展原则上属于或等同于习惯法形成进程的一部分。但在条约中，条约及其缔结的过程必须与可能影响有关条约存在、内容或意义的嗣后行为、事件和发展明确分开。条约是国家之间和/或其他国际法主体之间的正式协议，旨在以具法律约束力的形式在一个期间内保持所达成的协议。因此，嗣后行为、事件或发展可能只在某些情况下影响一项条约的存在、内容或意义。界定嗣后协定和嗣后实践条件，旨在找到一种灵活同时又是理性和可预测的条约适用和解释方法，对条约关系的安全是有益的。③

《条约解释结论草案》共包含13项结论意见，阐释了《维也纳条约法公约》第31条和第32条相互关系，第31条列出条约解释中应

---

① 《与条约解释相关的嗣后协定和嗣后实践的结论草案》案文及其评注，参见联合国大会《国际法委员会报告》，大会正式记录，第七十三届会议补编第10号，A/73/10，2018年，第13—120页。

② 联合国大会：《国际法委员会报告》，大会正式记录，第七十三届会议补编第10号，A/73/10，2018年，第12页，第49段。

③ 《国际法委员会年鉴2008年》，第二卷（第二部分），A/63/10，附件一，第174页，第15段。

予考虑的"解释材料",而第 32 条是可予考虑的补充材料,这两项规则共同构成解释条约的整体框架。同时,结论草案确认第 31 条和第 32 条所述规则反映了习惯国际法,各种国际性法院和法庭均承认这些规则的习惯性质,例如国际法院,国际海洋法法庭、国家间仲裁法庭、世界贸易组织上诉机构、欧洲人权法院、美洲人权法院、欧盟法院和国际投资仲裁庭等。因此,《维也纳条约法》第 31 条和第 32 条规则既作为条约规则在缔约国之间适用,也可以在所有国家之间作为习惯国际法适用。①

《条约解释结论草案》还界定了嗣后协定和嗣后实践的定义,嗣后协定作为第 31 条 3 款(a)之下作准的解释资料是指缔约方在条约缔结后达成的关于解释条约或适用条约规定的协定,这种协定必须是由缔约方在一次有意的共同行动或承诺中达成的、表明它们对条约解释或条约规定适用的共同理解。嗣后实践作为第 31 条 3 款(b)项之下作准的解释资料是指条约缔结后确定各缔约方对条约的解释意思一致的适用条约的行为;作为第 32 条的解释是指条约缔结后一个或多个缔约方适用条约的行为。嗣后实践必须是适用条约的行为,这不仅包括在国际上或在国内为适用条约(包括为遵守或确保履行条约义务)采取的官方行为,也包括关于条约解释的官方声明,如外交会议上的发言、法律争端过程中的声明,或国内法院的判决,条约产生的官方函件,或为执行条约颁布国内法或缔结国际协定,即使是在国内或在国际上实际采取任何具体适用条约的行动之前。② 因此,第 31 条和第 32 条所指嗣后实践可包括某一缔约方的任何适用条约的行为,不论此行为是行使行政、立法、司法还是其他职能。而其他行为,包括非国家行为体的行为,不构成以上所指的嗣后实践,但其他国家、国际组织或非国家行为体等其他行为体声明或行为有可能反映缔约方的相关嗣后实践或成为其肇始者。但这种由其他行为体的行为反映或肇始的缔约方嗣后实践不应并入条约缔约方

---

① 联合国大会:《国际法委员会报告》,大会正式记录,第七十三届会议补编第 10 号,A/73/10,2018 年,第 19—20 页,结论 2 和评注第(4)—(10)段。
② 联合国大会:《国际法委员会报告》,大会正式记录,第七十三届会议补编第 10 号,A/73/10,2018 年,第 28—32 页,结论 4 和评注第(10)—(18)段。

本身的实践，可在评估缔约方适用公约的嗣后实践时发挥作用。①

嗣后协定和嗣后实践对于条约解释而言具有两个方面的作用。第一，与其他解释资料互动，有助于澄清条约的含义，其用意是为了解释条约，而不是修正或修改条约。例如，国际法院在判例中体现了缔约方通过嗣后实践修改条约的可能性，但没有产生具体效果。② 世贸组织认为，条约本身可阻止缔约方的嗣后实践具有修改作用；欧洲人权法院的判例显示，条约可以允许缔约方的嗣后实践具有修改作用，因此，嗣后实践的作用最终还是取决于条约自身的规定。总体上，嗣后实践修正或修改条约的可能性未得到普遍承认。③ 第二，可协助确定缔约方在缔结条约之时的推定意图是不是赋予用语以能够随时间演变的含义。在涉及条约解释时，存在一个时际法的争议，应当根据条约缔结时的情况和法律来解释（"当时意义"或"静态"解释），还是应当根据条约适用之时的情况和法律来解释（"演进性""演变性"或"动态性"解释）。国际法委员会认为，国际法院已发展出了两套判例，一套偏向于"当时意义"，一套偏向于"演进性解释"，倾向于"当时意义"办法的裁决大多涉及专门的条约用语，如"分水岭""主航道或河流最深""河口"等。支持演进性解释性案件涉及更一般用语，例如《国际联盟盟约》第22条规定"这些人民的福祉和发展""神圣的信任"。"西南非洲案"（*South West Africa*）的咨询意见中，国际法院对"神圣的信任"赋予不断演变的含义，认为"神圣信任的最终目标是有关人民的自决和独立"。④ 而国际法委员会不就一般条约解释宜采取当时意义办法还是演进办法这一问题采取了任何立场，既可支持当时意义解释，也可支持演进性解释。同时，国际法委员会认为，这些条约解释资料"可协助确

---

① 联合国大会：《国际法委员会报告》，大会正式记录，第七十三届会议补编第10号，A/73/10，2018年，第38和41页，结论5和评注第（12）段。

② 国际法院在1971年"西南非洲案"中的咨询意见被解读为暗示嗣后实践修改了《联合国宪章》第27条第3款，参见 A. Pellet, "Article 38", in A. Zimmermann et al. (eds), *The Statute of the International Court of Justice A Commentary* (Oxford University Press, 2012), p. 844.

③ 联合国大会：《国际法委员会报告》，大会正式记录，第七十三届会议补编第10号，A/73/10，2018年，第53页，结论7。

④ *Legal Consequences for States of the Continued Presence of South Africa in Namibia (South West Africa) notwithstanding Security Council Resolution 276 (1970)*, Advisory Opinion, I. C. J. Reports 1971, p. 31, para. 53.

定"演进性解释对某特定条约用语是否适合，即确定是否应当赋予条约用语能够随时间演变的含义。①

此外，《条约解释结论草案》结论9规定，嗣后协定或嗣后实践作为解释资料的权重，取决于其清晰性和条约的特定性。对此，国际法院判决、世贸组织专家及上诉机构的仲裁裁决和相关报告都遵循这一规则。②

四 武装冲突对条约的影响

（一）编纂经过

《维也纳条约法公约》第73条明确规定该公约"不妨碍……国家间发生敌对行为所引起关于条约之任何问题"。但是武装冲突对条约的影响，是国际法中并没有得到解决的、不明确的领域。战争对条约的影响一直是国际法的一个棘手的、甚至被称为"说不清"的专题。③ 尽管存在重要的国家实践和理论，但是这些实践和理论前后不一致，而且不断变化。另外，由于传统作战方式被现代非传统的、国内的或者非正式的武装冲突取代，致使衡量武装冲突对条约影响的参数处于很不确定的状态。

2000年第52届会议，国际法委员会根据长期计划工作组的建议，确定将"武装冲突对条约的影响"这一专题列入长期工作计划，并强调此专题属于条约法的一部分，而不是使用武力的法律规范。国际法委员会于2004年第56届会议上任命伊恩·布朗利（Ian Brownlie）为特别报告员。2005年第57届会议，秘书处编写了题为《武装冲突对条约的影响：对理论和实践审查》的备忘录。备忘录根据各国实践和理论，对武装冲突对条约的影响进行了全面的分类。④ 主要分为以下几种类型：（1）一些条约最可能在武装冲突期间依然适用，包括人道主义法条约、

---

① 联合国大会：《国际法委员会报告》，大会正式记录，第七十三届会议补编第10号，A/73/10，2018年，第66—67页，结论8及评注第（4）段。

② 联合国大会：《国际法委员会报告》，大会正式记录，第七十三届会议补编第10号，A/73/10，2018年，第72页，结论9及评注第（3）段。

③ B. Broms, "Preliminary Report to the Fifth Commission: The Effects of Armed Conflicts on Treaties", (1981) 59 *Yearbook of the Institute of International Law* 224, p. 227.

④ 《国际法委员会年鉴2005年》，第二卷（第一部分），A/CN.4/550，第9—57页。

载有明确的战时适用性条款的条约、关于永久性制度或者地位的条约、将强制法规则编纂在一起的条约或者条款、人权条约、关于政府间债务的条约以及外交公约；（2）以下两类条约在武装冲突期间适用的可能性也比较大：对等的继承条约和多边造法性公约；（3）一些条约显示出各种不同的、正在形成的、或者有争议的适用可能性，包括国际运输协定、环境条约、引渡条约、过境条约、友好条约、商务条约和航运条约、知识产权条约、刑事移管条约；（4）两类条约的适用可能性很低：载有关于在武装冲突期间不适用的明确规定的条约、在实践中与武装冲突期间国内政策不兼容的条约。①

在 2011 年第 63 届会议上，国际法委员会二读通过《武装冲突对条约的影响条款草案》，共包括 18 项条款、一个附件以及条款草案评注。② 同时，国际法委员会决定建议联合国大会：（1）通过一项决议注意到《武装冲突对条约的影响条款草案》，并将该条款草案附在决议之后；（2）考虑在以后某个阶段以该条款草案为基础拟订一项公约。③

（二）成果述评

《武装冲突对条约的影响条款草案》分成三个部分：第一部分题为"适用范围和定义"。第二部分题为"原则"，包括两章：第一章题为"发生武装冲突时条约的施行"，是核心条款，反映条款草案的基础，主张条约本身不会由于武装冲突而终止或中止，确保法律的稳定和连续性。第二章题为"与条约施行有关的其他规定"，处理与武装冲突期间实施条约有关的各种附带问题。第三部分题为"其他规定"，武装冲突不仅影响条约法，而且还影响国际法的其他领域，包括《联合国宪章》的国家义务，其他部分通过"不妨碍"或例外条款来处理这种关系方面的一些杂项问题。④

在历史上，对于武装冲突对条约影响的分析，曾经至少有三个各

---

① 《国际法委员会年鉴 2005 年》，第二卷（第一部分），A/CN.4/550，第 57 页，第 160 段。
② 《武装冲突对条约的影响条款草案》案文及其评注，参见《2011 年国际法委员会年鉴》，第二卷（第二部分），A/66/10，第 108—132 页。
③ 《国际法委员会年鉴 2011 年》，第二卷（第二部分），A/66/10，第 108 页，第 97 段。
④ 《国际法委员会年鉴 2011 年》，第二卷（第二部分），A/66/10，第 110 页，第 1 条评注第（5）段。

不相同的结论。第一,18世纪至19世纪大量的国家实践确认的历史观点认为,条约在发生武装冲突时失效;第二,20世纪初出现了截然相反的观点,认为除一些例外情况外,战争不影响条约;第三,有关武装冲突对条约影响的现代国际法观点是,条约义务不会因战争而废止,敌对行动爆发后条约还是否存在,这个问题要根据所涉条约的类型来解决。因此,武装冲突并不在事实上终止或暂停冲突双方之间生效条约的执行。[①] 现代国际法学者则一直致力于研究探讨哪些类型的条约在武装冲突期间或其后继续生效,哪些类型的条约暂停生效,而哪些已被废除。

《武装冲突对条约的影响条款草案》第3条规定了基本方向,即条约的施行不因武装冲突的存在而当然终止或中止,从而确立了维护法律稳定和连续性的一般原则。第4条至第7条的目的是帮助确定某项条约是否能在武装冲突中存在下去,是按优先顺序排列的。第一步是取决于条约本身,即第4条规定优先适用条约中关于武装冲突背景下继续适用条约的明确规定;如果没有此种规定,则下一步适用第5条,即确立关于条约解释的国际规则,以确定武装冲突情况下的条约适用。如果上述两项条款仍然没有提供答案,则转而考虑第6条提供的背景因素加以确定,包括条约的性质,特别是主题事项、目的和宗旨、内容及缔约方以及武装冲突的特征,诸如其地域范畴、规模和激烈程度、持续时间等。[②] 第7条规定了条款草案附件载有一个指示性条约清单,暗示在武装冲突期间全部或部分地继续执行的条约,包括:(1) 关于武装冲突法的条约,包括关于国际人道法的条约;(2) 声明、确立或规定永久制度或地位或有关永久权利的条约,包括确定或修改陆地和海洋边界的条约;(3) 多边造法性条约;(4) 国际刑事司法条约;(5) 友好、通商和航海条约以及涉及私权利的协定;(6) 国际人权条约;(7) 关于对环境进行国际保护的条约;(8) 关于国际水道以及有关装置和设施的条约;(9) 关于含水层以及有关装

---

① B. Broms, "Preliminary Report to the Fifth Commission: The Effects of Armed Conflicts on Treaties", (1981) 59 *Yearbook of the Institute of International Law* 224, p.278.

② 《国际法委员会年鉴2011年》,第二卷(第二部分),A/66/10,第112页,第二部分第二章评注。

置和设施的条约；（10）作为国际组织成立规章的条约；（11）关于以和平手段，包括通过和解、调停、仲裁和司法手段解决国际争端的条约；（12）外交和领事关系条约。①

国际法委员会力求提供关于武装冲突对条约影响的理论和国家实践的最新汇总，并且在此基础上将这一问题编纂成册，可大大推动国际社会对这一问题的了解，并就更新已经不合时宜的理论达成共识。② 同时，国际法委员会也认为，因为缺少这类公共信息，要进行有效的编纂需要各国政府提供信息，国家实践对于这一问题的编纂与发展至关重要。例如，附件所列指示清单基本反映了现有的国家实践，特别是美国的实践。③ 如前所述，现代非传统的、国内的或非正规的武装冲突已取代了传统的战争，武装冲突对条约的影响的范围处于极不确定的状态，国际法委员会编纂工作有助于大幅度提高国际社会对于这一问题的理解。

五 条约的暂时适用

（一）编纂经过

早在1953年，劳特派特曾提到存在一种条约，"规定需要批准的同时，也规定将于批准之前生效"，例如，1948年《丹麦和阿根廷贸易和支付协议》规定：本协定将自签署之日起15天内暂时生效，有效期为5年。④ 各国在《维也纳条约法条约》拟订过程中对条约"暂时生效"问题展开讨论。主要有三种观点：第一种观点赞成在条约中列入一个关于暂时生效的条款，对于某些具有紧迫性的条约是有必要的，特别是在经济条约方面；第二种观点基于国内法方面的考虑，认为暂时生效是通过设立避免批准、赞同或接受出现拖延的机制，满足国家的实际需要；第三种观点认为暂时生效可能会使国际法与一国宪法发生冲突，因而表

---

① 《国际法委员会年鉴2011年》，第二卷（第二部分），A/66/10，第121页，附件。
② 《国际法委员会年鉴2005年》第二卷（第一部分），A/CN.4/550，第52页，第164段。
③ 《国际法委员会年鉴2011年》，第二卷（第二部分），A/66/10，第121页，附件评注第（3）—（4）段。
④ Yearbook of the International Law Commission, 1953, Vol. II, A/CN.4/63, p. 114, para. 5 (b).

示反对。① 最终,《维也纳条约法公约》第 25 条对条约"暂时适用"而非"暂时生效"做出规定。

2012 年第 64 届会议,国际法委员会决定根据长期计划工作组的建议,将"条约的暂时适用"专题列入工作方案,并决定任命胡安·罗夫莱多（Juan Manuel Gómez-Robledo）为该专题的特别报告员。2018 年第 70 届会议,国际法委员会一读通过了《条约的暂时适用指南草案》,包括 12 项准则并附有评注。② 同时,起草委员会建议,在二读期间根据特别报告员在适当时候提出的修正提案并参考全体会议辩论和起草委员会提出的意见和建议,列入一套示范条款草案（draft model clause）。这些条款草案无意限制条约暂时适用的灵活性和自愿性,也不试图涵盖所有可能出现的各类情况,而是设法反映双边和多边条约暂时适用的最佳做法,提请注意在同意暂时适用某项条约的情况下出现的一些最常见的法律问题。③ 对此,特别报告员起草了《条约的暂时适用示范条款草案》列入 2019 年提交联大的委员会年度报告附件,旨在解决愿意采取暂时适用的各国和国际组织面临的最常见问题,并且避免与《条约的暂时适用指南草案》所载准则重叠。④

（二）成果述评

本专题编纂工作目前正在进行当中。《条约的暂时适用指南草案》以《维也纳条约法公约》第 25 条和其他国际法规则为基础,包括习惯性质的规则可适用于条约的暂时适用,主要涉及条约暂时适用的范畴、目的、一般规则、法律效果、违约责任、暂时适用的终止与中止以及国内法和国际组织规则与条约暂时适用的关系等,对条约暂时适用的法律和实践提供理论指导。

条约暂时适用的总体目的是为条约生效做准备或为条约的生效提供

---

① 《条约的暂时适用》,秘书处编写的备忘录,A/CN.4/658,2013,第 11—14 页,第 33—42 段。

② 《条约的暂时适用指南草案》一读案文及评注,参见联合国大会《国际法委员会报告》,大会正式记录,第七十三届会议补编第 10 号,A/73/10,2018 年,第 206—225 页。

③ 联合国大会:《国际法委员会报告》,大会正式记录,第七十四届会议补编第 10 号,A/74/10,2019 年,第 323 页,第 275 段。

④ 《条约的暂时适用示范条款草案》案文,参见联合国大会《国际法委员会报告》,大会正式记录,第七十四届会议补编第 10 号,A/74/10,2019 年,第 333 页,附件 A。

便利。但必须强调，条约的暂时适用是一种自愿性机制，各国和国际组织可自愿加以利用或不予利用，同时也可能受国内法和国际组织规则的限制。① 另外，条约的暂时适用机制有可能会被当作规避国内法相关批准程序的工具，并可能导致国际法和国内宪法的冲突。各国、国际组织和其他使用方可能会在暂时适用条约或条约之一部分的协议形式、暂时适用的开始和终止及其法律效果等方面遇到种种困难及分歧。指南草案的目标是引导各国、国际组织和其他方找到与现行规则相符和最适合当代实践的答案。

条约暂时适用制度的优越性在于，为国际条约的适用提供了一个灵活的方式，以便那些须经国内法律规定的冗长程序（比如议会核准）才能得以适用的国际条约，在特殊的情况下（国内政治原因或国际因素）根据缔约国的意愿全部或部分被尽早适用。从法律后果上看，暂时适用的协议在本身有效的情况下，同其他国际条约一样具有法律效力，同意暂时适用将产生遵守条约的义务。根据条约必须遵守原则，这种情况下缔约国就不得以其国内法为借口拒绝履行该条约所载的国际义务，若有违反，应承担相应的国际责任。②

六　国家的单方面行为

（一）编纂经过

尽管国家的单方面行为不是《国际法院规约》第38条规定的国际法渊源，但却可能构成义务的渊源。严格意义上的国家单方面行为，无论是被视为国际法的渊源还是国际义务的渊源，都是一种创建国际法的方式。③ 例如，习惯规则的形成和国际法上的承认是涉及国家单方面行为的两个较为突出的范畴。甚至有些学者将一些国家的单方面行为（抗议、承诺、放弃和承认）与一般的、表达法律主体意志的契约行为或单

---

① 联合国大会：《国际法委员会报告》，大会正式记录，第七十三届会议补编第10号，A/73/10，2018年，第209页。

② 吕宁宁：《论条约暂时适用所致冲突及其解决——从尤科斯国际仲裁案出发》，《江淮论坛》2016年第3期，第112页。

③ 《国际法委员会年鉴1996年》，第二卷（第二部分），A/51/10，第145页，附件2，增编3，第1—2段。

方面法律行为概念联系起来。①

国际法委员会在1996年第48届会议上，根据长期计划工作组的建议，确定"国家的单方面行为"专题。该专题适合编纂的原因如下：（1）这是一个界定明确的专题，没有任何国际官方机构进行过研究；（2）国际法院的数项判决特别是"核试验案"（Nuclear Tests）探讨了这方面问题，但法官的附带意见发表的不确定性为研究留出了余地；②（3）国家诉诸单方面行为的手段众多，可以对其实践展开研究以制定一般法律原则；（4）条约法为处理与国家单方面行为有关的规则提供了出发点和参考方案，但二者之间存在区别。③

在1997年第49届会议上，国际法委员会设立了工作组，并且任命塞德尼奥（Victor Rodrígues Cedeño）为特别报告员。工作组指出，国家在国际领域的行为经常表现为个别的主动行动和单方面行动，具有许多目标、形式和内容。这种行为包含政治、经济、文化、社会、国防、安保和其他行动，换言之，是每一国家据以表达其立场和处理其对外关系所涉及的各种各样的活动。而本专题应仅限于旨在产生"法律"效果，创造、承认、保障或修改权利、义务或法律状况的国家单方面行为。

同时，工作组详细阐释了其编纂和逐渐发展国家单方面行为适用法律规则的可取性和可行性，理由如下：（1）在国际领域，国家经常实施单方面行为，意图产生法律效力。由于目前国际共同体正在发生迅速的政治、经济和技术变革，尤其是在表达和传递国家态度和行为的手段方面取得了巨大进步，这种单方面行为的重要性不断增加。（2）与单方面法律行为有关的国家实践表现在多种形式和情况中，已经成了许多法律著作的研究主题，并在国际法院和其他国际性法庭的一些判决中被触及，因此，委员会拥有足够的材料进行分析和系统化。（3）为了法律安全，并有助于向国际关系带来确定性、可预测性和稳定性，从而加强法治，应努力澄清这种行为的作用和法律后果，并明确说明适用

---

① James R Crawford, *Brownlie's Principle of Public International Law*, Oxford University Press, 9th ed., 2019, p.402.

② *Nuclear Tests*（*Australia v. France*, *New Zealand v. France*）, Judgment, I.C.J. Reports 1974, p.253.

③《国际法委员会年鉴1996年》，第二卷（第二部分），A/51/10，第145页，附件2，增编3。

的法律。①

关于专题的内容，工作组提出了一个修订版纲要，包括以下几节：（1）国家单方面法律行为的定义；（2）国家单方面法律行为的分类标准；（3）分析国家实践中最常见单方面行为的形式、特征和效果；（4）可适用于单方面法律行为的一般规则；（5）可适用于特定类别的国家单方面法律行为的规则。②

1998 年第 50 届会议，特别报告员提交的第 1 份报告将专题限于为产生国际法律效力而实施的国家单方面行为，排除了不产生法律效力的国家行为、与特定法律制度相关的国家单方面行为以及其他国际法主体——例如国际组织的行为。③ 1998 年第 50 届至 2005 年第 57 届会议，特别报告员共提交 8 份报告，不断推进本专题编纂工作。国际法委员会在 2003 年第 55 届会议上，设立了由佩莱担任主席的工作组，处理专题范围和工作方法。工作组提出以下建议：（1）为本研究的目的，一国的单方面行为是表示其意图创造国际法义务或其他法律效果的意愿或同意的声明；（2）这项研究还将涉及可能产生类似于单方面行为的国际法义务或其他法律效力的国家行为；（3）这项研究将提出有关单方面行为的条款草案及其评注，若合适，也会包括对于其他行为的指南或建议；（4）特别报告员在委员会下届会议上提交的报告将介绍关于单方面行为的国家实践，包括源于行为者的信息，以及其他相关国家或行为者的反应；（5）经验信息应能确定严格意义上适用于单方面行为的规则，以期编写附有评注的条款草案，以及可能适用于产生类似效果的国家行为的规则；（6）国家实践的有序分类应涉及国家单方面行为的原因、国家明示或默示承诺的有效性标准，以及单方面承诺可以修改或撤回的情况；（7）从所提交材料中推论得到的法律规则将在以后编写具体条款草案或建议的报告中被讨论。④

---

① 《国际法委员会年鉴 1996 年》，第二卷（第二部分），A/51/10，第 65 页，第 196、198 段。
② 《国际法委员会年鉴 1996 年》，第二卷（第二部分），A/51/10，第 65—67 页，第 197—210 段。
③ 《国际法委员会年鉴 1998 年》，第二卷（第二部分），A/53/10，第 59—60 页，第 194—201 段。
④ 《国际法委员会年鉴 2003 年》，第二卷（第二部分），A/58/10，第 67 页，第 306 段。

在 2004 年第 56 届会议上，工作组决定将文献充分的单方面行为的样例保留下来，以便做深入分析，并建立了一份清单作为分析单方面行为的统一工具，清单内容包括：日期、行为人/机构、行为人/机关的权能、形式、内容、背景和环境、目标、接受者、接受者的反应、第三方的反应、基础、实施修正、终止/撤销、法律范围、法官或仲裁员的决定、评论、文献目录。① 2005 年特别报告员提交的报告相当详细地提供了 11 种由相关国家以不同方式，包括正式照会、公开声明、总统公告、政治发言、甚至表示接受或默认的举动所表示的单方面行为的样例，具有相当广泛的代表性。②

国际法委员会据此推断认为，正如在条约法领域内一样，国家具有在国际一级通过单方面行为做出承诺或发展法律关系的国际能力，这是其固有的能力。国家的单方面行为可以分别向其他国家、国际社会、一个尚未统一成为国家的实体或国际组织提出。③ 在 2006 年第 58 届会议上，国际法委员会通过《适用于能够产生法律义务的国家单方面声明的指导原则》（以下简称《指导原则》），包括 10 项原则及其评注，④ 并提请联合国大会注意《指导原则》。⑤

（二）成果述评

《指导原则》共包含 10 项原则，这些原则的适用范畴是仅涉及严格意义上的单方面行为，即那些以国家出于创立国际法义务之意图所做的正式声明为形式的单方面行为。

原则 1—2 在严格意义上界定单方面行为并指明其依据，规定公开做出的并显示受约束意愿的声明可具有创立法律义务的效力，当与此相

---

① 《国际法委员会年鉴 2004 年》，第二卷（第二部分），A/59/10，第 110 页，第 247 段。
② 特别报告员所讨论的有关国家单方面行为的 11 种样例，参见《国际法委员会年鉴 2005 年》，第二卷（第一部分），A/CN.4/557，第 144—159 页。
③ 《国际法委员会年鉴 2005 年》，第二卷（第一部分），A/CN.4/557，第 161 页，第 168—172 段。
④ 《适用于能够产生法律义务的国家单方面声明的指导原则》案文及评注，参见《国际法委员会年鉴 2006 年》，第二卷（第二部分），A/61/10，第 185—191 页。
⑤ 《国际法委员会年鉴 2006 年》，第二卷（第二部分），A/61/10，第 184 页，第 170 段。

符的条件得到满足时，这类声明的约束性质便以善意为基础；并且任何国家都拥有通过单方面声明承担国际义务的能力。① 正如国际法院在"核试验案"中指出："一切都取决于有关国家的意图"。② 原则 3 强调，为确定这类声明的法律效力，有必要考虑其内容、其做出时的所有实际情况及所引起的反应。例如，在"针对尼加拉瓜的军事和准军事活动案"(Nicaragua v. United States of America) 中，国际法院认为，所引用的声明内容或其做出的背景中没有任何内容被推导为意图创立任何法律义务。③ 原则 4 规定：单方面声明只有经有权的主管当局做出，才在国际上对国家有约束力。国际实践表明，为国家创立法律义务的单方面声明通常是由国家元首、政府首脑或外交部长所做出的，其使国家承担义务的权力不受质疑。原则 5 指出，单方面声明的形式并不影响其有效性或法律效果，单方面声明可口头做出也可书面做出。在"核试验案"中，国际法院强调，关于形式问题，不是一个国际法施加任何特殊或严格要求的领域。因为特定情况下做出的这种声明可能创立国际法并不要求其以书面形式表达的国际法义务，所以无论一项声明是口头做出或书面做出，均不会产生根本差别。因此，形式问题并非是决定性的。但是，原则 7 同时强调，只有以明确、具体的措辞做出的单方面声明，才对声明国产生义务。如对此声明所产生的义务范围有疑问，则必须以严格的方式解释此类义务。④ 原则 6 和原则 9—10 规定，单方面声明可针对整个国际社会做出，也可针对一个或数个国家或其他实体做出，但一国的单方面声明不得对其他国家施加义务，如果其他国家明确接受这类声明，则可就这类单方面声明承认义务。此外，不能任意撤销一项已经对声明国创立了法律义务的单方面声明。

对于这一专题，国际法委员会认识到，单方面行为的概念并不统

---

① 《国际法委员会年鉴 2006 年》，第二卷（第二部分），A/61/10，第 186 页，第 1 条评注第（1）段。

② Nuclear Tests (Australia v. France, New Zealand v. France), Judgment, I. C. J. Reports 1974, pp. 267 - 268, paras. 43, 46.

③ Military and Paramilitary Activities in and against Nicaragua (Nicaragua v. United States of America), Merits, Judgement, I. C. J. Reports 1986, p. 132, para. 261.

④ Nuclear Tests (Australia v. France, New Zealand v. France), Judgment, I. C. J. Reports 1974, pp. 267 - 268, para. 45.

一。有的单方面行为是在国际法的框架内根据其明示授权做出的,例如,确立了领海的范围或对条约保留的法律,是受国际法具体规则严格限定的单方面行为;而另一种单方面行为则是国家在国际上行使行动自由时做出的,涵盖了范围广泛的行为。法律文化之间的差异部分地造成了概念所引起的误解。例如,有观点认为,法律行为的概念必然意味着明确表示行为国接受约束的意愿,而另有观点认为,任何在国际上产生法律效力的国家单方面行动都可被归类为单方面行为。作为编纂成果的指导原则优先研究上述第一种单方面行为,力图澄清国家单方面行为的概念,使各国能够以合理的确定性来判断其单方面行为是否或在何种程度上在国际上对它们具有法律约束力,同时国际法委员会也注意到一国也许受正式声明以外的行为的约束。①

第二节 其他国际法渊源的编纂与逐渐发展

一 习惯国际法

(一) 第一阶段编纂:使习惯国际法的证据更易于查考的方法和手段

1. 习惯国际法的证据查考

根据《国际法委员会章程》第 24 条规定,国际法委员会承担一项重要职能,即"应研究方式和方法,便利各方利用国际习惯法的依据,如搜集和出版有关国家惯例以及各国法庭和国际法庭做出的国际法问题的判决,并应就此事项向大会提出报告"。

国际法委员会在 1949 年第 1 届会议上讨论了使习惯国际法的证据"更容易获得"的方式和方法,主要关切与习惯法证据有关材料的可提供性和可获得性。对习惯法来源进行初步审查,在调查现有证据的基础上对可获得性进行估计,确认现有的文本集和国际法律材料汇编,建议

---

① 《国际法委员会年鉴 2006 年》,第二卷(第二部分),A/61/10,第 185 页,第 174—175 段。

委员会秘书处编写出版物，以增加与国际惯例可能相关证据的可提供性。①

秘书处遂就这一问题提交了工作报告，提出各种收集习惯法规则的证据和查考方法，供大会讨论。

第一，全面收集关于习惯国际法的所有现有证据，以出版方式使其更加完整。所列举重要的出版物包括：《联合国条约集》《联合国国际仲裁报告》《国际公法案例年度摘要和报告》《国籍法汇编》《海盗法汇编》《外交和领事法汇编》，等等。②

第二，建立有系统和全面习惯法证据的汇编机制，并提出以下几种方案。

（1）以秘书处作为中心机构，组织开展资料汇编工作。可用于汇编的资料包括：①各国惯例摘要。由各国政府提供，由秘书处进行编辑、翻译和出版。②国际司法裁决。按照《联合国宪章》第102条提供条约副本的方式，由各国政府向秘书处提供过去所有仲裁裁决的副本。③国内法院的判决。秘书处与个别专家、国家科学机构或各国政府合作进行收集。④国家立法。在国家同意的基础上，秘书处与各国通讯员合作收集案文。

（2）由国家主导开展工作。将收集习惯法规则的主要责任交给各国政府，秘书处提供诸如翻译和出版等辅助服务。这一方法对于编制国家实践摘要方面具有优势。

（3）由私人机构或专家开展此项工作。这些机构可以是官方的，也可以是非官方的。机构之间的协调通过国际法委员会指示或成立国际协调委员会来实现。③

1950年第2届会议，国际法委员会向大会提交了特别报告员曼利·哈德逊（Manley Hudson）编写的工作报告，题为《使习惯国际法的证据更易于查考的方法和手段》，作为对《国际法委员会章程》第24条的

---

① 《习惯国际法的形成与证据：国际法委员会以前工作中与本专题特别相关的要素》，秘书处的备忘录，A/CN.4/659，2013年3月14日，第6页，第10段。
② Yearbook of the International Law Commission 1949, A/CN.4/SR.31, p.228, footnote 10.
③ Yearbook of the International Law Commission 1949, A/CN.4/SR.31, p.228, footnote 10.

直接回应。① 报告指出，在列出哪些资料可以作为习惯国际法规则的证据之前，有必要讨论构成习惯国际法规则的要素。习惯国际法的原则或规则的构成需要有下列因素：（1）若干国家对属于国际关系范围内的某种局势采取一致的做法；（2）在相当长的一段时间内继续或者重复这种做法；（3）认为这种做法是现行国际法所要求的或与现行国际法相一致的概念；（4）其他国家普遍默许这种做法。②

在规则范畴上，《国际法委员会章程》第 24 条提及的习惯国际法与《国际法院规约》第 38 条所列国际法渊源的 4 种国际法规则相对应，第 38 条除了明确司法判例及各国权威最高之公法学家学说，作为确定法律原则之补助资料者外，并未对国际公约、国际习惯和一般法律原则做出效力级别的区分。这 4 种渊源都可以作为习惯国际法的证据。以此为基础，报告分别讨论了不同国际文件的证明力。

（1）国际条约文件。习惯法原则或规则可体现在一项双边或多边协定中，协定在生效期间，对缔约国具有约束力，同时也可作为习惯法的一项原则或规则对非缔约国家具有约束力。③（2）国际性司法机构的裁决。《常设国际法院的判决和意见》《国际法院报告》以及联合国发表一系列关于国际仲裁裁决的报告等，可以成为拟订或适用习惯国际法的原则或规则。④（3）各国国内法院的裁决。报告认为，国内法院关于国际法问题的裁定只是在国际法规定已纳入国内法的情况下才以国际法为依据，国内法院的判决虽难以直接作为习惯国际法的证据，但作为国家惯例（practice of states）的证据是有价值的。⑤（4）国内立法，包括各国的宪法、立法机关的制定以及行政和行政机构颁布的条例和声明，也是国家惯例的重要证据。⑥（5）外交函件与文书。各国政府之间的外交往来可以提供习惯国际法的充分证据。（6）国际组织的实践。国际组织不断积累的惯例记录可被视为就国家与这些

---

① Yearbook of the International Law Commission 1950, Vol Ⅱ, A/CN. 4/16, pp. 24 – 33.
② Yearbook of the International Law Commission 1950, Vol Ⅱ, A/CN. 4/16, p. 26, para. 11.
③ Yearbook of the International Law Commission 1950, Vol Ⅱ, A/1316, p. 368, para. 29.
④ Yearbook of the International Law Commission 1950, Vol Ⅱ, A/1316, p. 368, para. 30.
⑤ Yearbook of the International Law Commission 1950, Vol Ⅱ, A/1316, p. 370, paras. 54 – 55.
⑥ Yearbook of the International Law Commission 1950, Vol Ⅱ, A/1316, p. 370, para. 61.

组织的关系而言的习惯国际法的证据。① （7）法律专家意见。报告认为，在评价专家意见作为习惯国际法证据的价值时，可能需要保留意见。②

2. 获得习惯国际法证据的途径

对于获得习惯国际法证据的途径，国际法委员会建议尽可能广泛地分发联合国各机构发布的与国际法有关的出版物，特别是国际法院的报告和其他出版物，如《联合国条约集》《国际法院报告》《联合国国际仲裁裁决报告》等。除此之外，委员会还建议大会授权秘书处编写下列出版物：（1）法律年鉴，阐述各国的重大立法发展、特设国际法庭目前的仲裁裁决以及国家法院有关国际法问题的重大裁定；（2）立法汇编，载有关于与国际社会所关注事项有关的现行国家法律案文，特别是执行多边国际文书的法律案文；（3）所有国家的宪法汇编，不时发布补充卷以使其保持最新内容；（4）国家政府发布的出版物清单，其中载有各国政府缔结的条约案文，并附有在私人主持下公布的主要条约案文清单；（5）国际联盟《条约汇编》总索引；（6）《联合国条约集》索引卷；（7）联合国在国际法问题上的惯例汇编；（8）《国际仲裁裁决报告》增编；等等。③

以国际法委员会对习惯国际法这一阶段研究成果为基础，1958年联合国教科文组织通过了两项公约：《国家间官方出版物和政府文件交换公约》与《国际交流出版公约》。

（二）第二阶段编纂：习惯国际法的识别

2012年第64届会议上，根据长期计划工作组的建议，国际法委员会决定将"习惯国际法的形成和证据"专题列为长期工作计划，并任命迈克尔·伍德（Michael Wood）为该专题的特别报告员。2013年第65届会议，这一专题被改名为"习惯国际法的识别"。与专题第一阶段编纂内容不同，此阶段专题的重点是与习惯国际法概念最直接相关的问题、习惯规则出现及应予确认的方式以及习惯法在国际法律体系中的运

---

① Yearbook of the International Law Commission, 1950, Vol. II, A/1316, p. 372, para. 71.
② Yearbook of the International Law Commission 1950, Vol II, A/1316, p. 372, para. 76.
③ Yearbook of the International Law Commission, 1950, Vol. II, A/1316, p. 373, paras. 90 – 93.

作方式。在方法上，需要同时审议习惯国际法两大形成要素，即使得一项习惯国际法规则存在的要素（既需要评估国家惯例又需要评估法律确信的"两要素"方法），以及证明"两要素"所需的必要标准；在范围上，需要研究习惯国际法与国际法其他渊源（包括条约法和一般法律原则）的关系。①

自1949年以来，国家和国际组织数量的大幅增加、国际交往的强化以及若干领域内国际法的发展都促进了习惯国际法规则范围的扩大，使得或可作为相关证据、证明习惯国际法两个要素（国家惯例与法律确信）的资源增加。由于国际性法院和法庭以及法律文献急剧增加，用于确定习惯国际法的辅助手段也呈现出相同的发展态势。2013年第65届至2018年第70届会议，特别报告员共提交5次报告。2018年，国际法委员会秘书处编写《习惯国际法的识别：使习惯国际法的证据更易于查考的方法和手段》备忘录，继1950年工作报告之后，重新考察了习惯国际法证据的现状，并提出改进建议。② 该备忘录以附件形式枚举了查考习惯国际法证据的有关国家、条约、国际法、国际机构相关的广博的文献资源，③ 对于习惯国际法的证据的研究、查考、识别具有重要意义。

国际法委员会2018年第70届会议二读通过了《习惯国际法的识别的结论草案》，包括16项结论及其评注，④ 同时，向大会提交该结论草案以及下述建议：

1. 通过一项决议注意到该结论草案，并确保尽可能予以广泛传播；2. 请各国和可能需要识别习惯国际法规则的所有各方注意该结论草案及其评注；3. 注意特别报告员编写的参考书目；4. 注意秘书处《习惯国际法的识别：使习惯国际法的证据更易考察的方法和手段》的备忘

---

① 联合国大会：《国际法委员会报告》，大会正式记录，第七十三届会议补编第10号，A/68/10，2013年，第94页，第83段，第97页，第101段。

② 国际法委员会：《习惯国际法的识别：使习惯国际法的证据更易于查考的方法和手段》，秘书处备忘录，A/CN.4/710，2018年2月12日，第33—36页，第98—122段。

③ 国际法委员会：《习惯国际法的识别：使习惯国际法的证据更易于查考的方法和手段》，秘书处备忘录，A/CN.4/710，2018年2月12日，第37—167页，附件。

④ 《习惯国际法的识别的结论草案》案文及其评注，参见联合国大会《国际法委员会报告》，大会正式记录，第七十三届会议补编第10号，A/73/10，2018年，第123—160页。

录；5. 通过以下方式后续落实秘书处备忘录中的建议：（1）提请各国和国际组织注意有必要发表与国际法相关实践的摘要和概述，继续使各国的立法、行政和司法实践便于考察，并尽一切努力支持现有的国际法专业出版物和文献；（2）请秘书处继续开发和加强提供习惯国际法证据的联合国出版物，包括及时出版这些出版物；（3）请秘书处通过在线数据库提供《习惯国际法的识别：使习惯国际法的证据更易于查考的方法和手段》的备忘录附录所载资料，并依据各国、国际组织和其他有关实体提供的信息定期更新数据库。[①]

（三）成果述评

习惯国际法源自于被接受为法律惯例的不成文法。由于国际法体系的性质以及中央政府机关的缺失，习惯规则在国际法是一个充满活力的法律渊源，也反映了分散的国际法体系的特点。根据《国际法院规约》第 38 条第 1 款，有关习惯国际法的形成条件和证明其存在的条件取决于"两要素"说，即国家在国际交往关系的相互行为中运用的行动规则（国家惯例因素）与这些规则对国家而言具有的法律说服力（法律确信因素）。推进识别习惯国际法规则的运行机制对于有效澄清国家惯例与法律确信的两要素发挥重要作用。

国际法委员会 1949 年对本专题第一阶段的编纂源于《国际法委员会章程》第 24 条的"研究习惯国际法的方式与方法"的职能要求，以"习惯国际法的证据"为研究对象，讨论了习惯国际法的范围及其证据的可查考程度以及在各种材料中寻找国家惯例。作为成果的 1950 年《使习惯国际法的证据更易于查考的方法和手段》工作报告与 2018 年《习惯国际法的识别：使习惯国际法的证据更易于查考的方法和手段》秘书处备忘录，整理与确认了在不同历史阶段的国际文件和法律材料汇编，并建议编写某些出版物，为习惯国际法证据的可获得性与可提供性提供指导意见。

2013 年正式启动的第二阶段"习惯国际法的识别"专题是以"习惯国际法规则"为研究对象，就确定习惯国际法规则的存在及内容的方

[①] 联合国大会：《国际法委员会报告》，大会正式记录，第七十三届会议补编第 10 号，A/73/10，2018 年，第 122 页，第 63 段。

法提供实际指导，形成两个方面的成果。其一，国际法委员会就其编纂工作中如何识别与确认习惯国际法发表相关意见；其二，国际法委员会二读通过的《习惯国际法的识别的结论草案》，提供了识别习惯国际法的一般性规则。

1. 国际法委员会对习惯国际法的识别

2013年，国际法委员会秘书处编写《习惯国际法的形成与证据：国际法委员会以前工作中与本专题特别相关的要素》备忘录，[1] 讨论了国际法委员会在确认习惯国际法及其形成过程时所采用的一些方法。

第一，一般方法。

国际法委员会为确认某项习惯国际法规则的存在，往往结合国际法院及法庭的裁决和国际法专家的论著，对国家一般惯例的所有可用证据，以及各国的态度或立场展开调查。在确认习惯国际法规则时提及的各种资料来源并不具有同样的法律价值。[2]

第二，国家惯例要素。

国家惯例的一致性（uniform）和一般性（general）是国际法委员会确认习惯国际法规则的关键考虑因素。缺少一致性和一般性的国家惯例被认为是排除了某项习惯国际法规则的存在。例如，国际法委员会在《海洋法条款草案》评注中认为，关于"低水位线"传统说法可能具有不同的含义，国家在实践中并没有统一的标准来确定这条线。[3] 再如，《领事关系条款草案》第3条评注指出，"本条规定的规则符合外交使团行使领事职能的一般性惯例"。[4] 在另外一些情况下，国际法委员会认为，国家行为的特殊性或某个特定情况的特殊性会损害其在确认某项习惯国际法规则方面的证明价值。例如，《国家在条约方面的继承的条款草案》第21条评注认为，"前英属自治领地的情况非常不同寻常，

---

[1] 国际法委员会：《习惯国际法的形成与证据：国际法委员会以前工作中与本专题特别相关的要素》，秘书处备忘录，A/CN.4/659，2013年3月14日。

[2] 国际法委员会：《习惯国际法的形成与证据：国际法委员会以前工作中与本专题特别相关的要素》，秘书处备忘录，A/CN.4/659，2013年3月14日，第6—8页，意见1。

[3] Yearbook of the International Law Commission, 1956, Vol. II, A/3159, p. 267, Commentary of Article 5, para. (3).

[4] Yearbook of the International Law Commission, 1961, Vol. II, A/4843, p. 94, Commentary of Article 3, para. (2).

这一方面是因为它们刚刚获得独立,另一方面是因为它们与当时英国王室的特殊关系。因此,不能从这些情况下得出一般性结论……"① 国际法委员会用于证明国家惯例的不完全清单包括:国内法、国内法院的判决、行政部门的惯例、外交惯例、条约惯例以及次要资料(政府的意见、国际组织的出版物及非政府组织的出版物、行政部门的出版物及国际司法判决和法学家的论著)。②

第三,法律确信要素。

除了国家惯例之外,国际法委员会在其工作中还频繁提及被定义为习惯国际法主观要素的材料,作为确认各国对某项可能的习惯国际法规则的立场。这种主观要素往往被描述为"普遍承认"或"普遍接受"某项规则,或提及各国对某项规则的存在或内容的"相信"或"态度"③。例如,国际法委员会在《条约法条款草案》评注中提及,"有大量证据表明,国家实践和国际法庭裁决以及法学家著作均承认该规则"④。再如,《国家对国际不法行为的责任的条款草案》评注指出,"在确定适当赔偿时,受害国对损害可归因的相关性在文献和国家实践中得到广泛承认"⑤。在委员会看来,承认与接受应当理解为一个动态过程,是导致习惯国际法特定规则的出现。例如,国际法委员会举例指出,美国以1945年《关于大陆架的底土和海床的天然资源的政策》(亦称《杜鲁门公告》)向其他国家施加义务或者至少限制它们对美洲大陆架的权利。严格地说,该声明并没有得到别国的承认。事实上,其他国家以相似的主张和声明响应了1945年公告,并且不久以后将其纳入1958年《大陆架公约》第2条。因此,可以说它已经得到普遍接受,并且是脱离习惯程序而在很短期间内形成国际法新规范的一个起点。国

---

① Yearbook of the InternationalLaw Commission, 1974, Vol. Ⅱ (Part One), A/9610/Rev. 1, p. 231, Commentary of Article 21, para. (7).

② 《习惯国际法的形成与证据:国际法委员会以前工作中与本专题特别相关的要素》,秘书处备忘录, A/CN. 4/659, 2013年3月14日, 第14—15页, 意见7, 第23—24段。

③ 《习惯国际法的形成与证据:国际法委员会以前工作中与本专题特别相关的要素》,秘书处备忘录, A/CN. 4/659, 2013年3月14日, 第19页, 意见9。

④ Yearbook of the International Law Commission, 1966, Vol. Ⅱ, A/6309/Rev. 1, p. 226, Commentary of Article 30, para. (1).

⑤ 《国际法委员会年鉴2001年》, 第二卷(第二部分), A/56/10, 第126页, 《国家对国际不法行为的责任的条款草案》第39条评注第(4)段。

际法院就此认为,"……《杜鲁门公告》不久即被视为关于这一问题的实在法开端,其阐述的主要理论……优越于所有其他理论,现反映于《大陆架公约》第2条"①。

国际法委员会为确认某项习惯国际法规则的目的而评估主观要素时依据的材料清单包括:国家在国际组织的立场(书面意见和对问卷的答复)或国际会议上的立场、国内法院的声明、在国际法院或法庭的声明、仲裁协议中的规定、外交惯例和照会、国家实际行为、国家条约惯例、多边条约惯例以及各种国际文书等。②

第四,其他相关性要素。

(1)国际组织惯例。在某些情况下,国际法委员会依据国际组织的惯例来确认某项习惯国际法规则的存在,包括国际组织对外关系、其职能的行使,以及其机构就国际关系的具体情况或一般性事项所采取的立场。(2)国际司法裁决。国际委员会还依据国际法院或法庭的判决作为对某项习惯国际法规则的地位的权威性说明。(3)专家意见。国际法委员会为确认某项习惯国际法规则的目的还考虑法学家的论著和意见,有时会全面评估相关意见在支持某项特定规则方面的权重,以定量和定性分析为基础。③ 例如,《条约法条款草案》评注中指出,有些法学家的立场是只有在条约中有规定或得到所有其他缔约国同意的情况下,个别当事方才能退出或退出条约;但是,其他一些法学家的立场是在某些类型条约的某些条件下,可以适当地隐含退出或退出的权利。④

第五,有关习惯国际法的效力问题。

国际法委员会始终将习惯国际法视作对国际法主体具有普遍约束力的一整套规则,⑤ 并且还提到区域习惯国际法规则的可能存在,以及规

---

① North Sea Continental Shelf (Federal Republic of Germany v. Denmark; Federal Republic of Germany v. Netherlands), Judgement, I. C. J Reports 1969, para. 47.
② 《习惯国际法的形成与证据:国际法委员会以前工作中与本专题特别相关的要素》,秘书处备忘录,A/CN.4/659, 2013年3月14日,第22页,第29段。
③ 《习惯国际法的形成与证据:国际法委员会以前工作中与本专题特别相关的要素》,秘书处备忘录,A/CN.4/659, 2013年3月14日,第29—30页,意见19—21。
④ Yearbook of the International Law Commission, 1966, Vol. II, A/6309/Rev. 1, p. 251, Commentary of Article 53, para. (2).
⑤ 《习惯国际法的形成与证据:国际法委员会以前工作中与本专题特别相关的要素》,秘书处备忘录,A/CN.4/659, 2013年3月14日,第29页,意见19。

范某些海洋区域的划界或关于设立某一特定领土、河流或海事制度的特别规则的可能存在,包括习惯规则或历史权利。① 例如,委员会在《海洋法条款草案》评注中指出,认识到可能存在"特别规则",并提及在海洋划界领域存在"习惯法差异"的可能性。② 此外,委员会还在某些情况下提及产生"普遍适用的义务"的习惯国际法规则的存在,具有不可减损性(强制性准则/绝对法)的习惯国际法规则的形成是整个国际社会广泛接受和承认这类准则具有强制性的结果。③

第六,习惯国际法与条约及其他法律渊源的关系。

(1)习惯有时可将条约中所载规则的适用扩大到缔约国以外,这种作用是公认的。若干国家间缔结的条约可以制定一项规则或建立领土、河流或海洋制度,这些制度后来为其他国家普遍接受,成为对其他国家具有约束力的习惯,例如关于陆战规则的海牙公约、瑞士中立协定以及关于国际河流及海道的各种条约。所以旨在申明现有习惯法规则的编纂性公约亦可视为公认的习惯法规则的拟订,甚至为非公约当事国的国家所承认。国际法委员会在《条约法条款草案》评注中强调,第三国不与条约当事国发生任何条约关系,而承认条约内所订规则为具有拘束力的习惯法。对此等国家来说,规则的拘束力量来自习惯,而不是条约。④

(2)条约可对现有的习惯国际法规则进行编纂,因此国际法委员会经常把条约称为某项习惯规则存在的可能证据。条约一方面有助于习惯国际法规则的形成或发展,但与此同时,在国际条约中频繁阐明某项规定并不一定表示该规定已经发展成为一项习惯国际法规则。例如,《对条约的保留实践指南准则》评注指出:"编纂性公约"概念本身不明确,严格意义上的国际法的编纂及逐渐发展无法区分。载入条约的规

---

① 《习惯国际法的形成与证据:国际法委员会以前工作中与本专题特别相关的要素》,秘书处备忘录,A/CN.4/659,2013 年 3 月 14 日,第 30 页,意见 20。
② Yearbook of the International Law Commission, 1956, Vol. Ⅱ, A/3159, p. 271, Commentary of Article 12, para. (6).
③ 《习惯国际法的形成与证据:国际法委员会以前工作中与本专题特别相关的要素》,秘书处备忘录,A/CN.4/659,2013 年 3 月 14 日,第 30—32 页,意见 21—24。
④ Yearbook of the International Law Commission, 1966, Vol. Ⅱ, A/6309/Rev.1, pp. 230 - 231, Commentary of Article 34, paras. (1) - (4).

则地位随着时间发生变化，逐渐发展的规则可能成为纯粹的编纂法律，而"编纂性公约"也经常将通过时并不具有一般国际法地位的规则厘定为一般国际法规则。① 再如，《最惠国条款草案》评注指出，虽然给予最惠国待遇在商业条约中很常见，但没有证据表明它已发展成为习惯国际法规则。因此，人们普遍认为，只有条约才是最惠国待遇的基础。②

（3）国际法委员会认为，除绝对法准则外，国家可通过缔结双边或多边协议来摆脱习惯国际法规则的约束。例如，《对国家财产、档案和债务的继承的条款草案》评注指出，各国有权缔结对一项原则做出例外规定的条约。③ 委员会还强调，除非另有规定，否则对条约的解释和适用必须以现行国际法规则，包括习惯法为根据。④

（4）委员会在某些情况下采用"一般国际法"来泛指除条约规则之外的国际法规则，作为包括习惯国际法和一般原则的总称使用。在委员会的工作中，"一般国际法"一词还用于指称一般国际法规则，以区别于人权法、环境法、海洋法等具体领域有关的规则。⑤

2. 识别习惯国际法的一般性规则

《习惯国际法的识别的结论草案》论及习惯国际法规则识别方法，就确定习惯国际法规则的存在及内容的方法提供实际指导，共分为七个部分。

第一部分论及范围和目的。结论草案均采用了"习惯国际法"这一术语，该术语较为常用，且最能清楚地反映这一国际法渊源的性质。法律文书、判例和学术著作中有时使用其他术语，包括"习惯""国际习惯""国际习惯法""万国法"和"一般国际法"等。草案提到了要

---

① 《国际法委员会年鉴 2011 年》，第二卷（第三部分），A/66/10/Add.1，第 227 页，《对条约的保留实践指南准则》第 3.1.5.3 评注第（11）段。

② Yearbook of the International Law Commission, 1978, Vol. Ⅱ (Part Two), A/33/10, p. 25, Commentary of Article 8, para. (1).

③ Yearbook of the International Law Commission, 1981, Vol. Ⅱ (Part Two), A/36/10, p. 47, Commentary of Article 17, para. (15).

④ 《习惯国际法的形成与证据：国际法委员会以前工作中与本专题特别相关的要素》，秘书处备忘录，A/CN.4/659，2013 年 3 月 14 日，第 36 页，意见 28。

⑤ 《习惯国际法的形成与证据：国际法委员会以前工作中与本专题特别相关的要素》，秘书处备忘录，A/CN.4/659，2013 年 3 月 14 日，第 37—39 页，意见 29—31。

确定习惯国际法的"存在及内容",这反映出虽然往往既需要识别规则是否存在也需要识别规则有何内容,但有时也会仅承认规则存在,但对其具体内容仍有争议。[①]

第二部分阐述习惯国际法的基本识别方法,即"两要素"方法,即识别习惯国际法的规则需要调查两项独立而相关的问题:是否存在一项国家惯例,及该惯例是否被接受为法律(即伴有法律确信)。草案强调,仅具备一个构成要素不足以识别习惯国际法规则。未被接受为法律(没有法律确信)惯例,即便被广泛和一致地使用,也只是没有约束力的做法,而在没有惯例支撑的情况下认为某项规定是(或应当是)法律,则仅仅属于愿望,只有二者合一方实能证实存在一项习惯国际法的规则。在证据评估方面,要识别习惯国际法规则,就必须仔细研究可用证据,确定在任何给定案件中均存在这两项要素。要证实某项关于习惯国际法规则存在或内容的主张具有充分的依据,就需要寻找一项已在各国获得一定接受度乃至可被视为表现为一项法律权利或义务(即被法律所要求、允许或禁止)的惯例。[②]

第三和第四部分就习惯国际法的两项构成要素提供进一步指导。作为习惯国际法要素的国家惯例,是指有助于习惯国际法规则的形成或表述的国家实践及某些情况下的国际组织实践,还有一些行为体行为不是有助于习惯国际法规则形成或表述的实践,但具有一定的相关性。

国家实践由国家行为构成,不论该行为是行使行政、立法、司法职能,还是行使其他职能。国家实践形式包括但不限于:外交行为和信函、与国际组织通过的或在政府间会议上通过的决议有关的行为、与条约有关的行为、行政部门的行为、立法行为、各国法院的判决。国家实践应作为整体来评估,标准是具备一般性,即必须足够广泛或有代表性,还必须是一贯的;如果具备一般性,则不要求特定存续时间。法律确信要素则要求带有一种法律权利或义务感,即必须伴有关于此种惯例被习惯国际法所允许、要求或禁止的信念。因此,必须逐案证明国家以

---

① 联合国大会:《国际法委员会报告》,大会正式记录,第七十三届会议补编第10号,A/73/10,2018年,第128页,结论1评注第(2)—(5)段。
② 联合国大会:《国际法委员会报告》,大会正式记录,第七十三届会议补编第10号,A/73/10,2018年,第129—131页,结论3评注。

某种方式行事是因为相信它们因一项习惯国际法规则而在法律上必须或有权利如此行事。同时，这种信念应当与其他动机相区别，例如礼让、政治权宜之计或便利。法律确信的证据形式包括但不限于：以国家名义发表的公开声明、官方出版物、政府法律意见、外交信函、各国法院判决、条约规定、与国际组织通过的或在政府间会议上通过的决议有关的行为。需要强调的是，在有关国家有能力做出反应并且有关情况也要求做出某种反应的情况下，对一种惯例经过一定时间而没有做出反应，可用作法律确信的证据。①

第五部分论及在识别习惯国际法规则时频繁援引的某些类别的材料，包括条约、国际组织和政府间会议的决议、（国际性法院和各国法院的）司法判决以及学术著作等。这些材料可协助收集、综合或识别习惯国际法的有关做法，并为针对两个构成要素的调查提供框架和指导。对于条约而言，条约所载的规则可反映习惯国际法规则，其条款内容有助于阐明习惯国际法的内容，但条约本身无法创立习惯国际法规则或绝对证明习惯国际法规则的存在及内容。一般通过三种方式反映习惯国际法规则：（1）将条约缔结时已经存在的一项习惯国际法规则编纂成文；（2）将条约缔结之前形成的一项习惯国际法规则具体化；（3）形成一项被接受为法律的一般惯例，从而产生一项新的习惯国际法规则。②

国际组织通过的或在政府间会议上通过的决议本身并不能创立一项习惯国际法规则，但可为研究一项习惯国际法规则的存在及内容提供证据，或促进其发展；国际性法院或法庭特别是国际法院涉及习惯国际法规则的存在及内容的判决，是确定习惯国际法规则的辅助手段，各国法院相关判决或可酌情用作辅助手段，各国最权威的国际法专家的学说也可用作确定习惯国际法规则的辅助手段。③

第六和第七部分论及，虽然习惯国际法规则对所有国家具有约束力，但存在两种例外情况：其一，一贯反对者。如果一国在一项习惯国

---

① 参见联合国大会《国际法委员会报告》，大会正式记录，第七十三届会议补编第10号，A/73/10，2018年，第132—145页，结论4—10及评注。
② 参见联合国大会《国际法委员会报告》，大会正式记录，第七十三届会议补编第10号，A/73/10，2018年，第146—150页，结论11及评注。
③ 参见联合国大会《国际法委员会报告》，大会正式记录，第七十三届会议补编第10号，A/73/10，2018年，第151—156页，结论12—14及评注。

际法规则的形成过程中对其明确表示反对，且反对向其他国家公开并在习惯国际法规则出现之前或之后始终坚持，那么，该规则不适用于该国。其二，特别习惯国际法。一般习惯国际法规则对所有国家有约束力，而特别习惯国际法规则仅在数量有限的国家之间适用。[①]

总体而言，尽管现代国际法中国际条约的数量巨大且包罗万象，在一定程度上弱化了习惯国际法的地位，但是国际法一些重要领域仍然主要由习惯国际法加以规范。即便有时存在生效的条约，但对条约没有规范到的问题仍然执行习惯国际法规则，在涉及条约缔约方时以及在非缔约方之间，习惯国际法规则也仍然适用。习惯国际法的识别这一专题涵盖了丰富的相关材料，包括国家、国际组织、其他机构的立法、判例和学术著作，国际法委员会关于《习惯国际法的识别的结论草案》及其评注也反映了各国、国际司法机构、国际组织的普遍性做法，该编纂工作为精确地描述识别习惯国际法以及适用程序提供了明确、有意义的指导。

二 一般国际法强制性规范

（一）编纂经过

《维也纳条约法公约》通过时，各国认为强行法已被普遍接受为现行国际法的一部分。国际法院在司法实践中多次明确提到强行法，确认强行法是现代国际法的组成部分。[②] 但是强行法的确切性质、包含哪些

[①] 联合国大会：《国际法委员会报告》，大会正式记录，第七十三届会议补编第 10 号，A/73/10，2018 年，第 156—160 页，结论 15—16 及评注。

[②] 国际法院提及"强行法"的相关案例，包括但不限于：*Case concerning the Application of the Convention of 1902 governing the Guardianship of Infants* (*Netherlands v. Sweden*), Judgment of 28 November 1958, I. C. J. Reports 1958, p. 55; *North Sea Continental Shelf* (*Federal Republic of Germany/Denmark; Federal Republic of Germany/Netherlands*), Judgment, I. C. J. Reports 1969, p. 3; *Barcelona Traction, Light and Power Company, Limited*, Judgment, I. C. J. Reports 1970, p. 3; *Military and Paramilitary Activities in and against Nicaragua* (*Nicaragua v. United States of America*), Merits, Judgment, I. C. J. Reports 1986, p. 100; *Case Concerning Application of the Convention on the Prevention and Punishment of the Crime of Genocide* (*Bosnia and Herzegovina v Serbia and Montenegro*), Judgment of 26 February 2007, I. C. J Reports 2007, p. 43; *Legality of Use of Force* (*Yugo-slavia v. United States of America*), Provisional Measures, Order of 2 June 1999, I. C. J. Reports 1999, p. 916; *Oil Platforms* (*Islamic Republic of Iran v. United States of America*), Judgment, I. C. J. Reports 2003, p. 161, 参见联合国大会《国际法委员会报告》，大会正式记录，第六十九届会议补编第 10 号，A/69/10，2014 年，第 271 页，附件脚注 21。

规范以及在国际法中的影响并不十分明确。① 在 2015 年第 67 届会议上，根据长期计划工作组的建议，国际法委员会决定将"一般国际法强制性规范（强行法）"（以下简称强行法）专题列入其工作方案，任命迪雷·特拉迪（Dire D. Tladi）为该专题的特别报告员。② 2019 年第 71 届会议，国际法委员会一读完成《一般国际法强制性规范（强行法）的结论草案》案文，包括 22 项结论、1 项非穷尽性清单以及评注，③ 并决定将案文交各国政府征求书面评论和意见，并请各国政府在 2020 年 12 月 1 日之前向秘书长提交此类评论和意见。

（二）成果述评

《维也纳条约法公约》第 53 条载有强行法的基本要素：（1）强行法规范不容克减；（2）它是一般国际法规范；（3）强行法规范指国家之国际社会全体接受并公认为不容克减之规范。国际法的实践和理论揭示出一套核心要素，为强行法概念赋予了更多内涵，包括（1）强行法规范是普遍适用的；（2）强行法规范优于国际法其他规范；（3）强行法规范有助于保护国际社会的基本价值观——该价值观通常被称为国际公共秩序；等等。④

《一般国际法强制性规范（强行法）的结论草案》（以下简称《强行法结论草案》）着重规定了强行法的识别标准。结论 1—9 规定了强行法的定义和识别要素。要识别一个规范为强行法，必须表明该规范符合两个标准，第一，必须是一般国际法的规范。而习惯国际法作为一般国际法最明显的表现形式，是形成强行法最常见的基础。第二，必须有证据表明该规范被接受和承认为不容克减的规范，且只能由嗣后具有相同性质的一般国际法规范加以变更。接受与承认的主体是国家组成之国

---

① 联合国大会：《国际法委员会报告》，大会正式记录，第六十九届会议补编第 10 号，A/69/10，2014 年，第 267 页，附件第 3 段。

② 联合国大会：《国际法委员会报告》，大会正式记录，第七十二届会议补编第 10 号，A/72/10，2017 年，第 146 段。

③ 《一般国际法强制性规范（强行法）的结论草案》一读案文及其评注，参见联合国大会《国际法委员会报告》，大会正式记录，第七十四届会议补编第 10 号，A/74/10，2019 年，第 135—195 页。

④ "First Report on *Jus Cogens* by Dire Tladi, Special Rapporteur", A/CN.4/693, 2016, p. 38, paras. 62 – 63.

际社会全体；表明接受和确认的证据形式包括但不限于：条约、国际组织通过的决议、以国家名义发布的公开声明、官方出版物、政府法律意见、外交函件和国家法院的裁决。国际性法院和法庭的判决和裁决、各国或国际组织设立的专家机构的工作成果和各国权威最高的国际法学家学说也可作为确定强行法的辅助手段。[①]

《强行法结论草案》结论 10—22 论述了强行法的法律后果。（1）条约：一般情况下，条约在缔结时与强行法抵触者整体无效，此种条约不产生任何权利或义务。（2）习惯国际法：习惯国际法规则如与强行法抵触，则不会形成。一贯反对者规则不适用于一般国际法强制性规范。（3）国家单方面行为所创设的义务：表明有意接受与强行法抵触的国际法义务约束的国家单方面行为，不创设此种义务。（4）国际组织决议、决定或其他行为所创设的义务：国际组织本应具有约束力的决议、决定或其他行为如与强行法抵触，则在抵触范围内不创设国际法义务。（5）强行法产生对整个国际社会承担的义务（普遍义务），关乎所有国家的合法利益。[②]

在不妨碍强行法的存在和嗣后出现的情况下，《强行法结论草案》附有国际法委员会列出的具有强行法性质规范的非详尽无遗清单。国际法委员会特别强调，这份清单并非旨在处理一般国际法强制性规范的清单，而仅是国际法委员会在编纂不同专题时提到的一些强制性规范。

该清单枚举的强行法包括：（1）禁止侵略：国际法委员会在《国家对国际不法行为的责任条款草案》评注中提到了禁止侵略。（2）禁止灭绝种族：国际法委员会在其所有相关工作中都以一致的措辞提到了禁止灭绝种族。（3）禁止危害人类罪：国际法委员会在 2019 年《危害人类罪条款草案》序言第四段提及，禁止危害人类罪是一般国际法的强制性规范。（4）国际人道法基本原则：国际法委员会在《国家对国际不法行为的责任条款草案》第 40 条评注中提到这一规

---

① 联合国大会：《国际法委员会报告》，大会正式记录，第七十四届会议补编第 10 号，A/74/10，2019 年，第 140—165 页，结论 1—9 及评注。
② 联合国大会：《国际法委员会报告》，大会正式记录，第七十四届会议补编第 10 号，A/74/10，2019 年，第 166—192 页，结论 10—22 及评注。

范。(5) 禁止种族歧视和种族隔离：国际法不成体系问题研究组的结论提到禁止种族隔离和酷刑，没有提到种族歧视。(6) 禁止奴役：国际法委员会在《国家对国际不法行为的责任条款草案》第 26 条草案的评注中提到禁止奴役是一般国际法的一项强制性规范。(7) 禁止酷刑：国际法委员会在《国家对国际不法行为的责任条款草案》第 26 条评注中提到禁止危害人类罪和酷刑。(8) 自决权：国际法委员会在《国家对国际不法行为的责任条款草案》第 40 条评注第（5）段中提到尊重自决权的义务。[①]

《强行法结论草案》有两项功能：（1）涉及识别一般国际法的一项规范是否具有强制性这一附加特征的方法，并不规定强制性规范本身的内容。识别一项国际法规范是否是强制性规范的进程，需要适用本结论草案中制定的标准。（2）规定强行法的一般性法律后果。结论草案照搬了《维也纳条约法公约》第 53 条条文对强行法的定义，因为这是国家实践及国际性法院和法庭裁决中最广为接受的定义。并且强行法的性质是反映并保护国际社会的基本价值观，其等级高于国际法其他规则且普遍适用，具有比条约法和习惯规则更高等级的规范。[②] 在国家实践中也可看到对强行法优先等级的承认。例如，美国联邦第九巡回上诉法院确认：强行法是"应在国际法中享有最高地位"的规范。[③]

总体而言，虽然各国普遍接受一般国际法强制性规范（强行法）的概念，但其确切范围和内容仍不明确。委员会关于这一专题的研究有助于澄清与强行法相关的国际法规范。这一专题与委员会审议习惯国际法专题一样，是关于程序和方法问题而不涉及实质性规则，事关确定强行法规则的程序及其后果。本专题工作的基本性质是根据现有惯例澄清强行法所处状况，结论草案成果反映有关强行法的现有法律

---

① 联合国大会：《国际法委员会报告》，大会正式记录，第七十四届会议补编第 10 号，A/74/10，2019 年，第 192—195 页，结论 23 及评注。

② *Prosecutor v. Furundija*, Case No. IT‑95‑17/1‑T, Judgment of 10 December 1998, Trial Chamber, International Criminal Tribunal for the Former Yugoslavia, Judicial Reports 1998, p. 569, para. 153.

③ *Siderman de Blake v. Republic of Argentina*, United States Court of Appeals, 965 F. 2d 699, 717 (9th Cir 1992).

和惯例。

三 一般法律原则

"一般法律原则"被列入《常设国际法院规约》作为法院适用的国际法三个主要渊源之一。在负责起草《常设国际法院规约》的法学家咨询委员会内部，赋予一般法律原则的含义及其实质内容是争论最多的，最终通过的"一般法律原则为文明各国所承认者"措辞被认为是实在法学派与自然法学派之间的妥协。[①]

在《国际法院规约》讨论中，有代表建议"为文明各国所承认者"后面加上"特别是国际法原则"这句话。经过讨论后，这一建议并没有得到采纳。但普遍认为，一般法律原则包括国内法律制度和国际法中共有的原则，是国内法律制度和国际法共同遵循的法律主张。即使一般法律原则由《国际法院规约》加以规定，但围绕一般法律原则的概念和理论争议并没有解决，国际法缺少关于一般法律原则与"国际法一般原则""基本原则"等其他相关概念关系的共同商定和理解。实践中，一方面，国际性法院和法庭在许多裁判中普遍承认一般法律原则作为国际法独立渊源的地位，特别是一般法律原则在涉及非国家行为体的国际法领域，例如国际刑法和国际投资法中发挥了很大的作用；另一方面，识别一般法律原则的方法和普遍性标准仍然不明确，造成法律适用的不确定性。[②]

鉴于以上，在2018年第70届会议上，国际法委员会决定根据长期计划工作组的建议，在其工作计划中列入"一般法律原则"专题，任命马塞洛·巴斯克斯-贝穆德斯（Marcelo Vázquez-Bermúdez）为该专题的特别报告员。2019年第71届会议中国际法委员会审议了特别报告员第1次报告。[③] 大多数委员赞同，一般法律原则是国际法律体系的一个重要组成部分，但一般法律原则是补充性的，其主要作用是填补国际法的

[①] 参见联合国大会《国际法委员会报告》，大会正式记录，第七十二届会议补编第10号，A/72/10，2017年，第219页，附件A：《一般法律原则》，第6—8段。

[②] 参见联合国大会《国际法委员会报告》，大会正式记录，第七十二届会议补编第10号，A/72/10，2017年，第219页，附件A：《一般法律原则》，第10—18段。

[③] International Law Commission Seventy-first Session, First Report on General Principles of Law, A/CN.4/732.

漏洞或空白，或避免法律不明。在被列入《常设国际法院规约》第 38 条近一个世纪后，国际法委员会澄清国际法的这一渊源是有益的，可以通过采取积极慎重的办法，向各国、国际组织、法院和法庭，以及被要求将一般法律原则作为国际法渊源之一加以应用的其他各方提供指导。

特别报告员第一次报告分为五部分：第一部分涉及一般事项；第二部分涉及委员会以前关于本专题的工作；第三部分涉及随着时间的推移本专题的发展情况；第四部分对一般法律原则的要素和起源做了初步评估；第五部分阐述了暂定的今后工作方案。报告还提出了 3 项结论草案。① 委员们在一般性辩论中，对一些基本问题已达成普遍共识。

首先，对本专题审议的问题已形成一致意见，即：（1）作为国际法渊源之一的一般法律原则的法律性质；（2）一般法律原则的起源和相应类别；（3）一般法律原则的作用以及与其他国际法渊源（特别是习惯国际法）的关系；（4）一般法律原则的识别。②

其次，国际法委员会一致认为，"承认"是一般法律原则存在的必要条件，构成专题的核心，每一类一般法律原则所需要的承认程度以及承认可采取的具体形式需要进一步考虑，确定一般法律原则是否存在标准必须兼顾灵活性（以避免使识别一般法律原则成为一项不可能完成的任务）和严格性（以避免被用作识别国际法规则的捷径而削弱其他渊源）。③

最后，国际法委员会就工作的起点与最终成果达成普遍共识，审议这一专题的起点是《国际法院规约》第 38 条，并参照各国的实践以及国际性法院和法庭的判例进行分析，成果形式即采取附有评注的结论。本专题是澄清国际法主要渊源之一的各个方面，成果与委员会以往工作

---

① 联合国大会：《国际法委员会报告》，大会正式记录，第七十四届会议补编第 10 号，A/74/10，2019 年，第 312 页，第 213 段。
② 联合国大会：《国际法委员会报告》，大会正式记录，第七十四届会议补编第 10 号，A/74/10，2019 年，第 318 页，第 248 段。
③ 联合国大会：《国际法委员会报告》，大会正式记录，第七十四届会议补编第 10 号，A/74/10，2019 年，第 319 页，第 258 段。

是一致的。①

四 最惠国待遇条款

（一）编纂经过

1964年，国际法委员会在审议条约和第三国问题时首次提出了最惠国条款的专题，认为在编纂条约法时处理最惠国条款是不可取的，可以在适当时期作为特别研究的专题。联合国大会1967年通过第2272（XXII）号决议，建议国际法委员会研究条约法中的最惠国条款专题。国际法委员会1968年第20届会议对该专题进行了一般性讨论，建议特别报告员乌斯托（Endre Ustor）不要将研究局限于国际贸易领域，而是探讨该条款的主要应用领域并且澄清该条款的范围和效力。国际法委员会在1978年第30届会议上通过了《最惠国条款草案》，②包括30项条款及其评注，并建议大会向会员国推荐条款草案以期缔结一项关于这一问题的公约。③

国际法委员会2006年第58届会议再次审议了最惠国条款问题，一些委员会认为鉴于国际形势已经改变，而最惠国条款在当代条约中特别是贸易法和国际投资领域依然重要，应当对该专题开展进一步工作。④在2008年第60届会议上，委员会决定将该专题列入其工作方案，并于2009年成立了专题研究组。在2015年第67届会议上，国际法委员会通过了《最惠国条款研究组最后报告》，⑤并提请大会注意到最后报告，鼓励尽可能广泛地传播。

（二）成果述评

最惠国条款可被视为促进国家平等或不歧视的一种技术或手段。国

---

① 联合国大会：《国际法委员会报告》，大会正式记录，第七十四届会议补编第10号，A/74/10，2019年，第318页，第249—252段。
② 《最惠国条款草案》案文及其评注，参见 Yearbook of the International Law Commission, 1978, Vol. II (Part Two), A/33/10, pp. 16–73.
③ See Yearbook of the International Law Commission, 1978, Vol. II (Part Two), A/33/10, p. 16, para 73.
④ 《国际法委员会年鉴2006年》，第二卷（第二部分），A/61/10，第28页，第33段。
⑤ 《最惠国条款研究组最后报告》内容，参见联合国大会《国际法委员会报告》，大会正式记录，第七十届会议补编第10号，A/70/10，2015年，第138—181页，附件。

际法院曾表示，这一条款的意图是"在任何时候建立和维持所有国家的根本性平等"①。从历史上看，最惠国条款载于双边友好、商业和航行条约中，其主要职能是规范当事方之间的各种事项，通常是商业性质的。1978年《最惠国条款草案》是条约法的范畴，既侧重于双边最惠国条款的传统功能，同时广泛研究了最惠国条款在国内法院、条约和国际法庭裁决中的适用方式。条款草案前8条为具有定义性质的核心条款，并与最惠国待遇的范围和基础有关。最惠国条款被界定为："给予国给予受益国的待遇，或与该国有确定关系的个人或事物给予的待遇，不低于给予国给予第三国或同一关系中的第三国的个人或事物的待遇。条款草案特别明确指出，最惠国待遇不是条约对第三国效力的一般规则的例外。换言之，受益国享有最惠国待遇的权利只产生于给予国与受益国之间条约中的最惠国条款，而不是给予国和第三国之间的条约。第9条至第22条涉及最惠国条款的一般适用，第23条至第26条是最惠国条款适用的例外，第27条至第30条构成可视为其他规定的条款。

自国际法委员会1978年处理最惠国条款问题以来，国际形势发生了巨大变化。最惠国原则的适用范围从传统上包括航行权和外交豁免的广泛领域缩小至经济领域，主要在国际经济法领域运作，特别是在贸易和投资方面。在某些情况下，根据双边条约规定的最惠国待遇已被提供更广泛不歧视义务的多边公约所取代。关贸总协定将最惠国待遇列为多边贸易体制的核心原则，已纳入世贸组织，其中最惠国待遇既适用于服务贸易，也适用于与贸易有关的知识产权方面。此外，最惠国待遇也是双边投资条约的核心原则。

2015年《最惠国条款研究组最后报告》分为五个部分，第一部分回顾了1978年条款草案的背景；第二部分讨论了最惠国条款的当代意义及条约解释的问题，包括与关贸总协定和世贸组织、其他贸易协议和投资条约相关的问题，并且考察了判例法对投资协议中最惠国条款解释采用的不同方针；第三部分探讨了解释最惠国条款的考虑因素；第四部分提供关于解释最惠国条款的指导，第五部分提出报告的结论。

---

① *Case Concerning Rights of Nationals of the United States of America in Morocco*, Judgment, I. C. J. Reports 1952, p. 192.

研究组在结论中指出,自1978年以来,最惠国条款的性质保持不变,《最惠国条款草案》的核心规定仍然是解释和适用最惠国条款的基础。然而,它们并没有为最惠国条款可能产生的所有解释性问题提供答案。最惠国条款的解释应根据《维也纳条约法公约》规定的条约解释规则进行,包括最惠国条款的核心解释问题涉及该条款的范围和解释性原则的适用。也就是说,根据最惠国条款可以获得的利益范围和性质取决于对最惠国条款本身的解释。在投资条约仲裁中对争端解决条款适用最惠国条款,而不是将其限于实质性义务,为思考最惠国待遇规定提供了新角度,也许是缔约方在谈判其投资协议时未预见的后果。尽管如此,这个问题仍然是条约解释的问题之一。最惠国条款是否涵盖解决争端的规定最终取决于谈判这些条款的国家。明确的措辞可以确保最惠国条款适用于或不适用于争端解决规定。否则,这一问题将留给争端解决法庭以逐案解释最惠国条款。研究组最后报告中提供的多个解释方法和技术旨在帮助解释和适用最惠国条款。①

五 国际法不成体系:国际法多样化和扩展引起的困难

(一)编纂经过

近年来,国际法的范围急剧扩大,从最初调整国家外交关系扩展到现在处理从贸易到环境保护,从人权到科技合作的多样国际活动。商业、文化、安全、发展等领域建立了新的区域性和全球性多边机构,并且出现了专门化和相对自主的部门,使国际社会呈现日益不成体系的情形。这种不成体系也反映在国际法领域。

2002年第54届会议,国际法委员会决定将"国际法不成体系:国际法多样化和扩展引起的困难"专题列入工作计划,并设立关于这一专题的研究组,以研究组形式开展工作。2003年第55届会议,委员会任命马尔蒂·科斯肯涅米(Martti Koskenniemi)为研究组主席。2005年研究组就以下问题开展研究:(1)"特别法规则的职能和范围与'自足制度'问题"的研究;(2)关于在国际法总体发展和国际社会关注背景

---

① 参见联合国大会《国际法委员会报告》,大会正式记录,第七十届会议补编第10号,A/70/10,2015年,第181页,附件,第212—217段。

下，参照"适用于当事国间关系之任何有关国际法规则"(《维也纳条约法公约》第31条第3款（丙）项）解释条约的研究；（3）关于就同一事项先后所订条约之适用（该《公约》第30条）的研究；（4）关于仅在若干当事方之间修改多边条约（该《公约》第41条）的研究；（5）关于国际法的等级：绝对法、普遍义务、作为解决冲突之规则的《联合国宪章》第103条的研究。①

2006年第58届会议，国际法委员会通过了题为《国际法不成体系问题：国际法多样化和扩展引起的困难》的研究组报告，共载有42项结论，同时提请联合国大会注意这些结论。②

（二）成果述评

《国际法不成体系问题：国际法多样化和扩展引起的困难》报告的内容分为以下几个部分。

1. 一般结论（结论1—4）

国际法是一个法律体系，其规则和原则运作同其他规则和原则有关，并且在其他原则和规则背景之下予以解释。适用国际法的时候，往往必须确定对某一情况都有效且适用的两项或多项规则和原则之间的精确关系。这种关系可分为两种类别。第一，解释关系：是指一项规范有助于解释另一项规范的情况。例如一项规范可能有助于适用、澄清、校正或修改另一项规范。具有此种关系的两个规范可结合适用。第二，冲突关系：是指两项都有效且适用的规则指向相互矛盾的决定，因此必须在两者之间做出选择的情况。

解释冲突性规范的规则适用《维也纳条约法公约》的规定，在确定不同规范的关系时，也应当适用《维也纳条约法公约》对这些规范做出解释，特别是依据第31条至第33条的规定。当若干规范涉及单个问题时，应尽可能做出能产生一套单一的相容义务的解释。③

---

① 《国际法委员会年鉴2005年》，第二卷（第二部分），A/60/10，第100—107页，第449—493段。

② 《国际法不成体系问题：国际法多样化和扩展引起的困难》报告内容，参见《国际法委员会年鉴2006年》，第二卷（第二部分），A/61/10，第206—213页，第251段。

③ 《国际法委员会年鉴2006年》，第二卷（第二部分），A/61/10，第206页，第251(2)—(4)段。

2. 特别法优于普通法公理（结论 5—10）

特别法优于普通法是国际法公认的解释和解决冲突的方法。每当两个或多个规范涉及同一对象时，应把优先地位给予更为具体的规范。这个原则可以适用于若干情况：单一条约的各个条款之间、两个或多个条约的条款之间、一项条约和一项非条约标准之间、两个非条约标准之间。该规范的来源（无论是条约、习惯或一般法律原则）对于确定更为具体的标准来说，并不是决定性的。

在实践中，与相关习惯法和一般原则相比较，条约法往往发挥特别法的作用。① 例如，在"针对尼加拉瓜的军事和准军事活动案"中，国际法院指出：条约规则是特别法，若条约已经提供求偿解决手段，一国不宜再根据习惯法规则提出求偿。特别法可用于适用、澄清、校正或修改以及搁置一般法。但特别法不得减损一些类别的一般法，如强行法规则。② 再如，在"威胁或使用核武器的合法性案"（*Legality of the Threat or Use of Nuclear Weapon*），国际法院出具的咨询意见描述了人权法与武装冲突法之间的关系：《公民及政治权利国际公约》的保护在战时并不停止，除非实施该公约第 4 条……不过，检验哪种行为属于任意剥夺生命取决于可适用的特别法，也即专门用于调整敌对行为的可适用于武装冲突的法律。因此，通过在战争中使用某种武器使人丧命是否可被视为违反该公约第 6 条的任意剥夺生命行为，只能按照适用于武装冲突的法律来决定，而不能从该公约本身的条款予以推论。③

3. 自足制度（结论 11—16）

研究报告将自足制度界定为：涉及特定对象的规则和原则可以形成一个特别制度（"自足制度"）并可作为特别法适用。这些特别制度通常由自己的机构执行相关规则。自足制度被甄别为以下三种类型：

（1）国家对国际不法行为的责任制度。违反特定类别（初级）规则的情形也伴随着关于违反情事和对付违反情事的特别（次级）规则。

---

① *Military and Paramilitary Activities in and against Nicaragua* (*Nicaragua v. United States of America*), Merits, Judgment, I. C. J. Reports 1986, p. 137, para. 274.

② 《国际法委员会年鉴 2006 年》，第二卷（第二部分），A/61/10，第 207 页，第 251 (5) — (10) 段。

③ *Legality of the Threat or Use of Nuclear Weapon*, Advisory Opinion, I. C. J Report 1996, p. 240, para. 25.

例如，在"美国驻德黑兰外交和领事人员案"（*United States Diplomatic and Consular Staff in Tehran*）中，国际法院指出：外交法规则构成自足制度，一方面规定接受国给予外交使团便利、特权和豁免的义务，另一方面又预见到这些权利可能被使团成员滥用，并详细说明了接受国拥有的反制此类滥用情形的手段。①

（2）由涉及特别对象的包括权利和义务在内的特别规则所形成的制度。这些规则可能涉及一个地理区域（例如关于保护特定河流的条约）或一些实质事项（例如关于管制特定武器的条约）。

（3）所有对某一领域予以调整的规范和原则都被集中起来以表示一个"特别制度"。"海洋法""人道法""人权法""环境法"和"贸易法"等用语描述了若干此类制度。为便于解释，这些制度通常被作为一个整体来考虑。②

与特别法相同，特别制度通常优于一般国际法。但由于特别法的范围比一般法狭窄，一般法在特别制度中发挥填补空白的作用。例如，在"影响政府采购的韩国措施案"（*Korea-Measures Affecting Government Procurement*）中，世贸组织上诉机构阐释了世贸组织涵盖各协定与一般国际法之间的关系。《关于解决争端规则和程序谅解书》第3.2条要求根据国际公法的习惯解释规则设法在特定争端中阐明世贸组织各项协定的现有规定。但世贸组织协定与习惯国际法的关系更为广泛，习惯国际法通常适用于世贸组织成员之间的经济关系。只要世贸组织的条约协定未"退出"习惯国际法，习惯国际法就适用。换言之，只要没有冲突或前后不一的情况或在某个世贸组织所涵盖的协定中表示适用情况不同，国际法习惯规则就适用于世贸组织条约和世贸组织条约的拟订进程。③

4.《维也纳条约法公约》第31条第3款（丙）项（结论17—23）

（1）制度整合

---

① *United States Diplomatic and Consular Staff in Tehran*, Judgment, I. C. J. Reports 1980, p. 40, para. 86.

② 《国际法委员会年鉴2006年》，第二卷（第二部分），A/61/10，第208页，第251（12）—（15）段。

③ *Korea-Measures Affecting Government Procurement*, Report of the Panel of 1 May 2000, WT/DS 163/R, para. 7.96.

在条约解释规则上,《维也纳条约法公约》第 31 条第 3 款 (丙) 项要求应与上下文一并考虑者尚有: 适用于当事国间关系之任何有关国际法规则。

该条提供了公约框架范围内的方法, 表述了"制度整合"的目的, 即在许多情况下, 解释问题能够在条约本身的框架内解决, 而该条款处理的是条约范围以外的重要渊源与解释条约有关的情况。这些重要渊源可包括其他条约、习惯规则或一般法律原则。在出现下述情况时, 习惯国际法和一般法律原则对于条约解释特别相关:(a) 条约规则不清楚或未确定;(b) 条约用语在习惯国际法或一般法律原则中有公认的含义;(c) 条约没有就适用的法律做出规定, 而且解释者必须寻找国际法其他领域所产生的规则来解决问题。[1]

5. 前后规范之间的冲突 (结论 24—30)

(1) 后法废除前法的原则。根据《维也纳条约法公约》第 30 条, 当条约的所有缔约方同时也是同一主题的前条约的缔约方, 且前条约并未中止或终止时, 则前条约仅在其规定符合后一项条约规定的范围内适用。

(2) 对后法原则的限制。适用后法原则是有限制的。例如, 当后续条约的缔约方与先前条约的缔约方并非完全一致时, 该后续条约不能自动适用。在这类情况下, 按照《维也纳条约法公约》第 30 条第 4 项的规定, 在为两条约之当事国与仅为其中一条约之当事国间彼此之权利与义务依两国均为当事国之条约定之。[2]

一般而言, 前后规范之间冲突的情况并不常见。欧洲人权法院在"斯里文科和其他人诉拉脱维亚案"(*Sliveko and Others v. Latvia*) 中认定, 不能援引拉脱维亚与俄罗斯之间先前的一项双边条约来限制适用《欧洲人权公约》。联系《欧洲人权公约》第 57 条第 1 款的案文与第 1 条可推断出, 一国批准公约意味着其境内当时实行的任何法律都应当符合公约……法院认为, 同样的原则也必须适用于一缔约国在批

---

[1] 《国际法委员会年鉴 2006 年》, 第二卷 (第二部分), A/61/10, 第 209 页, 第 251 (17) — (20) 段。

[2] 《国际法委员会年鉴 2006 年》, 第二卷 (第二部分), A/61/10, 第 210 页, 第 251 (24) — (25) 段。

准公约之前签署的且可能与公约的某些规定相左的任何国际条约条款。①

（3）属于同一制度的条约规定与不同制度中的规定之间的区分。对于同一制度组成部分的条约，相互冲突或重叠的规定最能体现后法原则的作用。当不同制度的条约之间出现冲突或重叠时，出现时间的早晚不一定能体现出它们之间的优先顺序。②

（4）特殊类别的条约或条约规定。如果从条款或相关文书的性质、或从其目的和宗旨推断缔约方另有意图时，就不得适用后法假说。③

（5）制度内部和制度间争端的解决。国家之间涉及条约规定冲突的争端通常应在相关条约的缔约方之间通过谈判解决。然而，如果无法谈判解决时，应当酌情诉诸其他现有的争端解决手段。当冲突涉及不属于同一制度的多项条约规定时，则应特别注意所选择的解决手段的独立性。④

6. 国际法的等级：强行法、普遍义务和《联合国宪章》第 103 条

（1）国际法规范之间的等级关系

《国际法院规约》第 38 条载列的主要国际法渊源——条约、习惯和一般法律原则相互之间并不存在等级关系。由于国内法和国际法这两个制度之间存在差异，不能类比国内法律制度的等级性。然而，某些国际法规则比另一些规则更重要，并因此在国际法制度中享有更高的地位或特别地位，通常表现为某些规范是"基本的"或者"基本的人道考虑"或者"不可违反的国际习惯法原则"。这类条款效力通常取决于相

---

① *Sliveko and Others v. Latvia*, Application No. 48321/99, Decision as to the Admissility of 23 January 2002, Grand Chamber, European Court of Human Rights, Reports of Judgments and Decisions 2002 - II, pp. 482 - 483, paras. 60 - 61.
② 《国际法委员会年鉴 2006 年》，第二卷（第二部分），A/61/10，第 210 页，第 251 (26) 段。
③ 《国际法委员会年鉴 2006 年》，第二卷（第二部分），A/61/10，第 210 页，第 251 (27) 段。
④ 《国际法委员会年鉴 2006 年》，第二卷（第二部分），A/61/10，第 210 页，第 251 (28) 段。

关具体情况或者做出这一指定的法律文书。①

通常情况下,一项国际法规则优于另一个规则的情况可以分为三类。

第一,强行法规则:取决于其内容的重要性以及其优先性是否得到普遍接受。这是国际法强制规范的情况,由《维也纳条约法公约》第53条做出规定。最经常被引述的强制性规范实例包括禁止侵略、禁止奴役和贩卖奴隶、禁止灭绝种族、禁止种族歧视、禁止种族隔离和酷刑的规则,以及适用于武装冲突的国际人道法基本规则和自决权。被"国家组成的作为整体之国际社会接受并公认不受损抑的"其他规则也可具有强行法的性质。与强行法规范冲突的规则实际上无效。②

第二,《联合国宪章》第103条:一项国际法规则也可由于某一条约的规定而高于其他规则,《联合国宪章》第103条就属于这种情况,"联合国会员国在本《宪章》下之义务与其依任何其他国际协定所负之义务冲突时,其在本《宪章》下之义务应居优先"。第103条的范围不仅涵盖《宪章》各条款,也涵盖安全理事会等联合国机构做出的约束性决定。鉴于《宪章》中一些规定的性质、《宪章》的宪法性质以及各国和联合国的既定惯例,《宪章》的义务也可能优先于前后矛盾的习惯国际法。《联合国宪章》本身由于其中某些规范的基本性质,尤其是其原则和宗旨以及其被普遍接受的事实,具有特殊性。③

第三,普遍义务规则:对整个国际社会所负义务的规则。某些义务由于可普遍适用而享有特殊地位。普遍义务就属于这种情况,它是一国对整个国际社会承担的义务。这些规则涉及所有国家,并认定所有国家在保护所涉权利方面都有合法利益。每一国家都可追究违反这类义务的

---

① 《国际法委员会年鉴2006年》,第二卷(第二部分),A/61/10,第211页,第251(31)段。
② 《国际法委员会年鉴2006年》,第二卷(第二部分),A/61/10,第211页,第251(32)—(33)段。
③ 《国际法委员会年鉴2006年》,第二卷(第二部分),A/61/10,第212页,第251(34)—(36)段。

国家的责任。①

（2）上述三项规则之间的等级关系有必要加以阐释

第一，绝对法规范所确立的所有义务具有普遍义务的性质，但并非所有普遍义务都是一般国际法强制性规范所确立的。

第二，由于《联合国宪章》得到各国普遍接受，因此强制性规范与《宪章》义务之间很难出现冲突。同时，根据《宪章》第24条第2项，安全理事会应根据包括后来被视为强行法规则在内的联合国宗旨和原则行事。②

第三，强制性规范和《宪章》第103条的作用和效果：（a）与强行法规范冲突的规则因此而实际上无效；（b）与《联合国宪章》第103条相冲突的规则因这一冲突且在这一冲突的范围内不可适用。③

概言之，国际法委员会处理国际法不成体系问题的基本理由是随着新的特殊类型的法律、"自足制度"和受地理区域或功能限制的条约系统出现，产生了对国际法一致性的挑战。新规则和制度往往载有一些可能与旧的一般法或其他专业部门法不相容的新型条约条款或惯例，当这种偏离情况经常发生时，法律的统一性就会受到损害。而这种偏离不是法律技术性"错误"所致，而是反映出行为主体在多元化社会中的不同追求和偏好。

受"一般国际法"管辖的事项已经成为"贸易法""人权法""环境法""海洋法""欧洲法"等专门法律以及甚至"投资法"或"国际难民法"等具有外来特征和高度专业知识的法律所管辖的领域，每一种法律都有其自己的原则和机构。当法律被分裂成高度专业化的"方格"，彼此之间以及与一般法之间相对自治，那么如何看待这种自治以及两个或多个制度的法律发生冲突时，应该如何处理冲突？

国际法不成体系问题具有消极与积极两个方面：一方面，国际法不成体系有产生相互冲突和不相容的规则、原则、规则体系及机构实践的

---

① 《国际法委员会年鉴2006年》，第二卷（第二部分），A/61/10，第212页，第251(37)段。
② 《国际法委员会年鉴2006年》，第二卷（第二部分），A/61/10，第212页，第251(38)—(40)段。
③ 《国际法委员会年鉴2006年》，第二卷（第二部分），A/61/10，第213页，第251(41)段。

危险；另一方面，它也反映出国际法律活动扩展到新领域以及随之而来的目标和技术的多样性。不成体系和多样化导致国际法为应对多元化世界的需求而发展和扩大。国际法委员会认为，在承认不成体系是不可避免事实的前提下，运用法律专业方式进行评估和管理。对此，《维也纳条约法公约》为这些发展提供了统一的框架。[1] 国际法委员会开展不成体系问题研究的出发点是希望在由《维也纳条约法公约》提供的概念框架内，能够以法律专业方式把握、评估和处理上述无可避免的情形。[2]

---

[1] 《国际法委员会年鉴 2006 年》，第二卷（第二部分），A/61/10，第 205—206 页，第 246—249 段。

[2] 《国际法委员会年鉴 2006 年》，第二卷（第二部分），A/61/10，第 204—205 页，第 241—247 段。

第 六 章

国际法主体相关问题的编纂与逐渐发展

第一节 国家和国际组织相关问题的编纂与逐渐发展

一 国家的权利和义务

（一）编纂经过

早在19世纪，有关国家的权利和义务问题就在国际法领域受到关注，成为若干国家与致力于国际法发展和编纂科学机构进行讨论和解决的议题。1789年法国在大革命期间就通过《国家权利和义务宣言草案》，提出了国家基本权利与义务的概念，主张国家主权原则，以及不干涉内政、海洋航行自由、在战争中贯彻人道主义等原则。

早期国际法学家如边沁、帕斯夸莱·菲奥雷（Pasquale Fiore）、杰罗姆·因诺西亚（Jerome Internocia）等人编纂的国际法典中也包含关于国家权利和义务的论述。[①] 在区域层面，1916年美洲国际法研究院起草了题为《国家权利和义务宣言草案》。这一草案经正式和非正式地广泛讨论成为《蒙得维的亚国家权利义务公约》文本（Montevideo Convention on the Rights and Duties of States），最终在1933年第7届美洲国家间会

[①] "Preparatory Study Concerning a Draft Declaration on the Rights and Duties of States", Memorandum submitted by the Secretary-General, A/CN. 4/2, 15 December 1948, p. 1.

议上由美洲国家签署。①

1946年1月，巴拿马代表团向联合国大会第1届会议提交了包含24项条款的"国家权利和义务宣言草案"并附解释性说明。说明指出，草案部分借鉴了美洲国际法研究院1916年草案内容，②并且强调由联合国制定一项构成重新编纂国际法基础的、关于各国权利和义务宣言是恰当的。③经第一委员会对该议题讨论后，联合国大会于1946年通过第38（Ⅰ）号决议，请秘书长立即向联合国所有会员国以及相关国家和国际机构转递巴拿马提出的国家权利和义务宣言草案（以下简称"巴拿马草案"）案文，要求各国及机构于1947年6月1日之前向秘书长提出评论和意见。同时，将宣言提交大会在本届会议期间所设立的逐渐发展与编纂委员会，并请秘书长将收到各国政府和机构提出的评论和意见转递委员会。④

逐渐发展与编纂委员会对该草案意见起草工作进行了充分讨论，决定将巴拿马草案作为国际法委员会工作的基础之一。在讨论草案的编纂方法究竟为"逐渐发展国际法"还是"编纂国际法"时，美国代表反对"逐渐发展国际法"方法，而波兰和法国代表则认为，草案一些条款超出了"编纂"范畴，属于"逐渐发展"。

联合国大会于1947年通过第178（Ⅱ）号决议，建议由国际法委员会以巴拿马草案为讨论依据，并参阅有关其他文件及草案，拟订国家权利义务宣言草案。⑤国际法委员会在1949年第1届会议上拟就《国家权利和义务宣言草案》（以下简称《宣言草案》），共14条并附有评注，并决定将草案转交联合国大会。联合国大会在1949年以第

---

① Pan American Union, Documents for the Use of Delegates to the Seventh International Conference of American States, Montevideo, Uruguay, 3 Dec. 1933, No. 4, pp. 12 – 16.

② "Preparatory Study Concerning a Draft Declaration on the Rights and Duties of States", Memorandum submitted by the Secretary-General, A/CN.4/2, 15 December 1948, pp. 35 – 39.

③ "Preparatory Study Concerning a Draft Declaration on the Rights and Duties of States", Memorandum submitted by the Secretary-General, A/CN.4/2, 15 December 1948, p. 20.

④ "Draft Declaration on the Rights and Duties of States", A/RES/38（Ⅰ）, 11 December 1946, paras. 1 – 2.

⑤ "Draft Declaration on the Rights and Duties of States", A/RES/178（Ⅱ）, 21 November 1947, para. 5.

375（Ⅳ）号决议通过《宣言草案》，① 并请会员国就以下问题提出建议：（1）大会是否应就宣言草案采取进一步行动；（2）如果采取行动，将来文件的性质是什么？以及对此问题应采用何种程序？② 1951 年联合国大会第 596（Ⅵ）号决议认为，由于提出意见和建议的国家数目不多，决定推迟审议该事项，直到有足够数目的国家转交其意见和建议，并在任何情况下，在多数会员国转交此类答复后立即进行审议。③

（二）成果述评

国家作为国际法的主体，当然地享有一定的基本权利，并承担相应的基本义务。不过，关于国家有哪些基本权利的问题，国际法上有各种不同的主张。《宣言草案》虽是一项无法律约束力的国际文件，却充分反映出国际社会对这一问题的重视以及对国家基本权利和义务的肯定，同时对于澄清国家权利与义务问题提供了基本依据。国际法委员会认为，《宣言草案》符合《联合国宪章》的各项规定，适用于世界上所有主权国家，而不仅仅是联合国会员国。基于这些考虑，《宣言草案》规定了国家的 4 项权利和更为详尽的 10 项义务。

《宣言草案》规定的 14 项国家权利义务内容基本上来源于巴拿马草案包含的 24 项条款草案，对其中一些条款进行重新整合，有 2 项条款未予以保留。第一，巴拿马草案提出："每一国家有权存在和维持其存在"，对此，国际法委员会大多数成员认为，确定现存国家的存在权是没有必要的，在某种意义上，这项权利是整个宣言草案的一项假定或先决条件。鉴于《宣言草案》中有关自卫和不干涉他国内政条款，宣布一个国家有权维持其存在是多余的。第二，巴拿马草案规定："每一国家有权使其存在得到其他国家的承认。"对此，国际法委员会大多数成员认为，由《宣言草案》的某一条款处理"国家承认"整体问题可能

---

① 《国家权利和义务宣言草案》案文，参见 "Draft Declaration on Rights and Duties of States", A/RES/375（Ⅳ）, 6 December 1949, Annex。

② "Draft Declaration on Rights and Duties of States", A/RES/375（Ⅳ）, 6 December 1949, para. 4.

③ "Draft Declaration on Rights and Duties of States", A/RES/596（Ⅵ）, 7 December 1951, para. 1.

涉及的政治影响过大并过于复杂，故而在《宣言草案》中删除了这一条款，而将"国家承认"问题单独作为国际法委员会编纂的专题之一。①

各主权国家之间受法律调整而交往，国际法源于各国所表示的彼此间交往应由法律规则加以调整的明示或默示的共同同意。国际法主体的基本权利概念本身意味着有尊重国际法主体基本权利的相对义务。《宣言草案》中的权利义务不是基于国家之间条约所产生，而是国家单纯作为国际人格者在习惯上享受和承担的权利和义务，也是国家作为国际社会成员而相互给予和接受的权利和义务。一方面，每一个国家都有行动的自由；另一方面，每一个国家应当同意在行动上受某种限制，以使每一个其他国家都有行动自由。一个国家作为国际社会成员被承认，就包含着对该国家的平等、尊严、独立和管辖权的尊重，同时，被承认国家也同样应尊重其他国家的权利，从而对其侵犯行为承担责任。②

综上，《宣言草案》条款阐明了国际法的一般原则，带有对国际法的一些重要规则进行一般性编纂或是加以变更建议的性质。与此同时，《宣言草案》所规定的权利和义务是笼统的，其条款适用的范围和方式需要由更精确的规则来确定。③《宣言草案》第14条所规定的"各国有责遵照国际法及国际法高于各国主权之原则，处理其与他国之关系"，构成理解《宣言草案》性质以及适用《宣言草案》的关键指导原则。

二 国家的继承问题

（一）编纂经过

国际法委员会在1949年第1届会议上选择"国家和政府继承"作为编纂的专题之一，但未将其列入优先考虑的专题清单。联合国大会于1961年通过第1686（ⅩⅥ）号决议，建议国际法委员会在其优先清单中列入国家和政府继承专题。④ 原则上，国际法委员会所有成员都赞成

---

① Yearbook of the International Law Commission, 1949, p. 288, para. 47.
② ［英］劳特派特：《奥本海国际法》（第八版）（上卷第一分册），王铁崖、陈体强译，商务印书馆1973年版，第199页。
③ Yearbook of the International Law Commission, 1949, p. 290, para. 52.
④ "Future Work in the Field of the Codification and Progressive Development of International Law", A/RES/1686（ⅩⅥ）, 18 December 1961, para. 3（a）.

将该专题列入优先清单,但对该专题的范围及其研究的最佳方式意见不一。国际法委员会在1962年第14届会议上决定设立一个国家和政府继承专题小组委员会,任务是向国际法委员会提交一份初步报告,其中载有关于该专题的范围、研究方法以及提供必要资料。国际法委员会1963年第15届会议审议并一致核准了小组委员会的报告,认为充分重视研究国家继承问题是合理的,并暂时仅在补充国家继承研究所需的范围内考虑政府的继承。在讨论中,一些成员强调,鉴于现代非殖民化运动蓬勃发展,国家继承问题对于新国家和国际社会均具有特殊重要性,该专题编纂应特别注意新国家问题。在编纂内容上,小组委员会将本专题进一步细分为三个子专题:条约的继承;由条约以外其他事项产生的权利和义务的继承(1968年修订为"条约以外事项的国家继承")和国际组织成员国的继承。并且,小组委员会提出了目标:调查和评价国家继承问题的法律和惯例现状,以及根据国际法新发展编写关于这一专题的条款草案,这一目标得到委员会所有成员的批准。[1] 委员会在1967年第19届会议上决定暂时不考虑国际组织成员国的继承问题。

1. 条约以外事项的国家继承

国际法委员会在1967年第19届会议上任命穆罕默德·贝德贾维(Mohammed Bedjaoui)作为"条约以外事项所产生的权利和义务的继承"子专题的特别报告员。国际法委员会分别于1968年、1969年、1973年和1975年至1981年的第20届、第21届、第25届会议和第27届至第33届会议审议了这一份专题。1981年第33届会议,国际法委员会通过了《关于国家在国家财产、档案和债务方面的继承条款草案》,并且充分肯定了将该专题编纂为一项公约的价值,以巩固关于国家在国家财产、档案和债务方面普遍接受的国际法规则。尤其是国际社会已经于1978年达成《关于国家在条约方面的继承的维也纳公约》,因此本专题缔结公约更具可行性。[2] 有鉴于此,国际法委员会建议大会召开一次国际全权代表会议,研究国家在国家财产、档案和债务方面的继承条款

---

[1] Yearbook of the International Law Commission, 1963, Vol. II, A/5509, p. 224, paras. 56 – 61.

[2] Yearbook of the International Law Commission, 1981, Vol. II (Part Two), A/36/10, p. 12, paras. 62 – 63.

草案，并就这个问题缔结一项公约。

2. 与国家继承相关的国籍问题

在1993年第45届会议上，国际法委员会根据长期计划工作组的建议，决定在大会核准的情况下，将"国家继承和其对自然人和法人国籍的影响"纳入议程，并于1994年第46届会议上任命瓦茨拉夫·米库尔卡（Václav Mikulka）为该专题特别报告员。其后，国际法委员会就"与国家继承相关的国籍问题"的实质性研究提出建议，将自然人国籍与法人国籍问题分为两个部分进行审议。在1999年第51届会议上，国际法委员会二读通过了《国家继承涉及的自然人国籍问题条款草案》，包括序言和27项条款及其评注，[①] 同时指出，由于各国对专题的法人国籍部分不感兴趣，最终决定有关"国家继承涉及的国籍问题"专题工作已经完成，建议大会以宣言形式通过这一条款草案。

3. 关于国家责任方面的国家继承

国际法委员会于2001年完成"国家对国际不法行为的责任"专题的编纂工作，但没有处理实施不法行为后发生国家继承的情况。继承国既可能是责任国，也可能是受害国，此两种情况下，继承均会引发相当复杂的法律关系。[②] 对于这一问题，国家责任专题特别报告员詹姆斯·克劳福德在报告中写道，各方普遍接受的观点是新国家一般不继承被继承国的任何国家责任。[③] 而2001年《国家对国际不法行为的责任条款草案》评注中则有不同的表述，即"在国家继承的情况下，新国家是否继承被继承国在领土方面的任何国家责任，并不明确"。[④] 长期以来，对于继承国是否及在何种情形下可以为被继承国的国际不法行为承担责任，国家实践和学说均没有给出统一的答案。

国际法委员会在2017年第69届会议上决定根据长期计划工作组的建议，将"国家责任方面的国家继承"专题纳入其工作计划，任命帕

[①] 《国家继承涉及的自然人国籍问题条款草案》案文及其评注，参见《国际法委员会年鉴1999年》，第二卷（第二部分），A/54/10，第22—50页。

[②] 参见联合国大会《国际法委员会报告》，大会正式记录，第七十一届会议补编第10号，A/71/10，2016年，第390页，附件B《国家责任方面的国家继承》，第2段。

[③] 《国际法委员会年鉴1998年》，第二卷（第一部分），A/CN.4/490/Add.5，第61页，第282段。

[④] 《国际法委员会年鉴2001年》，第二卷（第二部分），A/56/10，第119页，第3段。

维尔·斯图尔马（Pavel Šturma）为该专题特别报告员，审议了特别报告员第 1 份报告及其载有的第 1 条至第 4 条草案。[①] 特别报告员指出，国家继承不存在普遍性制度，而是适用于若干法律关系领域。因此，不同的继承领域是独立的，而且遵循专门的规则。尽管国家继承传统学说存在国家责任的不继承理论，但现代实践中，传统的不继承观点受到质疑，在具体类型的继承中，国家责任引起的义务和权利转移与否，需要逐案证明。[②] 本专题侧重国际责任次级规则，不涉及国际法不加禁止行为导致的损害性后果引发的任何国际赔偿责任问题，而是旨在明晰针对国家继承情形中国家对国际不法行为的国际责任引起的义务和权利的转移是否有国际法规则可循。

2018 年第 70 届会议，国际法委员会审议了特别报告员第 2 份报告及载有的第 5 条至第 11 条草案，[③] 讨论关于继承的合法性、国家责任方面的国家继承的一般规则以及责任所致义务方面的国家继承的特殊类别。经过全体会议的辩论，国际法委员会决定将特别报告员报告所载的第 5 条至第 11 条草案提交起草委员会。起草委员会临时通过第 1 条草案第 2 款和第 5 条和第 6 条草案，提交国际法委员会供参考。2019 年第 71 届会议，国际法委员会审议了特别报告员第 3 份报告以及起草委员会关于本专题的第 1 次报告，并暂时通过了第 1、第 2 和第 5 条草案。[④]

这一专题的编纂工作正在进行中，将《国家对国际不法行为的责任条款草案》作为专题工作的基础，致力于澄清国际不法行为在国家继承日期之后对被继承国或继承国的法律后果。本专题包括国际法逐渐发展的要素，既反映实然法也反映应然法，不做明确区分，因为一些应然法则可随着时间推移演变成实然法。此外，特别报告员认为，

[①] 第 1 条至第 4 条草案内容，参见联合国大会《国际法委员会报告》，大会正式记录，第七十二届会议补编第 10 号，A/72/10，2017 年，第 199—200 页，脚注 820—823。

[②] 联合国大会：《国际法委员会报告》，大会正式记录，第七十二届会议补编第 10 号，A/72/10，2017 年，第 197 页，第 219—223 段。

[③] 第 5 条至第 11 条草案内容，参见联合国大会《国际法委员会报告》，大会正式记录，第七十三届会议补编第 10 号，A/73/10，2018 年，第 275—276 页，脚注 1234。

[④] 联合国大会：《国际法委员会报告》，大会正式记录，第七十四届会议补编第 10 号，A/74/10，2019 年，第 281—283 页，第 72—80 段。

适用于条约方面国家继承的"白板原则"不应当作为本专题的一般规则。后续工作将侧重国家继承情况下责任的形式和援引,并处理程序和杂项问题,包括在有多个继承国情况下出现的问题和责任分担问题。①

(二) 成果述评

1.《关于国家对国家财产、档案和债务的继承的维也纳公约》

联合国大会在 1981 年通过第 36/113 号决议决定召开一次全权代表会议,审议《国家在国家财产、档案和债务方面的继承条款草案》并将其工作成果纳入一项国际公约或它可能认为适当的其他文件。② 全权代表会议于 1983 年 3 月 1 日至 4 月 8 日在维也纳举行,90 个国家的代表团参加了会议,通过了《关于国家对国家财产、档案和债务的继承的维也纳公约》,包括序言、51 项条款和附件。③ 公约于 1983 年 4 月 8 日开放供签署,应自交存第 15 份批准书或加入文书之日起 30 日生效。尽管从内容来看,除了涉及"独立国家"条款之外,公约大多数条款是习惯法的直接反映,但没有得到国际社会的普遍接受,截至 2021 年,只有 7 个缔约国,因而公约尚未生效。

公约规定,在发生继承的情况下,相关财产、档案和债务分配的首要规则是有关各方应当通过协议解决这些问题,这表明已经形成的规则都是在不能达成此种协议的情况下才发挥作用。④ 国家实践显示,由于辨别国家财产、档案及债务事关国家利益的重大问题,是一个棘手的难题,除了一些明确而基本的规则外,多数规则需要取决于特定情况下所达成的特定协议,这也是反映一般性规则的公约未被各国普遍接受的原因之一。

---

① 联合国大会:《国际法委员会报告》,大会正式记录,第七十四届会议补编第 10 号,A/74/10,2019 年,第 288 页,第 108—110 段。
② 联合国大会:《联合国关于国家对国家财产、档案和债务的继承的会议》,A/RES/36/113,1981 年 12 月 10 日,第 2 段。
③ Official Records of the United Nations Conference on Succession of States in Respect of State Property, Archives and Debts, Vienna, 1 March – 8 April 1983, Vol. Ⅱ, Summary Records of the Plenary Meetings and of the Meetings of the Committee of the Whole, A/CONF/117/14.
④ [英] 马科西姆·N. 肖:《国际法》(下),白桂梅、朱利江、李永胜、梁晓晖译,北京大学出版社 2011 年版,第 776 页。

2. 《国家继承涉及的自然人国籍问题条款草案》

《国家继承涉及的自然人国籍问题条款草案》（以下简称"条款草案"）分为两个部分，第一部分涉及所有国家继承类别的一般性规定，第二部分着重阐明特定情形下的国籍继承，包含（1）领土部分转让情形；（2）国家统一情形；（3）国家解体情形；（4）一部分或几部分领土分离。

在国籍取得上，条款草案规定，在国家继承之日具有前任国家国籍的每一个人，不论取得该国籍的方式如何，都有权获得至少一个有关国家的国籍。这表明《世界人权宣言》第15条所载的"人人有权享有国籍"的原则适用于此种情况。委员会承认，第15条在学理上存有争议，尤其确定一个人有权向哪一个国家提出国籍要求，即确定这项权利所对应义务的承担者是不可能的。但是就国家继承而言，却有可能认定这样一个国家。它要么是继承国，在不止一个继承国时为继承国之一，要么就根据情况认定是被继承国。在某些情况下，有关个人可能与两个或更多的继承所涉国家有联系。一个人最后可能具有数国国籍，或出于选择，最后仅有其中之一的国籍，但是，在任何情况下都不得剥夺个人取得至少一个此种国籍的权利，这就是"有权取得至少一个有关国家的国籍"一语的含义。承认因国家继承而来的多国籍可能性并不意味委员会有意鼓励双重或多重国籍的政策，在这个问题上，条款草案完全是中性的，将此留给每个国家自行处理。①

防止无国籍的义务。条款草案规定，有关国家应采取一切适当的措施，防止在国家继承之日具有前任国家国籍的人因这种变更而成为无国籍人。这要求继承国有义务原则上把国籍授予所有个人。但这是行为义务而非结果义务，不能认为每一个有关国家都要为这一继承造成的所有无国籍者负责，合理的做法是只能要求一个国家采取国际法所划定权限范围内的适当措施。因此，当有一个以上的继承国时，并非每一个继承国都有义务将其国籍给予每一个有关个人。同样被继承国也没有义务把所有有关个人保留为自己的国民，否则，其后果将是：第一，大量出现双重或多重国籍；第二，大量制造没有适当联系

---

① 《国际法委员会年鉴1999年》，第二卷（第二部分），A/54/10，第27—28页，条款草案第1条及评注（1）—（5）段。

的法律上的国籍关系。①

国籍推定原则。在条款草案的限制下可推定：在受国家继承影响的领土内有惯常居所的有关个人在国家继承日期取得继承国国籍。这一规定体现了对特定国家继承情况适用有效国籍原则这一事实。国际法委员会认为，惯常居住地是在实践中最经常用来界定国家基本国民群体的检验标准，即使不是唯一的标准。②

国籍的取得与丧失。条款草案规定：（1）如果个人有资格取得继承国的国籍，但又具有另一有关国家的国籍，则前一国家可以要求该人放弃后一国家的国籍，才给予其国籍。不过，如果这样做会使有关个人变成无国籍，就不得适用这一要求。（2）被继承国和继承国都可规定，因国家继承而自愿取得（被）继承国国籍的人，应丧失原国籍。这些规定是作为减少或消除双重和多重国籍的一种手段。③

尊重个人意愿原则。条款草案规定，如果个人有资格取得两个或两个以上有关国家的国籍，有关国家应考虑到这些人的意志；各有关国家应给予与该国有适当联系的个人选择其国籍的权利，防止该人因国家继承问题成为无国籍者。许多处理国家继承中国籍问题的条约以及有关国家法律都规定了选择权，使有关个人能在被继承国与继承国的国籍之间或在两个或多个继承国国籍之间做出选择，作为自己的国籍。现代国际法在解决国家继承中国籍问题时如何看待个人意愿的作用，存在很大意见分歧。国际法委员会认为，随着人权法的发展，尊重个人意愿已成为最重要的考虑。虽然这不意味着每次在国家继承时取得国籍都必须以个人意愿为基础，但是在解决给予处于有关国家相互重叠的管辖范围"灰色地带"的有关个人国籍时，选择权可发挥一定作用。④

虽然国籍基本上归国内法管辖，但也与国际法律秩序直接相关，后

---

① 《国际法委员会年鉴1999年》，第二卷（第二部分），A/54/10，第30页，条款草案第4条及评注（6）段。
② 《国际法委员会年鉴1999年》，第二卷（第二部分），A/54/10，第31页，条款草案第5条及评注第（4）段。
③ 《国际法委员会年鉴1999年》，第二卷（第二部分），A/54/10，第34页，条款草案第9条和第10条及评注第（1）段。
④ 《国际法委员会年鉴1999年》，第二卷（第二部分），A/54/10，第35页，条款草案第11条及评注第（1），第（5）—（6）段。

者确定了国家在这方面权限所受到的限制。条款草案通过编纂与逐渐发展的方法处理了国籍问题上国家与个人之间关系、国内法与国际法之间关系。① 同时，人权法的发展推进了国家在国籍问题上应承担的进一步国际义务。例如，美洲人权法院主张，不能把各国管理有关国籍问题的方式视为完全属于其管辖权问题，各国在此领域所享有的权利也同样受充分保护人权之义务的限制。② 随着人权领域规则的演进，国家利益绝对压倒个人利益的传统性态度已有所缓解，在有关国籍问题上应兼顾两方面的利益，基本原则是：对所有国籍可能因国家继承而受影响的人，不论其惯常居所在哪里，务必保障他们的基本权利和基本自由。③

三　国家及其财产的管辖豁免

（一）编纂经过

由劳特派特执笔的《1949年国际法调查备忘录》阐述了"对外国的管辖权"问题，涉及"国家及其财产、公共船只、主权和武装部队的整个管辖豁免领域"。备忘录指出，外国管辖豁免的问题是需要编纂的。随着各国在外国领域经济活动增加，国家承担了管理商业和运输的责任，从而增加了对国家管辖豁免问题进行全面规范的紧迫性。尽管对豁免的一般原则形成一定共识，适用豁免的分歧和不确定性在各国之间以及国内司法判例当中仍然显著存在。对此，国际法委员会在1949年第1届会议上选择国家及其财产的管辖豁免问题作为编纂的专题之一，但未列入优先考虑的专题清单。之后，国际法委员会在编纂不同专题过程中，或多或少涉及国家豁免问题的某些方面。例如，1956年海洋法条款草案中提到国有船舶和军舰的豁免，1958年关于外交交往和豁免的条款草案审议了与外交使团有关的国家财产的豁免，1967年关于特别使团的条款草案也载有关于国家财产豁免的条款，1971年关于国家

---

① 《国际法委员会年鉴1999年》，第二卷（第二部分），A/54/10，第27页，序言评注第（8）段。

② Proposed Amendments to the Naturalization Provisions of the Constitution of Costa Rica, Inter-American Court of Human Rights, Advisory Opinion OC – 4/84 of 19 January 1984, Series A, Judgments and Opinions, No. 4, p. 94, para. 32.

③ 《国际法委员会年鉴1999年》，第二卷（第二部分），A/54/10，第26—27页，序言评注第（1）—（7）段。

在与国际组织关系中的代表权的条款草案也载有国家财产豁免条款。直到 1978 年第 30 届会议，国际法委员会将"国家及其财产的管辖豁免"专题列入工作计划开展编纂。① 国际法委员会在 1991 年第 43 届会议上二读通过了《国家及其财产的管辖豁免条款草案》，包括 22 项条款及评注，并且建议大会召开一次国际全权代表会议，在审查条款草案基础上缔结一项关于该专题的公约。②

（二）联合国大会以决议形式通过《联合国国家及其财产管辖豁免公约》

联合国大会于 1991 年通过第 46/55 号决议，设立一个不限成员名额的第六委员会工作组，参照各国政府的书面评论及大会辩论中的各种观点，审议（1）条款草案引起的实质性问题，通过编制普遍协议以促进公约的成功缔结；（2）于 1994 年或以后召开一次国际会议缔结关于国家及其财产的管辖豁免公约问题。③ 工作组自 1992 年起开展工作，编写工作情况的报告。1999 年，联合国大会通过第 53/98 号决议，设立第六委员会不限成员名额工作组，也开放给各个专门机构的成员国参加，审议有关国家及其财产的管辖豁免条款草案所涉及尚未解决的实质性问题，其中考虑到自条款草案通过以来各国在此问题上的实践、立法和任何其他因素的最新发展情况以及各国提出的评论；并且请国际法委员会就条款草案尚未解决的实质性问题编写初步评论。④

工作组编写题为"国家及其财产的司法管辖豁免工作组"的报告，列出了 5 个主要讨论的实质性问题：（1）以豁免为目的的国家概念；（2）确定交易或合同具有商业特征的标准；（3）与商业交易有关的国家企业或其他国家实体的概念；（4）雇佣合同；（5）国家财产的强制

---

① Yearbook of the International Law Commission, 1978, Vol. II (Part Two), A/33/10, p. 153, para. 188.
② 《国家及其财产的管辖豁免条款草案》案文及其评注，参见《国际法委员会年鉴 1991 年》，第二卷（第二部分），A/46/10，第 15—65 页。
③ 《关于国家及其财产的管辖豁免条款草案的审议》，A/RES/46/55，1991 年 12 月 9 日，第 4 段。
④ 《国际法委员会年鉴 1999 年》，第二卷（第二部分），A/54/10，第 137 页，第 480 段。

措施。还审议了在国家违反强制性国际法准则情况下是否存在豁免的问题。① 工作组强调，在国家实践和有关国家豁免问题的立法方面有一种新发展，即在由于国家违反具有绝对法性质的人权规范，特别是禁止酷刑的规范，而造成人员死亡或人身伤害的情况下，应当拒绝给予豁免。例如，美国修正了其《外国主权豁免法》对豁免规定了一个新的例外，1996年《反恐怖主义和有效死刑法》第221节引入了这一例外，其中规定，"因酷刑、法外处决、蓄意破坏飞行器、劫持人质……造成人身伤害或死亡而向外国国家提出损害赔偿金要求"的任何案件都不适用豁免。但是，《国家及其财产的管辖豁免条款草案》中没有具体涉及这些发展情况，而有关豁免的最近发展情况不应被忽视。②

2000年，联合国大会通过第55/150号决议，设立国家及其财产管辖豁免问题的特设委员会，同时开放给各专门机构的成员国参加，以进一步推展已完成的工作，整理达成协议和解决未决的问题，根据国际法委员会通过的《国家及其财产管辖豁免条款草案》以及第六委员会不限成员名额工作组的讨论，拟订一份可接受的一般性文书。③ 2003年联合国大会通过58/74号决议，决定特设委员会应在2004年3月1日至5日再次开会，任务是拟订序言和最后条款，以期完成国家及其财产的司法管辖豁免公约，将特设委员会成果纳入公约。④ 2004年12月2日，联合国大会以第59/38号决议通过《联合国国家及其财产管辖豁免公约》，于当日开放供各国签署，并且同意特设委员会达成的一般性谅解，即该公约不涉及刑事诉讼。⑤ 公约应自交存第30份批准书或加入文书之日起30日生效，截至2021年，共有22个缔约国，因而尚未生效。

（三）成果述评

豁免与国家主权、平等和不干涉原则密切相关。国家豁免原则既涉及一个国家和个人之间权利和义务，同时涉及可能处于相反立场的

---

① 《国际法委员会年鉴1999年》，A/54/10，第二卷（第二部分），第159—184页，附件《国家及其财产的司法管辖豁免工作组的报告》。
② 《国际法委员会年鉴1999年》，A/54/10，第二卷（第二部分），第185页，附件《国家及其财产的司法管辖豁免工作组的报告》，第9—13段。
③ 《国家及其财产管辖豁免公约》，A/RES/55/150，2001年1月12日，第3段。
④ 《国家及其财产管辖豁免公约》，A/RES/58/74，2004年1月8日，第2段。
⑤ 《国家及其财产管辖豁免公约》，A/RES/59/38，2004年12月2日，第2—3段。

两个国家之间的关系,即一国对其整个管辖领土行使主权,而另一国家及其本国个人或公司则因前者行使领土管辖权而遭受牵连或起诉。因此,为了各国普遍利益,有必要使有关国家豁免的国际法规则更容易确定,以便对各国做出一般性指导,使它们能够在采取和保持一贯态度的基础上行使其领土主权,并坚持主权权利不受另一国行使类似权利的影响。

国际法委员会对国家豁免问题的编纂既包括对习惯国际法规则的编纂,也作为国际法逐步发展的一部分。关于国家豁免的国际法规则证据主要存在于国家实践、国内司法裁决、政府法律意见以及国家法律和具有普遍性或区域性国际公约的规则当中。① 国际法委员会在草拟条款草案时指出,为行使国家主权权利而享有的豁免不存在任何争议。然而,在豁免的核心以外似乎存在着中间区域,在这一区域内各国的见解、现行判例法和立法都千差万别。有观点认为,豁免是对法院地国家领土原则的一个例外,因此在每一个情况下均需有具体的根据;还有观点则主张国家豁免是国际法的一般规则或原则,只是这一规则在任何情况下都不是绝对的,因为即使所有豁免理论中最绝对的理论也承认一项重要例外,即同意的例外,同意也构成国际法其他原则的基础;另有观点则坚持,国家豁免规则是单一规则,其本身受到现有规则的制约,豁免或非豁免都是同一规则的一部分。换言之,豁免与其固有的条件和限制是并存的。②

《联合国国家及其财产管辖豁免公约》第三部分涉及有关"国家豁免例外的规定",其标题为"不得援引国家豁免的诉讼"。在编纂过程中,这一标题有两个备选标题,国家豁免的限制或国家豁免的例外,使用"限制"一词反映了现行国际法对第三部分所涉领域不享有国家管辖豁免的国家立场,使用"例外"一词的国家立场主张,国家管辖豁免是国际法规则,该规则的例外需经国家明示同意。国际法委员会强调,国家豁免规则的适用是双边性质,每个国家都可以是国家豁免的接

---

① Yearbook of the International Law Commission, 1978, Vol. II (Part Two), A/33/10, p. 153, para. 190.
② 《国际法委员会年鉴 1991 年》,第二卷(第二部分),A/46/10,第 25 页,条款草案第 5 条评注第(2)段。

受者或受益者。因此，为了调解这两种立场，最终委员会采用了"不得援引"的措辞。①

对于"交易或合同具有商业特征的标准"问题，国际法委员会指出，如何确定一项"合同或交易"是否为商业交易，应用性质加目的的检验标准：首先应主要根据合同或交易的性质，如果确定是非商业性的，则不必再进一步调查其目的。但是如果适用"性质"标准表明该合同属商业性质，则被告国可根据合同目的，对这种检验结果提出异议的双管齐下方法，这是为了充分保障和保护发展中国家。如果合同或交易的目的与非商业性质确定有关，则应当让被告国有机会证明这种合同或交易是为了公共目的。② 商业交易的定义和标准仍是这些条款草案中最有争议的问题之一。各国政府分为两类：一类是欢迎条款草案纳入目的检验标准，另一类则坚持性质检验标准为唯一的标准。后一类国家认为，目的检验标准在确定商业交易当中可能会引进一些主观的因素，从而以不可预知的方式扩大豁免权范围。③ 最终，工作组建议在条款中仅仅提及"商业合同或交易"，不做进一步解释，并且指出条款草案所载的某些标准可作为有益的指南，为国内法院和法庭在具体案例中决定是否应当给予豁免提供指导。④

以国际法委员会条款草案为基础，《联合国国家及其财产管辖豁免公约》是少数几个以联合国大会决议而非由联合国主持召开全权代表会议形式通过的公约。国家豁免问题本身是对领土管辖这项一般规则的例外，但各国国内法规定的非豁免情形越来越多，导致国家管辖例外的范畴越来越狭窄。由于各国实践对于这一问题千差万别，公约要成为一项生效的国际公约乃至成为被更多国家接受的普遍性国际公约仍然需要经受时间的检验。

---

① 《国际法委员会年鉴1991年》，第二卷（第二部分），A/46/10，第35页，条款草案第三部分评注第（1）—（2）段。

② 《国际法委员会年鉴1991年》，第二卷（第二部分），A/46/10，第22—23页，条款草案第2条第2款评注第（25）—（27）段。

③ 参见《国家及其财产的司法管辖豁免工作组的报告》，《国际法委员会年鉴1999年》，第二卷（第二部分），A/54/10，第172页，附件第40—41段。

④ 参见《国家及其财产的司法管辖豁免工作组的报告》，《国际法委员会年鉴1999年》，第二卷（第二部分），A/54/10，第174页，附件第60段。

四 国家官员的外国刑事管辖豁免

（一）编纂经过

如前所述，联合国大会通过《联合国国家及其财产管辖豁免公约》的第59/38号决议第2段规定，同意特设委员会达成一般性谅解，即该公约不涉及刑事诉讼。因而，国际法委员会设置了刑事管辖专题开展编纂工作。国家官员的外国刑事管辖豁免问题产生于国家间关系，其主要国际法渊源是习惯国际法。当个人权利受到犯罪行为侵害时，一国应当能够对犯罪嫌疑人行使刑事管辖权，这一点很重要；然而，基于普遍承认的国际法原则特别是国家主权平等原则的国家间关系应当稳定且可预测，也同样重要，因此，代表国家行事的官员相对于其他国家具有独立性，通过编纂和发展国际法有助于确保这一领域相关概念与规则内容之间保持适当的平衡。[1]

鉴于此，在2007年第59届会议上，国际法委员会决定将"国家官员的外国刑事管辖豁免"专题纳入其工作计划，并任命罗曼·科洛德金（Roman A. Kolodkin）为该专题特别报告员。2012年第64届会议，委员会任命康塞普西翁·埃斯科瓦尔·埃尔南德斯（Concepción Escobar Hernández）为特别报告员，接替不再担任委员会成员的罗曼·科洛德金。2012年至2019年，埃尔南德斯共提交7份报告，拟订了16项条款草案。2017年，国际法委员会暂时通过了《国家官员的外国刑事管辖豁免条款草案》7项条款。[2] 2021年，国际法委员会收到特别报告员第8份报告，并暂时通过第8—12条。

（二）成果述评

这一专题的编纂正在进行中，国际法委员会暂时通过的12项条款内容主要有以下几个方面。

第1条规定的范围适用于国家官员对另一国刑事管辖享有的豁免，

---

[1] 《国际法委员会年鉴2006年》，第二卷（第二部分），A/61/10，第221页，附件1，第17—18段。

[2] 暂时通过的《国家官员的外国刑事管辖豁免条款草案》案文，参见联合国大会《国际法委员会报告》，大会正式记录，第七十二届会议补编第10号，A/72/10，2017年，第170—172页，第140段。

不妨碍依照国际法特别规则享有的刑事管辖豁免，特别是与外交使团、领事馆、特别使团、国际组织和一国军事力量相关人员所享有的刑事管辖豁免。第2条是关于国家官员和"以官方身份实施的行为"的定义。"国家官员"是指代表国家或行使国家职能的任何个人；"以官方身份实施的行为"指国家官员在行使国家权力时实施的任何行为。第3条和第4条规定了属人豁免的规范要素。国家元首、政府首脑和外交部长对外国行使的刑事管辖享有属人豁免：（1）国家元首、政府首脑和外交部长仅在其任职期间享有属人豁免；（2）国家元首、政府首脑和外交部长享有的此种属人豁免涵盖他们在任职期间或任职之前的所有行为，无论是私人行为还是公务行为；（3）属人豁免的停止不妨碍关于属事豁免国际法规则的适用。第5条和第6条规定了属事豁免的规范要素。国家官员在以此种身份行事时，对外国行使的刑事管辖享有属事豁免：（1）国家官员只有在以官方身份实施行为方面享有属事豁免；（2）对以官方身份实施行为的属事豁免在所涉个人不再担任国家官员后继续存在；（3）根据第4条草案享有属事豁免的个人在任期届满后继续就任期之内以官方身份实施的行为享有豁免。第7条规定了不适用属事豁免的国际法规定的罪行，包括：（1）灭绝种族罪；（2）危害人类罪；（3）战争罪；（4）种族隔离罪；（5）酷刑；（6）强迫失踪。理由是这些罪行往往认为不属于外国刑事管辖属事豁免范畴，同时也是国际法已确定为国际社会关切的最严重罪行，有国际规范、基于条约规范和习惯规范予以禁止。[①] 第六委员会辩论时，包括中国、美国在内等国家认为，第7条没有反映现行法，国际法委员会只应列出反映习惯规范的现行法提案。[②] 国际法委员会澄清指出，第7条是一项拟议法性质的提案，构成国际法的逐渐发展。草案第8条涉及法院地国主管当局拟对或确实对另一国官员行使刑事管辖权时，应当审查刑事管辖豁免问题的义务。"审查豁免问题"是指为评估法院地国当局涉及其刑事管辖的行为是否会影响另一国官员的刑事管辖豁免而采取的必要措施。因此，对豁免权的

[①] 联合国大会：《国际法委员会报告》，大会正式记录，第七十二届会议补编第10号，A/72/10，2017年，第176页，第7条评注第（7）段。
[②] 《关于国家官员的外国刑事管辖豁免的第七次报告》，A/CN.4/729，2019年4月18日，第7页，脚注52—53。

"审查"是一种准备行动，标志着一个程序的开始，该程序将以确定豁免权是否适用而结束。草案第9条涉及通知事项，法院地国应就其打算对另一国官员行使刑事管辖权一事通知另一国。通知是一项基本要求，能确保官员所属国可靠地了解法院地国对其一名官员行使刑事管辖权的意图，从而能够决定援引或放弃豁免。同时，通知有助于法院地国和官员所属国之间启动对话，从而成为确保适当确定和适用国家官员的外国刑事管辖豁免的一项同样基本的要求。草案第10条涉及承认官员所属国援引豁免的权利。援引豁免的权利属于官员所属国，豁免的目的是维护官员所属国的主权，这意味着承认豁免是为了国家利益，而不是个人利益，因此，援引豁免的决定和与援引豁免有关的任何决定均应由国家而不是官员做出。草案第11条涉及官员所属国可放弃官员的外国刑事管辖豁免。放弃权利的持有者为官员所属国，而不是官员本人，因此，只有官员所属国才能放弃豁免，从而同意另一国对其官员行使刑事管辖权。条款中的"可"字用来表示放弃豁免是官员所属国的一项权利，而不是一项义务。草案第12条为一项程序性规定，指出法院地国和官员所属国均可请对方提供信息。①

正在审议中的第13、14和15条涉及法院地国和官员所属国之间适用的程序保障，是构成国际法逐渐发展的拟议法提案。国际法委员会与第六委员会均强调，必须有程序保障，以防止为政治目的对外国官员使用或滥用刑事管辖权，保障措施旨在保护法院地国和官员所属国双方的利益。（1）使官员所属国能够援引和放弃豁免，为此需要知道法院地国有意行使管辖权；（2）促成法院地国当局和官员所属国当局之间的信息交换；（3）便利官员所属国对所涉官员行使刑事管辖权；（4）允许法院地国和官员所属国进行协商。总体而言，由于国家和条约实践多种多样，各有自身特点，很难找到同一性。条款草案的目的是帮助法院地国和官员所属国之间建立互信，为双方提供法律确定性，并且帮助消除诉讼政治化和造成国家

---

① 联合国大会：《国际法委员会报告》，大会正式记录，第七十六届会议补编第10号，A/76/10，2021年，第116—129页，条款草案评注第8条至第12条。

关系不稳定的风险。①

五 国家代表与国际组织的关系

(一) 编纂经过

1958年第13届联合国大会期间，法国代表提出，由于国际组织的发展导致其与国家间关系的法律问题增多，而《国际组织特权与豁免公约》只是部分地解决了有些问题，建议大会应请国际法委员会在议程中列入关于国家与国际组织之间关系的研究，不仅有必要编纂这些特别公约，而且应当制定一般原则，作为该领域国际法逐步发展的基础。② 根据第六委员会建议，联合国大会于1958年通过第1289（XIII）号决议，请国际法委员会在完成外交交往和豁免、领事交往、豁免和特设外交研究后，参照研究的结果和讨论情况，审议国家与政府间国际组织关系问题。③

1962年国际法委员会第14届会议任命阿卜杜拉·埃里安（Abdullah El-Erian）为该专题特别报告员。委员会大多数成员的结论是，由于国家与政府间组织之间关系的范围很广，仅就国家代表在国际组织的地位、特权和豁免问题开展工作。

国际法委员会在1971年第23届会议上二读通过了《国家代表与国际组织关系的条款草案》，包括82项条款及评注，并建议联合国大会在适当时候召开国际全权代表会议缔结一项公约。④ 1971年，联合国大会通过2780（XXVI）号决议，表示希望根据国际法委员会通过的条款草案及各国意见和评论迅速拟订并缔结一项国际公约。⑤

---

① 联合国大会：《国际法委员会报告》，大会正式记录，第七十四届会议补编第10号，A/74/10，2019年，第299页，第138—139段。
② "Representation of States in Their Relations with International Organizations", https://legal.un.org/ilc/summaries/5_1.shtml（last visited 30 January 2022）。
③ Relations between States and Intergovernmental Organizations, A/RES/1290（XIII）, 5 December 1958, para. 4.
④ 《国家代表与国际组织关系的条款草案》案文及评注，参见 Yearbook of the International Law Commission, 1971, Vol. II（Part One）, A/8410/Rev. 1, pp. 284–334。
⑤ "Report of the International Law Commission", A/RES/2780（XXVI）. 3 December 1971, part II, para. 5.

1975年2月4日至3月14日在维也纳举行了联合国代表与国际组织关系的全权代表会议，出席会议的有81个国家代表。① 1975年3月13日，会议通过了《维也纳关于国家在其对国际组织关系上的代表权公约》，于3月14日开放供各国签署。公约将于第35份批准书或加入书交存之日起30日生效，截至2021年，公约有34个缔约国，因而尚未生效。

（二）成果述评

国家代表与国际组织关系涉及各国在与国际组织的关系中的代表权问题。国际法委员会对分散于不同国际法文件中的国际法规则进行了编纂，对于解决国家与国际组织关系出现的问题、确定一致的实践具有一定的意义。国家与国际组织之间的关系有两个方面，即国家在与国际组织的关系中的代表权和国际组织对国家的代表权，国际法委员会大多数成员认为，由于国际组织派驻各国的代表是各组织的官员，因此，他们的地位问题是各组织本身地位的一个组成部分，因此，本专题关注各国在其与国际组织的关系中的代表权问题。

有关东道国作为派遣国的地位，委员会注意到，如果东道国是该组织的一个成员，就会产生以其作为派遣国的身份适用条款草案的问题。在这种情况下，有关派遣国的大部分规则也酌情适用于东道国。但是，关于东道国代表团成员的特权和豁免将根据该国的国内法来决定。②

实践中已经存在多个处理国家与国际组织之间关系的国际协定，如《联合国特权和豁免公约》和《专门机构特权和豁免公约》，并且被广泛和长期接受为国际组织的适用标准。《维也纳关于国家在其对国际组织关系上的代表权公约》在国际法委员会通过条款草案基础上以全权代表会议形式缔结完成，主要内容包括：（1）公约适用范围及其与其他国际协定的关系；（2）派驻国际组织代表团；（3）参加议事机关和

---

① Official Records of the United Nations Conference on the Representation of States in Their Relations with International Organizations, Vienna, 4 February – 14 March 1975, Vol. Ⅱ (United Nations publication, Sales No. E. 75. V. 12).

② Yearbook of the International Law Commission, 1971, Vol. Ⅱ (Part One), A/8410/Rev. 1, p. 283, paras. 51 – 53.

会议的临时代表团；（4）派至议事机关或会议的临时观察员代表团；（5）特权与豁免问题，规定了国际组织本身的特权与豁免、国际组织职员的特权与豁免、成员国常驻代表团的特权与豁免、国际组织与会人员的特权与豁免等，以保证国家代表有效地执行与组织和会议有关的职务。

有些国家认为，鉴于国际组织职能与宗旨的多样性，有关国际组织的各种规则须建立在《联合国宪章》第105条的职能必要性原则之上，如果超越这一原则恐怕难以获得更多国家的接受。国际组织的职能和需要的多样性因素在该公约中没有得到充分的考虑，有些条款在一定程度上背离了国际组织关于特权和豁免的现行惯例和原则，超出了为大多数国际组织所接受的特权和豁免，因而导致公约迟迟未能生效。[1]

第二节 个人相关问题的编纂与逐渐发展

一 个人的国籍包括无国籍状态

（一）编纂经过

在1949年第1届会议上，国际法委员会选择"国籍包括无国籍状态"作为编纂的专题，但没有将其列入优先考虑的专题清单。联合国经济及社会理事会于1950年7月17日通过关于已婚妇女国籍的第304D（XI）号决议，提议国际法委员会尽快起草一份能够体现妇女委员会所建议原则的公约。国际法委员会1950年第2届会议审议认为，应适当考虑经济及社会理事会关于国籍包括无国籍问题拟议工作的建议，并尽快开展此项工作。[2]

国际法委员会分别于1951年和1952年任命曼利·哈德森（Manley O. Hudson）和罗伯托·科尔多瓦（Roberto Córdova）为本专题的特别报告员，还邀请伊凡科诺（Ivan S. Kerno）担任委员会"消除或减少无国

---

[1] Yearbook of the International Law Commission, 1971, Vol. II (Part One), A/8410/Rev.1, annex I, p. 358, para. 12.

[2] Yearbook of the International Law Commission 1952, Vol. II, A/2163, p. 67, para. 26.

籍状态问题"的个人专家。① 曼利·哈德森于 1952 年第 4 届会议上向国际法委员会提交了"关于国籍包括无国籍状态的报告",其中包括两个部分,一是《已婚妇女国籍公约草案》,二是无国籍问题。据此,国际法委员会认为,已婚妇女国籍问题应当作为整个国籍问题的背景和不可分割的一部分,不宜由国际法委员会单独审议,因而未对《已婚妇女国籍公约草案》采取进一步行动。②

在 1953 年第 5 届会议上,国际法委员会审议了两项公约草案,即《消除未来无国籍状态的公约草案》和《减少未来无国籍状态的公约草案》,并转交各国政府征求意见。1954 年第 6 届会议,国际法委员会在讨论了各国政府意见基础上通过了上述两项公约草案。③ 国际法委员会将公约草案提交联合国大会时指出:各国政府普遍存在异议的问题是国内立法规定与公约草案的某些条款相冲突。如果消除或减少无国籍状态的公约得以通过,日后出现无国籍状态时,各国应准备在立法中做出必要的修订。两项公约草案既旨在便利个人在一国境内出生取得国籍,同时也避免个人丧失国籍,除非取得另一国国籍。《减少未来无国籍状态的公约草案》对缔约国规定的义务相对温和,而《消除未来无国籍状态的公约草案》的义务较为严格。国际法委员会认为,应由大会决定这两项公约草案哪项优先。④

1954 年 12 月,联合国大会通过第 896(Ⅸ)号决议,决定召开国际全权代表会议,以缔结减少或消除未来无国籍问题公约,此项会议一旦至少有 20 个国家政府通知秘书长愿意参会时即行召开。⑤ 1959 年 3 月 24 日至 4 月 18 日,联合国消除或减少未来无国籍状态会议第一次会议在日内瓦举行,有 35 个国家代表与会。会议决定援引《减少未来无国籍状态的公约草案》作为讨论的基础,对旨在减少出生时无国籍状态

---

① Yearbook of the International Law Commission 1952, Vol. Ⅱ, A/2163, pp. 67 – 68, paras. 30 – 34.

② Yearbook of the International Law Commission 1952, Vol. Ⅱ, A/2163, p. 67, para. 30.

③ 两项公约草案案文参见,Yearbook of the International Law Commission 1954, Vol. Ⅱ, A/2693, pp. 143 – 147。

④ Yearbook of the International Law Commission 1954, Vol. Ⅱ, A/2693, p. 141, paras. 12 – 14.

⑤ "Elimination or Reduction of Future Stateless", A/RES/896(Ⅸ), 4 December 1954, para. 1.

问题达成一致。然而，会议未能就如何限制国家剥夺公民国籍的自由达成协议，如果这种剥夺会使公民成为无国籍人。1961 年 8 月 15 日至 28 日，第二次会议在纽约举行，通过了《减少无国籍状态公约》，① 1961 年 8 月 30 日开放供各国签署。公约于 1975 年 12 月 13 日生效，截至 2021 年，共有 78 个缔约国。②

（二）成果述评

在国际法上，确定个人与国家之间的联系历来是国籍概念。特别在国家管辖领域以及国家对个人的国际保护领域，国籍过去且现在依然非常重要。③ 一方面，国籍权概念由《世界人权宣言》首次提出。其第 15 条规定，人人有权享有国籍。任何人的国籍不得任意剥夺，亦不得否认其改变国籍的权利。但是，《公民及政治权利国际公约》没有重述这一规定，而仅仅提出保障儿童取得国籍的权利（第 24 条），使得国际人权法律在规范个人的国籍权问题上缺乏连贯性与一致性。另一方面，人权公约确立了无国籍人的权利保障制度，在一国管辖范围内，国家须承担尊重、保护和实现无国籍人权利的责任。

国际人权公约与其他联合国和区域性条约共同构成国际保护机制，确立了无国籍人士待遇的最低标准。以国际法委员会拟订的公约草案为基础而产生的《减少无国籍状态公约》，规定了国家在避免与减少无国籍状态上的具体责任，要求国家给予法律保障，以应对在出生时或因随后生活状况而导致的无国籍现象。同时，还规定了因国家继承而产生的国籍问题。各国规定获取、更改、丧失国籍的不同方式，以及缺乏国内立法基本保障，都将造成无国籍现象。因此，《减少无国籍状态公约》制定的公认标准尤为重要。对此，联合国大会于 2009 年通过决议鼓励各国考虑加入公约。④

---

① Convention on the Reduction of Statelessness, United Nations, Treaty Series, Vol. 989, p. 175.

② "United Nations Conference on the Elimination or Reduction of Future Statelessness", https://legal.un.org/diplomaticconferences/1959_statelessness/ (last visited 30 January 2022).

③ ［英］马科西姆·N. 肖：《国际法》（上），白桂梅、朱利江、李永胜、梁晓晖译，北京大学出版社 2011 年版，第 206 页。

④ 联合国大会：《联合国难民事务高级专员办事处》，A/RES/64/127，2009 年 12 月 18 日，第 4 段。

在处理减少无国籍问题的同时，国际法委员会还尝试对多重国籍问题开展编纂工作。1954 年第 6 届会议，国际法委员会就多重国籍问题对特别报告员科尔多瓦的报告和秘书处备忘录进行了一般性讨论。

特别报告员在报告中提出了"减少现有多重国籍问题"5 项原则。原则 1：如果根据有关当事方的国籍法，一个人具有两个或两个以上国籍，则该人应被剥夺他所拥有的有效国籍以外的其他国籍，由此他与其他国家的效忠关系应视为已被割断。原则 2：确定有效国籍时，将共同或单独考虑下列情况：（1）在有关个人为国民的某国境内居住不少于 15 年；（2）掌握居住国的语言；（3）在居住国拥有不动产。原则 3：在年满 18 岁时，每个人都有权选择因适用第一项原则所载规则被剥夺的国籍。如果该人在年满 18 岁后 1 年内未能选择有关国籍之一，其国籍将继续按照有效国籍原则确定。原则 4：一个人所选择的国籍国应当将此情况告知其他有关国家，后者将在行使这一选择权后采取行动，切割个人与国家之间的效忠关系。原则 5：承诺在联合国框架内设立一个机构，代表具有多重国籍的人向政府或法庭采取行动。①

秘书处备忘录则极为详细全面地阐释了国内与国际层面多重国籍问题。② 第一部分剖析国家确定国籍的绝对主权权利是国籍冲突的主要根源之一，进而从国际法视角考察了对国家绝对权利的限制，包括基础理论、国际多边条约和双边协定等。第二部分梳理包括欧洲、美洲、亚洲等地区国家的国籍立法，指出各国各自决定适用"出生地原则"或"血亲原则"或两者兼而有之，必然会由于缺乏国际协调而产生双重国籍。第三部分分析国籍法冲突问题以及国内层面的解决办法，并指出，双重国籍是一种法律状态，不仅在一定程度上受到国内立法的制约，而且也受到国际法的制约。各国试图通过适当条款来防止双重国籍的出现，但不愿意借助国际立法的协调。第四部分探讨消除双重国籍或多重国籍的国际法律路径，包括多边条约和双边协定以及非政府组织的办法。第五部分考察消除或减少多重国籍问题的程序。基于以上分析，备忘录在结论部分指出，基于移民、经济、社会、人口的种族构成等众多问题的考虑，不同的国家政策目标有所差别，因而，获得双重国籍是不

---

① Yearbook of the International Law Commission, 1954, Vol. Ⅱ, A/CN. 4/83, pp. 43 – 52.
② Yearbook of the International Law Commission, 1954, Vol. Ⅱ, A/CN. 4/84, pp. 56 – 110.

可避免的。双重国籍既得到大多数国家法律制度的承认,也在一定程度上受到限制。

最终,国际法委员会决定"推迟对多重国籍和其他问题的任何进一步审议",① 从而未能在这一问题上取得开拓性成果。

二 驱逐外国人

(一)编纂经过

一般认为,国家拥有驱逐外国人的权利。正如国家有权拒绝外国人入境一样,是主权的一种附带权利。1869年,时任美国国务卿菲什(Fish)主张,"在自己的疆界内管制人民和将威胁国家和平的人驱逐出本国领土的权利属于主权的基本标志,不容置喙"。小田滋(Shigeru Oda)也表达了同样的观点:国家按照自己意愿驱逐被认为不受欢迎的外国人的权利,如同拒绝外国人入境的权利一样,被看作是国家主权的一种标志……驱逐外国人的理由可以由各国按各自标准决定,但也不能滥用驱逐权。②《奥本海国际法》认为,国家驱逐外国人出境的权利是得到一般承认的;与此同时,虽然一个国家可以自由行使驱逐的权利,但不应滥用这种权利。③ 虽然驱逐外国人完全属于国内法管辖,但很明显国际法会对其产生决定性影响。

1949年国际法委员会第1届会议,讨论国家权利和义务宣言草案时,有代表提议在宣言草案中列入一条关于庇护权的条款,但国际法委员会最终决定不予列入该项条款。联合国大会在1959年通过第1400(XIV)号决议,请国际法委员会在认为适当时立即着手编纂有关庇护权的国际法原则和规则。④ 1962年,国际法委员会第14届会议决定将这一专题列入其工作方案,但没有确定审议日期。与此同时,经济及社会理事会的人权委员会于1960年拟订《关于庇护权宣言草案》,联合国

---

① Yearbook of the International Law Commission, 1954, Vol. II, A/2693, p. 148, para. 39.
② 《国际法委员会年鉴2000年》,第二卷(第二部分),A/55/10,第149页,附件4《驱逐外侨》。
③ 参见[英]劳特派特《奥本海国际法》(第八版)(上卷第二分册),王铁崖、陈体强译,商务印书馆1973年版,第176页。
④ "Codification of the Principles and Rules of International Law relating to the Right of Asylum", A/RES/1400 (XIV), 21 November 1959, para. 3.

大会在第2312（XXII）号决议中通过了《领土庇护宣言》。① 1977年第29届会议，国际法委员会决定不再继续就该专题开展编纂工作。②

2004年第56届会议，国际法委员会决定将"驱逐外国人"专题列入工作方案，并任命莫里斯·卡姆托（Maurice Kamto）为该专题特别报告员。在2005年第57届会议上，特别报告员提交初步报告，阐述了对这一问题的总体看法，同时强调了法律问题和方法上的困难考量。至2014年，特别报告员共提交9份报告，2014年第66届会议，国际法委员会二读通过了《驱逐外国人的条款草案》，包括31项条款及评注，③并决定向大会建议：（1）通过一项决议注意到驱逐外国人的条款草案，并鼓励尽可能广泛地传播条款草案；（2）考虑在某个阶段在条款草案基础上制定一项公约。④

（二）成果述评

国际法委员会强调，虽然驱逐外国人是国家的主权权利，但涉及拟被驱逐人的权利和驱逐国与被驱逐者的目的地国之间的关系，故本专题处理的事项属于国际法范畴。条款草案既是驱逐外国的基本规则的国际法编纂成果，也是国际法逐渐发展的实践活动。⑤

《驱逐外国人的条款草案》分为五个部分，第一部分界定了适用范围，并就"驱逐""外国人"做了界定，然后列出与驱逐权、遵守法律的要求、驱逐理由等有关的若干项一般规则。驱逐是指可归于一国的使外国人被迫离开该国领土的一项正式行动或行为；它不包括引渡到另一国、移交至一国际刑事法院或法庭、或不允许外国人进入一国。条款草案适用于驱逐在驱逐国境内的所有外国人，而对所涉外国人的所有类别不加区分，不论是该外国人是合法或非法处在该国境内、是流离失所者

---

① "Declaration on Territorial Asylum", A/RES/2312（XXII）, 14 December 1967.
② Yearbook of the International Law Commission, 1977, Vol. II（Part Two）, A/32/10, pp. 129–130, para. 109.
③ 《驱逐外国人的条款草案》案文及评注，参见联合国大会《国际法委员会报告》，大会正式记录，第六十九届会议补编第10号，A/69/10，2014年，第12—83页。
④ 联合国大会：《国际法委员会报告》，大会正式记录，第六十九届会议补编第10号，A/69/10，2014年，第12页，第43段。
⑤ 联合国大会：《国际法委员会报告》，大会正式记录，第六十九届会议补编第10号，A/69/10，2014年，第19页，总评注第（1）段。

还是寻求庇护者、获得庇护者或无国籍人。① 条款草案第3条规定，一国有权将外国人驱逐出境，驱逐应符合条款草案，不应影响适用其他国际法规则。这说明驱逐权不是由一些外部规则赋予国家的，而是国家源于其主权的一项固有权利，相关规则由某些条约制度确立或稳固地立足于习惯国际法之中，同时，也构成国际法的逐渐发展。② 第4条和第5条反映国际法委员会对高度政治化问题采取了灵活处理模式，保留对国家实践的尊重。国家只能以法律规定的理由驱逐外国人，但在国际法中寻找适用于一般外国人的有效驱逐理由清单是徒劳的，而应当由每个国家的国内法规定和界定驱逐理由，并且理由不得违反国家根据国际法所承担的义务。在这方面，国内法规定了相当广泛的驱逐理由，其中违反入境和居留方面的国内法是最为普遍和充分的驱逐理由，根据国际法也是允许的。③

第二部分处理受禁止的各种驱逐情况，包括禁止针对难民、无国籍人以及禁止集体驱逐、变相驱逐、以没收财产为目的的驱逐行为。对此，委员会谨慎地尽量以保持相关条约规则与条款草案之间的一致性。第三部分保护拟被驱逐的外国人权利问题，具体处理在驱逐国必须给予的保护、与目的地国有关的保护和在过境国的保护。第四部分涉及具体程序规则。第五部分列出驱逐的法律后果。根据条款草案第30条规定，国家违反本条款草案或国际法任何其他规则为驱逐国规定的义务驱逐外国人引起该国的国际责任。

三 发生灾害时的人员保护

（一）编纂经过

2007年国际法委员会第59届会议决定将"发生灾害时的人员保护"专题纳入其工作计划，并任命爱德华多·巴伦西亚－奥斯皮纳（Ed-

---

① 联合国大会：《国际法委员会报告》，大会正式记录，第六十九届会议补编第10号，A/69/10，2014年，第20页，第1条评注第（2）段。

② 联合国大会：《国际法委员会报告》，大会正式记录，第六十九届会议补编第10号，A/69/10，2014年，第24—25页，第3条评注第（1）—（2）段。

③ 联合国大会：《国际法委员会报告》，大会正式记录，第六十九届会议补编第10号，A/69/10，2014年，第25—29页，第4—5条评注。

uardo Valencia-Ospina）为该专题特别报告员。2008年第60届会议，特别报告员提交初步报告，追溯了发生灾害时保护人员的演变情况，并确定了关于该专题的法律渊源以及以往编纂工作和这方面法律发展。至2016年，特别报告员共提交8份报告。2016年第68届会议，国际法委员会二读通过《发生灾害时的保护人员的条款草案》，包括序言、18项条款及评注，①并建议大会在条款草案基础上拟订一项公约。②

（二）成果述评

发生灾害时的人员保护属于国际法委员会所考虑的"国际法的新发展和整个国际社会的紧迫关切事项"。这一专题的侧重点是在发生自然灾害或针对更大紧急情况下，通过开展各种活动，预防自然灾害并减轻其影响，并通过提供紧急人道主义援助，达到保护人员的目的。③

《发生灾害时保护人员的条款草案》包含几项特点。第一，草案强调了自然灾害和人类灾害的频繁性和严重性及其造成的破坏性影响，草案用于发生灾害时的人员保护，宗旨是促进充分和有效地应对灾害和减少灾害风险，以满足有关人员的基本需要，充分尊重其权利。由于草案涵盖了"自然灾害和人为灾害"，因而与仅限于自然灾害的其他类似文书相比具有独特性。灾害的产生往往有各种复杂的原因，条款草案的意图是覆盖灾害周期的各个阶段应对和减少灾害风险，其重点不仅仅是灾害的直接影响，还涉及恢复阶段的活动。第二，尊重国家主权原则。草案以国家主权原则作为灾害发生时采取措施的基本原则，主权原则以及受灾国所承担的保护人员责任是处理与理解草案的基础。④第三，尊重个人权利的原则。草案处理的是生命、福利和财产受到灾害影响的人的基本需要，必须按照条款草案的规定尊重这些人员的权利。第四，草案

---

① 《发生灾害时的人员保护的条款草案》案文及评注，参见联合国大会《国际法委员会报告》，大会正式记录，第七十一届会议补编第10号，A/71/10，2016年，第12页，第46段。

② 联合国大会：《国际法委员会报告》，大会正式记录，第七十一届会议补编第10号，A/71/10，2016年，第12—70页。

③ 《国际法委员会年鉴2006年》，第二卷（第二部分），A/61/10，第245页，附件3，第1段。

④ 联合国大会：《国际法委员会报告》，大会正式记录，第七十一届会议补编第10号，A/71/10，2016年，第17页，总评注第（1）—（6）段。

强调团结在国际关系中的基本价值和在灾害所有阶段加强国际合作的重要性,因此,"团结"和"国际合作"是专题的两个核心概念。

条款草案第1条规定了适用范畴:

(1) 属事理由:涉及受灾国领土内的人(无论其国籍如何)或受其管辖或控制的领土内的人所具有的权利和义务,以及有能力合作特别是在提供救灾援助和减少灾害风险方面有能力合作的第三国、国际组织和其他实体的权利和义务。这种权利和义务围绕两个方面适用:各国相互之间的权利和义务,各国相对于需要保护的人员的权利和义务。同时,也考虑了受灾个人按国际法规定享有的权利,但措辞是概括性的。

(2) 属人理由:限于受灾害影响的自然人。侧重的主要是国家和国际组织以及在发生灾害时提供救灾援助方面享有特定国际法律权能的其他实体的活动。非政府组织和其他私人行为者的活动也包括在条款草案的范围内,但处于次要地位,或作为国家义务(例如第7条国家开展合作的义务)的直接受益人,或根据受灾国、第三国或实体或私人行为者国籍国的国内法律间接受益。

(3) 属时理由:主要侧重于灾害发生后的立即应对行动以及早期的恢复阶段,包括灾后重建阶段。灾害前阶段也属于条款草案的范围之内,减少灾害风险与灾害预防和缓解活动。

(4) 属地理由:重大的国际救灾活动主要针对发生在一国领土边界之内或受一国管辖或控制领土内的灾害事件。一旦发生灾害,各国有责任保护在其领土或受其管辖或控制领土内的所有人员,无论其国籍或法律身份如何。当然,重大灾害通常具有跨界影响,因而增加了国际合作与协调的必要性。①

条款草案第2条定义"灾害",是指造成广泛的生命损失、巨大的人类痛苦和危难、大规模流离失所、或大规模物质或环境损害,从而严重扰乱社会运转的一个灾难性事件或一系列事件。草案旨在拟订一项法律文书,要求有更简练和准确的法律定义,不同于更多地以政策为导向的定义,因而决定将"灾害"概念界定为具体事件。委员会审议了《坦佩雷公约》的定义方式,该公约将灾害设想为一个事件的后果,即

---

① 联合国大会:《国际法委员会报告》,大会正式记录,第七十一届会议补编第10号,A/71/10,2016年,第17—18页,第1条评注第(1)—(5)段。

由于该事件使社会的运转遭受严重破坏，这有别于事件本身。这种处理办法代表了人道主义援助的一般性理念，包括世界减灾大会所确认的文件以及红十字会与红新月会国际联合会《国内便利和管理国际救灾和初期恢复援助工作导则》。灾害作为一种"灾难性"事件，构成要素有两项：第一，须造成4项可能后果中的一个或更多：普遍生命损失、巨大的人类痛苦和危难、大规模流离失所或大规模物质和环境损害；第二，4个可能结果中的任何一个或全部结果都会造成社会运转遭受了严重破坏。换句话说，有一个事件造成了大规模物质损害，但并没有严重扰乱社会的运转，就不符合这一条中的要求。这种后果是基于确立适用本条款门槛的目的。[①]

条款草案还确定了受灾害时人员保护的几项基本原则：

第一，人的尊严原则。人的尊严是指导并支持国际人权法的核心原则。在发生灾害时保护人员的问题上，人的尊严是一个指导原则，对任何提供救助的行动及应对灾害方面的法律的不断发展都是如此。委员会认为，这条原则在灾害条件下保护人员问题上的核心地位就是将"人的尊严"列入作为草案正文的一项单独、自主条款的充分理由。[②]

第二，人权原则。国际法委员会认为拟订所有可能适用权利的详尽清单是不可行的，条款草案并没有提及具体权利，而是刻意把这些权利如何实现的问题留给有关国际法规则本身来处理。例如，一国拒绝采取积极措施防止或应对造成生命损失的灾害，那么涉及的特别相关权利便是生命权。其他相关权利还有经济和社会权利，包括规定了最基本的、而且在灾害条件下继续适用的核心义务（与提供必不可少的食品、必不可少的保健服务、基本住所和住房、儿童教育有关）的权利等。在适用权利的问题上，往往暗含着一定的酌处权，视灾害的严重程度而定，同时取决于确认或确定有关权利的相关规则。另外，委员会认为，国际人权法规定的权利和限制两者都包括在内，因此，提到"人权"是指整个国际人权法，包括其对可减损和不可减损的权利处理办法。这样，条

---

① 联合国大会：《国际法委员会报告》，大会正式记录，第七十一届会议补编第10号，A/71/10，2016年，第21—22页，第3条评注第（2）—（3）段。

② 联合国大会：《国际法委员会报告》，大会正式记录，第七十一届会议补编第10号，A/71/10，2016年，第27页，第4条评注第（1）段。

款草案就考虑到了受灾国在现有国际协定下得到承认的中止或减损权,"依国际法"这一短语也确认了这层考虑。①

第三,人道主义原则和合作原则。人道、中立和公正通常被视为人道主义援助的根本原则。这些原则也是救灾工作中可适用法律的根基。例如,联合国大会第46/182号决议指出,"必须按照人道、中立和公正的原则提供人道主义援助"。② 同时,有效的国际合作是发生灾害时保护人员不可或缺的。合作义务是一项公认的国际法原则,在众多国际文书中均有表述。《联合国宪章》一再申明这一原则,特别提及发生灾害时保护人员这一人道主义情势。③

条款草案还规定了国家在灾害中的行动方式。第8条提出应对灾害的合作包括提供人道主义援助,协调国际救灾行动和通信,提供救灾人员、设备和物资以及科学、医学、技术资源。可采取的合作形式取决于一系列因素,包括灾害性质、受灾人员需要、受灾国和其他援助方能力。所载合作形式旨在表明一种相互性,因为合作并非单方面行为,而是涉及多方的合作行为。④

第9条规定了各国减少灾害风险的义务,其重要法律基础是反映各国承诺减少灾害风险的广泛实践。各国和各国际组织通过了减少灾害风险的具有约束力的多边、区域和双边协议,其中包括:《巴黎协定》(2015年);《改变我们的世界——2030年可持续发展议程》(2015年);第三次发展筹资问题国际会议《亚的斯亚贝巴行动议程》(2015年);小岛屿发展中国家快速行动方式(萨摩亚途径)(2014年);《东盟协定》;《亚洲减少灾害风险北京行动计划》(2005年);《亚洲减少灾害风险德里宣言》(2007年);《亚洲减少灾害风险吉隆坡宣言》(2008年);《2010年亚太减轻灾害风险仁川宣言》;《亚太

---

① 联合国大会:《国际法委员会报告》,大会正式记录,第七十一届会议补编第10号,A/71/10,2016年,第30—31页,第5条评注第(6)—(7)段。
② 《加强联合国人道主义紧急援助的协调》,A/RES/46/182,1991年12月19日,附件第2条。
③ 联合国大会:《国际法委员会报告》,大会正式记录,第七十一届会议补编第10号,A/71/10,2016年,第34页,第7条评注第(1)段。
④ 联合国大会:《国际法委员会报告》,大会正式记录,第七十一届会议补编第10号,A/71/10,2016年,第39页,第8条评注第(6)段。

适应气候变化减轻灾害风险仁川区域路线图》（2014年）；《中亚和南高加索地区灾害管理部门在减少灾害风险方面加强区域合作的框架》（2015年）；《非洲联盟减少灾害风险非洲区域战略》（2004年）；《东非共同体减少灾害风险和灾害管理法案》（2013年）；《非洲执行〈仙台框架〉的雅温得宣言》（2015年）；《2020年阿拉伯减少灾害风险战略》；《沙姆沙伊赫减少灾害风险宣言》（2014年）；《亚松森宣言——2015—2030年执行〈仙台框架〉的区域行动计划准则》（2016年）；《城市减少灾害风险的亚喀巴宣言》（2013年）；《拉丁美洲和加勒比地区灾害风险管理的拉丁美洲议会议定书》（2013年）；《美洲减少灾害风险区域平台第四届会议的瓜亚基尔纳亚里特公报》（2014年）；《美洲加强减少灾害风险行动路线纳亚里特公报》（2011年）；欧盟减少灾害风险部长级会议的成果：2015年后减少灾害风险框架——加强国家和社区的抗灾能力（2014年）；欧洲减少灾害风险论坛第六届年会——执行《仙台框架》路线图（2015年）；欧盟民事保护机制（2013年）；红十字会与红新月会第32届国际会议关于加强救灾、减少风险和急救的法律框架的第6号决议（2015年）；《欧洲委员会执行〈减少灾害风险仙台框架〉的行动计划（2015—2030年）》（2016年）；等等。① 国家在灾前阶段应采取的解决风险、脆弱性和危害特点的"适当"措施的目的在于"防灾、减灾和备灾"，联合国减灾署在2009年编写的《减少灾害风险术语》分别说明了防灾、减灾和备灾这三个用语各自的含义。②

条款草案强调了受灾国的责任，国家主权原则和受灾国承担的主要作用贯穿于整套条款草案，以平衡救灾中的受灾国主权原则与外部援助方权利之间的关系。受灾国有责任在其领土或受其管辖或控制领土内确保对人员的保护和救灾援助的提供，这一责任源自其主权。在救灾援助问题上，大会第46/182号决议确认，"必须按照《联合国宪章》充分

---

① 联合国大会：《国际法委员会报告》，大会正式记录，第七十一届会议补编第10号，A/71/10，2016年，第42—43页，第9条评注第（5）段。
② 参见http://www.unisdr.org/we/inform/terminology，最后访问时间：2022年1月30日。

尊重各国的主权、领土完整和国家统一"。① 同时，受灾国在指挥、控制、协调和监督此种救灾援助方面应承担主要作用。"指挥、控制、协调和监督"救灾援助的提法来自《坦佩雷公约》第 4 条第 8 款。《坦佩雷公约》在救灾援助领域日益广被接受，而且措辞较为现代。这种表述体现了受灾国在以何种方式遵照国际法（包括本条款草案）开展救灾行动方面拥有控制权的立场。受灾国的控制权不能视为对援助方的活动的不当干涉。②

受灾国有责任寻求外部援助。第 11 条规定，如所遭受的灾害明显超出受灾国的应对能力，则受灾国有责任酌情向其他国家、联合国及其他潜在援助方寻求援助。之所以使用"寻求"而非"请求"外部援助的措辞的原因在于，"请求"给予援助意味着在援助国或其他援助方接受这一请求时受灾国同意接受其援助，而有责任"寻求"援助意味着对国际援助的提供展开更广泛的协商。"寻求"一词意指受灾国采取主动行动谋求达成协议。③ 第 12 条规定，发生灾害时，各国、联合国及其他潜在援助方可向受灾国提议援助。使用"提议"援助，不涉及实际"提供"援助。这类提议不论是单方面提出还是应要求提出，本质上属于自愿性质，不应视为承认存在援助的法律义务。援助提议也并不导致受灾国有相应的义务要接受该提议。④ 第 13 条规定，提供外部援助须征得受灾国的同意，但后者不得任意拒绝外部援助。受灾国在救灾行动方面创建一个附有条件的同意制度，受灾国同意的权利呼应了国家主权原则，同时同意权利并非是不受限制的，这一点反映了主权同时引起权利和义务的双重性质。"任意"一词针对的是受灾国决定不予同意的依据。确定不予同意是否为任意，必须视具体情况而定，可以举出几个原则。首先，委员会认为，倘若一个国家依靠自身资源能够且愿意提供适当和有效应对灾害的措施，

---

① 《加强联合国人道主义紧急援助的协调》，A/RES/46/182，1991 年 12 月 19 日，附件第 3 条。

② 联合国大会：《国际法委员会报告》，大会正式记录，第七十一届会议补编第 10 号，A/71/10，2016 年，第 50 页，第 9 条评注第（8）段。

③ 联合国大会：《国际法委员会报告》，大会正式记录，第七十一届会议补编第 10 号，A/71/10，2016 年，第 53 页，第 11 条评注第（6）段。

④ 联合国大会：《国际法委员会报告》，大会正式记录，第七十一届会议补编第 10 号，A/71/10，2016 年，第 54 页，条款草案第 12 条评注第（2）段。

则对外部援助不予同意不是任意的。其次，倘若受灾国已经接受了来自他处的适当和足够的援助，则对某一外部来源的援助不予同意也不是任意的。最后，倘若有关提议并非按照本条款草案提出，则不予同意就不是任意的。① 第 14 条规定，受灾国可对提供外部援助规定条件，受灾国和援助方都必须遵守受灾国国内法的适用规则。受灾国只可依据这类法律施加条件，援助方在整个援助期间都必须遵守这类法律。本条草案没有明确说明这种相互性，因为遵守国内法这一普遍原则本身就体现了这种相互性。遵守受灾国国内法并与受灾国当局合作的义务与受灾国主权至上原则和合作原则是一致的。②

---

① 联合国大会：《国际法委员会报告》，大会正式记录，第七十一届会议补编第 10 号，A/71/10，2016 年，第 59 页，第 13 条评注第（8）段。
② 联合国大会：《国际法委员会报告》，大会正式记录，第七十一届会议补编第 10 号，A/71/10，2016 年，第 61—62 页，第 14 条评注第（5）—（6）段。

第七章

国际法特定领域的编纂与逐渐发展

第一节 国际刑法的编纂与逐渐发展

一 国际罪行

（一）纽伦堡原则

1. 编纂经过

1946年9月30日至10月1日，纽伦堡国际军事法庭对审判德国战犯做出判决。联合国秘书长指出，纽伦堡审判为国际法及其编纂与逐步发展领域提供了新的线索，建议为了和平与保护人类免受未来战争伤害，将纽伦堡审判确立的原则作为国际法的永久组成部分。[①] 美国代表建议联合国大会通过一项决议，强调在全面编纂危害人类和平与安全罪行或国际统一刑法典时，将《欧洲国际军事法庭宪章》（以下简称《纽伦堡法庭宪章》）规定的原则和法庭判决作为首要问题看待。中国代表建议，决议序言不仅要提到《关于设立国际军事法庭以起诉和惩罚欧洲轴心国主要战犯的协定》（《伦敦协定》），而且还应提及审判日本战犯的《远东国际军事法庭宪章》的类似原则。联合国大会于1946年12月11日通过第95/I号决议，"确认（affirmation）《纽伦堡法庭宪章》所认定之国际法原则"。决议之所以使用"确认"一词是因为决议草案在

[①] "The Charter and Judgment of the Nürnberg Tribunal-History and Analysis", Memorandum Submitted by the Secretary-General, 1949, A/CN.4/5, p.11.

第六委员会讨论时，一些国家代表指出，纽伦堡原则是对纽伦堡审判的肯定与确认，而非进一步发展的规则。① 确认这些原则，显然是要对《纽伦堡法庭宪章》产生的、并在判决中明示或暗示阐明的一般原则和法律表示赞同和支持。这种赞同和支持意味着国际社会已启动一项进程，以将有争议的原则变成对整个国际社会成员具有约束力的一般习惯法原则。同时，决议建议由逐渐发展与编纂委员会特别注重在关于危害人类和平与安全罪行的法律编纂中或在国际刑法中，制定《纽伦堡法庭宪章》及该法庭判决所认定之原则。②

国际法委员会正式成立后，联合国大会通过第 177/Ⅱ 号决议，指令国际法委员会拟订《纽伦堡法庭宪章》及法庭判决所确认的国际法原则；拟订危害人类和平及安全治罪法草案，并陈明纽伦堡原则所称之原理在草案中所处地位。③

1949 年，应联合国大会指示，秘书长提交了一份题为《纽伦堡法庭宪章和裁决：历史和分析》的备忘录。备忘录载有：(1)《纽伦堡法庭宪章》和法庭审判的调查报告；(2) 联合国内部关于拟订《纽伦堡法庭宪章》所承认的国际法原则和法庭判决的讨论情况；(3) 对法庭判决的分析；(4) 作为增编，关于对远东国际军事法庭审判主要战争罪犯的说明。④

国际法委员会审议秘书长报告时产生的问题是：国际法委员会是否必须查明并确定《纽伦堡法庭宪章》和裁决中所载原则在何种程度上构成国际法原则？对此，国际法委员会的观点是，鉴于联大第 95 (Ⅰ) 号决议使用"确认"措辞，表明已确认了纽伦堡原则为国际法原则，那么，委员会被赋予的任务并非再次认定这些原则是否为国际法原则，而是要明确表述原则的内容，不仅包含法庭宪章中有关程序

---

① "The Charter and Judgment of the Nürnberg Tribunal-History and Analysis", Memorandum Submitted by the Secretary-General, 1949, A/CN. 4/5, p. 13.

② "Affirmation of the Principle of International Law Recognized by the Charter of the Nurnberg Tribunal", A/RES/95/Ⅰ, 11 December 1946, para. 2.

③ "Formulation of the Principle Recognized by the Charter of the Nurnberg Tribunal and in the Judgment of the Tribunal", A/RES/177 (Ⅱ), 21 November 1947, paras. 1 – 2.

④ "The Charter and Judgment of the Nürnberg Tribunal-History and Analysis", Memorandum Submitted by the Secretary-General, 1949, A/CN. 4/5.

事项的原则，还包含实质原则，特别是法庭宪章第 6、7 和 8 条所载的原则。① 但是，国际法委员会否定了其表述原则的任务中包含拟订作为该判决基础的国际法一般原则。在 1950 年第 2 届会议上，国际法委员会通过了《纽伦堡法庭宪章及法庭判决所确认的国际法原则》（以下简称纽伦堡原则），包括 7 项原则及评注，一并提交联大，但没有就随后行动提出任何建议。② 此后，国际法委员会编纂的纽伦堡原则从未得到大会正式通过或拒绝。

2. 成果述评

纽伦堡军事法庭的判决包含了对《纽伦堡法庭宪章》各项原则的解释和适用，既涉及国际法庭管辖权的合法性，还涉及纽伦堡法庭宪章的实质性规定。自 1946 年以来，纽伦堡原则在各个国际刑事法庭规约以及在国际和国内判例法中得到重申和发展，对国际刑事法律制度的发展产生重大影响。其中几项原则——以略有不同但更为详细的方式——载于设立各类国际刑事法庭的国际文书中。具体如下。

原则一：个人在国际层面承担刑事责任已成为公认的国际刑法原则，分别体现在《前南斯拉夫问题国际刑事法庭规约》第 7 条第 1 款、《卢旺达问题国际刑事法庭规约》第 6 条和《国际刑事法院规约》第 25 条。

原则三：官方身份不相干原则，《前南斯拉夫问题刑事国际法庭规约》第 7 条第 2 款、《卢旺达问题国际刑事法庭规约》第 6 条第 2 款和《国际刑事法院规约》第 27 条分别做了载述。其中，《国际刑事法院规约》第 27 条较原则三更为完整，提道"作为国家元首或政府首脑、政府成员或议会议员、选任代表或政府官员的官方身份"。

原则四：根据上级命令采取行动并不能免除个人责任，适用于《前南斯拉夫问题国际刑事法庭规约》第 7 条第 4 款和《卢旺达问题国际刑事法庭规约》第 6 条第 4 款所述的犯罪行为。但是，《国际刑事法院规约》所载提法与原则四大相径庭。其第 33 条第 2 款在战争罪方面的规

---

① Yearbook of the International Law Commission, 1950, Vol. Ⅱ, A/CN. 4/22, p. 374, paras. 97.

② 《纽伦堡原则》案文及评注，参见 Yearbook of the International Law Commission, 1950, Vol. Ⅱ, A/1316, pp. 374 – 378, paras. 98 – 127。

定是，上级命令不免除个人的刑事责任，但下列情况除外：（1）该人有服从有关政府或上级命令的法律义务；（2）该人不知道命令为不法；（3）命令的不法性不明显。

原则五：被控有违反国际法罪行的人有权获得公平审判的权利，同样体现在《前南斯拉夫问题国际刑事法庭规约》第 21 条、《卢旺达问题国际刑事法庭规约》第 20 条和《国际刑事法院规约》第 67 条。

联合国秘书长明确指出纽伦堡法庭宪章具有习惯国际法地位。① 前南斯拉夫问题国际刑事法庭分庭在"塔迪奇案"（*Tadić Case*）中认为，个人刑事责任概念以及个人对帮助、协助和教唆、或参与犯罪活动或行为承担罪责，均具有国际习惯法依据。② 毫无疑问，纽伦堡原则构成习惯国际法的组成部分。

（二）惩治危害人类和平与安全罪行

1. 编纂经过

（1）危害人类和平及安全治罪法草案

前述 1947 年联合国大会第 177（Ⅱ）号决议还指令国际法委员会拟具"危害人类和平及安全治罪法草案"，③ 国际法委员会接受了起草工作的委托。1949 年第 1 届会议，国际法委员会任命吉安·斯皮罗普洛斯（Jean Spiropoulos）为这一专题的特别报告员。1951 年第 3 届会议，国际法委员会完成了《危害人类和平及安全治罪法草案》，包括 5 项条款及评注一并提交联大。④ 1954 年第 6 届会议，国际法委员会审议了特别报告员的报告，并决定在特定方面修正其以前的案文，通过了《危害人类和平及安全治罪法草案》修正案文及评注。⑤ 联合国大会在 1954

---

① 《秘书长按照安全理事会第 808（1993）号决议第 2 段提出的报告》，S/25704，1993 年 5 月 3 日，第 35 段。

② "*Prosecutor v. Du [Ko Tadi]*", Opinion And Judgment, Case no. IT-94-1-T, 7 May 1997, p. 245, para. 666.

③ Formulation of the Principles Recognized in the Charter of the Nurnberg Tribunal and in the Judgment of the Tribunal, A/RES/177（Ⅱ），21 November 1947, para.（b）.

④ 《危害人类和平及安全治罪法草案》案文及评注，参见 Yearbook of the International Law Commission, 1951, Vol. Ⅱ, A/1858, pp. 134-137。

⑤ 《危害人类和平及安全治罪法草案》修正案文及评注，参见 Yearbook of the International Law Commission, 1954, Vol. Ⅱ, A/2693, pp. 149-152。

年第 897（Ⅸ）号决议中，考虑到草案提出了与"侵略"定义密切相关的问题，决定推迟审议草案，直到新的"侵略"定义问题特别委员会提交报告。① 1977 年，联大第 32 届会议应 7 个会员国的请求，决定将题为"治罪法草案"的项目列入议程，并将其分配给第六委员会。但是，由于时间原因，联大同意将该项目的审议推迟。

1981 年联合国大会通过第 36/106 号决议，有鉴于国际法委员会的成员数目在大会第 36 届会议期间有所增加，并且以 5 年为期安排其未来的工作，故提请国际法委员会恢复开展法典草案的制定工作，并以所应给予的优先次序在其 5 年计划范围内审议"治罪法草案"。② 1982 年第 34 届会议，国际法委员会任命蒂亚姆（Doudou Thiam）为这一专题的特别报告员。

1983 年第 35 届会议，国际法委员会审议了特别报告员第 1 份报告，并进行了一般性辩论，集中讨论了以下 3 个问题：（1）草案的范围；（2）应遵循的方法；（3）法典的实施。关于编纂方法的问题，委员会的讨论集中于应采用演绎法、归纳法或两种方法的结合。演绎法涉及界定一般性标准，以便参照该标准查明可被视为危害人类和平及安全的罪行。归纳法涉及通过审查事实和有关的公约确定危害人类和平及安全罪行的标准。但国际法委员会 1954 年修正案采用的方法是列举法，列出构成危害人类和平及安全罪行的行为，声明这些罪行是国际法上的罪行，而没有在这些罪行之间建立任何联系。

国际法委员会认为，危害人类和平及安全的罪行所指最严重的国际罪行，这是一个一般标准。对此，有必要将演绎法与归纳法密切结合探讨大量有关的公约。并且，建议以导言方式回顾刑法的一般原则，例如刑法的不溯及既往，以及加重或减轻的情形、共犯、预备和正当化事由的理论。③ 关于草案的范围，国际法委员会认为应只涵盖最严重的国际罪行，这些罪行将参照一般标准以及与该议题相关的公约和宣言来确

---

① "Draft Code of Offences against the Peace and Security of Mankind", A/RES/897（Ⅸ）, 4 December 1954, para. 3.
② 《危害人类和平及安全治罪法草案》, A/RES/36/106, 1981 年 12 月 10 日, 第 1 段。
③ Yearbook of the International Law Commission, 1983, Vol. Ⅱ（Part Two）, A/38/10, pp. 15 – 16, paras. 63 – 67.

定。由于可被归因的国际刑事责任之法律主体涉及政治性质，国际法委员会希望联大对此发表意见。① 关于法典草案的实施，国际法委员会认为，一旦犯罪构成危害人类和平与安全罪，实施与应用法典以确定惩罚和管辖能力则是必要的。刑罚体系一般由三层结构组成：(1) 对罪行的"定性"：在此阶段，对这些行为进行彻底的分析和审查，然后酌情将其列入危害人类和平及安全罪；(2) 确定有关罪行的最高及最低刑罚；(3) 司法机构的权限和程序规则、判决及其执行等。而1954年修正案只限于上述 (1) 项行动，即对罪行的裁定，不包括 (2) 和 (3) 项所述的其他两项行动。对此，国际法委员会认为，草案应处理惩罚问题，并且必须确立国际刑事管辖权。②

1984年第36届会议，国际法委员会审议了特别报告员的第2次报告，处理了两个问题，即1954年修正案所涵盖的和被列举的罪行。国际法委员会认为，将法典草案的属人管辖范围限于个人的刑事责任，但不妨碍后续审议国际刑事责任的概念可能适用于国家这一问题，从拟订一份暂定罪行清单开始，并谨记起草一份概述危害人类和平与安全罪行的国际刑法一般原则导言。被提及可能列入草案的罪行，除了1954年草案所涵盖的部分之外，还包括殖民主义、种族隔离、对人类环境的严重损害、经济侵略、使用核武器和雇佣兵。③ 1987年第39届会议，国际法委员会建议联大将该专题标题中表示罪行的"offence"一词在所有语言文本中均修改为"crime"④。

1991年第43届会议，国际法委员会一读通过了《危害人类和平及安全治罪法草案》，包括下列12类罪行：侵略；侵略的威胁；干涉；殖民统治和其他形式的外国统治；种族灭绝；种族隔离；系统或大规模的侵犯人权；异常严重的战争罪；招募、使用、资助和训练雇佣军；国际

---

① Yearbook of the International Law Commission, 1983, Vol. II (Part Two), A/38/10, p. 16, para. 69 (a) (b).

② Yearbook of the International Law Commission, 1983, Vol. II (Part Two), A/38/10, p. 16, para. 68.

③ Yearbook of the International Law Commission, 1984, Vol. II (Part Two), A/39/10, p. 17, para. 65 (c).

④ Yearbook of the International Law Commission, 1987, Vol. II (Part Two), A/42/10, pp. 12 – 13, para. 64.

恐怖主义；麻醉性药品的非法贩运；对环境的蓄意和严重损害。[①] 1994年第46届会议，国际法委员会开始对法典草案进行二读，直到1996年第48届会议，二读通过了《危害人类和平及安全治罪法草案》（以下简称《治罪法草案》），包括20项条款及评注。[②] 国际法委员会审议了《治罪法草案》可以采取的各种形式，其中包括全权代表会议或联大通过一项国际公约将《治罪法草案》纳入《国际刑事法院规约》，或者由联大制定为一项宣言，最终委员会建议大会选择能够确保《治罪法草案》得到最广泛接受的最适当形式。[③]

（2）危害人类罪

由于在国际法领域由国际刑事法庭管辖的有4项核心罪行：战争罪、灭绝种族罪、危害人类罪和侵略罪，而全球性条约仅涵盖战争罪和灭绝种族罪，还没有专门处理防止及惩治危害人类罪问题的条约，制定关于防止、惩治危害人类罪以及在这方面开展国家间合作的全球性公约似乎是弥补当前国际法框架缺口的关键行动。2013年在联大第六委员会辩论期间，若干代表团支持将危害人类罪专题列入国际法委员会工作议程，将拟订防止与惩治危害人类罪公约作为总目标。同时有国家指出，这一专题工作将有助于发展国际刑法，但应当避免与现有法律文书的冲突，特别是与《国际刑事法院规约》（以下简称《罗马规约》）产生冲突。

起草条款草案的工作既能推进《罗马规约》未触及的一些可取目标，同时又支持国际刑事法院的任务。[④] 第一，《罗马规约》规定了缔约国与国际刑事法院的关系，但没有规定缔约国之间事项，也没有涉及缔约国与非缔约国之间的事项。换言之，《罗马规约》重点在于国家与国际刑事法院的"纵向"关系，而不是国家间合作的"横向"关系，而预拟订的公约可提及国内法对实施危害人类罪的人进行调查、逮捕、

[①] 《国际法委员会年鉴1991年》，第二卷（第二部分），A/46/10，第98—102页。

[②] 《危害人类和平及安全治罪法草案》案文及评注，参见《国际法委员会年鉴1996年》，第二卷（第二部分），A/51/10，第19页，第50段。

[③] 《国际法委员会年鉴1996年》，第二卷（第二部分），A/51/10，第19页，第47—48段。

[④] 《关于危害人类罪的第一次报告：由特别报告员肖恩·墨菲编写》，A/CN.4/680，2015年2月17日，第6页，第10—12段。

起诉和惩罚的国家间合作问题。第二，国际刑事法院重点在于惩罚实施其管辖范围内的罪行的人，而预拟订的公约可规定国家防止危害人类罪的义务。第三，国际刑事法院对国家管辖起补充作用，预拟订的公约可以加强国家层面防止与惩治此类犯罪，从而与国际刑事法院形成互补。第四，预拟订的公约将要求国内法将危害人类罪定为犯罪行为。①

国际法委员会在 2013 年第 65 届会议上决定将"危害人类罪"的专题列入其长期工作计划。② 2014 年，委员会任命墨菲（Sean D. Murphy）为这一专题的特别报告员。③ 2019 年，国际法委员会第 71 届会议审议了起草委员会报告，二读通过《防止及惩治危害人类罪条款草案》，包括 15 项条款、1 个附件以及评注，④ 同时，建议联大或召开国际全权代表会议在该条款草案基础上制定一项公约。⑤

2. 成果述评

在《治罪法草案》编纂过程中，国际法委员会认为，"危害和平及安全罪行"的含义应局限于含有政治因素以及危害或扰乱国际和平与安全的罪行，因此，诸如海盗、贩运危险药品、贩运妇女和儿童、奴役他人、伪造货币和损坏海底电缆等罪行不在法典草案调整范围之内。此外，委员会主张法典草案只规制个人的刑事责任，任何与抽象实体犯罪有关的条款都不应被列入。⑥ 因此，法典草案所列举的行为被定性为"国际法所规范的犯罪，对此负有责任的个人应受到惩罚"。⑦

国际法委员会并未对法典的实施提供制度性的安排，而是主张在成

---

① 《关于危害人类罪的第一次报告：由特别报告员肖恩·墨菲编写》，A/CN.4/680，2015 年 2 月 17 日，第 9—11 页，第 19 段，第 22—25 段。

② 联合国大会：《国际法委员会报告》，大会正式记录，第六十八会议补编第 10 号，A/68/10，2013 年，第 116 页，第 170 段。

③ 联合国大会：《国际法委员会报告》，大会正式记录，第六十九会议补编第 10 号，A/69/10，2014 年，第 258 页，第 266 段。

④ 《防止及惩治危害人类罪条款草案》案文及评注，参见联合国大会《国际法委员会报告》，大会正式记录，第七十四届会议补编第 10 号，A/74/10，2019 年，第 11—133 页。

⑤ 联合国大会：《国际法委员会报告》，大会正式记录，第七十四届会议补编第 10 号，A/74/10，2019 年，第 11 页，第 42 段。

⑥ Yearbook of the International Law Commission, 1951, Vol. II, A/1858, p. 134, para. 58 (a) (c).

⑦ Yearbook of the International Law Commission, 1951, Vol. II, A/1858, p. 134, para. 59, article 1.

立国际刑事法院之前,可以通过一项过渡措施,规定法典可以首先在国内法院得到适用。① 同时,对每一项罪行规定明确的惩罚是不切实际的,因此,应由负责管辖的法庭在考虑特定行为的严重程度之后,再决定依据该法典规定的罪名予以惩罚。② 一读《治罪法草案》包含了有12类罪行的清单,1996年二读《治罪法草案》案文大大缩小了罪行的范围,由12类罪行减少为5类罪行,分别为侵略罪(第16条)、种族灭绝罪(第17条)、危害人类罪(第18条)、危害联合国人员和有关人员罪(第19条)和战争罪(第20条)。国际法委员会强调,在治罪法中列入某些罪行不影响其他罪行在国际法中的定性,通过治罪法也绝不会阻碍这一重要法律领域的进一步发展,委员会这样做是为了使治罪法获得通过和得到各国政府的支持。③ 治罪法草案没有具体规定对每一项罪行的惩罚,因为一切都取决于为审判犯下危害人类和平与安全罪行的人而采用的国内法律制度。④ 从内容来看,治罪法草案包含国际法的一般性原则,也包括程序规则以及实质性罪行,为国际刑事法律制度的发展发挥了承上启下的作用。

关于危害人类罪专题,国际法委员会指出,与灭绝种族罪和战争罪相比,还没有一项全球性公约专门述及防止与惩治危害人类罪及促进这方面国家间合作的问题。此外,许多严重程度远远不及危害人类罪的罪行,如腐败犯罪和跨国有组织犯罪都已订立了重在防止、惩治及国家间合作的条约。2019年《防止及惩治危害人类罪条款草案》的着重点是国内法的制定和国家间的合作,既涉及在防止危害人类罪方面的国家间合作,也涉及在国家法律体系内调查、缉捕、起诉、引渡和惩罚犯罪行为人的国家合作,这与《罗马规约》有一致的目标,并且有助于实施《罗马规约》规定的补充作用原则。草案附件规定了

---

① Yearbook of the International Law Commission, 1951, Vol. II, A/1858, p. 134, para. 58 (d).

② Yearbook of the International Law Commission, 1951, Vol. II, A/1858, p. 137, para. 59, article 5.

③ 《国际法委员会年鉴1996年》,第二卷(第二部分),A/51/10,第19页,第46段。

④ Mathias Forteau, "Comparative International Law within, Not against, International Law: Lessons from the International Law Commission", (2015) 109 *American Journal of International Law* 498, p. 512.

司法协助的中央机关的指定，提出司法协助请求的程序等各项规则。①条款草案还设想各国可能承担的义务，无论其是否为《罗马规约》的缔约国，同时还就国家为事先防止此类罪行或在此类罪行发生时应采取的步骤做出规定。②

针对防止及惩治危害人类罪缔结一项全球性公约可能是对现有的国际法框架，特别是国际人道法、国际刑法和国际人权法的重要补充，推动国际社会进一步关注防止及惩治这种行为的必要性，并有助于各国制定和统一国内法律，从而为防止、调查和起诉这种罪行开展更有效的国家间合作。国际法委员会在此专题上的目标便是起草一套条款草案，使之发展成为一项防止及惩治危害人类罪公约。③

二 国际刑事管辖问题

（一）国际刑事法院规约

1. 编纂经过

建立国际刑事司法机构，通过惩治犯有最严重国际罪行的罪犯，实现国际司法正义，维护持久和平，是国际社会长期理想和奋斗目标。早在1948年，联合国大会通过第260B（Ⅲ）号决议，邀请国际法委员会研究宜否及可否设立一个国际司法机构，以审判被指控犯有灭绝种族罪者或者被指控犯有各种国际公约授权该机构管辖之其他种类罪行的人，并请国际法委员会研究在国际法院内设置一刑事法庭之是否可行。④1949年第1届会议，国际法委员会任命阿尔法罗（Ricardo J. Alfaro）和桑斯特伦姆（A. E. F. Sandström）为处理这一问题的特别报告员，

---

① 联合国大会：《国际法委员会报告》，大会正式记录，第七十四届会议补编第10号，A/74/10，2019年，第18页，《防止及惩治危害人类罪的条款草案》附件。
② 联合国大会：《国际法委员会报告》，大会正式记录，第七十四届会议补编第10号，A/74/10，2019年，第22页，条款草案总评注第（4）段。
③ 联合国大会：《国际法委员会报告》，大会正式记录，第六十八届会议补编第10号，A/68/10，2013年，附件B：《危害人类罪》，第3段。
④ "Study by the International Law Commission of the Question of an International Criminal Jurisdiction", A/RES/260B（Ⅲ）, 9 December 1948, paras. 3 – 4.

同时审议了《国际刑事管辖的历史考察》备忘录。① 1950 年第 2 届会议，国际法委员会讨论了两位特别报告员提交的报告，并得出结论，设立一个国际司法机构来审判被控犯有灭绝种族罪或其他罪行的人，是可取和可行的，但是建议不要将该机构作为国际法院的分庭设立。② 联合国大会 1954 年通过第 898（Ⅸ）号决议，决定在处理"侵略"定义问题的特别委员会报告以及完成对惩治危害人类和平及安全治罪法草案的讨论之前，推迟审议国际刑事管辖权的问题。③

直至 1989 年，联合国大会通过第 44/39 号决议，要求国际法委员会审议《治罪法草案》时，讨论设立国际刑事法院或其他国际刑事审判机制的问题，以此对被指控犯下法典所可能涵盖罪行的人拥有管辖权，包括穿越国界非法贩运麻醉性药品者。④ 1990 年第 42 届会议，国际法委员会根据特别报告员关于《治罪法草案》第 8 份报告，审议了可能建立国际刑事管辖权的问题，包括联合国在国际刑事管辖方面所做的种种努力、建立国际刑事法院的几种可能的选择方法、预设法院的管辖权性质和权限问题、法院的组成机制。⑤ 最后委员会认为，设立国际刑事法院这一问题体现出广泛一致意见，即原则上需要设立一种常设国际刑事法院，并与联合国系统建立联系。国际刑事法院的建立在发展国际法方面前进了一步，有助于加强法治，同时需要得到国际社会广泛支持。⑥

国际法委员会在 1992 年第 44 届会议上，决定设立一个工作组，进一步审议和分析与国际刑事管辖权有关的问题。⑦ 工作组起草了一份报

---

① "Historical Survey of the Question of International Criminal Jurisdiction", Memorandum submitted by the Secretary-General, A/CN.4/7/Rev.1.

② Yearbook of the International Law Commission, 1950, Vol. Ⅱ, A/1316, p.378, paras. 128 – 145.

③ "International Criminal Jurisdiction", A/RES/898（Ⅸ）, 14 December 1954, para. 2.

④ 联合国大会：《从事跨国界非法贩运麻醉药品和其他跨国犯罪活动的个人和实体的国际刑事责任：建立一个对这类罪行有司法权的国际刑事法庭》，A/RES/44/39，1989 年 12 月 4 日，第 1 段。

⑤ 《国际法委员会年鉴1990年》，第二卷（第二部分），A/45/10，第 28—40 页，第 93—154 段。

⑥ 《国际法委员会年鉴1990年》，第二卷（第二部分），A/45/10，第 40—42 页，第 155—157 段。

⑦ 《国际法委员会年鉴1992年》，第二卷（第二部分），A/47/10，第 7 页，第 6 段。

告提交委员会，针对与可能建立国际刑事管辖权相关的若干问题，提出了一系列的具体建议。①

第一，设立法院的方法是通过缔约国达成一项条约而建立，应仅对个人行使管辖权，区别于对国家行使管辖权。法院在实质上是依据规约由缔约国建立的一个机构，从一般管辖权的意义上来说，至少不应拥有强制性管辖权。② 第二，根据大会指示，委员会关于是否设立国际刑事法院的工作一直在治罪法草案的范围内进行，显然两者有着重要联系。法院的诉讼事项管辖权应针对生效的特定国际条约所规定的国际性质之罪行，包括《危害人类和平及安全治罪法草案》（通过和生效后），但不限于治罪法草案中的罪行。拟订的国际刑事法院规约和治罪法草案可以是两个独立的文件，即使一个国家成为国际刑事法院规约的缔约国，也并不因此成为未来治罪法公约的缔约国。③

1993 年第 45 届会议，工作组提交了《国际刑事法院规约草案》的报告。④ 规约草案分为 8 个主要部分：第一部分关于成立法院；第二部分关于法院之组成和管理；第三部分法院管辖权；第四部分调查与起诉的规定；第五部分审判的规定；第六部分上诉和再审的规定；第七部分国际合作和司法援助；第八部分执行。

在起草规约时，工作组考虑到现有条约、早先有关设立国际法院或法庭的建议，以及不同法律传统下各国刑事司法制度的相关规定，将所设想目标的最适当要素融合为一个协调的整体，并且注意到管理"起诉应对 1991 年以来在前南斯拉夫境内所犯严重违反国际人道法行为负责者的国际法庭"的各项规定，指出，工作组将《国际刑事法院规约》视作是未来关于这一事项之国际公约的附件，规约条款的起草也与此相

---

① 《国际法委员会年鉴 1992 年》，第二卷（第二部分），A/47/10，第 62 页，附件：《国际刑事管辖问题工作组的报告》。
② 《国际法委员会年鉴 1992 年》，第二卷（第二部分），A/47/10，第 69 页，附件：《国际刑事管辖问题工作组的报告》，第 4 (a)(b)(d) 段。
③ 《国际法委员会年鉴 1992 年》，第二卷（第二部分），A/47/10，第 69 页，附件：《国际刑事管辖问题工作组的报告》，第 4 (c) 段。
④ 《国际法委员会年鉴 1993 年》，第二卷（第二部分），A/48/10，第 111 页，附件：《国际刑事法院规约草案工作组报告》。

适应。①

在1994年第46届会议上，国际法委员会审议并通过了《国际刑事法院规约草案》，包括60项条款、1个附件、3个附录及其评注，②并建议联合国大会召开一次国际全权代表会议，研究规约草案并缔结一项关于设立国际刑事法院的公约。③

2. 联合国召开国际全权代表大会缔结《国际刑事法院规约》

联合国大会1994年通过第49/53号决议，决定设立开放给联合国所有会员国或各专门机构所有成员参加的特设委员会，审查国际法委员会所拟订规约草案中的主要实质性问题和行政问题，并根据审查结果审议召开国际全权代表会议的各种安排。④ 1996年，联合国大会设立筹备委员会，在考虑到会议期间与会代表所表示的各种不同意见情况下起草案文，以期拟订广泛认为可以接受的设立国际刑事法院的公约综合案文，作为朝向召开全权代表大会加以审议的下一个步骤，并敦促尽量多的国家参加筹备委员会，以促进对国际刑事法院的普遍支持。⑤

成立国际刑事法院的全权代表会议于1998年6月15日至7月17日在罗马举行，共有160个国家以及巴勒斯坦解放组织、16个政府间组织和其他实体、5个专门机构和有关组织以及9个联合国方案和团体的观察员、135个非政府组织的代表出席了会议。⑥ 1998年7月17日，会议通过了《国际刑事法院罗马规约》，⑦ 并开放供各国签署。公约2002年7月1日生效，截至2021年，共有123个缔约国。

---

① 《国际法委员会年鉴1994年》，第二卷（第二部分），A/49/10，第27页，第84—86段。

② 《国际刑事法院规约草案》案文及评注，参见《国际法委员会年鉴1994年》，第二卷（第二部分），A/49/10，第27—68页。

③ 《国际法委员会年鉴1994年》，第二卷（第二部分），A/49/10，第27页，第90段。

④ 联合国大会决议：《设立国际刑事法院》，A/RES/49/53，1994年12月19日，第2段。

⑤ 联合国大会决议：《设立国际刑事法院》，A/RES/50/46，1995年12月11日，第2—4段。

⑥ Official Records of the United Nations Diplomatic Conference of Plenipotentiaries on the Establishment of an International Criminal Court, Rome, 15 June – 17 July 1998, vol. Ⅲ, Reports and other documents (United Nations publication, Sales No. 02.Ⅰ.5), A/CONF.183/2/Add.1.

⑦ United Nations, *Treaty Series*, Vol. 2187, p. 3.

3. 成果述评

在国际刑事法院成立之前，联合国安理会通过决议先后成立特设法庭管辖国际罪行是一种习惯国际法的反映，而不是国际刑法的编纂与逐渐发展。《国际刑事法院罗马规约》是真正的国际刑法编纂与逐渐发展的成果。事实上，以1948年联合国大会第260 B（Ⅲ）号决议为起点，国际法委员会对国际罪行的编纂和逐渐发展与设立国际刑法司法机构规则的编纂工作始终齐头并进、相辅相成。

国际法委员会工作组编写的《国际刑事法院规约草案》并没有以任何一种具体的刑法制度为蓝本，而是考虑了现有的各种条约、早先提出的设立国际法院或法庭的种种建议以及各国沿袭不同法统制定刑事司法制度的有关规定，将其中最适于实现规定目标的成分糅合成有机的整体。①《国际刑事法院规约草案》为联合国大会设立由全体会员国参加的特别委员会和筹备委员会讨论公约文本奠定了基础。

《国际刑事法院罗马规约》的审议工作始终在争议中进行，由于各方在许多问题上分歧较大，筹备委员会编制了一份173页的案文，其中载有116条，大约包含1500多处未定内容。在外交大会最初两周，由于争论过于激烈，进展很慢，已有许多代表在私下讨论召开第二次会议的问题。最终，经过五周的讨论，在以欧洲、非洲和拉美国家为主的国家集团推动下，《国际刑事法院罗马规约》以表决方式通过，这在以往类似的重大国际条约的制定过程中是不多见的。包括美国、中国在内的7个国家投了反对票，另有20多个国家投弃权票，充分反映当时争论之激烈。可以说，《国际刑事法院罗马规约》是经各国重大政治妥协的产物。②

总体而言，尽管编纂国际刑法和设立一个常设国际刑事法庭取得了巨大的进展，但是国际刑法的逐渐发展和编纂仍然面临去往何处的问题。一方面，为了打击国际罪行，特别是那些威胁全球和平与安全或违

---

① 《国际法委员会年鉴1994年》，第二卷（第二部分），A/49/10，第27页，第82—84段。

② 欧琳：《国际刑事司法机构漫谈》，2008年，http://www.npc.gov.cn/zgrdw/npc/bmzz/jkww/2008-09/04/content_1588708.htm，最后访问时间：2022年1月30日。

反人类社会共同价值的罪行，必须在编纂努力方面取得进展，应当更加注意以立法和政策为导向的办法。另一方面，现实政治往往成为发展和编纂国际刑法努力的障碍，以往经验表明，国际刑法的发展偏离了以持续、一致的和以主题分类的详细的编纂方法，而以特设方式随意、妥协性发展的范式持续进行。①

（二）或引渡或起诉的义务

1. 编纂经过

2012年《国内和国际的法治问题大会高级别会议宣言》承诺，"对于灭绝种族罪和危害人类罪，对于违反国际人道法行为和严重违反人权法行为，确保绝不容忍有罪不罚，并确保对于此类违法行为要进行适当调查，给予适当制裁，包括通过国家机制，或根据国际法酌情通过区域或国际机制，将任何罪行的实施者绳之以法"。②

或引渡或起诉的义务通常指与如何对待被指控罪犯有关的替代义务，这个义务载于多项多边条约之中，旨在确保国际合作，以制止某些类型的犯罪行为。在过去几十年中，现行条约实践得到极大丰富，特别是各种针对恐怖主义和其他威胁国际社会的犯罪的公约中，或引渡或起诉的义务已成为一项确定的法律义务。或引渡或起诉的义务列入多项国际条约以及各国在相互关系中适用，引起了统一履行有关义务的问题。需要澄清的是，是否有可能将该项义务承认为不仅是基于条约的义务，而且至少在一定程度上根源于习惯规范的义务。③

2004年第56届会议，国际法委员会根据长期计划工作组的建议，确定了将"或引渡或起诉的义务"专题列入其长期工作计划。④ 2005年第57届会议，国际法委员会任命加利茨基（Zdzislaw Galicki）为该专题

---

① M. Cherif Bassiouni, "Codification of International Criminal Law", (2017) 45 *Denver Journal of International Law and Policy* 333, p. 353, 361.

② 联合国大会：《国内和国际的法治问题大会高级别会议宣言》，A/RES/67/1，2012年11月30日，第22段。

③ 《国际法委员会年鉴2004年》，第二卷（第二部分），A/59/10，第141页，附件：《国际法中的引渡或起诉的义务》，第1、30段。

④ 《国际法委员会年鉴2004年》，第二卷（第二部分），A/59/10，第137页，第362段。

的特别报告员,并且决定为该专题设立由佩莱担任主席的工作组。① 秘书处开展了与该专题相关的多边公约的调查,对全球性和区域性多边公约做了广泛调查,确定有 61 项多边文书载有将引渡与起诉相结合作为惩罚罪犯备选做法的条款。该报告还审查了条约缔约国对该条款做出的任何保留,指出不同公约中受审查条款之间的差异及其演变情况,并提出了一些全面性结论,涉及:(1)相关条款中引渡与起诉之间的关系;(2)不同公约中适用于引渡的条件;(3)不同公约中适用于起诉的条件。据此,调查将含有此类规定的公约划分为以下 4 类。②

第一,1929 年《取缔伪造货币国际公约》以及沿用相同模式的其他公约。(1)将相关罪行定为刑事罪,缔约国承认依据国内法给予惩处;(2)起诉和引渡的条款顾及各国对引渡国民和行使域外管辖权的不同意见,允许选择而非强制;(3)含有规定了引渡义务的条款,一旦拒绝引渡则应起诉;(4)确立一项引渡制度,各国据此承诺在某些条件下认定该罪行为可予引渡的罪行;(5)含有限制条款,使公约不影响各国按国际法处理刑事管辖权问题的方法;(6)含有一项不妨碍各国刑事立法与司法的条款。③

第二,有众多区域引渡公约和安排载有将引渡与起诉选项相结合的条款。此类文书通常强调引渡义务,只将起诉设想为在开展这一合作时为避免有罪不罚而可采用的备用办法。

第三,1949 年"日内瓦四公约"及 1977 年《第一附加议定书》所载规定,各缔约国有义务搜捕被控曾犯或曾令人犯此种严重破坏本公约行为之人,并应将此种人,不分国籍,送交该国法庭。按照日内瓦公约模式,搜捕并起诉被指控犯罪者的义务不以管辖权考虑为条件,不论另一国是否提出任何引渡请求,这一义务都存在。④

---

① 《国际法委员会年鉴 2005 年》,第二卷(第二部分),A/60/10,第 109 页,第 500 段。
② 《对国际法委员会就"引渡或起诉的义务"专题开展的工作可能有关的多边公约的调查:秘书处的研究报告》,A/CN.4/630,2010 年 6 月 18 日,第 4 页,第 4 段。
③ 《对国际法委员会就"引渡或起诉的义务"专题开展的工作可能有关的多边公约的调查:秘书处的研究报告》,A/CN.4/630,2010 年 6 月 18 日,第 5 页,第 10 段。
④ 《对国际法委员会就"引渡或起诉的义务"专题开展的工作可能有关的多边公约的调查:秘书处的研究报告》,A/CN.4/630,2010 年 6 月 18 日,第 15 页,第 44 段。

第四，1970 年《关于制止非法劫持航空器的海牙公约》规定：在境内发现被指控罪犯的缔约国，如不将此人引渡，则不论罪行是否在其境内发生，应将此案件提交其主管当局以便起诉。这一模式是日内瓦公约的变体，被称为"海牙套语"（Hague formula）。①

2013 年第 65 届会议，委员会重组了或引渡或起诉义务的开放式工作组，由基迪切萨利（Kriangsak Kittichaisaree）担任主席。工作组继续评估关于这一专题的工作，认为国际法院 2012 年"比利时诉塞内加尔或起诉或引渡义务问题案"（Questions relating to the Obligation to Prosecute or Extradite）②所做判决对专题工作十分有用。③ 在该案判决个别意见中，法官优素福（Yusuf）论及含有"或引渡或起诉"模式的条约，并将这些条约大致分为两类：第一类条约含有规定了引渡义务的条款，而且只有在拒绝引渡之后起诉才成为义务。这些公约结构有其特点，优先重视引渡到罪行发生地国家。这些公约的大多数并不为缔约国规定起诉被指控犯罪者的一般义务，只有在拒绝引渡请求之后，或存在着诸如被指控犯罪者的国籍等因素之后，被指控犯罪者犯罪时所在的国家才有义务进行起诉。第二类条约含有规定了起诉义务的条款，引渡只是可用的备选做法，或含有规定了起诉义务的条款，只有在该国未能将案件提交起诉时引渡才变为义务。④ 2014 年第 66 届会议，国际法委员会通过了工作组《或引渡或起诉的义务最后报告》。⑤

2. 成果述评

国际法委员会在《或引渡或起诉的义务最后报告》中重申，国际法院对"比利时诉塞内加尔案"的判决有助于澄清或引渡或起诉义务相关的一些问题。在更近些的含有或引渡或起诉义务条款的公约中，存

---

① 《对国际法委员会就"引渡或起诉的义务"专题开展的工作可能有关的多边公约的调查：秘书处的研究报告》，A/CN.4/630，2010 年 6 月 18 日，第 29 页，第 90 段。

② Questions relating to the Obligation to Prosecute or Extradite (Belgium v. Senegal), I. C. J. Reports 2012.

③ 联合国大会：《国际法委员会报告》，大会正式记录，第六十八届会议补编第 10 号，A/68/10，2013 年，第 121 页，附件 A：《或起诉或引渡的义务的工作组报告》。

④ Questions relating to the Obligation to Prosecute or Extradite (Belgium v. Senegal), Separate opinion of Judge Yusuf, I. C. J. Reports 2012, pp. 567–568, paras. 19–22.

⑤ 《或引渡或起诉的义务最后报告》内容，参见联合国大会《国际法委员会报告》，大会正式记录，第六十九届会议补编第 10 号，A/69/10，2014 年，第 138—161 页。

在一些一般趋势和共同特征，即将"海牙套语"用作打击特定罪行的大多数公约的范本。特别是1970年或之后起草的公约中，约有四分之三沿用了"海牙套语"，即羁押国如果不引渡，则无一例外地将被控犯罪者的案件交给主管当局处理。此外，1970年之后的公约具有另一共同的趋势，一般规定在羁押国不予起诉的情况下，必须无一例外地将被指控犯罪者予以引渡。[①]

最后报告详尽阐述了各国如何有效履行或引渡或起诉的义务。有效履行或引渡或起诉义务要求采取必要的国内措施，将有关犯罪行为定为刑事犯罪，对处在该国领土内的犯罪行为及犯罪者确立管辖权，进行调查或初步调查，逮捕嫌疑人，并将案件提交起诉当局或予以引渡，主要内容涉及：（1）确立必要管辖权；（2）调查的义务；（3）起诉的义务；（4）引渡的义务；（5）不遵守或引渡或起诉义务的后果。[②]

最后报告指出，在目前关于或引渡或起诉义务的公约制度中还存在着一些重大缺陷，尤其是一些危害人类罪、在非国际武装冲突中的战争罪等。但委员会未起草示范条款以弥补公约制度的缺陷，而是重申了1996年《治罪法草案》第9条规定灭绝种族罪、危害人类罪和战争罪等罪行引渡或起诉的义务：在不妨碍国际刑事法院情形下，在其境内发现被指控犯有上述犯罪的个人的缔约国应引渡或起诉该个人。

最后报告讨论了起诉义务和引渡义务之间的优先顺序及起诉义务的范围。多边公约载有引渡或起诉条款的表述、内容和范围方面大相径庭，相关条款可分为两类：（1）规定只有在引渡要求提出后拒绝移交被指控犯罪者时才触发起诉义务的条款。此种条款主要侧重引渡选项，并且提供了起诉替代方法，作为防止有罪不罚的保障措施。关于引渡的各项多边公约属于此类。（2）规定一国依据被指控犯罪者身处该国领土这一事实负有起诉义务，且可通过准予引渡免除起诉义务的条款。此种条款中，起诉是一项义务，违反义务属于不法行为，国家为此要承担责任。例如《禁止酷刑和其他残忍、不人道或有辱人格的待遇或处罚公

---

① 联合国大会：《国际法委员会报告》，大会正式记录，第六十九届会议补编第10号，A/69/10，2014年，第144页，第（13）段。
② 联合国大会：《国际法委员会报告》，大会正式记录，第六十九届会议补编第10号，A/69/10，2014年，第144页，第（17）段。

约》属于此类。①

最后报告还讨论了或引渡或起诉的义务与普遍适用的义务或强制法规范之间的关系。具有强制法性质的公约产生普遍适用的义务，对于其他条约，也可能引起普遍适用的义务。所有缔约国都可以具有合法利益，就某缔约国不履行或引渡或起诉义务援引该国的国际责任。②

对于或引渡或起诉义务的习惯国际法地位问题，国际法委员会与第六委员均不认可"可以根据存在禁止特定国际罪行的习惯规则，推断出或引渡或起诉义务的习惯性质"的结论，因此并未将或引渡或起诉义务认定为一项习惯国际法规则。1996 年《治罪法草案》关于或引渡或起诉义务体现了国际法的逐渐发展，反映了国家实践和法律确信的进一步发展。国际法院在"比利时诉塞内加尔案"也没有机会确定或引渡或起诉义务是否具有习惯国际法地位。③

三 国际刑法的两项长期工作计划

（一）普遍刑事管辖权

"普遍管辖原则"或"普遍性原则"是国际法中一项独特的管辖权依据，可允许一国为国际社会的利益对某些罪行行使国家管辖权。联合国大会在 2009 年明确有必要澄清这一法律原则。④

第六委员会自 2009 年以来一直在辩论普遍管辖权专题，但进展甚微。⑤ 其建议是"最好依照国际法负责任地、慎重地适用普遍管辖权，

---

① 联合国大会：《国际法委员会报告》，大会正式记录，第六十九届会议补编第 10 号，A/69/10，2014 年，第 144 页，第（37）—（43）段。
② 联合国大会：《国际法委员会报告》，大会正式记录，第六十九届会议补编第 10 号，A/69/10，2014 年，第 144 页，第（46）—（47）段。
③ 联合国大会：《国际法委员会报告》，大会正式记录，第六十九届会议补编第 10 号，A/69/10，2014 年，第 144 页，第（52）—（55）段。
④ 第六委员会第六十四届会议的报告，《普遍管辖权原则的范围和适用》，A/64/452，2009 年 11 月 13 日，第 2 页。
⑤ 联合国大会第 64/117 号决议（2010 年 1 月 15 日）、第 65/33 号决议（2011 年 1 月 10 日）、第 66/103 号决议（2012 年 1 月 13 日）、第 67/98 号决议（2013 年 1 月 14 日）、第 68/117 号决议（2013 年 12 月 18 日）、第 69/124 号决议（2014 年 12 月 18 日）、第 70/119 号决议（2015 年 12 月 18 日）、第 71/149 号决议（2016 年 12 月 20 日）、第 72/120 号决议（2017 年 12 月 18 日）。

以此确保使用这种管辖权的合法性和公信力"。国际法委员会开展国际罪行与国际刑法司法机构规则编纂工作时,高度评价了普遍管辖权在国家和国际两级起诉制度中的重要地位。国际法委员会、各国、第六委员会、其他国际法研究机构和编纂者都一致认为,普遍管辖权在起诉国际法谴责的严重国际罪行方面可发挥潜在的有益作用。这能增加国际社会内强化正义的前景,将有可能帮助各国在主权必要性和打击有罪不罚之间实现更好的平衡。这必然要求从逐渐发展以及编纂现有国际法的角度阐明普遍管辖原则的恰当轮廓。普遍刑事管辖权作为一项研究课题,既是具体的,也是可行的。已有的国家实践足以编纂现行的惯例,存在的争议足以使编纂和逐渐发展普遍管辖权的范围成为必要。在第六委员会讨论该原则的范围和适用的近十年里,已经收集了国家实践、先例和理论,可用以帮助开展编纂工作。[1] 为此,国际法委员会在2018年第73届会议上根据工作组的建议,决定将普遍刑事管辖权专题纳入长期工作计划,该专题工作可对国际法的逐渐发展和编纂做出有益贡献。[2]

(二) 防止和打击海盗行为和海上武装抢劫

国际法委员会在2019年第74届会议上,根据工作组的建议,决定将"防止和打击海盗行为和海上武装抢劫"专题列入委员会的长期工作计划。[3] 1997年,联合国关于《海洋和海洋法》秘书长报告警告国际社会注意海盗和海上武装抢劫问题的严重性。这种抢劫和暴力犯罪行为伴随着大量其他相关非法行为,如海上恐怖主义、腐败、洗钱、违反国际人权法、非法捕鱼、向海洋非法排放废物和有毒物质、贩运人口和贩毒等。[4]

海盗行为正以历史上前所未有的速度卷土重来,印度洋索马里沿

---

[1] 联合国大会:《国际法委员会报告》,大会正式记录,第七十三届会议补编第10号,A/73/10,2018年,附件A:《普遍刑事管辖权》,第1、19、23段。

[2] 联合国大会:《国际法委员会报告》,大会正式记录,第七十三届会议补编第10号,A/73/10,2018年,第298页,第369段。

[3] 联合国大会:《国际法委员会报告》,大会正式记录,第七十四届会议补编第10号,A/74/10,2019年,第325页,第290段。

[4] Report of the Secretary-General, Oceans and the Law of the Sea: Law of the Sea, A/52/487, 20 October 1997, p. 94, para. 374.

海、几内亚湾、新加坡和马六甲海峡、阿拉伯半岛、加勒比海、西里伯斯海、爪哇海、黄海北部和南海以及孟加拉湾发生的海盗行为便是佐证。国际法委员会首先应注意到，海盗行为这一专题的核心方面已经编纂成文，主要有1982年《联合国海洋法公约》《制止危及海上航行安全非法行为公约》及其《制止危及大陆架固定平台安全非法行为议定书》以及2005年的两项议定书等。

国际法委员会的编纂目标不是寻求改变现有条约中规定的任何规则，而是考虑各国是否以及如何能够最好地履行其条约义务。拟议专题的范围限于防止和打击海盗和海上武装抢劫行为，讨论以下问题：对海盗行为的定义，以《联合国海洋法公约》条款为背景，并考虑海盗行为当前和不断演变的各个方面，以及国际海事组织等相关国际组织提供的定义。需要处理的其他要素包括：对海盗行为的处罚；在打击海盗方面开展合作；对海盗罪行使管辖权，包括刑事定罪、追捕、逮捕、拘留、引渡、海盗嫌疑人移交协议、司法协助、起诉、调查、证据、判决；海盗嫌疑人的权利、海盗和海上武装抢劫受害者的权利等问题。①

第二节 海洋法与环境法的编纂与逐渐发展

一 公海、领海及相关领域制度

（一）编纂经过

国际法委员会首先开展公海制度的编纂。国际法委员会在1949年第1届会议上选择以公海制度（regime of the high seas）作为优先编纂的专题，并任命弗朗索瓦为特别报告员。国际法委员会分别在1950年、1951年、1953年、1955年和1956年各届会议上审议了这一专题。关于这一专

---

① 联合国大会：《国际法委员会报告》，大会正式记录，第七十四届会议补编第10号，A/74/10，2019年，附件C：《防止和打击海盗和海上武装抢劫行为》，第2、11、27段。

题的工作，委员会收到了特别报告员的报告、① 各国政府和国际组织提供的资料②以及秘书处准备的资料文件。③ 1950 年第 2 届会议上，国际法委员会首先调查了属于公海制度一般专题范围内的各种问题，例如船舶国籍、海上生命安全、奴隶贸易、海底电缆、公海资源、紧追权、登临权、毗连区、定栖渔业和大陆架。在 1951 年第 3 届会议上，国际法委员会暂时通过了下列主题的条款草案：大陆架、海洋资源、渔业和毗连区。④ 在 1953 年第 5 届会议上，国际法委员会参考各国政府的评论后再次审查了这些临时条款草案后，就下列三个问题编写了最后草案：大陆架、渔业和毗连区，⑤ 并且建议联合国大会通过决议，采纳报告中涉及大陆架条款草案的部分。关于渔业条款草案，建议联大通过决议核准这些条款，并与联合国粮食及农业组织协商，以期按照条款中所体现的一般原则，就这一主题拟订一部或多部公约。由于尚未通过关于领海的条款草案，建议联大不对关于毗连区的条款草案采取行动，因为涵盖该条款的报告已经发布。⑥

国际法委员会在 1955 年第 7 届会议上，审议了部分公海问题，并通过了《公海制度临时草案》，并将其提交各国政府征求意见。同时，还向出席国际海洋生物资源保护技术会议的观察员所代

---

① See Yearbook of the International Law Commission, 1950, Vol. Ⅱ, A/CN. 4/17; Yearbook of the International Law Commission, 1951, Vol. Ⅱ, A/CN. 4/42; Yearbook of the International Law Commission, 1952, Vol. Ⅱ, A/CN. 4/51; Yearbook of the International Law Commission, 1953, Vol. Ⅱ, A/CN. 4/60 and A/CN. 4/69; Yearbook of the International Law Commission, 1954, Vol. Ⅱ, A/CN. 4/79; Yearbook of the International Law Commission, 1956, Vol. Ⅱ, A/CN. 4/97 and A/CN. 4/103.

② Yearbook of the International Law Commission, 1950, Vol. Ⅱ, A/CN. 4/19; Yearbook of the International Law Commission, 1953, Vol. Ⅱ, A/CN. 4/70; Yearbook of the International Law Commission, 1954, Vol. Ⅱ, A/CN. 4/86; Yearbook of the International Law Commission, 1956, Vol. Ⅱ, A/CN. 4/97/Add. 1 and Add. 3, A/CN. 4/99 and Add. 1 to 9, A/CN. 4/100, A/CN. 4/55.

③ See Yearbook of the International Law Commission, 1950, Vol. Ⅱ, A/CN. 4/30, A/CN. 4/32 and A/CN. 4/38.

④ See Yearbook of the International Law Commission, 1951, Vol. Ⅱ, A/1858, p. 141, Annex: Draft Articles on The Continental Shelf and Related Subjects.

⑤ 相关条款草案内容参见 Yearbook of the International Law Commission, 1953, Vol. Ⅱ, A/2456, pp. 212-220。

⑥ See Yearbook of the International Law Commission, 1953, Vol. Ⅱ, A/2456, p. 221, paras. 105, 114.

表的组织传达了海洋生物资源保护条款草案及其报告的相关章节,这些都是暂时通过的公海制度草案的一部分。① 在 1956 年第 8 届会议上,国际法委员会审查了各国政府和北大西洋渔业国际委员会的答复,并起草了一份关于公海问题的最后报告并纳入其海洋法综合草案。②

同一时期,国际法委员会还开展了领海制度（regime of the territorial sea）的编纂。在 1949 年第 1 届会议上,国际法委员会选择领海制度作为编纂专题,但没有将其列入优先清单。国际法委员会在 1951 年第 3 届会议上,根据联合国大会 1949 年第 374（Ⅳ）号决议中所载建议,③决定启动关于领海制度的工作,并任命弗朗索瓦为该专题的特别报告员。委员会分别在 1952 年和 1954 年至 1956 年各届会议上审议了这一专题。关于这一专题的工作,委员会收到了特别报告员的报告④和各国政府提供的资料。⑤

国际法委员会在 1952 年第 4 届会议上讨论涉及基线和海湾的问题,对于两个相邻国家的领海划界,要求各国政府提供有关其做法的资料以及可能认为有用的任何意见。同时还决定,特别报告员应可自由与专家协商,以阐明该问题的技术层面。⑥ 以特别报告员为主席的专家组于 1953 年 4 月在海牙举行会议,讨论了领海制度的技术性规范。特别报告员在随后报告中纳入专家组的修改建议,并考虑了各国政府关于两个

---

① 《公海制度临时草案》案文及评注以及海洋生物资源保护条款草案相关条款,参见 Yearbook of the International Law Commission, 1955, Vol. Ⅱ, A/2934, pp. 21 – 33。

② See Yearbook of the International Law Commission, 1956, Vol. Ⅱ, A/3159, p. 254, para. 14.

③ "Recommendation to the International Law Commission to Include the Regime of Territorial Waters in its List of Topics to be Given Priority", A/RES/374（Ⅳ）, 6 December 1949, para. 3.

④ See Yearbook of the International Law Commission, 1952, Vol. Ⅱ, A/CN. 4/53; Yearbook of the International Law Commission, 1953, Vol. Ⅱ, A/CN. 4/61 and Add. 1; Yearbook of the International Law Commission, 1954, Vol. Ⅱ, A/CN. 4/77; Yearbook of the International Law Commission, 1956, Vol. Ⅱ, A/CN. 4/97.

⑤ See Yearbook of the International Law Commission, 1953, Vol. Ⅱ, A/CN. 4/71 and Add. 1 and 2; Yearbook of the International Law Commission, 1956, Vol. Ⅱ, A/CN. 4/97/Add. 2 and A/CN. 4/99 and Add. 1 – 9; Yearbook of the International Law Commission, 1955, Vol. Ⅱ, A/2934, annex.

⑥ See Yearbook of the International Law Commission, 1952, Vol. Ⅱ, A/2163, p. 68, paras. 38 – 39.

相邻国家之间领海划界的评论。国际法委员会在 1954 年第 6 届会议上通过了《领海制度临时草案》及评注,并将其提交各国政府征求意见。① 在 1956 年第 8 届会议上,国际法委员会起草了关于领海制度的最后报告,其中收入了专家组意见、特别报告员历次报告的修改以及各国政府答复中所体现的变化,此前这些意见在国际法委员会关于海洋法综合草案中已经得到了采纳。②

联合国大会 1954 年通过第 899（Ⅸ）号决议,兹请国际法委员会以必要时间研究公海制度、领海制度及一切有关问题,以便完成其关于该专题之工作。③ 在 1956 年第 8 届会议上,国际法委员会遂决定将已完成编写的关于公海、领海、大陆架、毗连区和养护海洋生物资源的所有条款草案汇集在一起,以期构成一个独立、协调和系统化的规则体系。在此基础上,通过了《海洋法条款》（*Articles Concerning the Law of the Sea*）及评注,④ 并建议联合国大会召集一次国际全权代表会议,将工作成果以一项或多项国际公约形式或其他适当文书体现出来。⑤

（二）1958 年联合国海洋法会议

联合国大会 1957 年通过第 1105（XI）号决议,决定召开一次国际全权代表会议,"审查海洋法,不仅要考虑这个问题的法律层面,还要探讨其技术、生物、经济和政治面向"。⑥ 联合国海洋法会议于 1958 年 2 月 24 日至 4 月 27 日在日内瓦举行。在出席会议的 86 个国家中,79 个是联合国成员国,另外 7 个是专门机构的成员,但并非联合国的成员。联合国大会将国际法委员会通过的《海洋法条款》作为其审议海

---

① 《领海制度临时草案》案文及评注参见 Yearbook of the International Law Commission, 1954, Vol. Ⅱ, A/2693, pp. 153 – 162.

② "Laws and Regulations on the Regime of the Territorial Sea" (ST/LEG/SER. B/6, United Nations publication, Sales No. 1957. V. 2).

③ "Draft Article on the Continental Shelf", A/RES/899 (Ⅸ), 14 December 1954, para. 1.

④ 《海洋法条款》案文及评注,参见 Yearbook of the International Law Commission, 1956, Vol. Ⅱ, A/3159, pp. 256 – 300.

⑤ Yearbook of the International Law Commission, 1956, Vol. Ⅱ, A/3159, p. 256, para. 28.

⑥ "International Conference of Plenipotentiaties to Examine the Law of the Sea", A/RES/1105 (XI), 21 February 1957, para. 2.

洋法发展和编纂中所涉各种问题的基础。除此以外，会议还收到了30多份筹备文件，由联合国秘书处、部分专门机构和受秘书长邀请的一些独立专家编写。①

鉴于海洋法工作范围的广泛性，此次会议设立了5个委员会：第一委员会（领海和毗连区）；第二委员会（公海制度）；第三委员会（公海：捕鱼和生物资源保护）；第四委员会（大陆架）；第五委员会（内陆国家自由进入海洋的问题）。每个委员会都向全体会议提交一份报告，总结其工作成果，并附上经核准的条款草案。会议同意将部分经过修订的条款草案体现在4项单独的公约中，即《领海及毗连区公约》《公海公约》《捕鱼及养护公海生物资源公约》和《大陆架公约》。第五委员会的工作没有产生一项单独的公约，但其建议最终被列入《领海及毗连区公约》第14条和《公海公约》第2、3和4条之中。②

除了4项公约之外，会议通过了《关于强制解决争端之任择签字议定书》，既规定了国际法院的强制管辖权，还规定如果当事方同意，则将争端提交仲裁或调解。会议还就各项议题通过了9项决议。其中，关于历史水域制度的第Ⅶ号决议是《领海和毗连区公约》第7条第6款的后续行动，根据该条，《领海和毗连区公约》针对海湾建立的制度不适用于"历史性海湾"。对此，联合国大会1959年通过第1453（XIV）号决议提请国际法委员会："……在其认为适当的情况下，应尽快对包括历史海湾在内的历史性水域的法律制度问题进行研究，并就委员会认为适当的问题提出建议。"③ 国际法委员会请秘书处对该专题进行初步研究，1967年第19届会议，国际法委员会审议了是否继续研究这一专

---

① See Official Records of the United Nations Conference on the Law of the Sea, Geneva, 24 February – 27 April 1958, vol. Ⅶ, Fifth Committee (Question of Free Access to the Sea of Land-Locked Countries) (United Nations publication, Sales No. 58. V. 4, Vol. Ⅶ), Annexes, document A/CONF. 13/C. 5/L. 1.

② 1964年，联合国第一届贸易与发展大会在日内瓦召开。联合国大会根据该会议通过的决议，决定召开一次国际会议全权代表考虑内陆国家过境贸易的问题。1965年6月7日至7月8日，联合国内陆国家过境贸易大会在纽约举行，通过了《内陆国家过境贸易公约》和两项决议。United Nations, *Treaty Series*, Vol. 597, p. 3。

③ Study of the Juridical Regime of Historic Waters, Including Historic Bays, A/RES/1453（XIV）, 7 December 1959, para. 2.

题，认为，"大多数成员都怀疑现在还不是积极开展历史性海域主题的时候。专题的范围都相当大，并提出了一些政治问题，目前任何一个解决方案都可能严重延迟完成已经研究的重要工作"。①

《公海公约》② 和《关于强制解决争端之任择签字议定书》③ 于 1962 年 9 月 30 日生效，《大陆架公约》④ 于 1964 年 6 月 10 日生效，《领海及毗连区公约》⑤ 于 1964 年 9 月 10 日生效，《捕鱼及养护公海生物资源公约》⑥ 于 1966 年 3 月 20 日生效。截至 2021 年，《领海及毗连区公约》有 52 个缔约国，《公海公约》有 63 个缔约国，《捕鱼及养护公海生物资源公约》有 39 个缔约国，《大陆架公约》有 58 个缔约国，《关于强制解决争端之任择签字议定书》有 37 个缔约国。

(三) 成果述评

早在古罗马时代就有了海洋法的萌芽，海洋在一段历史时期被认为是国家行使主权管辖权的区域，特别是中世纪，海洋成为各国封建君主争夺瓜分的对象。进入资本主义时期，各国航海贸易的发展要求海洋能够自由航行。为此，格劳秀斯于 1609 年发表《海洋自由论》，阐述了公海理论，认为海洋是所有国家的共有物，不能被分割。19 世纪下半叶，公海自由成为国际法一项基本原则，与此同时，沿海国被允许将其海岸线以外的一带水域作为领水或领海加以占有，并视为领土不可分割的组成部分。除了领海之外，其他一些管辖海域也发展起来，从渔区、大陆架、专属经济区等制度直至公海海底实施"人类共同继承财产"制度，可以说，有关海洋的法律规则在近几个世纪以来处于不断变化的状态中。

在很长一段历史时期，海洋法是以零散的国际习惯和条约规则的形式存在和发展的，直至人类进入 20 世纪，国际社会才开始对海洋法进行编纂，力图使之法典化。1930 年海牙国际法编纂会议确定领海为国

---

① Yearbook of the International Law Commission, 1967, Vol. II, A/6709/Rev. 1, p. 369, para. 45.
② United Nations, *Treaty Series*, Vol. 450, p. 11.
③ United Nations, *Treaty Series*, Vol. 450, p. 169.
④ United Nations, *Treaty Series*, Vol. 499, p. 311.
⑤ United Nations, *Treaty Series*, Vol. 516, p. 205.
⑥ United Nations, *Treaty Series*, Vol. 559, p. 285.

家领土一部分的法律地位。由于与会国家在领海宽度以及与领海有密切关系的毗连区、历史性海湾等问题上存在分歧，会议只是提出了一份关于领海法律地位的规则草案。国际法委员会对海洋法规则的编纂工作成为构建1958年"日内瓦海洋法体系"的基础，也为联合国立法史上取得的最杰出成就之一的1982年《联合国海洋法公约》形成做出了巨大贡献。可以说，国际法委员会工作是国际社会为管理全部海洋区域建立全面、统一的法律体制的起点之一。

尽管国际法委员会的工作分为"编纂国际法"和"逐渐发展国际法"两个不同的方面，但其编纂海洋法规则时已确信，在海洋法领域内，这两项活动之间所确立的法律规则很难加以区别。虽然国际法委员会起初试图具体说明哪些条款属于其中一项，哪些属于另一类，但最终不得不放弃这一尝试。因为各国不仅对于一个规则是否已经"在实践中充分发展"存在不同意见，即使根据"公认的国际法原则"制定的规则也可能存在广泛的意见分歧，因此，国际法委员会对海洋法条款草案的拟订既包含编纂也包括逐渐发展的方法。[1]

二 国际水道非航行使用问题

（一）编纂经过

联合国大会于1970年通过第2669（XXV）号决议，建议国际法委员会开始研究国际水道的非航行使用，以期实现逐步发展和编纂，并参照国际法委员会预定的工作方案，考虑其认为适当之时尽快采取必要行动的可行性。[2] 1972年第24届会议，国际法委员会将国际水道非航行使用专题列入其工作计划，并得出结论，国际水道的污染问题既紧迫又复杂。因此，委员会要求秘书处继续汇总与该专题有关的材料，特别是其中涉及国际水道污染问题的信息。[3]

---

[1] Yearbook of the International Law Commission, 1956, Vol. II, A/3159, p. 255, paras. 25 – 26.

[2] "Progressive Development and Codification of the Rules of International Law relating to International Watercourses", A/RES/2669（XXV）, 8 december 1970, para. 1.

[3] Yearbook of the International Law Commission, 1972, Vol. II, A/8710/Rev. 1, p. 324, para. 77.

1974 年第 26 届会议，国际法委员会印发并审议秘书长报告《国际水道利用和使用的相关法律问题》[1] 与《国际水道非航行使用的相关法律问题》补充报告，[2] 考察了美国、墨西哥、挪威、荷兰、瑞典等国有关国际水道的国内立法，梳理了现有国际水道的一般性公约和双边条约以及亚洲、非洲和欧洲地区国际水道的区域性公约和双边条约。同时，国际法委员会设立了一个小组委员会进行审议。小组委员会向委员会提交了《国际水道非航行使用法报告》，处理国际水道性质及使用问题。报告指出，需要审查的一个初步问题是"国际水道"一词的范围，并且认识到实践和理论之间的差异，提议要求各国就一系列关于"国际水道"适当范围的问题发表意见，以期在研究其非航行使用的法律层面时予以采纳。另一个初步问题是"非航行使用"一词所包含的活动类型。由于对水道的使用在国家和国际两个维度可能是相互冲突的，报告建议，就关于委员会工作中应考虑的使用之范围，以及是否需要讨论部分特殊问题征求各国的意见。此外，报告要求各国回答委员会是否应在其研究的初始阶段开始处理国际水道的污染问题，以及是否应做出特别安排，以确保委员会得到技术、科学和经济咨询。[3]

其后，国际法委员会分别在 1976 年、1979 年和 1980 年、1983 年至 1991 年以及 1993 年、1994 年各届会议上继续就这一专题开展工作。在 1980 年第 32 届会议上，国际法委员会决定应当使用起草委员会建议的与"国际水道系统"一词含义相关的临时假设，认为水道系统是由河流、湖泊、运河、冰川和地下水等水文要素组成的，这些要素通过物理关系构成一个整体。因此，任何影响系统某一部分水域的用途都可能影响另一部分水域。国际水道系统是一种跨境水道系统，其组成部分位于两个或多个国家。如果一国的部分水域不受另一国水域的影响或不影响另一国水域的使用，则不应将其视为已被纳入国际水道系统。因此，水道系统的国际性体现在使用时相互影响的程度方面，水道的国际性特

---

[1] Yearbook of the International Law Commission, 1974, Vol. Ⅱ (Part Two), A/5409, pp. 33 – 265.

[2] Yearbook of the International Law Commission, 1974, Vol. Ⅱ (Part Two), A/CN. 4/274, pp. 270 – 365.

[3] Yearbook of the International Law Commission, 1974, Vol. Ⅱ (Part One), A/9610/Rev. 1, p. 301, Annex.

征不是绝对的而是相对的。①

1993年第45届会议，新任专题特别报告员罗森斯托克（Robert Rosenstock）提交报告，对来自各国政府的书面评论和意见进行了分析，并提出了两个一般性的问题，即条款的最终形式应该为公约还是示范规则，以及争端解决的程序问题。他还提出了将关于"不相关的封闭地下水"的规定纳入条款草案的可能。委员会要求特别报告员就"不相关的封闭地下水"问题进行研究，以确定将其纳入本专题的可行性。特别报告员建议，修正一读通过的某些条款草案，以纳入"不相连的承压地下水"的规定，鼓励以合理的方式管理这些地下水，防止其枯竭和污染，并提出了一个关于解决争端的新条款。② 在1994年第46届会议上，国际法委员会二读通过《国际水道非航行使用法条款草案》，包括33项条款和1项关于封闭跨界地下水的决议，以及评注，③并建议由联大或国际全权代表会议在条款草案的基础上制定关于该主题的公约。④

1997年5月21日联合国大会第51/229号决议通过了《国际水道非航行使用法公约》，包括序言、37项条文和仲裁附件。⑤ 公约于2000年5月21日开放供所有国家和区域经济一体化组织签署，并于2014年8月17日生效，截至2021年，共有37个缔约国。

（二）成果述评

在国际法范围内，国际河流构成一个特殊的问题。河流系统不同于矿物或石油等孤立的自然资源，是复杂水文单元的一部分。上游国家的水环境对下游河流的性质有直接影响，反之亦然。因此，在国际河流的

---

① Yearbook of the International Law Commission, 1980, Vol. II (Part Two), A/35/10, p. 108, para. 90.

② "不相连的承压地下水"术语是指一个共享的含水层，作为一个独立的水资源主体，不通过河流系统向"公共终点"供水，也不从任何现存的地表水体中吸收大量水。《国际法委员会年鉴1993年》，第二卷（第一部分），A/CN.4/462，第121页，附件：《国际水道非航行使用法："不相连"承压地下水》。

③ 《国际水道非航行使用法条款草案》案文及评注，参见《国际法委员会年鉴1994年》，第二卷（第二部分），A/49/10，第90—134页。

④ 《国际法委员会年鉴1994年》，第二卷（第二部分），A/49/10，第90页，第219段。

⑤ United Nations, *Treaty Series*, Vol. 2999 Doc. A/51/869.

不同国家之间必须强调协调发展，而不是单方面行动，而且必须考虑到对整个流域的影响。因此，开发和保护国际河流方面合作具有十分的必要性。自 20 世纪初以来，国际法学家和学术机构试图建立管理国际水道的机制。1911 年，国际法研究院通过了《关于国际河流使用的马德里决议》。1966 年，国际法协会完成了跨界水资源领域的国际法规则的最重要的编纂成果，即《国际河流水域使用赫尔辛基规则》，其核心原则是国际河流流域内的每一个国家都有权合理和公平利用流域水资源。《赫尔辛基规则》首次纳入了公平使用的概念，规定每个国家有权在其领土内合理和公平地享有跨国际河流流域水资源的有益使用，这是习惯国际法规则的一种发展。[1]

《国际水道非航行使用法条款草案》促进了跨境水资源合作中国际习惯法相关原则的编纂，提高了国际习惯法在跨境水资源利用冲突中的地位。条款草案不仅编纂国际水法的实质性习惯规则，并规定了水道国家就国际水道的使用和发展进行通知和协商的程序性要求。除此之外，还试图通过更广泛的生态系统保护范围和进一步发展旨在平衡沿岸国家之间水资源开发的公平利用标准，继续推进国际水法进程。[2]

联合国大会通过的《国际水道非航行使用法公约》分为七个部分：第一部分：导言；第二部分：一般原则；第三部分：计划采取的措施；第四部分：为保护、保全和管理；第五部分：有害状况和紧急情况；第六部分：杂项规定；第七部分：最后条款，公约附件规定了如果各国同意将争端交付仲裁时所应遵循的程序。《国际水道非航行使用法公约》是首个国家间水资源合作全球性法律框架，既融入了国际习惯法的相关规则，又吸收了国际淡水资源开发与保护方面的双边或多边条约的实践经验，确立了公平合理利用、不造

---

[1] David J. Lazerwitz, "The Flow of International Water Law: The International Law Commission's Law of the Non-Navigational Uses of International Watercourses", (1993) 1 *Indiana Journal of Global Legal Studies* 247, p. 253.

[2] David J. Lazerwitz, "The Flow of International Water Law: The International Law Commission's Law of the Non-Navigational Uses of International Watercourses", (1993) 1 *Indiana Journal of Global Legal Studies* 247, p. 248.

成重大损害等重要的国际水法基本原则。① 公约不仅为数据共享、谈判和争端解决提供了有效的法律框架，并且为跨境水资源谈判奠定了基础，推动对现有碎片化和不对称的协议重新进行审议。

有学者指出，中国政府对《国际水道非航行使用法公约》的部分内容持保留态度，主要有几个考虑：其一，公约未充分考虑和反映上游国的利益，如公平合理利用原则所列的考虑因素不全面，不造成重大损害的义务使上游国比下游国承担更重的义务（这从批准公约的国家主要为下游国及无国际水道的国家可见一斑）。其二，公约要求一国将"计划采取的措施"通知他国并进行协商和谈判，这有可能损害一国国家主权。其三，争端解决机制包括强制的实况调查委员会介入调查，这有可能损害一国主权，也有违中国一贯坚持的无第三方介入争端解决的立场。②

事实上，《国际水道非航行使用法公约》第33条有10款规定争端解决机制，这些内容是招致众多国家反对的主要原因之一。该公约本身并未禁止保留，有些缔约国加入时对争端解决机制做出了保留，例如第35个加入国越南所做的保留为："尽管有关争议的另一方做出了决定，但越南保留选择适当解决争议方式的权利。"未来如果我国考虑加入该公约，也应当就争端解决条款提出保留。③

三 共有的自然资源（跨界含水层法）

（一）编纂经过

国际法委员会在2000年第52届会议上，根据长期计划工作组的建议将"各国共有的自然资源"列入其长期工作计划，任命山田中正（Chusei Yamada）为特别报告员，并设立了工作组来协助工作。④ 2003

---

① 倪小璐：《〈国际水道非航行使用法公约〉：中国参与的可行性》，《新西部》2013年第9期，第74页。
② 参见李伟芳《〈国际水道公约〉生效中国如何应对》，《法制日报》2014年8月26日第10版。
③ 参见"United Nations Treaty Collection" https：//treaties. un. org/Pages/ViewDetails. aspx? src = TREATY&mtdsg_ no = XXVII – 12&chapter = 27&clang = _ en，(last visited 30 January 2022)。
④ 《国际法委员会年鉴2002年》，第二卷（第二部分），A/57/10，第99页，第517—519段。

年第 55 届会议特别报告员提交报告,建议将专题范围限于研究封闭的跨界地下水、石油和天然气问题。工作之初,首先展开封闭的跨界地下水研究,从技术角度解释什么构成封闭的跨界地下水。报告指出,封闭地下水与地面水虽然具有相同的大气层来源,但封闭地下水不同于地面水,地下水的管理是相当崭新事物,水文地质科学也是一样。如经采掘,一些地下水资源可能会很快枯竭;地面上所进行的不相关的活动也可能对地下水产生不利的影响,因此有必要管理地下水使用的活动。①

2004 年第 56 届会议,特别报告员提交第 2 份报告,就跨界地下水条款草案提供了总体框架,并提出了 7 项条款草案,分为两部分,第一部分为"导言",包括有关术语之范围和使用的 2 项条款,第二部分为"一般原则",包括含水层系统的使用,不造成损害的义务,合作的一般义务,定期交换数据和信息以及不同种类使用的关系等共 5 项条款。②该报告包括一份增编,提供了关于跨界地下水的一些技术和事实数据以及含水层模型、选定区域含水层的案例研究和文献目录。

国际法委员会建立了一个跨界地下水问题的开放式工作组,由特别报告员担任主席。委员会还听取了欧洲经济委员会、联合国教科文组织、粮食及农业组织和国际水文地质学家协会的地下水专家的两次非正式简报。应特别报告员的要求,委员会同意向各国政府和有兴趣的政府间组织分发特别报告员编写的调查表,征求其对地下水的意见和资料。③

2008 年第 60 届会议,国际法委员会二读通过《跨界含水层法条款草案》,包括 19 项条款及评注,④并建议联大:(1)在决议中注意到条款草案,将这些条款作为该决议的附件;(2)建议有关国家根据条款草案阐述的原则,为妥善管理其跨界含水层做出适当的双边或区域安

---

① 参见《国际法委员会年鉴 2003 年》,第二卷(第一部分),A/CN.4/533 and Add.1,第 127 页。
② 参见《国际法委员会年鉴 2004 年》,第二卷(第一部分),A/CN.4/539 和 Add.1,第 379 页。
③ 《国际法委员会年鉴 2004 年》,第二卷(第二部分),A/59/10,第 65 页,第 82—103 段。
④ 《跨界含水层法条款草案》案文及评注,参见《国际法委员会年鉴 2008 年》,第二卷(第二部分),A/63/10,第 25—51 页。

排；(3) 还考虑在稍后阶段以条款草案为基础制定一项公约。①

(二) 成果述评

《跨界含水层法条款草案》是"共有的自然资源"专题的成果之一。2010 年第 62 届会议，国际法委员会决定设立一个共有的自然资源问题工作组，村濑信也（Shinya Murase）编写了关于石油和天然气问题的工作文件，讨论了围绕跨界石油和天然气开展工作的可行性，主要涉及：(1) 石油和天然气问题与地下水位问题在多大程度上具有相似性；(2) 石油和天然气问题在很大程度上与有关国家的双边利益交织在一起，这给法律编纂造成特别的障碍；(3) 石油和天然气问题能否与海洋划界问题分开；(4) 石油和天然气问题是否适于法律编纂；(5) 石油和天然气问题具有的政治敏感性和技术难度是否能够克服。

对此，工作文件指出，大多数国家认为跨界石油和天然气问题基本是双边性质的问题，同时又具有高度政治性和技术性，涉及各种不同的情况。许多国家怀疑委员会是否有必要就此问题进行任何编纂工作，包括拟订普遍规则。鉴于跨界石油和天然气储藏常常位于大陆架，海洋划界问题是将此问题作为分专题加以审议的先决条件，而海洋划界对于各国而言，是非常微妙而敏感的政治问题，除非双方相互商定不处理划界问题。基于以上，工作组建议不再继续进行跨界石油和天然气层面的专题审议工作。②

《跨界含水层法条款草案》分为五个部分：第一部分为"导言"（第 1—2 条），分别关于术语的范围和使用，第二部分为"一般原则"（第 3—9 条），分别关于含水层国家的主权，公平合理利用，与公平合理利用有关的因素，不对其他含水层国家造成重大损害的义务，合作的一般义务，定期交换数据和信息，双边和区域的协定和安排，第三部分为"保护、保存和管理"（第 10—15 条），分别关于生态系统的保护和保存，蓄水层和排水层，预防、减少和控制污染，监测，管理，已规划的活动，第四部分为"杂项部分"（第 16—19 条），分别关于与发展中

---

① 《国际法委员会年鉴 2008 年》，第二卷（第二部分），A/63/10，第 24 页，第 49 段。
② 《国际法委员会年鉴 2010 年》，第二卷（第二部分），A/65/10，第 200—201 页，第 376—384 段。

国家的技术合作，紧急情况，武装冲突时的保护，对国防或安全至关重要的数据和信息。

《跨界含水层法条款草案》规定了对所有国家普遍适用的义务、含水层国相对于其他含水层国的义务以及含水层国相对于非含水层国的义务。其主要目的在于处理与跨界含水层的利用、管理、分配和保护有关难题而拟订国际法规则，从而保护人类赖以生存的地下水资源，解决含水层脆弱性造成的具体问题。①

四　与武装冲突有关的环境保护

（一）编纂经过

国际法委员会在 2013 年第 65 届会议上，根据长期计划工作组的建议，决定将"与武装冲突有关的环境保护"专题列入其工作计划，并且任命玛丽·雅格布松女士（Marie G. Jacobsson）为该专题的特别报告员。对于编纂专题范围和方法，特别报告员提议，应该从时间角度来研究这一专题，而不是从各种国际法领域的角度加以研究，例如国际环境法、武装冲突法和国际人权法，目的是比较容易掌控专题内容并比较容易划定其界限。时间阶段可以针对在武装冲突之前、期间和之后（分别为第一、第二和第三阶段）为了保护环境而采取的法律措施。工作重点应是第一阶段，即与潜在的武装冲突有关的义务，以及第三阶段，即冲突后的措施。第二阶段，即适用战争法阶段，将受到较少关注，因为编纂任务不是修改这些现有法律制度。这一提议得到委员会普遍认可。②

在 2014 年第 66 届会议上，国际法委员会审议了特别报告员第 1 份报告对该专题第一阶段的概述，即适用于潜在武装冲突的环境规则和原则（"和平时期的义务"）。在 2015 年第 67 届会议上，特别报告员提交第 2 次报告，其核心涉及武装冲突期间适用的法律，分析了直接适用的条约规定和武装冲突法的有关原则，如区分原则、相称原则和攻击中的

---

① Gabriel E. Eckstein, "Commentary on the U. N. International Law Commission's Draft Articles on the Law of Transboundary Aquifers", (2007) 18 *Texas A&M University School of Law* 537, p. 609.

② 联合国大会：《国际法委员会报告》，大会正式记录，第六十八届会议补编第 10 号，A/68/10，2013 年，第 102 页，第 135—136 段。

谨慎原则以及关于军事必要性的规则。特别报告员强调，由于委员会的任务不是修订武装冲突法，报告避免对此类规定的操作性解释加以分析，仅限于弄清武装冲突法的适用是否也覆盖旨在保护环境的措施。报告还处理了保护区的问题，并考察了关于非军事区、无核武器区以及与本专题有关的自然遗产区和重大生态意义地区的法律框架，其目的是分析各种环境区与文化遗产区之间的关系以及土著人民对于环境作为一种文化和自然资源而具有的权利。①

2017年第69届会议，国际法委员会设立了一个关于该专题的工作组，由巴斯克斯－贝姆德斯（Marcelo Vázquez-Bermúdez）担任主席，任命玛丽亚·莱赫托（Marja Lehto）为新的特别报告员。2018年第70届会议，特别报告员提交报告讨论了占领法下的环境保护问题，通过国际人权法保护占领状态下的环境以及国际环境法在占领状态下的作用。②2019年第71届会议，委员会一读暂时通过《与武装冲突有关的环境保护原则草案》及评注。③

（二）成果述评

一读阶段的《与武装冲突有关的环境保护原则草案》包含五个部分。第一部分为"导言"，载有关于原则草案范围和宗旨几项原则。第二部分涉及为武装冲突爆发之前保护环境提供指导，并且载有与冲突之前、期间和之后三个时段中不止一个时间段有关的更具一般性的原则，包括加强环境保护措施、指定受保护区、保护土著人民的环境、与武装冲突有关的驻军协议、和平行动、人员流离失所、国家责任、公司应尽职责、公司的赔偿责任。第三部分涉及武装冲突期间保护环境的问题，包括与武装冲突有关环境保护方面的马顿斯条款、对自然环境的一般保护、对自然环境适用武装冲突法、环境因素、禁止报复、受保护区、禁止掠夺、改变环境的技术。第四部分涉及在占领局势下保护环境的问

---

① 联合国大会：《国际法委员会报告》，大会正式记录，第七十届会议补编第10号，A/70/10，2015年，第101—102页，第135—140段。

② 联合国大会：《国际法委员会报告》，大会正式记录，第七十三届会议补编第10号，A/73/10，2018年，第242—243页，第174—182段。

③ 《与武装冲突有关的环境保护原则草案》一读案文及评注，参见联合国大会《国际法委员会报告》，大会正式记录，第七十四届会议补编第10号，A/74/10，2019年，第202—280页。

题，包括占领方的一般义务、自然资源的可持续利用、应尽职责。第五部分载有关于武装冲突之后保护环境的几项原则，包括和平进程、共享与准许获取信息、武装冲突后的环境评估与补救措施、救济和援助、战争遗留物、海上战争遗留物。

《与武装冲突有关的环境保护原则草案》基本宗旨是加强与武装冲突有关的环境保护，并表明为提供必要的保护所需采取措施的一般性类型。这些措施包括旨在最大限度地减少武装冲突期间对环境损害的预防措施和在武装冲突已经造成损害后恢复环境的补救措施。草案内容涉及各类具有不同规范意义的条款，既包括反映习惯国际法的条款以阐述国际法原则的规定，也包括旨在促进国际法逐渐发展的更具建议性质的条款，以及向各国提供适当指导的不具约束力的宣示性条款。①

五　保护大气层

（一）编纂经过

国际法委员会在2013年第65届会议上，决定将"保护大气层"专题列入其工作计划，并任命村濑信也为该专题的特别报告员。2014年第66届会议至2018年第70届会议，特别报告员共提交5份报告由委员会审议。

国际法委员会首先就该专题的相关问题达成谅解：（1）此专题工作进行方式不会影响有关的政治谈判，包括就气候变化、臭氧层消耗、远距离跨界空气污染进行的政治谈判。此专题不会处理但也不妨碍如下问题：国家及其国民的赔偿责任、污染者付费原则、谨慎原则、共同但有区别责任、向发展中国家转让资金和技术，包括知识产权。（2）这一专题不会处理具体物质，例如国家之间正在谈判的黑炭、对流层臭氧以及其他双重影响物质，也不会试图弥补条约制度存在的缺陷。（3）与外层空间有关的问题，包括外层空间的划界问题，不在此专题范围之内。（4）此专题的工作结果将是指南草案，但指南草案不会试图给现

---

① 联合国大会：《国际法委员会报告》，大会正式记录，第七十四届年会补编第10号，A/74/10，2019年，第203—204页，原则1评注第（3）段和原则2评注第（1）段。

行条约制度强加尚不具有的法律规则或法律原则。①

2018年，国际法委员会一读通过《保护大气层的指南草案》及评注，并决定交各国政府征求评论意见，在2019年12月15日之前向秘书长提交此类评论和意见。②

(二) 成果述评

人类环境和自然环境都可能因大气层条件的某些改变而受到不利影响，这些改变主要由引入有害物质所致，造成跨界空气污染、臭氧层消耗，以及最终导致气候变化的大气层条件改变。国际法委员会意在通过国际法的逐渐发展和编纂提供指南，协助国际社会处理与跨界和全球大气层保护有关的关键问题。

国际法委员会强调，编纂工作不会影响有关政治谈判，包括关于气候变化、臭氧层消耗、远距离跨界空气污染等政治谈判，也不会试图弥补条约制度中存在的缺陷，或是给现行条约制度强加尚不具有的法律规定或法律原则。③ 12项指南包括用语解释，指南范围，国家保护大气层的义务，环境影响评估，可持续利用大气层，公平合理利用大气层，有意大规模改变大气层，国际合作，相关规则之间的相互关系，各国在执行与保护大气层免遭大气污染和大气层退化有关的国际法规定的义务，各国须善意地遵守与保护大气层免遭大气污染和大气层退化有关的国际法规定的义务以及争端解决等。

六 海洋与环境领域的长期工作计划：与国际法有关的海平面上升问题

2015年，联合国大会《2030年可持续发展议程》承认：气候变化是当今时代的最大挑战之一，它产生的不利影响削弱了各国实现可持续发展的能力。全球升温、海平面上升、海洋酸化和气候变化产生的其他

---

① 联合国大会：《国际法委员会报告》，大会正式记录，第六十八届会议补编第10号，A/68/10，2013年，第111页，第168段。

② 《保护大气层的指南草案》一读案文及评注，参见联合国大会《国际法委员会报告》，大会正式记录，第七十三届年会补编第10号，A/73/10，2018年，第162—203页。

③ 联合国大会：《国际法委员会报告》，大会正式记录，第七十三届会议补编第10号，A/73/10，2018年，第165页，总评注第（2）段。

影响，严重影响到沿岸地区和低洼沿岸国家，包括许多最不发达国家和小岛屿发展中国家。许多社会和各种维系地球生物系统的生存受到威胁。①

2018年第70届会议，国际法委员会决定将"与国际法有关的海平面上升问题"纳入长期工作计划。② 国际法委员认为，海平面上升的实际后果引发了与国际法有关的若干重要问题。例如，低洼沿海地区和岛屿淹没对于其基线、自基线延伸的海洋区以及海洋区划界（无论是通过协议还是裁定划界）有何法律影响？对与这些海洋区有关的国家权利有何影响？如果一国的领土和人口消失，对国际法上的国家地位产生何种后果？直接受海平面上升影响的人员在国际法中受到何种保护？探讨这些问题，应依照国际法委员会逐步发展和编纂国际法这项任务，深入分析包括条约和习惯国际法在内的现行国际法。这将有助于国际社会努力确定现行国际法能够在多大程度上应对这些问题，以及各国在哪些方面需要制定切实可行的解决办法，以便有效应对海平上升引发的问题。

该专题大纲框定了海平面上升造成三个方面的法律后果：（1）海洋法；（2）国家地位；（3）受海平面上升影响的人员的保护，反映了海平面上升对国家构成要素（领土、人口和政府/国家地位）的法律影响，这些问题相互关联，应当一起讨论。③

其中，海洋法的问题涉及：（1）海平面上升对基线和从基线开始测量的海域外部界限可能产生的法律影响；（2）海平面上升对海洋划界可产生的法律影响；（3）海平面上升对岛屿在构成基线和海洋划界方面作用可能产生的法律影响；（4）海平面上升对沿海国及其国民在已确立边界或基线的海域使主权和管辖权可产生的法律影响，特别是在资源的勘探、开发和保护方面，以及对第三国及其国民的权利（例如无

---

① 《变革我们的世界：2030年可持续发展议程》，A/RES/70/1，2015年10月21日，第14段。
② 联合国大会：《国际法委员会报告》，大会正式记录，第七十三届会议补编第10号，A/73/10，2018年，第298页，第369段。
③ 联合国大会：《国际法委员会报告》，大会正式记录，第七十三届会议补编第10号，A/73/10，2018年，第325页，附件B：《海平面上升与国际法有关的问题》，第4—5段，第12—13段。

害通过、航行自由、捕鱼权）方面的影响；（5）海平面上升对岛屿（包括岩礁）的地位以及具有岸岛沿海国的海洋权利可能产生的法律影响；（6）人工岛屿、填海或岛屿御活动作为对海平面上升应对/适应措施。

关于国家地位的问题，涉及：（1）分析岛屿国家领土完全被海洋覆盖或变得无法居住的情况对国家地位的存续或丧失可能产生的法律影响；（2）对以下做法进行法律估评：岛屿国家用屏障巩固岛屿或建造人工岛屿，以保护其国家地位不因陆地领土可完全被海洋覆盖或变得无法居住而受到威胁；（3）分析以下法律拟制：考虑到基线冻结和对条约、司法判决或仲裁裁决所定边界的尊重，可以因为岛屿国家的主权领土在完全被海洋覆盖或变得不适合居住之前，存在依其主权领土而确定的领海，承认岛屿国家的国家地位存续；（4）评估以下做法可能产生的法律影响：将第三国部分领土转让给陆地领土有可能完全被海水覆盖或变得不适合居住的岛屿国家（无论是否移交主权），以维持其国家地位或任何形式的国际法律人格；（5）分析以下做法可能产生的法律影响：陆地领土有可能完全被海水覆盖或变得不合适居住的岛屿发展中国家与另一国合并，或双方为维持岛屿国家的国家地位或任何形式的国际法律人格而建立联邦或联盟。

与保护受海平面上升影响的人员有关的问题，涉及：（1）国家保护其所管辖个人的人权责任在多大程度上适用于与海平面上升有关的后果；（2）是否可以运用国际合作原则帮助国家应对海平面上升对其人口造成的不利影响；（3）是否已存在国际法律原则，适用于国家为帮助人民克服海平面上升而留在原地采取的措施；（4）是否已存在国际法律原则，适用于海平面上升的不利影响所致人员撤离、迁移和移民海外；（5）可能有哪些原则适用于保护海平面上升的不利影响所致境内流离失所者或移民的人权。①

2019 年第 71 届会议，国际法委员会根据长期计划工作组的建议，决定将该专题列入其工作计划。委员会还决定在本专题下设立一个不限

---

① 联合国大会：《国际法委员会报告》，大会正式记录，第七十三届会议补编第 10 号，A/73/10，2018 年，第 325 页，附件 B：《海平面上升与国际法有关的问题》，第 15—17 段。

成员名额的研究组,由奥列斯库(Bogdan Aurescu)、西塞(Yacouba Cissé)、特莱斯(Patricia Galvão Teles)、奥拉尔(Nilüfer Oral)以及桑托拉里亚(Juan José Ruda Santolaria)轮流担任共同主席。研究组将在今后两年就2018年专题提纲中确定的三个分专题开展工作,①侧重于与海洋法有关的海平面上升问题。对此,委员会希望各国能够提供相关实践例子,譬如涉及基线和群岛基线(如适用)、封闭线、低潮高地、岛屿、人工岛屿、填海造地和其他海岸加固措施、海区界线、海洋划界以及其他相关资料,如海洋划界的双边或多边条约,国家立法或规章,与条约或国家实践有关的声明、发言或其他函件,解决与海洋法相关的争端的国家法院或国际性法院判例,缔约国根据《联合国海洋法公约》规定的义务交存海图和各点地理坐标表时就海平面上升提出的任何意见,等等。②

第三节　外交、领事关系和争端解决的编纂与逐渐发展

一　以编纂成果为基础缔结的公约

(一) 编纂经过

1. 外交关系公约

1949年第1届会议期间,国际法委员会选择外交往来和豁免作为编纂专题之一,但没有将其列入优先专题清单。联合国大会1952年通过第685(Ⅶ)号决议,希望各国遵行关于外交往来与豁免,尤其在外国外交代表之待遇上所有现行原则及公认的惯例,认为关于外交往来与豁免的国际法宜及早编纂,对于促进各国交往做出贡献,因此,兹请国际法委员会在其认为可能的情况下尽快编纂外交往来和豁免领域的规

---

① 联合国大会:《国际法委员会报告》,大会正式记录,第七十四届会议补编第10号,A/74/10,2019年,第321页,第265—269段。
② 联合国大会:《国际法委员会报告》,大会正式记录,第七十四届会议补编第10号,A/74/10,2019年,第8页,第32段。

范，并将其作为优先专题处理。① 国际法委员会在 1954 年第 6 届会议上，决定启动这一专题工作，并任命桑斯特伦姆（A. E. F. Sandström）为特别报告员。国际法委员会在 1958 年第 10 届会议上通过了《外交往来和豁免条款草案》，包括 45 项条款及评注，② 并建议联大向成员国推荐该草案，以期缔结一部公约。③

1958 年，第六委员会就国际法委员会的报告进行审议，虽然一些代表对通过公约编纂外交特权和豁免规则是否可取表示怀疑，但大多数代表赞成通过公约编纂这一主题，只是对编纂应遵循的程序持有不同的观点。一种观点提议，公约的起草工作应委托给第六委员会；另一种观点则倾向于为这一目的召开一次全权代表会议。联合国大会 1959 年通过第 1450（XIV）号决议，决定召开国际全权代表会议讨论外交往来及豁免问题，并将其工作成果载入一项国际公约。④

联合国外交往来和豁免会议于 1961 年 3 月 2 日至 4 月 14 日在维也纳举行。来自 81 个国家的代表出席了会议，其中 75 个国家是联合国会员国，6 个国家是相关机构的成员或《国际法院规约》缔约国。⑤ 会议设立了一个全体委员会，并将议程中的实质性项目提交给该委员会，即审议外交往来和豁免问题、审议关于特别使节的条款草案，以及通过所审议事项的相关文书和会议最后文件。全体委员会将关于特别使节的条款草案提交给特别使节的小组委员会进行审议。会议通过了《维也纳外交关系公约》⑥，《关于取得国籍之任意议定书》⑦ 和《关于强制解决争端之任意议定书》⑧，并于 1961 年 4 月 18 日开放供各国签署。根据会议

---

① "Request to the International Law Commission to Give Priority to the Codification of the Topic Diplomatic Intercourse and Immunities", A/RES/685（VII）, 5 December 1952, paras. 2 – 4.
② 《外交往来和豁免条款草案》案文及评注，参见 Yearbook of the International Law Commission, 1958, Vol. II, A/3859, pp. 89 – 105.
③ Yearbook of the International Law Commission, 1958, Vol. II, A/3859, p. 89, para. 50.
④ "International Conference of Plenipotenties on Diplomatic Intercourse and Immunities", A/RES/1450（XIV）, 7 December 1959, para. 1.
⑤ Official Records of the United Nations Conference on Diplomatic Intercourse and Immunities, Vienna, 2 March – 14 April 1961, Vol. I（United Nations publication, Sales No. 61. X. 2）.
⑥ United Nations, *Treaty Series*, Vol. 500, p. 95.
⑦ United Nations, *Treaty Series*, Vol. 500, p. 223.
⑧ United Nations, *Treaty Series*, Vol. 500, p. 241.

决议，特别使节议题被退回联大，并建议联大委托国际法委员会对其展开进一步研究。公约和两项任意议定书于1964年4月24日生效，截至2021年，《维也纳外交关系公约》有193个缔约国，《关于取得国籍之任意议定书》有51个缔约国，《关于强制解决争端之任意议定书》有70个缔约国。

2. 领事关系公约

国际法委员会在1949年第1届会议上，选择领事往来和豁免主题作为编纂专题之一，但没有将其列入优先专题清单。1955年，委员会第7届会议决定开始这一专题的研究，任命佐列克（Jaroslav Zourek）为特别报告员。1961年第13届会议，国际法委员会通过了《领事往来与豁免条款草案》，包括71项条款及评注，[1] 并建议联大召开一次国际全权代表会议研究条款草案的基础上缔结一项或多项公约。[2]

联合国大会于1961年通过第1685（XVI）号决议，认为，国际法委员会所拟领事关系条款草案构成商订一项公约的良好基础，决定召开国际全权代表会议讨论领事关系问题，并将其工作成果订入一项国际公约及其认为适当的其他文书。[3] 联合国领事往来和豁免会议于1963年3月4日至4月22日在维也纳举行，共有95个国家的代表出席。[4] 会议将国际法委员会编写的条款草案以及其余提案的审议工作分配给两个主要委员会，二者都由全部的参与国组成。上述条款和提案在经过各主要委员会处理之后，被提交给起草委员会，后者编写文本并提交全体会议。会议通过了《维也纳领事关系公约》，[5]《关于取得国籍之任意议定

---

① 《领事关系条款草案》案文及评注，参见 Yearbook of the International Law Commission, 1961, Vol II, A/4843, pp. 92 – 128。

② Yearbook of the International Law Commission, 1961, Vol. II, A/4843, p. 91, para. 27.

③ "International Conference of Plenipotentiaties on Consular Relations", A/RES/1685（XVI）, 18 Decemeber 1961, para. 3.

④ *Official Records of the United Nations Conference on Consular Relations*, Vol. I (United Nations publication, Sales No. 63. X. 2); and *ibid.*, Vol. II (United Nations publication, Sales No. 64. X. I).

⑤ United Nations, *Treaty Series*, Vol. 596, p. 261.

书》① 和《关于强制解决争端之任意议定书》②，于1961年4月24日开放供各国签署，公约及两项任意议定书于1967年3月19日生效。截至2021年，《维也纳领事关系公约》有182个缔约国，《关于取得国籍之任意议定书》有41个缔约国，《关于强制解决争端之任意议定书》有52个缔约国。

3. 特别使节公约

国际法委员会在1958年向联大第13届会议提交《外交往来和豁免条款草案》时指出，尽管草案只涉及常驻外交使节，但外交关系也呈现为其他形式，可归入"临时外交"（ad hoc diplomacy）的标题下，涵盖流动使节、外交会议和为有限目的派往一国的特别使节。③ 为此，国际法委员会在1963年第15届会议上任命巴尔托斯（Milan Bartoš）为"特别使节"专题的特别报告员，决定以《维也纳外交关系公约》为基础编写条款草案，但同时强调，特别使节的职能和性质决定了它是一个不同于常驻代表团的机构。关于这一专题的范围，委员会的大多数成员认为，不应将政府代表在国际会议的地位问题纳入特别使节研究。

国际法委员会1967年第19届会议通过了《特别使节条款草案》，包括50项条款及评注，④ 并向联大建议"采取适当措施缔结一部关于特别使节的公约"。⑤

在联大1968年第23届和1969年第24届会议上，第六委员会根据国际法委员会通过的草案，审议了特别使节公约草案项目。根据第六委员会的建议，联合国于1969年12月8日以大会决议

---

① United Nations, *Treaty Series*, Vol. 596, p. 469.
② United Nations, *Treaty Series*, Vol. 596, p. 487.
③ Yearbook of the International Law Commission, 1958, Vol. Ⅱ, A/3859, p. 89, paras. 51 – 52.
④ 《特别使团条款草案》案文及评注，参见 Yearbook of the International Law Commission, 1967, Vol. Ⅱ, A/6709/Rev. 1 and Rev. 1/Corr. 1, pp. 347 – 367, paras. 35 – 36.
⑤ Yearbook of the International Law Commission, 1967, Vol. Ⅱ, A/6709/Rev. 1 and Rev. 1/Corr. 1, p. 347, para. 33.

形式①通过了《特别使节公约》②和《关于强制解决争端之任择议定书》③，并于当日开放供各国签署。同时，联大通过第2531（XXIV）号决议，建议"派遣国在不妨碍特别使节履行职能的情况下，应放弃其特别使节成员对接受国境内人员民事索赔的豁免权，并且在不放弃豁免权的情况下，派遣国应尽最大努力实现索赔的公正解决"。④公约和任择议定书于1985年6月21日生效，截至2021年，《特别使节公约》有39个缔约国，《关于强制解决争端之任择议定书》有17个缔约国。

4. 防止和惩处侵害应受国际保护人员包括外交代表的罪行问题

对外交代表和应受国际法特别保护的其他人员进行暴力攻击，不仅严重破坏旨在为安全保卫和平而进行国际合作的机制以及损害加强国际安全和促进各国的普遍福祉，而且妨碍《联合国宪章》宗旨和原则的执行和实现。在1971年国际法委员会第23届会议上，有委员指出，应考虑是否有可能对谋杀、绑架和袭击依国际法应受特别保护的外交官及其他人员等此类罪行制定条款草案。联大在1971年12月3日的第2780（XXVI）号决议中，要求国际法委员会尽快研究"保护与不得侵犯应受国际保护人员包括外交代表的问题"，起草一部处理此类犯罪的条款草案。⑤

在1972年第24届会议上，国际法委员会经过初步的一般性讨论，决定设立一个工作组审查所涉专题，拟编写一部条款草案提交委员会。这一程序有别于与任命一位特别报告员展开专题研究的传统程序。因为参加一般性讨论的绝大多数成员认为，这一专题具有充分的紧迫性和重要性，以至于委员会应采取更为迅速方法，直接拟订条款

---

① "Convention on Special Missions and Optional Protocal concerning the Compulsory Settlement of Disputes", A/RES/2530（XXIV）, 8 December 1969, para. 1.
② United Nations, *Treaty Series*, Vol. 1400, p. 231.
③ United Nations, *Treaty Series*, Vol. 1400, p. 339.
④ "Settlement of Civil Claims in Connexion with the Convention on Special Missions", A/RES/2531（XXIV）, 8 December 1969, para. 5.
⑤ "Report of the International Law Commission", A/RES/2780（XXVI）, 3 December 1971, Part Ⅲ, para. 2.

草案提交联大会议。① 在本届会议上，工作组完成了《防止和惩处侵害外交代表及其他应受国际保护人员之罪行条款草案》，包括12项条款及评注，就预防和惩处侵害外交代表和其他受国际保护人员的罪行做出规定。② 国际法委员会审议通过时强调，这些罪行的发生越来越频繁，条款草案以旨在有效促进有关人员的不可侵犯和保护的现有法律义务为基础，通过促进国际合作防止和惩罚对这些人员犯下的罪行，目的在于加强个人安全和不受胁迫，使国家或国际组织挑选的人在与其他国家或其他国家的关系中更好地履行自己的职责。在1973年联大第28届会议上，第六委员会和专门成立的起草委员会审议了所有条款草案和经提议的新条款以及序言和最后条款，向联大提出缔结公约的建议。1973年12月14日，联合国以大会决议形式③通过了《关于防止和惩处侵害应受国际保护人员包括外交代表的罪行的公约》，④ 并于当日开放供各国签署。公约于1977年2月20日生效，截至2021年，共有180个缔约国。

（二）成果述评

调整外交关系各个方面的规则是国际法最为古老的规则。只要有独立的国家共同存在，就会发展出一套如何对待其他国家大使及其他特别代表的特殊习惯。调整外交手段的国际法规则是历经几个世纪的国家实践的结果。⑤ 国际法院在"美国驻德黑兰外交和领事人员案"中指出，"外交法的规则属于一套独立的体制。它一方面规定了接受国给予使馆的便利、特权和豁免的义务，另一方面应预见到它们可能被使团成员滥用，接受国可以对任何此种

---

① Yearbook of the International Law Commission, 1972, Vol. Ⅱ, A/8710/Rev. Ⅰ, p. 310, para. 62.

② 《防止和惩处侵害外交代表及其他应受国际保护人员之罪行条款草案》案文及评注，参见 Yearbook of the International Law Commission, 1972, Vol. Ⅱ, A/8710/Rev. Ⅰ, pp. 312 – 322。

③ "Convention on the Prevention and Punishment of Crimes against Internationally Protected Persons, including Diplomatic Agents", A/RES/3166 (XXⅧ), 14 December 1973, para. 1.

④ United Nations, *Treaty Series*, Vol. 1035, p. 167.

⑤ 马尔科姆·N. 肖：《国际法》（下），白桂梅、高健军、朱利江、李永胜、梁晓晖译，北京大学出版社2011年版，第592页。

滥用采取的方式"。①

《维也纳外交关系公约》《维也纳领事关系公约》的缔结使外交和领事关系法在很大程度上实现了法典化。两项公约的多数规定基于长期国家实践中所形成的国际习惯和惯例，但也有不少内容属于国际法之逐渐发展的范畴。这两项公约已被世界各国普遍接受，无论是习惯规则的编纂，还是新的国际法规则的制定，均可被视为普遍适用的一般国际法的最好证据。这一点已得到国际法学界的一致赞同，并在国际司法实践中得以确认。外交和领事关系法的成文化和法典化是国际法委员会对现代国际法做出的卓越贡献。②

二 外交信使和没有外交信使护送的外交邮袋的地位

（一）编纂经过

联大于1975年通过第3501（XXX）号决议重申各国必须严格执行1961年《维也纳外交关系公约》的规定，对违反外交法规则，尤其是违反该公约规定的情况表示遗憾。联大还邀请成员国就方法和方式向秘书长提交评论和意见，以确保公约条款的执行，征求看法的内容包括拟订关于外交信使地位规则的可取性。③ 1976年，联大通过第31/76号决议，进一步关切不断发生违反外交法规则的事件，尤其涉及外交信使和没有外交信使护送的外交邮袋地位的情势，认识到应当参照《维也纳外交关系公约》研究外交信使和没有外交信使护送的外交邮袋的地位问题，并请国际法委员会在适当时候研究详细制定一项关于外交信使和没有外交信使护送的外交邮袋议定书的提议，作为《维也纳外交关系公约》的发展和具体成果。④

国际法委员会在1977年第29届会议议程中列入了题为"制定一项

---

① *The US Diplomatic and Consular Staff in Tehran Case*, Judgement, I. C. J Reports 1980, p. 3.

② 黄惠康：《论国际法的编纂与逐渐发展——纪念联合国国际法委员会成立七十周年》，《武大国际法评论》2018年第6期，第12—13页。

③ 联合国大会：《各国执行一九六一年关于外交关系的维也纳公约规定的情况和旨在扩大该公约当事国数目的措施》，A/RES/3501（XXX），1975年12月15日，第2、4段。

④ 联合国大会：《各国执行一九六一年〈关于外交关系的维也纳公约〉各项规定的情况》，A/RES/31/76，1976年12月13日，第4段。

关于外交信使和没有外交信使护送的外交邮袋地位的议定书"的项目，并设立了一个工作组，以确定处理该专题的最适当方法和方式。工作组向委员会建议若干结论，包括以下内容：（1）应按照联大的要求，将该专题列入委员会的工作方案以供研究；（2）委员会应在下届会议上研究这一专题，而不缩短分配给审议当前工作方案中其他专题的时间，根据联大的有关建议和委员会的相应决定，这些专题被授予了优先考虑；（3）为了实现这一目标，委员会似乎更适合参照防止和惩处侵害应受国际保护人员包括外交代表的罪行专题所遵循的方法，采取一种相类似的程序，即由工作组推进该专题的第一阶段研究，并向委员会报告，而不任命特别报告员。委员会核准了工作组就处理该项目的方法和方式所达成的结论。①

1978 年联合国大会通过第 33/140 号决议，赞赏地注意到国际法委员会对于有关拟订一项关于外交信使和没有外交信使护送的外交邮袋地位议定书各项建议所做的研究，此项议定书可进一步促进国际外交法的未来发展，决定在收到国际法委员会提交对是否可能拟订该专题的适当法律文书工作结果时，将进一步审议该问题。② 国际法委员会于 1979 年第 31 届会议重新设立了一个工作组，研究外交信使和没有外交信使护送的外交邮袋的地位问题，并且改变了由工作组直接研究的方式，决定任命扬科夫（Alexander Yankov）为特别报告员负责拟订本专题的条款草案。③ 委员会分别在 1980 年至 1986 年以及 1988 年和 1989 年的第 32 届至第 38 届会议以及第 40 届、第 41 届会议上继续就该专题展开工作。在 1989 年第 41 届会议上，国际法委员会二读通过了《外交信使和没有外交信使护送的外交邮袋的地位的条款草案》以及《特别使节信使和邮袋地位的任择议定书草案》和《信使和具有普遍性国际组织信使和

---

① Yearbook of the International Law Commission, 1977, Vol. Ⅱ (Part Two), A/32/10, p. 125, paras. 83 – 84.

② 联合国大会：《各国执行一九六一年〈维也纳公约外交关系〉各项规定的情况》, A/RES/33/140, 1978 年 12 月 19 日, 第 5 段。

③ Yearbook of the International Law Commission, 1979, Vol. Ⅱ (Part Two), A/34/10, p. 184, paras. 164 – 165.

邮袋地位的任择议定书草案》及其评注,① 并建议联大召开一次国际全权代表会议,研究条款草案和任择议定书,并就该专题缔结一项公约。②

(二) 成果述评

本条款草案是在《维也纳外交关系公约》《维也纳领域事关系公约》《特别使节公约》和《维也纳关于国家在其对国际组织关系上的代表权公约》基础上,制定一项关于所有类型外交信使和邮袋地位的制度。这首先意味着巩固、协调和统一现有的规则,其次意味着就这些公约未完全规定的情况拟订具体而更精确的规则,以方便公务通信的正常进行,确保邮袋内容的机密性,防止滥用邮袋。③

由于已有的涉及外交关系的公约已充分包括了与外交和领馆信使和邮袋有关的国际规则,因此国际法委员会对这一专题工作旨在采取全面制定有关所有类型的外交信使和邮袋地位连贯而尽可能统一的制度。作为方法问题,条款草案与外交法领域编纂的多边公约,即《维出纳外交关系公约》《维也纳领事关系公约》《特别使节公约》《维也纳关于国家在其对国际组织关系上的代表权公约》之间的关系尤为重要,关于该制度规则的逐渐发展和编纂应以现有公约为基础并以更具体的规定对其加以补充,④ 上述多边公约是信使和邮袋的统一待遇的共同法律基础。特别报告员开展了100多个双边领事条约和大量国内规则和条例的分析性调查,得出结论认为,所有类型的外交信使地位存在基本一致的待遇标准。国家实践是明确的,领馆信使与外交信使和其他信使享有同等程度的人身不可侵犯权,双边条约和国家法律大多给予领馆信使与外交信使同样的权利、特权和豁免,包括人身不可侵犯权。对于公务通信邮袋的法律地位,在待遇标准上有一些区别。《维也纳领事关系公约》在承认

---

① 3项条款草案案文及其评注,参见《国际法委员会年鉴1989年》,第二卷(第二部分),A/44/10,第22—92页。

② 《国际法委员会年鉴1989年》,第二卷(第二部分),A/44/10,第21页,第66—69段。

③ 《国际法委员会年鉴1989年》,第二卷(第二部分),A/44/10,12页,第31段。

④ 《国际法委员会年鉴1989年》,第二卷(第二部分),A/44/10,第18页,第56—57段。

"邮袋不可开拆或扣留"一般规则的同时承认在某些条件下可开拆邮袋，这一特殊待遇构成对其他编纂公约设立制度的例外。① 对此，国际法委员会强调，条款草案并不修改上述四项编纂公约关于信使问题的规定，通过同等待遇标准在合法保护所有类型的官方信使和官方邮袋方面尽可能达到连贯性和统一性。另外，国际法委员会没有讨论条款草案与习惯国际法规则之间的关系问题。②

三 仲裁程序

（一）编纂经过

在1949年第1届会议上，国际法委员会选择仲裁程序作为优先考虑的编纂专题之一，并任命乔治·斯切莱（Georges Scelle）为特别报告员。国际法委员会分别于1950年第2届、1952年第4届、1953年第5届、1957年第9届和1958年第10届会议上审议了这一专题。③ 1953年第5届会议上，国际法委员会二读通过《仲裁程序的公约草案》（*Draft Convention on Arbitral Procedure*），包括32项条款，并提请大会向会员国建议该草案，以期缔结一项公约。④ 联合国大会在1953年和1955年第8届和第10届会议上审议了该草案，草案招致相当多的批评，特别是关于缔结一项关于该专题公约的建议。联合国大会1955年通过第989（X）号决议，促请国际法委员会就能够促进仲裁程序草案价值的各国政府评议以及第六委员会的发表意见，对草案提出若干改进建议。⑤

---

① 《国际法委员会年鉴1989年》，第二卷（第二部分），A/44/10，第16页，第44—47段。
② 《国际法委员会年鉴1989年》，第二卷（第二部分），A/44/10，第19页，第59—60段。
③ Yearbook of the International Law Commission, 1950, Vol. II, A/CN.4/18; Yearbook of the International Law Commission, 1951, Vol. II, A/CN.4/46; Yearbook of the International Law Commission, 1952, Vol. II, A/CN.4/57; Yearbook of the International Law Commission, 1957, Vol. II, A/CN.4/109; Yearbook of the International Law Commission, 1958, Vol. II, A/CN.4/113.
④ 《仲裁程序的公约草案》案文，参见 Yearbook of the International Law Commission, 1953, Vol. II, A/2456, pp. 208 – 212。
⑤ "Arbitral Procedure", A/RES/989（X）, 14 December 1953, paras. 2 – 3.

在 1957 年第 9 届会议上，国际法委员会审查了仲裁程序公约草案应达到的最终目的是什么，这一目标是应成为一项公约抑或仅仅是可能促使各国拟订列入国际条约和特别仲裁协定条款的一套规则？对此，国际法委员会倾向于第二种目标。在 1958 年第 10 届会议上，国际法委员会通过了《仲裁程序示范规则草案》，包括 38 项条款。①

经过第六委员会广泛讨论之后，联合国大会于 1958 年通过第 1262（XIII）号决议，强调已审议仲裁程序，并促请成员国注意仲裁程序条款草案，以便各国在认为适当情况及范围内，参照此项草案拟订仲裁条约或协定，并请各国政府向秘书长提交任何意见，尤其关于拟订仲裁协定及实行仲裁程序经验的意见，由联合国在适当时候处理这一问题。②

（二）成果述评

1953 年《仲裁程序的公约草案》有双重意义，既体现对现行国际仲裁法的编纂，也表明国际法委员会对该领域的规则进行发展与制定。公约草案对现有法律规则的编纂体现了仲裁程序法的基本特点。根据既定法律和实践，国际仲裁是根据自愿接受的承诺，以具有约束力的裁决解决国家间争端的一种程序。公约草案充分维护传统仲裁程序法的精髓，即所选择的仲裁员应由当事方自由选择，或至少应给予当事方自由选择仲裁员的机会。当事人自由决定的原则同样适用于仲裁庭的管辖权、适用的法律和遵循的程序。传统仲裁程序法的所有这些特点都在草案中得到了保留。例如，草案第 1 条规定，仲裁的义务是由当事各方自愿接受的一项承诺产生的。草案第 5 章确认了裁决具有约束力的原则，同时就仲裁事项的法律性质提供了必要的司法保障。

公约草案还在确保仲裁效力的某些程序方面发展了国际法规则，主要表现在确保当事方基于共同意图所做仲裁承诺的有效性的程序创新，防止一方当事人通过声称有关争端不在仲裁承诺范围内而逃避仲裁。例如，草案第 2 条规定国际法院对争议的可仲裁性问题做出有约

---

① 《仲裁程序示范规则草案》案文参见 Yearbook of the International Law Commission, 1958, Vol. II, A/3859, pp. 83 - 88。

② "Question of Arbitral Procedure", A/RES/1262（XIII）, 14 November 1958, paras. 3 - 4.

束力的裁决，从而保障自愿仲裁承诺的效力；再如，草案第3条规定授予国际法院任命仲裁庭组成的权力，以防止当事人因仲裁庭组成分歧而回避仲裁；草案第5条至第8条规定仲裁法庭一旦成立即不可改变的原则，以防止因自愿撤回或政府撤回而可能导致仲裁程序的失败；此外，为了确保通过仲裁彻底解决争端主要义务的有效性，草案还载有关于仲裁庭对直接因争议标的物引起反诉的强制性管辖权规定（第16条），仲裁庭有权下令采取临时措施保护当事人各自的利益（第17条），并有权在适当保障措施约束下，在一方当事人未能出庭案件中做出裁决（第20条），等等。上述草案的各项规定是程序上的革新，并且属于国际法发展的范围，其目的是保障自愿做出承诺的效力，维护诚意原则和尊重条约义务的基本原则。这两项原则构成国际法的根本基础。[①]

从内容来看，诚如国际法委员会多数成员认为，公约草案远远超出了仲裁程序的范围，并载有与现有国际法所设想仲裁概念相反的实质性规定。该草案过度扩大仲裁法庭的权力而将其变成一种超越国家的裁决机构，并且草案规定国际法院有权干预仲裁程序，使仲裁案件受国际法院的监督和管辖。公约草案的一般性倾向在于要求各国放弃某些实质性权利而支持仲裁法庭，这不符合国际法的国家主权原则。从各国对公约草案的反应亦得见，公约草案所表达的仲裁概念超出两个国家为了将某一争端提交特设仲裁而可能准备接受的范围，以及两个国家愿意在双边仲裁条约中所体现的内容，因而超出了大多数国家愿意接受的规则范畴。以上这些分歧彰显了公约草案最终未能形成一般性编纂公约成果的原因。

1958年《仲裁程序示范规则草案》的范围旨在适用于国家间的仲裁，同时也讨论了在多大程度上适用于其他类型的仲裁，例如国际组织之间，或国家与国际组织之间，或国家与外国私营公司或其他法律实体之间的仲裁。对此，国际法委员会建议，在对草案做出必要调整后，也能够用于国家与国际组织之间或国际组织之间的仲裁目的；同时，国家与外国私营公司或其他法律实体之间的仲裁会产生不同的法律考虑，但

[①] See Yearbook of the International Law Commission, 1953, Vol. II, A/2456, pp. 202–203, paras. 15–28.

草案的某些条款如果加以修改，也可用于这一目的。① 同时，国际法委员会特别强调，规则草案不构成一般性仲裁条约，而是作为一项指南。争端各方仲裁自治的基本原则在规则草案中得到充分维护。除非两个国家一般地或预先地同意仲裁，或临时同意将特定争端提交仲裁，否则任何主体均无权迫使两个国家进行仲裁。与此同时，两个国家达成的仲裁协议对当事方具有约束力，国家有义务履行仲裁承诺，并承担由此产生的法律后果。②

第四节 国际责任问题的编纂与逐渐发展

法律责任问题一直是国际法中最广泛和最复杂的问题之一，国际法委员会对国际法上责任问题的编纂起源于国家责任（state responsibility）。国际法委员会在1949年第1届会议上，选择国家责任作为14项编纂专题之一。1953年，联合国大会通过第799（Ⅷ）号决议，认为为维持并促进国际和平起见，请国际法委员会在认为适当的时候尽快着手编纂国际法的国家责任篇原则（principles of international law governing state responsibility），③ 联合国决议所使用的这一措辞是传统上国际责任的表述。④ 在工作方法上，国际法委员会将"国家责任"专题框定于对国家的不法行为引起国际责任问题的编纂，但随着时间推移，国际法委员会将国家责任问题编纂工作进一步扩展至更宽泛的国际责任法问题。

1996年，国际法委员所编写的长期工作计划大纲中第九项主题为国际责任法（Law of international responsibility），涵盖了较为广泛的内容，包括国家责任、国际法不加禁止的行为所产生的损害性后果的国际

---

① See Yearbook of the International Law Commission, 1958, Vol. Ⅱ, A/3859, p. 82, footnote 16.
② See Yearbook of the International Law Commission, 1958, Vol. Ⅱ, A/3859, p. 82, paras. 16 – 18.
③ "Request for the Codification of the Principle of International Law Governing State Responsibility", A/RES/799（Ⅷ）, 7 December 1953, para. 3.
④ See Yearbook of the International Law Commission, 1956, Vol. Ⅱ, A/CN. 4/96, p. 175, paras. 5 – 6.

责任、外交保护、国际组织的国际责任、职能性保护等专题。由此得见，国际责任问题具有广义范畴，除了国家对国际非法行为的责任，国家对某些合法活动，例如空间活动和核活动所产生的重大危险后果负责也受到关注，并且涉及与国家以外国际法主体责任有关的问题。[①] 同时，国际组织法、国际刑法、国际环境法、空间法等国际法的其他部门法的飞速发展，推动了国际责任问题的发展。因而，在国际法某些单独专题的编纂中，责任问题也往往与之联系在一起。

总体上，就国际责任问题而言，在国际法上并未形成统一的一般性制度体系，但国际责任概念已发展至国际法不同领域，既涉及不同国际法主体的国际责任，也涉及相同主体因实施不同行为所产生的国际责任，从现阶段发展来看，其外延涵盖国家的国际责任、国际损害赔偿责任、个人国际刑事责任，等等。其中，国家的国际责任制度重要性得到普遍认可。有学者称，国家责任被视为国际法的一项基本原则，具有国际法律体系的属性，在本质上关注的是关于次级规则事项。[②] 国际责任问题的不断完善能够促进国家及其他国际法主体切实遵守国际法、履行国际法上的权利义务，对于强化国际法的权威性，保障国际关系的和平安全及稳定发展具有十分重要意义。[③]

一　国家责任制度

（一）编纂经过

1. 第一阶段：国家对其领土内外国人人身或财产造成伤害的国际责任

在1955年第7届会议上，国际法委员会决定开始研究国家责任，并任命阿莫多（F. V. García Amador）为该专题的特别报告员。1956年至1961年历届会议上，特别报告员连续提交了6份报告，讨论了国家

[①] Yearbook of the International Law Commission 1969, Vol. Ⅱ, A/7610/Rev.1, p. 233, paras. 83 – 84.

[②] ［英］马尔科姆·N. 肖:《国际法》（下），白桂梅、高健军、朱利江、李永胜、梁晓晖译，北京大学出版社2011年版，第614页。

[③] 参见李莹《现代国际责任若干问题探析》，《社会科学家》2003年第3期，第65页；李寿平《试论国际责任制度和现代国际法的新发展》，《武汉大学学报》（社会科学版）2003年第1期，第15页。

责任的各方面问题。①

国家责任被描述为引起国际责任的国家作为行为或不作为行为,属于下列两类违法行为之一:(1)影响国家的行为,即损害国家利益或权利的行为:包括不遵守条约(无论条约性质或目的如何)、不尊重外交豁免以及一般而言侵犯任何属于国家人格内在属性的权利,例如政治主权、领土完整、财产权等,这些行为具有多样化特征,有些行为定义不明确甚至无法界定。(2)对个人人身或财产造成损害的行为,主要包括导致"国家对其领土上对外国人个人或财产造成的损害负有责任"的作为或不作为行为,此类行为类型是传统上私人和官方编纂以及司法裁决处理的国家责任范畴。②

特别报告员主张,国家的国际责任问题极为广泛和复杂,立即编纂涵盖整个领域的法律是不切实际的,应当基于渐进方法首先处理最适合编纂的领域,即国家对其领土内外国人人身或财产造成伤害的国际责任。导致此种类型国家责任的国际义务是由条约、习惯或一般法律原则产生、旨在保证外国人在其人身和财产方面得到符合国际社会所接受的规则待遇的义务。确定何种作为或不作为引起国家的国际责任在于阐明规范国家对外国人行为的义务规则,因而仅仅泛泛地提及国际义务来源和"国际社会所接受的规则"是不能达到编纂的目的,需要准确地列举这些义务和规则并界定其内容。③

1961 年,联合国大会通过第 1686(XVI)号决议,建议国际法委员会继续其关于国家责任的编纂工作。④ 国际法委员会遂于 1962 年第

---

① Yearbook of the International Law Commission 1956, Vol. II, Document A/CN. 4/96; Yearbook of the International Law Commission 1957, Vol. II, Document A/CN. 4/106; Yearbook of the International Law Commission 1958, Vol. II, Document A/CN. 4/111; Yearbook of the International Law Commission 1959, Vol. II, Document A/CN. 4/119; Yearbook of the International Law Commission 1960, Vol. II, Document A/CN. 4/125; Yearbook of the International Law Commission 1961, Vol. II, Document A/CN. 4/134.

② Yearbook of the International Law Commission 1956, Vol. II, A/CN. 4/96, p. 181, para. 41.

③ Yearbook of the International Law Commission 1957, Vol. II, A/CN. 4/106, p. 104, para. 1, p. 107, paras. 8 – 9.

④ "Future Work in the Field of the Codification and Progressive Development of International Law", A/RES/1686 (XVI), 18 December 1961, para. 3.

14届会议上就其在国家责任领域的未来工作方案举行了辩论。国际法委员会普遍赞同国家责任应该成为优先专题之一的想法，然而，对于研究该问题的最佳方法和研究所应涵盖的事项存在不同的观点。因此，国际法委员会决定设立一个小组委员会，任命罗伯特·阿戈（Roberto Ago）担任主席，其任务是向下届会议提交一份初步报告，对未来研究的范围和方法提出建议。

国际法委员会在1963年第15届会议上，审议了国家责任小组委员会的报告。小组委员对国家责任的编纂范畴持有两种相反的观点：一种观点是编纂工作应集中于国家责任的一般性问题，另一种观点是应关注国家对外国人个人或财产造成伤害的责任等特殊领域。对于这一问题，小组委员会报告的一般性结论采纳了折中方案，即：（1）优先考虑规范国家的国际责任之一般规则（general rules），同时不应忽视在某些特殊领域的经验，尤其是外国人受到人身或财产伤害的责任方面；（2）注意国际法发展可能对国家责任产生的后果。同时，小组委员会提出界定国家责任的概念需要考虑的主要问题：（1）国家的国际责任的起源：包括国际不法行为、国际不法行为的组成、违反国际义务的行为等问题；（2）承担国际责任的形式，包括赔偿、制裁等。[①] 在该届会议上，委员会任命罗伯特·阿戈为该专题的特别报告员。

2. 第二阶段：国家责任之一般性规则编纂

1964年，秘书处就国家责任专题研究提交了两份重要的资料，第一，《国际法庭关于国家责任的裁决摘要》，涵盖了自1946年以来国际法院以及其他国际法庭的各项裁决，裁判案例类型包括："国际责任的起源""行政、立法及其他机构引起的国家责任""个人行为引起的国家责任""联邦国家在国际关系中的责任""用尽当地救济原则""不构成不法行为的情形"等。[②] 1969年秘书处提交了补充裁决摘要。[③] 第二，《联合国各机构关于国家责任的讨论及决议的摘要》，相关议题包括防止及惩治灭绝种族罪、为联合国服务期间受伤的赔偿、危害人类和

[①] Yearbook of the International Law Commission 1963, Vol. Ⅱ, A/5509, annex Ⅰ, p. 228, paras. 5–6.

[②] Yearbook of the International Law Commission 1964, Vol. Ⅱ, A/CN. 4/169, pp. 132–163.

[③] Yearbook of the International Law Commission 1969, Vol. Ⅱ, A/CN. 4/208, pp. 102–113.

平与安全治罪法草案、纽伦堡原则的制定、和平利用外层空间、原子辐射的影响、国家对核危险的责任以及对自然资源的永久主权。① 1969 年秘书处提交了补充决议摘要。②

其后，国际法委员会分别在 1967 年、1969 年和 1970 年、1973 年至 1986 年、1989 年和 1990 年以及 1992 年至 2001 年举行的各届会议上继续推进这一专题的工作。1969 年国际法委员会审议了特别报告员罗伯特·阿戈的第 1 份报告，③ 确定了工作基准。第一，委员会按照迄今为止着手编纂专题所采用的制度，打算暂时把国际责任研究限于国家责任，将与国家以外的国际法主体责任研究推迟审议；第二，委员会普遍同意，编纂国家责任专题不应从界定国家关系某一分支义务的法律规则内容开始，其出发点应该是明确违反这些规则所规定的国际义务将产生归咎于国家的责任，而不论这些规则的起源、性质和目的如何。④

1970 年第 22 届会议，特别报告员提交了第 2 份报告，讨论国际责任起源的一般规则，并且进一步归纳了国际法委员会未来工作的指导原则。⑤

（1）本专题聚焦对国际不法行为的责任，对于国家从事某些合法活动，例如空间活动和核活动所产生的责任问题，由于风险责任的基础完全不同以及管理风险的规则性质不同，其内容和可能采取形式也不同，因而两类问题不应同时处理。因此，委员会将首先审议国家对国际不法行为的责任这一专题，后续再考虑国家合法活动所引起的责任问题。

（2）在集中研究确定国家对国际不法行为的责任原则方面，应严格区分责任问题与界定国家义务的规则内容问题。界定一项规则及其施加义务的内容是一回事，确定该义务是否被违反以及违反该义务的后果是另一回事，只有后一种属于责任范畴，如果将义务规则与责任规则加

---

① Yearbook of the International Law Commission 1964, Vol. Ⅱ, A/CN. 4/165, pp. 125 – 131.
② Yearbook of the International Law Commission 1969, Vol. Ⅱ, A/CN. 4/209, pp. 115 – 123.
③ Yearbook of the International Law Commission 1969, Vol. Ⅱ, A/CN. 4/217 and Add. 1, p. 125.
④ Yearbook of the International Law Commission 1969, Vol. Ⅱ, A/7610/Rev. 1, p. 233, paras. 80 – 83.
⑤ Yearbook of the International Law Commission 1970, Vol. Ⅱ, A/CN. 4/233, p. 177.

以混淆,可能使编纂成功的希望落空。

(3) 国家的国际责任研究包括两个广泛而独立的阶段,第一个阶段涉及国际责任的起源,确定以什么事实和情况为标准,将国际不法行为的存在归咎于一个国家,而这种行为本身就是国际责任的来源。第二个阶段涉及该责任的内容,确定国际法在各种案件中对国际不法行为所附带的后果,以便对责任的内容、形式和程度做出界定。一旦完成这两项基本任务,委员会将能够决定是否应在同一范围内增加第三项任务,即,审议关于国家责任的"执行"问题,以及关于解决因适用有关责任的规则而产生的争端解决问题。[①]

1973年国际法委员会对国家责任专题再次审议,认为,尽管明晰各国根据国际法承担的不同种类义务,对于评估一项国际不法行为的严重性并确定该行为所造成的后果十分必要且重要,但是为了确保编纂工作的成功,需要将责任规则与规定义务内容的规则加以区分。对此,国际法委员会引入"主要规则"与"次要规则"的概念进一步予以阐释:条款草案的目的并非要界定在国际法特定领域中对国家施加义务的规则内容,关于这种违背可能成为责任的义务来源,在某种意义上可以被描述为主要规则。条款草案的目的是界定与主要规则不同的次要规则,后者涉及确定不履行主要规则规定的义务的法律后果。[②] 同时,国家的国际责任不仅是由于违反某些具体的国际义务,而且是由于违反任何国际义务造成的,因而,国家责任规则不限于某些特定部门,例如,对造成外国人人身或财产损害的行为的责任。条款草案处理的是国家对国际不法行为责任的一般性规则,即规范新的法律关系的规则,这些规则起源于国家的国际不法行为,而不论该行为所违反的规则属于哪个特定领域。[③]

联合国大会于1973年通过第3071(XXVIII)号决议,建议国际法委员会在其第26届会议上继续优先开展关于国家责任的编纂工作,以期

---

① Yearbook of the International Law Commission 1970, Vol. II, Document A/CN.4/233, p.177, paras. 5 – 8.
② Yearbook of the International Law Commission 1973, Vol. II, Document A/9010/Rev.1, p.169, paras. 40 – 41.
③ Yearbook of the International Law Commission 1973, Vol. II, Document A/9010/Rev.1, p.170, para. 42.

制定关于国家对国际不法行为责任的第一部条款草案，并在适当时候对开展其他活动所产生损害性后果的国际责任专题进行单独研究。[①] 1975年国际法委员会第27届会议通过了关于国家责任专题条款草案的大纲，设想条款草案的结构如下：第一部分涉及国家责任的起源；第二部分涉及国家责任的内容、形式和程度；第三部分涉及争端的解决和国家责任的履行。

其后，国际法委员会分别在1979年、1987年和1997年第31届、第39届和第49届会议上任命利普哈根（Willem Riphagen）、奥兰吉-鲁伊斯（Gaetano Arangio-Ruiz）和詹姆斯·克劳福德为该专题的历任特别报告员。

3. 第三阶段：国家责任之民事责任性质

1980年第32届会议，国际法委员会一读暂时通过了条款草案的第一部分"国家责任的起源"。1996年第48届会议完成了条款草案第二和第三部分的一读，并决定将一读暂时通过的条款草案转交各国政府征求意见和看法。[②] 联合国大会于1996年通过第51/160号决议，对于委员会完成暂定条款草案表示赞赏，并敦促各国政府按照委员会的要求，以书面形式提交对草案的评论和意见。[③] 1997年第49届会议，根据新任特别报告员克劳福德提交的4份报告以及各国政府的评论，国际法委员会开始对条款草案进行二读，并且设立了一个国家责任工作组，负责处理该专题二读的事项并拟订专题工作时间表。[④]

1998年第50届会议，国际法委员会根据新任特别报告员的第一次报告，[⑤] 针对条款草案第19条"国家罪行"问题，就刑事责任与不法行为责任的区别进行了一般性辩论。第19条的"国际罪行"自1976年列入条款草案后，20多年来未予重新审议。委员会的一般性评论认为，

---

① 联合国大会决议：《国际法委员会报告》，A/RES/3071（XXVIII），1973年11月30日，第2（b）段。
② 一读通过的国家责任的条款草案案文，参见《国际法委员会年鉴1996年》，第二卷（第二部分），A/51/10，第61页，第65段。
③ 联合国大会决议：《国际法委员会第四十八届会议工作报告》，A/RES/51/160，1996年12月16日，第2段。
④ 《国家责任：工作组的报告草稿》，A/CN.4/L.538，第3页，附件。
⑤ 参见《国际法委员会年鉴1998年》，第二卷（第一部分），A/CN.4/490 and Add. 1-7。

现有国际法在多大程度上为国际罪行提供基础存有分歧，体现在以下几个方面。

（1）学理意见。第19条在法学家中间引起非常激烈的争辩，尽管一些学者曾试图确定国家的国际罪行概念，但就这一问题未达成统一意见。（2）条约法。《防止及惩治灭绝种族罪公约》也未规定国家罪行或国家的刑事责任，公约第9条未提及国家的刑事责任。（3）国际判例。国际法院在"巴塞罗那电车、电灯及电力有限公司案"（*Barcelona Traction, Light and Power Company, Limited*）中涉及并讨论了普遍义务而非国家罪行及国家刑事责任。[①]（4）安全理事会制裁。安理会有关实践也未对国家罪行概念提供支持，有委员主张，特别严重不法行为的国家责任必须与《联合国宪章》赋予安理会恢复或维持国际和平和安全的权力区分开来。安理会并不针对国家责任采取行动，当面临威胁国际和平与安全局势时，它可以依据《宪章》采取适当措施扭转局势。（5）国家实践。国家实践没有为国家罪行提供基础。纽伦堡法庭、东京国际军事法庭、前南斯拉夫问题国际法庭和卢旺达问题国际法庭都确立了个人刑事责任，而非国家罪行。同时，联合国根据《宪章》第七章实施的制裁同刑事责任没有关系。[②]

对第19条所规定国家刑事责任的严重分歧显示了这一问题的复杂性。国际法委员会通过辩论逐渐形成统一意见，即在国际法发展的现阶段，刑法意义上的"国际罪行"概念尚未获得承认，应当采取双轨办法，即一方面通过特别法庭和未来国际刑事法院的机制并与各国法院相互配合以发展个人刑事责任概念，另一方面在国家责任范畴内发展对整个国际社会关注的最严重犯罪行为的责任概念。[③]

此外，国际法委员会还针对国际不法行为的构成要件问题进行讨论，认为不应当将过错或损害作为国家对国际不法行为承担责任的行为构成要件。损害或过错问题取决于初级规则的规定，在次级规则中，没

[①] *Barcelona Traction, Light and Power Company, Limited*, Second Phase, Judgment, I. C. J. Reports 1970, p. 3.

[②]《国际法委员会年鉴1998年》，第二卷（第二部分），A/53/10，第67页，第248—250段。

[③]《国际法委员会年鉴1998年》，第二卷（第二部分），A/53/10，第78页，第329段。

有必要对违反国际义务的行为附加"损害"要件,否则国家一旦认为其违反条约义务不会对其他国家造成损害,即可任意为之,从而削弱了条约作为承诺的效力。此外,违反人权法义务的一些行为通常也不会造成直接的损害。但是另一方面,损害与国家责任的赔偿问题具有相关性,包括确定赔偿数额、形式以及实施反措施的相称性等。①

在2000年第52届会议上,国际法委员会根据新任特别报告员的第三次报告,② 删除了"国际罪行"。由于一读通过的案文涉及"国际罪行",在国际法委员会内部和各国政府之间都引起了争议,因此特别报告员建议舍弃这种处理方式,转而集中精力处理对整个国际社会的各项义务和严重违反这些义务所产生的影响。他向国际法委员会提交了一些提案,其中包括删除一读通过的第19条,以及增添一项新条文来处理违反对整个国际社会义务的后果。起草委员会基本上遵循了特别报告员的处理方式,最终删除了提到国家的国际罪行的文字,但确定了一些严重违反对整个国际社会义务的情形及特殊后果。这似乎是起草委员会希望达成共识的中间地带。③

在2001年第53届会议上,国际法委员会就国家责任专题设立了两个工作组:一个是处理该专题主要未决问题的不限名额工作组,另一个是审议条款草案评注的工作组。根据第一工作组的建议,委员会就以下4项未决问题达成了谅解。

第一,严重违反对整个国际社会的义务问题。应工作组建议,委员会决定保留"严重违背对整个国际社会的义务",关于严重违反义务损害赔偿的第42条第1款将被删除。过去提及的违反对整个国际共同体所承担、对保护其根本利益至关重要的义务,主要涉及国际法院在"巴塞罗那电车案"中表述的援引问题,将以强制性规范(强行法)代之,因为强制性规范的概念在《维也纳条约法公约》中已有明确规定,草案案文只处理严重违背强制性规范的行为。

第二,反措施条款。国际法院在"加布奇科沃—大毛罗斯工程案"

---

① 《国际法委员会年鉴1998年》,第二卷(第二部分),A/53/10,第79—80页,第340—341段。
② 《国际法委员会年鉴2000年》,第二卷(第一部分),A/CN.4/498和Add.1-4。
③ 《国际法委员会年鉴2000年》,第一卷(第一部分),第407页,第40段。

(*Gabcíkovo-Nagymaros Project Case*)确认：与解除不法性的其他情况不同的是，反措施在履行责任方面起决定性作用，因为反措施的目的是促使不法行为国不仅履行停止义务，而且也履行赔偿义务。① 委员会建议将反措施规定与该裁决保持一致。

第三，争端解决条款。委员会将不列入争端解决机制条款，而交由联合国大会考虑拟订一项关于国家责任公约时是否列入解决争端的条款。

第四，对于编纂成果形式问题，委员会最后决定建议大会注意条款草案，在后续阶段再考虑缔结一项公约。②

国际法委员会还指出，标题"国家责任"不十分明确，无法将本专题与国内法中的国家责任区分开来，因此讨论了各种标题，如"国际法中的国家责任""国家的国际责任"和"国家对国际不法行为的国际责任"。委员会决定采用最后一个标题，并且为避免出现两个"国际"而删去"国际责任"中"国际"一词，将专题改为"国家对国际不法行为的责任"，使其与国内法规定的国家责任以及国际法不加禁止之行为的国际责任概念区分开来，③ 并二读通过了《国家对国际不法行为的责任条款草案》（以下简称《国家责任条款草案》），包括59项条款及评注，④ 同时建议联合国大会通过一项决议中注意到条款草案并纳入该决议的附件，还建议联大在稍后阶段，鉴于该专题的重要性，考虑召开一次国际全权代表会议的可能性，以期就该专题制定一项公约。

（二）成果述评

国际法在国际关系中日益发挥的作用及其逐步发展对于确保和平共处和消除战争威胁具有首要重要性。如果违反国际法准则而没有产生某些法律后果，或者不使违反国际法准则的国家承担国际责任，那么，国际法准则的法律权威就是无稽之谈。国家责任的执行就保证了国际法律

---

① *Gabcíkovo-Nagymaros Project Case*（*Hungary/Slovakia*），Judgment, I. C. J. Reports 1997, p. 7.

② 《国际法委员会年鉴2001年》，第二卷（第二部分），A/56/10，第26—29页，第45—67段。

③ 《国际法委员会年鉴2001年》，第二卷（第二部分），A/56/10，第29页，第68段。

④ 《国家对国际不法行为的责任条款草案》案文及评注，参见《国际法委员会年鉴2001年》，第二卷（第二部分），A/56/10，第30—163页。

秩序的有效性。因此，国家的国际责任制度可以看作是一种规范制度，是国际法"理据"，作为国际法重要分支之一，其主要目标是巩固国际和平和发展国家间的友好关系。国家责任问题一直是国际法中最广泛和最复杂的问题之一，其原因并不在于政治因素在国际法这一分支形成和发展中所起的主导作用，而在于传统理论和实践的明显不一致。根据国际法，主权国家应该对哪些行为负责？国家对谁负责？国家责任的性质和内容是什么？对这些问题的回答构成了国家的国际责任专题编纂工作的主线索。尽管国际社会长期承认这一国际法领域的重要性，但就其定义和实质性内容在很长时间内未能达成协商一致意见。①

在国际法委员会编纂工作之前，已经有私人团体以及国际联盟开展国际责任问题的逐渐发展和编纂。例如，(1) 1925年美洲国际法研究院应泛美联盟邀请起草"外交保护"专题；(2) 为参与1930年海牙编纂会议，1927年国际法研究院通过一项"国家对在其领土上外国人人身或财产损害的国际责任"决议；(3) 国际法研究院还分别于1956年和1963年通过"用尽当地救济规则"的决议和"国家就个人所受损害提出的国际请求权的国家性质"的决议；(4) 为参与1930年海牙编纂会议，1929年哈佛法学院起草了关于"国家对其领土内外国人的人身或财产损害的责任"的公约草案；(5) 应国际法委员会秘书处建议，1961年哈佛法学院将1929公约草案修改为"国家对外国人损害的国际责任的公约草案"；(6) 第一届美洲国家间会议通过关于"主张和外交干预"的建议；第七届美洲国家间会议通过的关于"国家的国际责任"的决议（蒙得维的亚，1933年）；② (7) 1925年国际联盟逐步编纂国际法专家委员决定将"国家对其领土内外国人的人身或财产损害的责任"列入编纂专题，并成立国家责任小组委员处理这一专题。1930年国际联盟海牙国际法编纂会议一读通过包括10项条款的草案，主要涉及责任基础和国际不法行为的客观和主观要素。然而，这一问题究竟属于有关责任的规则还是归于外国人待遇的规则，在各国出现了严重的分歧。

---

① Sterling Scott, "Codification of State Responsibility in International Law: A Review and Assessment", (1985) 9 *ASILS International Law Journal* 1, p. 1.

② Yearbook of the International Law Commission 1969, Vol. II, A/CN.4/217 And Add.1, pp. 127–129, paras. 7–20.

最终，囿于海牙编纂会议时间所限，专家委员会未能完成对这一问题的研究。[1]

国际法委员会在处理国家责任专题工作时指出，国家的国际责任法律内容在传统的理论和实践中并没有引起重大困难。它被认为是违反或不履行一项国际义务的后果，国家对所造成的损害负有"赔偿责任"。[2]但引起国家赔偿损害责任的具体法律行为存在很大争议。如前所述，国家的国际责任专题第一任特别报告员阿莫多讨论了引起国际责任的作为或不作为行为的两种类别，并决定总体上处理国家对在其领土内外国人的人身或财产造成伤害的（国际）责任。[3]然而，本应专门讨论整个国家责任问题的编纂努力只限于对"外国人损害"的狭窄责任领域的观点遭到广泛批评。国家责任应当涉及所有基本问题，包括责任的产生、责任客体、行为的后果、排除不法性等诸多问题，而不应仅限定于处理对外国人人身或财产造成伤害的特定责任。因此，在研究国家责任问题时，也应当考虑到国际法在其他领域，特别是在维持和平领域的最近发展。[4]因此，国家责任编纂的出发点应该是明确违反国际法规则所规定的义务将产生归咎于国家的责任，而不论规则的起源、性质和目的如何。[5]

《国家责任条款草案》是国际法委员会历经近半个世纪编纂工作的产物，与《维也纳条约法公约》一起被誉为国际公法的两项基本支柱。[6]条款草案的内容既包含了国际法规则的逐步发展，也在很大程度上代表了习惯国际法的重述。[7]

---

[1] Yearbook of the International Law Commission 1969, Vol. II, A/CN.4/217 And Add.1, pp. 131 – 132, paras. 31 – 39.

[2] Yearbook of the International Law Commission 1956, Vol. II, A/CN.4/96, p. 180, para. 35.

[3] Yearbook of the International Law Commission 1956, Vol. II, A/CN.4/96, p. 181, para. 41.

[4] Yearbook of the International Law Commission 1969, Vol. II, A/CN.4/217 And Add.1, p. 138, para. 89.

[5] Yearbook of the International Law Commission 1969, Vol. II, A/7610/Rev.1, p. 233, paras. 80 – 83.

[6] 《国际法委员会年鉴 2001 年》，第二卷（第二部分），A/56/10，第 28 页，第 62 段。

[7] ICSID, Archer Daniels Midland Company and Tate&Lyle Ingredients Americas, Inc. v the United Mexican States, Case No. ARB (AF)/04/05, Award, 21 November 2007, para. 116.

第七章 国际法特定领域的编纂与逐渐发展

《国家责任条款草案》试图以编纂和逐渐发展方式拟订关于国家对国际不法行为的责任的国际法基本规则，其重点是在国家责任的次要规则方面，即国家责任是指根据国际法认定国家应对其违法的作为或不作为行为负责的一般条件，以及这种责任所引起的法律后果。条款草案并不试图界定一旦被违背便会引起责任的国际义务内容，这种界定是主要规则的职能，编纂主要规则时需要重申大多数实质性的习惯国际法和协定国际法。[1] 对主要规则与次要规则的区分构成了自1963年以来国际法委员会关于该专题工作的基础，是一种有条理的技术性区分，有助于避免冗长的一般性辩论。[2]

更为重要的是，国家责任规则与国际义务规则之间的关系问题涉及国际法律体系规则的区分问题。国际义务是实质性问题，国家责任则属于受国际法约束的国家在违反习惯性或一般国际法规则强加于它的义务时的后果。在1990年法国与新西兰"彩虹勇士号仲裁案"（*Rainbow Warrior Case*）中，新西兰主张法国违反两国协定的行为适用条约法，而法国则辩称其行为涉及国家责任法，从而援引不可抗力和危难概念试图解除其行为的不法性。仲裁庭认为，本案既适用条约法，也适用作为习惯法规则的国家责任法，但违反一项条约的法律后果，包括确定排除行为不法性以及对违反的适当救济都属于国家责任的习惯法范畴问题。[3] 在"加布奇科沃—大毛罗斯工程案"中，国际法院重申了这一论点，确定某一公约是否有效以及是否已被恰当地中止或废除，需根据条约法。另外，如果中止或废除公约与条约法不符，并且涉及造成这种不符的国家的责任，那么对此评判则需要根据国家责任法进行。[4]

---

[1] 《国际法委员会年鉴2001年》，第二卷（第二部分），A/56/10，条款草案总评注（1），第35页。

[2] 《国际法委员会年鉴1998年》，第二卷（第二部分），A/53/10，第63页，第220段。

[3] *Case Concerning the Difference between New Zealand and France Concerning the Interpretation or Application of Two Agreements Concluded on 9 July 1986 between the Two States and Which Related to the Problems Arising from the Rainbow Warrior Affair*, UNRIAA, Vol. XX (Sales No. E/F. 93. V. 3), 1990, p. 250.

[4] *Gabcikovo-Nagymaros Project* (*Hungary/Slovakia*), Judgment, I. C. J. Reports 1997, p. 38, para. 47.

国际法委员会在编纂过程中，曾经对国家责任专题编纂的成果形式进行了讨论。有的委员主张以公约形式体现编纂成果。因为责任制度所特有的义务和权利需要有一套规则，而这套规则只能在具有约束力的权威性文书中才能设想。以公约的形式陈述国际法习惯规则，能使这些规则更有确定性、更可靠、约束力更大，从而使法律的重要性得以巩固。此外，若不以公约的形式编纂国家责任法，国际法律秩序中就会出现不平衡，而主要规则比次要规则的编纂更加全面所凭借的正是这种国际法律秩序。① 另有一些学者提出反对意见，指出，公约难以陈述国际法的基本内容，举行全权外交会议缔结公约的过程将旷日持久，结果也难以预测，而且会对委员会辛辛苦苦费时 40 多年才达成的案文平衡产生异议。此外，编纂内容包含大量的习惯国际法，如果公约未经批准，反而会造成影响习惯法规则地位的"编纂反效果"。②

事实上，以条款草案形式体现的国家责任规则是相对平衡、令人满意的，交由任何政治机构，如联大本身或是国际外交会议都难以取得更良好的结果。继续联大进程，无论是通过一项宣言，还是召开一次国际会议，都充满了巨大的风险。而国际法委员会的报告经过大会决议的通过或受到注意，就会被看作是对国家在其权利和责任方面提供指导的现行规则、国家实践和学说的权威性研究，从而促进法律稳定和国际关系的可预测性。

《国家责任条款草案》可能是国际法委员会所着手的最成功的"非立法编纂"成果之一。③ 实践中，国际法委员会编纂的许多旨在阐明一般国际法规则的条款草案，作为"非立法编纂"的样例成果，即使没有正式约束力，但在不同程度上已被证明具有影响力，受到各国政府、国际组织、司法和仲裁机构的信赖。

---

① 《国际法委员会年鉴 2001 年》，第二卷（第二部分），A/56/10，第 28—29 页，第 62—66 段。

② Fernando Lusa Bordin，"Reflections of Customary International Law: The Authority of Codification Conventions and ILC Draft Articles in International Law"，(2014) 63 *International and Comparative Law Quarterly* 535, p. 540.

③ Fernando Lusa Bordin，"Reflections of Customary International Law: The Authority of Codification Conventions and ILC Draft Articles in International Law"，(2014) 63 *International and Comparative Law Quarterly* 535, p. 536.

各国在开展对外关系交往中，以国家责任条款作为其行为准则。[1]国家责任条款具有相当大的影响力，甚至可能比条约更有影响力。[2] 在前述"加布奇科沃—大毛罗斯工程案"中，国际法院援引一读时通过的条款草案第 33 条关于危急情况解除行为的不法性（最终版的第 25 条），并申明"危急情况解除行为不法性"条款反映了一项习惯规则。[3]自那时以来，国际法院适用了《国家责任条款草案》的若干条款，例如在"波斯尼亚种族灭绝案"（*Bosnia Genocide Case*）中，分别援引了《国家责任条款草案》的第 4 条、第 8 条、第 14 条和第 16 条。[4] 同时，《国家责任条款草案》所产生的影响当然不限于国际法院的范围，已被广泛应用于各类司法或准司法机构，包括仲裁法庭、世界贸易组织争端解决机构、国际刑事法庭、区域人权法庭和国际海洋法法庭等。2011 年《国际组织的责任条款草案》甚至在一读之前就被欧洲人权法院所援引。[5] 根据 2013 年联合国秘书长报告显示，《国家责任条款草案》及其评注被 210 项司法裁决所援引。[6] 联合国秘书长 2019 年报告显示，2016 年 2 月至 2019 年 1 月期间所作各项裁判中，提及国家责任条款的有另外 86 个案例。[7] 这些数据充分表明国家责任条款案文在国际司法实践中具有重要的规范价值。

---

[1] Christian Tomuschat, "The International Law Commission-An Outdated Institution", (2006) 49 *German Yearbook of International Law* 77, pp. 96–97.

[2] D Caron, "The ILC Articles on State Responsibility: The Paradoxical Relationship between Form and Authority", (2002) 96 *American Journal of International Law* 866, p. 866.

[3] *Gabcikovo-Nagymaros Project* (*Hungary/Slovakia*), Judgement, I. C. J. Report 1997, p. 40, para. 51.

[4] *Application of the Convention on the Prevention and Punishment of the Crime of Genocide* (*Bosnia and Herzegovinav Serbia and Montenegro*), I. C. J. Report 2007, p. 43, paras. 385, 398, 420 and 431.

[5] Fernando Lusa Bordin, "Reflections of Customary International Law: The Authority of Codification Conventions and ILC Draft Articles in International Law", (2014) 63 *International and Comparative Law Quarterly* 535, pp. 543–545.

[6] 联合国大会：《国家对国际不法行为的责任：国际法院、法庭和其他机构的裁判汇编》，秘书长报告，A/68/72，2013 年 4 月 30 日，第 5 段。

[7] 联合国大会：《国家对国际不法行为的责任：国际法院、法庭和其他机构的裁判汇编》，秘书长报告，A/74/83，2019 年 4 月 23 日，第 5 段。

二　国际组织责任问题

（一）编纂经过

在 2000 年第 52 届会议上，国际法委员会根据长期计划工作组的建议，认为"国际组织责任"专题适合列入其长期工作计划。2002 年第 54 届会议，国际法委员会任命乔治·加贾（Giorgio Gaja）为该专题特别报告员，并设立一个专题工作组。专题的范围包括：（1）国际组织责任概念；（2）国际组织责任专题与国家责任条款之间的关系；（3）归属问题；（4）成员国对属于国际组织行为的责任问题；（5）关于国际组织责任产生的其他问题；（6）国际组织责任的内容和执行问题；（7）解决争端；（8）要考虑的其他做法。

工作组建议秘书处与国际组织接触，以便收集相关材料，特别是关于归属问题以及成员国对属于国际组织行为的责任。在 2011 年第 63 届会议上，国际法委员会二读通过了《国际组织的责任条款草案》，包括 67 项条款及评注，[①] 并建议大会在一项决议中注意到条款草案并将其附在决议中，在以后某个阶段考虑在条款草案的基础上制定一项公约。[②]

（二）成果述评

《国际组织的责任条款草案》分为六个部分：第一部分界定了条款的范围并对某些术语规定了定义；第二部分至第四部分（第 3 条至第 57 条）沿用了国家责任条款草案的基本布局；第二部分规定了国际组织的国际责任所产生的前提条件；第三部分处理了国际组织所承担的法律后果，特别是做出赔偿的义务；第四部分涉及国际组织责任的实施，特别是哪些国家或国际组织有权援引责任；第五部分处理了国家相对于国际组织行为的责任；第六部分包含了适用于整套条款草案的某些一般性规定。

在形式上，《国际组织的责任条款草案》采取了与国家责任相同的处理办法，依据国际法的主要规则与次要规则的区分，前者确立了国际

[①] 《国际组织的责任条款草案》案文及评注，参见《国际法委员会年鉴 2011 年》，第二卷（第二部分），A/66/10，第 41—106 页。

[②] 《国际法委员会年鉴 2011 年》，第二卷（第二部分），A/66/10，第 41 页，第 85 段。

组织的义务，后者考虑了违反国际义务行为的发生及其对于有关责任国际组织的后果。在实质上，《国际组织的责任条款草案》的适用范围既包含国际组织对国际不法行为的责任，也包含《国家责任条款草案》中未顾及的一些事项，例如，《国家责任条款草案》第57条规定："不影响一国际组织依国际法承担的、或任何国家对一国际组织的行为的责任的任何问题。"而第二个问题涉及成员国对归于国际组织的责任问题，而各国对它们是成员的国际组织活动是否负责的问题，是本专题最有争议的问题之一，其中既涉及责任归属，又涉及国际组织职能规则，对此，《国际组织的责任条款草案》第五部分专门处理国家对国际组织行为的责任。①

与《国家责任条款草案》相比，《国际组织的责任条款草案》有几项特点：（1）《国际组织的责任条款草案》的若干条款所据实践比较有限，因而其条款性质更接近于国际法的逐渐发展。这意味着，在国家责任条款中一项规定可能被视为编纂，在国际组织的责任相应条款则更接近于逐渐发展，后者的权威性取决于条款所涉及主体对条款的接受情况。②（2）国际组织相互之间有很大的不同，表现在其权力和职能、成员国数目、该组织与成员的关系、辩论程序、结构和机制以及国际组织受其约束的主要规则包括条约义务等。由于其多样性及其影响，条款草案强调了国际组织的专门特性，特别是其职能，例如在关于滥用权力或违背指示的第8条。另外，国际组织的多样性可能影响到某些条款的适用，一些条款可能因某些国际组织的职责和职能所限，而不适用于某些国际组织。③（3）关于国际责任的某些特别规则可能在国际组织与其成员之间关系中适用。这些规则包括该组织的宪章性文件以及由宪章性文件所产生的规则。条款草案并不试图将这些特别规则一一列出，而是考虑这些规则可能对于该组织对其成员国际责任所产生的影响以及成员对该组织行为责任的影响。例如，为了确定一国际组织是否对某一特定行

---

① 《国际法委员会年鉴2011年》，第二卷（第二部分），A/66/10，第47页，《国际组织的责任条款草案》总评注第（2）段。
② 《国际法委员会年鉴2011年》，第二卷（第二部分），A/66/10，第47页，《国际组织的责任条款草案》总评注第（5）段。
③ 《国际法委员会年鉴2011年》，第二卷（第二部分），A/66/10，第48页，条款草案总评注第（7）段。

为的做出表示同意,有可能需要确定表示同意的机关或代理人是否在该组织的规则项下有权这样行事。① 条款草案第五部分单独处理国家对国际组织行为的责任问题。第 58 条至第 60 条规定国家作为国际组织成员或非成员因援助和协助、指挥和控制、胁迫国际组织实施不法行为,由国家承担责任;第 61 条规定国家作为国际组织成员国如果利用国际组织规避国际义务,由国家承担责任;第 62 条规定,成员国只有在特定范畴内因成员资格对国际组织行为承担次要责任,这相当于以默示方式确认国际组织实施国际不法行为不必然引发成员国的国际责任。②

三 国际法不加禁止的行为所产生的损害性后果的国际责任问题

(一) 编纂经过

在 1973 年第 25 届会议上,国际法委员会讨论拟订国家责任条款草案时指出:"现行条款草案限于各国对国际不法行为负责,但并不应妨碍委员会在适当时候对另一种形式的责任进行研究,即防止与国际法未禁止的某些活动有关的危害……国际法委员会可以在完成对不法行为责任的研究后再对风险责任进行研究,也可以同时单独地进行研究。"③

联合国大会 1977 年通过第 32/151 号决议核可了国际法委员会的建议,并邀请委员会在适当的时候,根据国家对国际不法行为的责任条款草案和其目前工作方案中其他专题的进展,启动关于国际法不加禁止行为所产生的损害性后果的国际责任(以下简称"国际法不加禁止行为国际责任")这一专题的编纂工作。④

国际法委员会在 1978 年第 30 届会议上设立了一个工作组,初步审议该专题的范围和性质,并任命昆廷 - 巴克斯特(Quentin-Baxter)为该专题特别报告员。工作组报告指出,第二次世界大战之后,人类社会技术革命及控制环境的能力得到极大提升,国际社会迫切需要制定新的

---

① 《国际法委员会年鉴 2011 年》,第二卷(第二部分),A/66/10,第 48 页,条款草案总评注第(8)段。
② 《国际法委员会年鉴 2011 年》,第二卷(第二部分),A/66/10,第 98—101 页,条款草案第 58—62 条评注。
③ Yearbook of the International Law Commission, 1973, Vol. II (Part Two), A/9010/Rev. 1, p. 169, para. 39.
④ 联合国大会:《国际法委员会报告》,A/RES/32/151,1977 年 12 月 19 日,第 7 段。

法律规范以应对现实需求以及新的技术发展与环境问题，包括和平利用原子能、外层空间制度、联合国环境会议确认的原则、共享资源的交易、防止海洋环境污染以及对海上石油运输风险的防范等。这些新领域中产生域外损害性影响的行为在国际关系中经常遇到，并受到国际法的关注，体现了三个共同的特点：第一，各国在本国境内或不受任何国家主权限制的地区利用技术或管理环境的方式；第二，利用或管理环境时可能对其他国家领土内的或该国管辖范围以外地区造成有害后果；第三，有害后果及其产生的责任由国际法未加禁止的行为所致。具有以上特点的行为受到《联合国环境宣言》第 21 条原则的规制，即各国根据《联合国宪章》和国际法原则拥有根据本国环境政策开发本国资源的主权权利，并有责任确保其管辖范围内或控制范围内的活动不会对其他国家或超出国家管辖范围地区的环境造成损害。[1]

1980 年至 1984 年，特别报告员共提交 5 份报告，先后拟订该专题的基础概念，包括一份纲要和包含 5 项条文的条款草案交大会审议。委员会收到联合国法律顾问于 1983 年向 16 个选定的国际组织所发调查表的答复。除其他事项外，调查表是要查明各国彼此应尽的义务以及作为国际组织成员应尽的义务是否足以履行或取代某些专题纲要中提到的程序。

国际法委员会秘书处还编写了关于《国际法不加禁止的行为所产生的损害性后果的国际责任的国家实践概览》研究报告。[2] 报告梳理了造成跨境损害活动的类型和性质。一般而言，行为国的活动对领土管辖或控制之外所造成的损害可分为三类。第一类损害通常被认为是轻微的，国家之间可以容忍而不需要赔偿；第二类一般是不能容忍的，除非得到受害国的同意不支付赔偿；第三类损害是毁灭性的，通常被认为是在任何情况下都不可以容忍的。国家实践表明，要确定三种损害类别界限是极其困难的。[3] 报告认为，对产生域外损害后果的活动加以管制与睦

---

[1] Yearbook of the International Law Commission 1978, Vol. Ⅱ (Part Two), A/33/10, p. 151, annex, para. 13–15.

[2] Yearbook of the International Law Commission 1985, Vol. Ⅱ (Part One), Document A/CN.4/384.

[3] Yearbook of the International Law Commission 1985, Vol. Ⅱ (Part One), Document A/CN.4/384, p. 7, paras. 21.

邻、适当注意、公平原则、事先谈判和协商、利益平衡等概念具有相关性，并且要求在国家领土管辖或控制范围内或以外进行活动时防止和尽量减少对他人的损害，以此为标准，报告详细列举并分析了规范域外损害性影响行为的一些多边和双边条约。例如，核活动方面：1963年《维也纳核损害民事责任公约》，1962年《核船舶运营商责任公约》，1960年《核能源领域的第三者责任公约》，1963年《禁止在大气中、外层空间和水下进行核武器试验条约》；涉及空间活动方面：1952年《关于外国航空器对地面第三方造成损害的公约》，1972年《关于空间物体造成损害的国际责任公约》；涉及海洋环境方面：1960年《保护康斯坦斯湖防止污染公约》，1969年《国际油污损害民事责任公约》，1973年《防止船舶污染国际公约》，1972年《防止倾弃废物和其他物质污染海洋公约》，以及1982年《联合国海洋法公约》，等等。[1] 在此基础上，报告考察了防止或至少尽量减少领土外损害的程序以及条约中规定的和国家实践中建议的监测制度，还探讨了域外损害影响的责任问题，即活动的经营者或活动发生在其领土或在其控制下的国家应在何种程度上对严重域外损害负责。报告认为，尽管遵守旨在防止或尽量减少损害的程序要求，其他国家及其国民仍可能受到损害，那么确定行为国的责任时，要在当事各方利益和更大的社会利益之间取得平衡。[2]

1985年第37届会议，胡利奥·巴尔沃萨（Julio Barbosa）接替新任该专题的特别报告员，自1985年至1996年又提交12份报告，以及包含20项条文的条款草案。1988年，委员会第40届会议开始对条款草案进行一读。在1992年第44届会议上，委员会设立了一个工作组，审议与该专题的范围、拟采取的方法以及未来工作可能方向有关的一般性问题。工作组建议，首先应该考虑预防问题，然后再处理补救措施的问题。在这种情况下，补救措施的目的可能包括损害的减轻、恢复和赔偿。因此，条款草案应首先处理针对引起跨界损害之风险活动而采取的预防措施，其次处理当这些活动已经造成跨界损害时采取补救措施的条

---

[1] Yearbook of the International Law Commission 1985, Vol. Ⅱ (Part One), A/CN.4/384, p. 7, paras. 23 – 24.

[2] Yearbook of the International Law Commission 1985, Vol. Ⅱ (Part One), A/CN.4/384, p. 6, paras. 12 – 19.

款。但是，对于拟起草的条款或文书性质采取何种方法，委员会决定，将此事推迟到该专题工作完成之后。这些条款的审议和通过将以其价值为基础，根据是对国际社会当前和未来需求的明确性和实用性，以及对促进该领域国际法逐渐发展和编纂的可能贡献。[①]

在1997年第49届会议上，国际法委员会注意到，"预防"问题和"国际责任"问题虽有联系，但也相互区别，因而决定将本专题分为两部分：第一部分为预防危险活动造成的跨界损害，第二部分为危险活动引起跨界损害所造成损失的国际责任，首先在"预防危险活动造成的跨界损害"副标题下展开第一项预防问题的编纂，并任命彭马拉朱·斯里尼瓦萨·拉奥（Pemmaraju Sreenivasa Rao）为该专题这一部分的特别报告员。[②] 委员会2001年第53届会议二读通过《预防危险活动的跨界损害的条款草案》（以下简称《预防危险活动条款草案》），包括序言、19项条款及评注，并建议联大在条款草案的基础上制定一项公约。[③]

在2002年第54届会议上，国际法委员会决定开始审议其第二部分"危险活动造成跨界损害所引起损失的国际责任"，设立了一个由拉奥担任主席的工作组，审议该专题的概念纲要。工作组建议对于该专题有关责任的剩余部分，继续限制其范围，使之与该专题关于预防的第一部分所涵盖活动相同。工作组提出了以下初步理解：（1）必须确定一个门槛，以启动域外损害分配制度的适用；（2）所涵盖损害应包括：（a）人身损害，（b）财产损害，包括国家和民族的遗产，以及（c）国家管辖范围内的环境损害。工作组还审议了经营者和国家在损害赔偿分配中的角色。委员会通过了经其修正的工作组报告。同时，任命拉奥为第二部分专题的特别报告员。[④]

在2006年第58届会议上，国际法委员会二读通过《危险活动引起

[①] 《国际法委员会年鉴1992年》，第二卷（第二部分），A/47/10，第46页，第344—348段。

[②] 《国际法委员会年鉴1997年》，第二卷（第二部分），A/52/10，第60页，第165、168段。

[③] 《预防危险活动的跨界损害的条款草案》案文及评注，参见《国际法委员会年鉴2001年》，第二卷（第二部分），A/56/10，第166—191页。

[④] 《国际法委员会年鉴2001年》，第二卷（第二部分），A/56/10，第90—91页，第441—457段。

跨界损害情况下的损失分配原则草案》(以下简称《危险活动损失分配原则草案》),包括8项原则及评注,并建议大会以决议方式核准原则草案,并敦促各国在国家和国际一级采取行动予以落实。①

(二) 成果述评

1973年,国际法委员会在处理国家责任专题时就曾指出,"国际法不加禁止行为的国际责任"与"国家对国际不法行为的责任"是两个不同事物,两者风险责任的基础迥异,规范风险责任规则的性质、内容和形式均不相同。② 因此,本专题在编纂工作之初首先就厘清两者的区别。

第一,在概念上,前者事关一项合法活动或行为所固有的风险所致损害后果进行国际赔偿(make reparation)的责任,而后者意指违反国际义务的国际不法行为所产生的后果(consequence of internationally wrongful acts)。

第二,在术语使用上,国家责任英文标题使用"responsibility","国际法不加禁止行为的国际责任"英文标题使用"international liability",对此,本专题特别报告员指出,两个英文词汇的实质意涵并无差别,均意指不履行义务的法律后果,可以相互替代使用;但词语运用的变化旨在突出两种专题性质上的区别,responsibility一词强调国际不法行为的后果,而"liability"内涵更为丰富,更适合表达合法行为产生的损害性后果及强调赔偿的必要性,同时还可以表示义务本身。③

第三,国家责任专题旨在拟订次要规则,而本专题是拟订主要规则(义务规则),规定对于国际法不加禁止甚至是明确允许行为的严重有害后果,国家负有给予赔偿的"主要义务";如果国家不履行支付赔偿义务,则招致国家的国际责任。国际法不加禁止行为所产生的义务是特定主要规则的产物,违反这些义务或任何其他主要规则,就会使国家对

---

① 《危险活动引起跨界损害情况下的损失分配原则草案》案文及评注,参见《国际法委员会年鉴2006年》,第二卷(第二部分),A/61/10,第69—103页。
② Yearbook of the International Law Commission, 1973, Vol. Ⅱ (Part Two), A/9010/Rev.1, p.169, para. 38.
③ Yearbook of the International Law Commission 1980, Vol. Ⅱ (part one), A/CN.4/334 and Add.1–2, p.250, paras. 10–12.

不法行为负责的次要规则发挥作用。未被禁止行为的国际赔偿责任制度并不减损国际不法行为的次要规则责任制度的普遍性，因为这两种制度存在于不同层面上，这一观点在第六委员会审议时得到广泛支持。①

《预防危险活动条款草案》在序言中首先强调，各国可自由拟订必要的政策，开发其自然资源和进行或核准进行为满足其人口需要的活动。但各国必须确保，开展这类活动时考虑到其他国家的利益，因此在自己管辖范围内进行活动的自由不是无限制的。条款草案第1条界定了适用范围是"国际法不加禁止的活动"，将国际赔偿责任和国家责任区分开来，使可能受影响国家在面临可能造成重大跨界损害的活动时能够要求起源国遵守预防义务。造成重大跨界损害的任何活动，都属于本条款的范围。国际法委员会认为，鉴于技术日新月异发展，不宜以清单形式枚举可能造成重大跨界损害的各种类型活动，而是强调此类活动有4项标准加以确定：（1）此类活动未受国际法禁止；（2）此类活动是在一国领土内或在其管辖或控制下的活动；（3）这类活动具有造成严重跨界损害的危险；（4）严重跨界损害必须是这类活动的有形后果引起的。②

《预防危险活动条款草案》第3条规定了起源国承担预防重大跨界损害的首要责任。在预防方面，起源国在本条款范围开展活动，不承担对可能受影响国产生的不可预测后果。与此同时，"采取一切适当措施"以预防损害或尽量减少这种危险的义务，不能够只限于已经适当地评定有这种危险的活动。这项义务扩展到包括采取适当措施以查明具有这种危险的活动，而且这项义务具有持续的性质。各国采取适当措施或尽量减少损害措施的义务是一种"适当注意义务"，表现为一国做出了合理努力，认识到预期会涉及所拟订之程序的事实和法律组成部分，并且及时采取适当措施来面对。因此，国家有义务采取单方面措施来预防第1条范围内的活动造成重大跨界损害或随时尽量减少这种危险。这些措施包括：第一，旨在预防重大跨界损害或随时尽量减少这种危险的政

---

① Yearbook of the International Law Commission 1980, Vol. Ⅱ (part one), A/CN.4/334 and Add. 1 – 2, p. 253, para. 21.

② 《国际法委员会年鉴2001年》，第二卷（第二部分），A/56/10，第170—172页，《预防危险活动条款草案》第1条评注（1）—（17）段。

策；第二，执行立法与行政规章，并且通过各种执行办法予以落实。①

《预防危险活动条款草案》第 4 条至第 5 条规定了起源国负有更加具体的合作义务和采取必要的立法、行政或其他必要措施来预防重大跨界损害或随时尽量减少这种危险。第 6 条规定了一项基本原则，即须经一国事前核准方可在该国领土上或在其管辖或控制下的其他地方进行有造成重大跨界损害危险的活动，责成一国查明是否有造成重大跨界损害之危险的活动正在其领土上或在其管辖或控制下的其他地方进行，并意味着该国应该采取本条款规定的措施。② 例如，国际法院在"科孚海峡案"（*The Corfu Channel Case*）中裁断，一国有义务"不故意允许使用其领土进行有违其他国家权利的行为"。③ 第 7 条规定，评估不仅应该包括对人身和财产的影响，而且也应该包括对其他国家环境的影响。评估不仅应该包括对人身和财产的影响，而且也应该包括对其他国家环境的影响。④ 当评估表明有造成重大跨境损害的危险时，第 8 条至第 13 条规定了通知和提供相关资料的义务，构成了平衡有关各国利益的一套必要程序，使国家间有合理机会设法开展活动，同时采取旨在预防或随时尽量减少跨界损害的合理措施。⑤

《预防危险活动条款草案》第 19 条规定了解决本条款中所述预防制度的解释或执行方面产生争端的基本规则。这项规定属于备用性质，适用于有关国家没有解决此种争端协定的情况。如果不能通过协商和谈判达成任何协议，则敦促有关国家继续通过它们共同商定采用的其他和平解决方法，包括调停、调解、仲裁或司法解决，努力解决其争端。这些都是《联合国宪章》第 33 条、《关于各国依联合国宪章建立友好关系和合作的国际法原则宣言》《关于和平解决国际争端的马尼拉宣言》

---

① 《国际法委员会年鉴 2001 年》，第二卷（第二部分），A/56/10，第 174 页，《预防危险活动条款草案》第 3 条评注第（1）—（7）段。

② 《国际法委员会年鉴 2001 年》，第二卷（第二部分），A/56/10，第 178 页，《预防危险活动条款草案》第 6 条评注第（1）—（2）段。

③ "Corfu Channel (*United Kingdom of Great Britain and Northern Ireland v. Albania*)", Merits, Judgment, I. C. J. Reports 1949, p. 22.

④ 《国际法委员会年鉴 2001 年》，第二卷（第二部分），A/56/10，第 178—180 页，《预防危险活动条款草案》第 7 条评注第（1）—（8）段。

⑤ 《国际法委员会年鉴 2001 年》，第二卷（第二部分），A/56/10，第 180 页，《预防危险活动条款草案》第 8 条评注第（1）段。

所规定的和平解决争端方法，可供各国根据互议自由选定。①

《危险活动损失分配原则草案》序言强调，即使有关国家充分遵守其按照国际法所承担的预防义务，但意外或其他事件仍有可能发生并产生跨界后果，给其他国家和其国民造成损害和严重损失，因此，可在针对某些特殊种类危险活动的国际协定中做出必要的赔偿安排，鼓励酌情在国际、区域或双边一级制订这样的协定。《危险活动损失分配原则草案》与《预防危险活动条款草案》具有相同的适用范围，同样与国家责任规则区分开来，规定对某些国际法不加禁止活动产生的有害后果进行赔偿的义务。对原则草案而言，侧重点是活动的后果，而不是活动本身的合法性。责任原则草案与预防条款草案一样，关注的是主要规则。因此，如果不履行预防条款草案所规定的预防义务，便可能引起国家责任，但活动本身不一定是受到禁止的。②

《危险活动损失分配原则草案》第3条至第4条规定了确保跨界损害的受害者得到及时和充分的赔偿以及在发生跨界损害时维护和保护环境的目的。国际法委员会认为，"谁污染谁付费"原则设法鼓励经营者和其他有关人员或实体预防危险活动造成跨界损害。在条约实践中，该原则已经成为依据严格责任建立赔偿责任制度的基础。第6条规定了国际与国内救济问题，是核心条款，主要为执行和落实第4条所规定目标而必需采取的广泛措施，两者包含了实质性措施和程序性措施，这些都体现于期望起源国和有关国家提供的最低标准，包括能够平等或不受歧视地申诉、有效法律救济的提供、外国司法和仲裁判决的承认和实施，以及有必要协助诉诸迅速而又最经济的国际理赔程序。第6条第1款至第3款侧重于国内程序以及平等或不歧视获取原则的制定和确认。国际法委员会认为，丹麦、芬兰、挪威和瑞典签署的1974年《环境保护公约》是各国间最进步的国际合作形式之一，它承认了平等申诉权。该公约第3条规定受另一国危害环境活动影响或可能受其影响的个人可以享有平等申诉的权利。就法院的选择而言，国际法委员会认为，求偿人可

---

① 《国际法委员会年鉴2001年》，第二卷（第二部分），A/56/10，第191页，《预防危险活动条款草案》第19条评注第（2）—（3）段。
② 《国际法委员会年鉴2006年》，第二卷（第二部分），A/61/10，第75—76页，《危险活动损失分配原则草案》第1条评注第（1）—（6）段。

以选择其认为最合适的法院提出求偿，不必选择经营者居所地的法院，可以是造成伤害行为发生地所在国或者损害产生地所在国的法院。① 第6条第4款规定可能涉及国内程序以外的"国际理赔程序"，可以有多种类型的程序，例如，联合国赔偿委员会采用的程序或是伊朗—美国索赔法庭议事程序都是有益的模式。②

四　外交保护问题

（一）编纂经过

国际法委员会在1995年第47届会议上，根据长期计划工作组的建议，决定将"外交保护"专题列入委员会的议程。委员会指出，对这一专题的编纂将补充委员会关于国家责任的工作，并且可以审议用尽当地救济规则的内容和范围，适用于自然人和法人求偿的国籍规则，包括其与所谓"职能"保护的关系，以及无国籍者和双重国籍者的问题；还可以处理争端解决条款对当地救济方法和外交保护的影响。③

为了协助各国政府决定是否批准进一步工作，长期计划工作组编写了一份关于该专题下主要法律问题的"一般纲要"，包括解释性说明，包括以下几个部分：（1）外交保护的依据和基本原因；（2）要求外交保护的人；（3）保护某些形式的国家财产，并附及个人；（4）保护的先决条件；（5）缺乏外交关系情形下的外交保护机制；（6）提出保护要求的正式要件；（7）解决索赔的确定性。国际法委员会指出，该专题将成为关于国家责任工作的配合研究。④

国际法委员会在1997年第49届会议上设立了"外交保护问题"工作组，进一步审查该专题，并指明其范围和内容，同时任命穆罕默德·

---

① 《国际法委员会年鉴2006年》，第二卷（第二部分），A/61/10，第99—100页，《危险活动损失分配原则草案》第6条评注第（1）—（8）段。
② 《国际法委员会年鉴2006年》，第二卷（第二部分），A/61/10，第101页，《危险活动损失分配原则草案》第6条评注第（10）—（11）段。
③ 《国际法委员会年鉴1995年》，第二卷（第二部分），A/50/10，第126页，第501段。
④ 《国际法委员会年鉴1996年》，第二卷（第二部分），A/51/10，第141—142页，附件二增编1：《外交保护》。

本努纳（Mohamed Bennouna）为该专题的特别报告员，①工作组注意到外交保护的习惯法根源，常设国际法院在"马弗若麦蒂斯巴勒斯坦特许权案"（*Mavrommatis Palestine Concessions Case*）中将其行使定性为"国际法基本原则"，指出"一国为其某一国民出面，代表他诉诸外交行动或国际司法诉讼，就是在维护其本身的权利，即通过其国民本身确保国际法规则得到尊重的权利"。②鉴于跨越国境的人员和商业交往日益增加，各国代表其国民提出的索赔要求继续受到重大关注。

对于该专题的范围，工作组审查了"一般纲要"，并决定只保留严格意义上与外交保护相关的材料。因此，该专题将只涉及间接损害（对一国自然人或法人造成的损害），而不涉及直接损害（对国家或其财产直接造成的损害）。"一般纲要"的第3部分（保护某些形式的国家财产，并附及个人）将不被包括在内。此外，工作组提请注意加以区分两种不同性质的索赔：一种是本专题的外交保护概念，是指一国代表其国民受到伤害且未能通过当地救济得到赔偿而提出的正式索赔要求；另一种是根据《维也纳外交关系公约》第3条和《维也纳领事关系公约》第5条分别为援助和保护国民而开展的特定外交和领事活动。同国家责任专题一样，国际法委员会对本专题研究限于次要规则的编纂，将不处理违反国际法义务的具体内容，无论是习惯法还是条约法下的义务。③关于所涉及的问题，工作组编写了该专题内容的修订版纲要，提出四个主要的研究领域：（1）外交保护的依据，受益者与行使外交保护的国家之间存在必要联系；（2）外交保护的原告与被告，即谁可向谁提出外交保护要求；（3）行使外交保护的条件；（4）外交保护的后果。④

国际法委员会在1998年第50届会议上设立了由特别报告员担任主席的工作组，负责审议本专题的处理方法，工作组达成了下列一致：（1）对外交保护的习惯法规则编纂应构成本专题工作的基础；（2）该

---

① 《国际法委员会年鉴1997年》，第二卷（第二部分），A/52/10，第61页，第169，第190段。

② *Mavrommatis Palestine Concessions Case*, Judgment No. 2, 1924, P. C. U., Series A, No. 2, p. 12.

③ 《国际法委员会年鉴1997年》，第二卷（第二部分），A/52/10，第61—62页，第172—181段。

④ 《国际法委员会年鉴1997年》，第二卷（第二部分），A/52/10，第62页，第189段。

专题将涉及与外交保护有关的国际法次要规则，只有当主要规则的澄清对于为清晰制定具体次要规则提供指导而言必不可少时，才应加以考虑；（3）行使外交保护是国家的权利。在行使这一权利时，国家应考虑到受外交保护国民的权利和利益；（4）外交保护方面的工作应考虑到国际法的发展，即加强对个人权利的承认和保护，但这种发展的实际和具体影响应根据国家实践加以审查，并考虑到所涉及的具体问题，例如国籍联系的要求；（5）国家行使外交保护的自由裁量权并不妨碍其对国民承诺行使这一权利。在这方面，工作组注意到，部分国内法承认其国民有权得到政府的外交保护。①

国际法委员会在1999年第51届会议上任命杜加尔德（Christopher John R. Dugard）为新的特别报告员。② 2000年第52届会议，新任特别报告员提交第1份报告，由三个部分组成：（1）外交保护的导言，考察该专题的历史和范围，并建议外交保护的权利如何能促进人权保护；（2）被提议的条款草案和评注；（3）未来工作的纲要。③ 至2005年第57届会议，特别报告员共提交6份报告。

特别报告员在第6份报告中讨论了"洁手"原则是否与外交保护专题相关的问题。④ 根据"洁手"原则，诉讼不能以蓄意不法行为为基础，欺诈不产生诉权，即任何人都不得从自己的不法行为中得益。在外交保护的情况下，如果一国寻求保护的国民因其自己的不法行为而受到伤害，那么是否能够援引这项原则阻止该国实行外交保护？特别报告员认为，尽管各国在国际法院审理的涉及国家间直接争端案件中经常以"洁手"原则为抗辩理由，但"洁手"原则在涉及外交保护的申诉中难以成立。被告国针对外国国民违反国内法的行为施加不当程序或处理措施引起该国民所属国的外交保护，受害国民所属国有权代表该国民作为原告国提起外交保护的诉讼，这种诉讼为国家间争端诉讼，如果提出"洁手"原则作为抗辩理由，也只能对抗原告国的行为而非个人的不当

---

① 《国际法委员会年鉴1998年》，第二卷（第二部分），A/53/10，第50页，第108段。
② 《国际法委员会年鉴1999年》，第二卷（第二部分），A/54/10，第18页，第19段。
③ 《国际法委员会年鉴2000年》，第二卷（第一部分），A/CN.4/506和Add.1，第233页。
④ 《国际法委员会年鉴2005年》，第二卷（第一部分），A/CN.4/546，第2—7页。

行为。鉴于没有任何明确的法律依据可以支持该原则对外交保护案件的可适用性，拟订该条款显然既不构成法律编纂也非法律的逐渐发展，因而不宜将"洁手"原则列入外交保护条款草案当中。①

在2006年第58届会议上，国际法委员会审议了起草委员会的报告，二读通过了《外交保护条款草案》，包括19项条款及评注，并建议大会在条款草案基础上制定一项公约。②

（二）成果述评

外交保护属于"外国人待遇"这一问题，最初被视为国家责任专题范畴，即外国人人身与财产在所在国遭受损害，但外交保护专题最终限于拟订受害者国籍国为保护受害人并使该人因遭受国际不法行为而得到赔偿所使用的程序规则，无意界定或描述因使外国人受到损害而引起责任的国际不法行为。同时，与《国家责任条款草案》相类似，《外交保护条款草案》没有处理外交保护问题的主要规则，而是仅限于次要规则，即关于必须满足何种条件才可提出外交保护要求的规则。

《外交保护条款草案》分为四个部分：第一部分为一般条款。在国际法早期，个人在国际法律秩序中没有地位，也没有权利，如果要保护在国外受损害的国民，就只能采用拟制方式提出，即国民的损害就是对国家本身的损害。现代国际法中，个人是许多国际法规则的主体，个人获得国际法之下的权利，但救济却不多，体现国家之间关系的外交保护仍是对在国外受侵害的个人给予保护的一种重要救济。条款草案第1条并没有明确国家实行外交保护是出于自身权利还是国民的权利，或者兼而有之，而是通过国家责任的棱镜看待外交保护，强调外交保护是要求国家对国际不法行为损害他国国民情况负责的一种程序规则。③ 第2条规定一国有权为一国民实行外交保护，但国际法中没有规定国家实行外交保护的义务。国际法院在"巴塞罗那电车公司案"中明确地说明了

---

① 《国际法委员会年鉴2005年》，第二卷（第一部分），A/CN.4/546，第5—7页，第9、18段。
② 《外交保护条款草案》及评注，参见《国际法委员会年鉴2006年》，第二卷（第二部分），A/61/10，第30—65页。
③ 《国际法委员会年鉴2006年》，第二卷（第二部分），A/61/10，第34页，《外交保护条款草案》第1条评注第（4）—（5）段。

这个立场："在国际法规定的范围内，一国可采用其认为妥当的任何手段、在其认为妥当的任何程度上实行外交保护……在这方面，国家保留酌处权，这种权利的行使可取决于与特定案件无关的政治考虑或其他考虑。"①

第二部分为国籍。条款草案确认了受害人国籍国有权（但非义务）为该人实行外交保护的原则。正是国籍联系使得国家有权实行外交保护。值得一提的是，条款草案第 4 条不要求一国适用国际法院在"诺特鲍姆案"（Nottebohm Case）中认定的真正联系原则，证明该国和某一国民之间存在有效联系或真正联系作为实行外交保护的一个附加因素。②国际法委员会认为，国际法院的判决不是阐明一项适用于所有国家的一般性规则，而阐明一项基于特定事实的规则，如果严格适用"诺特鲍姆案"的真正联系原则，将有大量个人无法得益于外交保护。③ 第 7 条容许一国籍国对同时拥有一个或一个以上其他国籍的国民实行外交保护。同第 4 条一样，该款不要求该国民与实行外交保护的国家之间有真正或有效联系。④ 第 8 条允许一国为属于无国籍人或难民的非国民实行外交保护，这偏离了只有国民才可享受外交保护的传统规则，体现了法律的逐渐发展。但这一条款仅关心外交保护问题，并未试图就相关人员的法律地位发表意见。⑤ 条款草案第 9 条承认外交保护可惠及公司。就公司的外交保护而言，一国必须满足某些条件才能成为国籍国，这和自然人外交保护的规定一样。但第 9 条严格规定了实施外交保护的公司国籍国的认定标准，有权实行外交保护的国籍国要么是公司成立地国，要么是公司管理总部和财务控制权所在国。如果管理总部和财务控制权在不同

---

① Barcelona Traction, Light and Power Company, Limited, Second Phase, Judgement, I. C. J. Reports 1970, p. 44.

② Nottebohm (Liechtenstein v. Guatemala), Second Phase, Judement, I. C. J. Reports 1955, p. 24.

③ 《国际法委员会年鉴 2006 年》，第二卷（第二部分），A/61/10，第 37 页，《外交保护条款草案》第 4 条评注第 (5) — (6) 段。

④ 《国际法委员会年鉴 2006 年》，第二卷（第二部分），A/61/10，第 40 页，《外交保护条款草案》第 7 条评注第 (2) 段。

⑤ 《国际法委员会年鉴 2006 年》，第二卷（第二部分），A/61/10，第 43 页，《外交保护条款草案》第 8 条评注第 (2) 段。

的国家,则公司成立地国应是有权实行外交保护的国家。①

第三部分为当地救济原则。第 14 条编纂了关于实行外交保护之前必须用尽当地救济的习惯国际法规则。国际法委员会曾在国家责任专题中审议过用尽当地救济问题,认为这是一项得到司法裁决、国家实践、条约和司法学家著作肯定的"一般国际法原则"。然而,在实行外交保护之前外国人必须用尽可利用的救济在不同国家实践中有很大差异,不可能成功地编纂一项涵盖所有情况的绝对规则,因此第 14 条第 2 款设法广义地描述必须用尽法律救济的主要类别,包括被告国国内法规定的一切可利用的司法救济和行政救济。第 3 款规定,用尽当地救济规则仅适用于求偿国因其国民而"间接"受到损害的情况。如果求偿国因另一国的不法行为而直接受到损害,则不适用此规则,因为在此情况下,该国本身便有明显理由提出国际赔偿要求。如果要求是"混合"的,既包括对国家的损害又包括对其国民的损害,就很难确定要求是"直接"还是"间接"的。提交国际法院的许多争端都属于混合要求。"在美国驻德黑兰外交和领事人员案"中,伊朗直接违背了对美国负有的保护其外交官和领事的义务,同时,被劫持为人质的美国国民也受到损害,对此,国际法院将争端作为直接违反国际法处理。②

---

① 《国际法委员会年鉴 2006 年》,第二卷(第二部分),A/61/10,第 46 页,《外交保护条款草案》第 9 条评注第(6)段。
② *The US Diplomatic and Consular Staff in Tehran Case*, Judgement, I. C. J Reports 1980, p. 3.

第八章

国际法编纂与逐渐发展机制的评价及展望

第一节 联合国编纂与逐渐发展国际法的意义

一 国际法编纂是推动国际法渊源发展的进路

（一）编纂性公约形式的国际立法

条约作为国际法的主要渊源在国际关系法治进程中发挥着根本作用，《维也纳条约法公约》序言中就承认这一重要性和作用，缔结多边条约已成为调整与规范国家间关系以及其他国际法主体关系的主要手段。联合国大会在履行《联合国宪章》第十三条赋予的职能时，也越来越多地要求或建议国际法委员会编写条款草案作为缔结公约的基础，使之构成了当代多边条约制定进程的一部分。[①]

国际条约比国际习惯的产生时间要晚，"在历史上，条约是国际法的第二个渊源"。随着国家之间交往的方式日益便捷，互动关系渐趋频繁，国际社会对约束彼此关系的法律文件的要求也越来越多，越来越迫切。如果说19世纪前半期，国际法主要是习惯国际法，此后，由于国际法立法进程和编纂努力的逐渐加强，条约较之国际习惯作为国际法渊

[①] Yearbook of the International Law Commission 1979, Vol. II (Part One), A/CN.4/325, p. 191, para. 24.

源的作用占有优势,从而跃升为现代国际法首要渊源。[1] 传统的习惯法规则不断被编纂成条约,同时新的国际法规则、制度经由条约产生,并进一步经过国家实践演变为习惯国际法规则而产生了普遍拘束效力。[2] 在成功编纂的国际法特定分支领域,条约作为一种特别法成为缔约国之间首先考虑适用的法律渊源。

国际法委员会作为受托承担逐步发展国际法任务的国际机构,自成立 70 多年来,主要致力于拟订条款草案,这些条款草案构成了多边谈判的起点,并且在此基础上产生了多项重要的多边条约,有力推动了国际法各个领域的主要规则的编纂及逐渐发展。[3] 国际法委员会对多边条约制定进程的贡献不仅取决于其促进国际法的逐步发展及编纂的目标,而且还取决于《国际法委员会章程》赋予委员会的具体任务。根据《章程》第 15 条规定,"国际法的逐步发展"一词是为了方便起见,意为"拟订关于国际法尚未规定的主题的公约草案",委员会所拟订多边条约或公约本身可为各国就这些条约或公约进行谈判与商签提供基础。

国际法委员会成立之初,专家对于委员会的工作成果形式持有不同的意见。有专家建议,由于条约不是颁布一般法律的适当工具,国际法委员会的工作成果应采用一种不具约束力的"法典"形式。另有专家则主张,国际法委员会应将拟订公约草案作为工作重点之一。国际法委员会指出,一项解释性法典无论如何不能在本质上替代有效巩固法律的公约,通过编纂形成的多边公约文本草案将使所有的新国家有机会直接参与制定法律,因此,最终采纳了后一种观点。[4] 迄今,国际法委员会在"逐渐发展"基础上缔结的多边条约已达 17 项,几乎涵盖传统国际法的所有重要领域,并且在存在这些编纂性公约的国际法领域,习惯国际法的作用不同程度地有所降低。[5] 因此,国际法委员会编纂成果是国

---

[1] 孙传香:《国际法进化论》,《湖北经济学院学报》2008 年第 2 期,第 107 页。
[2] 姜文忠:《论国际法向成文法发展之趋势》,《武汉大学学报》(人文社会科学版) 2001 年第 4 期,第 412 页。
[3] 黄惠康:《论国际法的编纂与逐渐发展——纪念联合国国际法委员会成立七十周年》,《武大国际法评论》2018 年第 6 期,第 21—22 页。
[4] Yearbook of the International Law Commission 1962, Vol. Ⅱ, A/5209, p. 160, para. 17.
[5] 姜文忠:《论国际法向成文法发展之趋势》,《武汉大学学报》(人文社会科学版) 2001 年第 4 期,第 412 页。

际立法的重要基础。

联合国大会在国际法编纂与国际立法工作上承担了重要的协调工作。1949年10月19日第271（Ⅲ）号决议设立的联合国大会工作方法和程序问题特别委员会曾强调大会主持制定公约的重要性，主张在许多场合下应利用大会的权威和大会辩论对舆论所产生的重大影响来促进国际合作，并建议大会在审议全体会员国代表谈判制定国际公约的程序方面保持必要的行动自由。[①] 针对由国际法委员会拟订的条款草案，联合国大会有权决定是否进一步讨论条款草案所引起的主要实质性问题，并且根据各国政府所表达不同意见起草并拟订广泛并且可以接受的公约案文，作为朝向召开全权代表会议加以审议的前期步骤，从而推动国际立法与编纂及逐渐发展国际法工作的有效衔接。

国际法委员会编纂成果转化为具有约束力的国际公约，一般通过以下两种方式。

第一，在编纂条款草案的基础上，联合国大会通过决议决定召开由各国代表组成的国际全权代表会议，根据委员会拟订的条款草案重新起草或讨论公约条文，同时制定议事规则以及会议将遵循的基本工作方法和技术。大会决议通常规定了会议所面临的任务，要求各国向秘书长提交关于最后条款草案的书面评论和意见，以便在会议开幕前分发给各国政府。所有联合国全权代表大会都得到了起草委员会的协助，国际法委员会编纂条款草案和修正案条款首先在起草委员会一级审议，会议有时还设立工作组审议具体问题，并向主要委员会或全体会议汇报。例如，第一届联合国海洋法会议设立了5个主要委员会，联合国领事关系会议设立了2个主要委员会。全体会议审议了所有条款和修正案之后，序言和最后条款、公约或公约草案将作为一个整体付诸表决。一旦通过，公约以及相关择选议定书将开放供签署和批准或加入。这一方式表明，编纂性公约的缔结是联合国政治议程与国际法委员会编纂工作有机结合的产物。多边条约只有在不偏离各国行为模式的情况下才有可能得到更广泛的接受，如果一个国家不直接参与拟订一项公约，就不太愿意批准该

---

① 《大会工作方法和程序问题特别委员会提出并经大会通过的建议和意见》，联合国大会议事规则，附件一，https://www.un.org/chinese/ga/rule/annex1.shtml#note2，最后访问时间：2022年1月30日。

公约，联合国以召开全权代表会议形式使国家得到充分的参与。[1] 经过正式程序由国家同意接受约束，国际法委员会的编纂成果最终在政治层面达成国际共识而转化为正式的国际法规则。

第二，联合国大会直接表决通过。1969年《特别使节公约》、1973年《防止和惩处侵害应受国际保护人员包括外交代表的罪行公约》、1997年《国际水道非航行使用法公约》、2004年《联合国国家及其财产管辖豁免公约》均是联合国大会在国际法委员会提出的条款草案基础上以决议形式直接表决通过。在这种情况下，国际法委员会临时通过条款草案，并将其提交给大会。联合国大会第六委员会在得到了起草委员会的协助基础上，详细研究条款草案的每一项建议，对相关条款草案做出修改，编写公约的序言和最后条款，最终由大会以决议形式通过第六委员会所建议的公约文本，并开放供各国签署。[2]

概言之，国际法委员会成立的前20年编纂工作通常被认为是最成功的，20世纪六七十年代可以被视为国际法委员会的鼎盛时期。国际法委员会委员罗伯特·阿戈曾言及，如果国际法委员会目前正在进行的编纂工作能够被各国完成和接受，那么国际法将取得自格劳秀斯时代以来前所未有的发展。[3]

国际法委员会编纂工作先后在海洋、外交和条约法领域取得巨大进展，分别促成了海洋法领域相关公约、外交与领事关系公约以及条约法公约的缔结。其时，国际法委员会的高质量工作受到普遍认可，其重要性可与国际法院工作相提并论。《维也纳外交关系公约》《关于防止和惩处侵害应受国际保护人员包括外交代表的罪行的公约》《维也纳领事关系公约》《维也纳条约法公约》的缔约国分别为193个、180个、182个、116个，使构成这些领域条约规则的地位几乎等于习惯法规则的地位，得到国际社会广泛的接受，对国家具有普遍约束力。这些领域公约之所以能够得到各国的普遍接受，其中的重要原因在于，相关领域的习

---

[1] Gerhard Hafner, "The International Law Commission and the Future Codification of International Law", (1996) 2 *ILSA Journal of International & Comparative Law* 671, p. 676.

[2] Yearbook of the International Law Commission 1979, Vol. II (Part One), A/CN.4/325, p. 209, paras. 97 – 99.

[3] A. E. Gotlieb, "The International Law Commission", (1966) 4 *Canadian Yearbook of International Law* 64, p. 64.

惯法规则较为成熟，公约的成功编纂是习惯国际法规则由不成文向成文化转变。正如1973年国际法委员会工作报告所指出，编纂性公约将继续被视为开展编纂工作的最有效手段，其精确性、约束力，在国际会议上经历了集体外交的谈判阶段、公约的出版和广泛传播，所有这些都是不会轻易放弃的宝贵财产。①

（二）习惯国际法规则的成文化、系统化

习惯作为法律渊源由来已久。罗马法就将法律分为"成文法"（jus scriptum）和"不成文法"（jus non scriptum），认为不成文法是由经惯例检验的规则组成的，使用者长期沿袭的习惯与成文法（statute）并无二致。早期国际法学家和他们的先驱一样把习惯法描述为长期、不间断惯例的不成文法。格劳秀斯深受这个古典传统的影响，认为万国法的证明与不成文的国内法相似，它可以在未遭毁损的习惯和深谙其中门道的证人证言中被找到。瓦泰尔（Vattel）在18世纪末叶和19世纪早期的主要国际法著作中把习惯法定义为在长期的使用中被尊崇，并为国家在其相互交往中作为法律加以遵守的格言和习惯。

国际社会的松散结构是国际规范以习惯性规则形式长期存在的主要原因之一。一方面，由于在国家主体之间存在众多的冲突和复杂性，国际社会发展的新需求经常不能及时被条约涵盖与调整。由一个或更多国家提出具有一定争议的解决办法，最后可能满足了其他国家的利益和需求，并逐渐演变为习惯规则。因此，相对条约而言，习惯国际法更加灵活且具有普遍的适用性。另一方面，习惯国际法作为不成文规则具有自身难以克服的内在缺陷。国际习惯一般是建立在孤立的、没有事先协调的国家实践基础之上的，它提供的只是单个规则，不可能藉此产生一套系统、连贯的法律制度来确保有关行为准则的履行。同时，国际习惯是在各国重复、类似的单边行为并伴随着法律确信的基础上形成的，何时形成了通例、何时具备了法律确信，都不是明确的事情，在很大程度上导致了法律的不可预测性。②

---

① Yearbook of the International Law Commission 1973, Vol. II, A/9010/REV.1, p. 230, para. 169.

② 姜文忠：《论国际法向成文法发展之趋势》，《武汉大学学报》（人文社会科学版）2001年第4期，第412页。

国际法委员会编纂机制促进现行习惯国际法规则日益成文化与系统化。国际共同体的发展方向与一般法律共同体一样，由习惯法体制向成文法体系发展。① 在国际实践中，许多部门的习惯国际法规则的实践发展已经成熟到可以编纂的阶段，经编纂成文化后并以逐渐发展的方法转化为条约。编纂条约或这些条约所载的单一条款能够反映现有习惯法，或有助于巩固新的习惯法规范形成过程的不同阶段。条约反过来又影响了习惯国际法的发展，例如，在国际法委员会通过时被理解为逐步发展的一些条款后来被接受为反映习惯国际法。②

一般而言，经编纂的条约纳入了旨在确定习惯法的国家法律惯例和意见的全部要素，可以对习惯产生三种不同的影响：（1）条约的规定只是对已存在的习惯法规则的简单声明、记录或重述。在这种情况下，条约规则以成文化形式对习惯规则确切内容予以核实，体现了条约规则对习惯法的宣告式效果。（2）条约的规定构成对尚未完全成熟和仍处于形成状态的习惯规则的书面承认。换言之，习惯法在编纂之前尚未完全形成，而是在编纂阶段中逐渐得到完善并固定化，一旦编纂完成，条约的规定成为与习惯法相对应的确认式规则。（3）条约的规定在通过时具有创新性，既不代表以前存在的规则，也不代表经固定化的规则，而是一种逐步发展法律的尝试，在规范缔约国行为模式的同时，成为新习惯规范形成过程的起点或处于这一过程的中间阶段。③ 在"美国驻德黑兰外交领事人员案"中，国际法院表达了编纂性公约构成对习惯国际法规则重述的观点："1961 年和 1963 年《维也纳公约》编纂了外交和领事关系法，阐明了对维持国家间和平关系至关重要的原则和规则，并为世界各地各种信仰、文化和政治立场的国家所接受。"④ 国际法院在"北海大陆架案"（*North Sea Continental Shelf*）中指出，如果一项条约条款编纂了一项已存在的习惯法规则，或者明确了一项新出现的习惯法

---

① ［韩］柳炳华：《国际法》（上卷），中国政法大学出版社 1997 年版，第 203 页。
② Kristina Daugirdas, "The International Law Commission Reinvents Itself", (2014 - 2015) 108 *AJIL Unbound* 79, p. 79.
③ Riccardo Pisillo-Mazzeschi, "Treaty and Custom: Reflections on the Codification of International Law", (1997) 23 *Commonwealth Law Bulletin* 549, p. 552.
④ *US Diplomatic and Consular Staff in Tehran* (*United States v Iran*), I. C. J. Report 1980, p. 3, para. 45.

规则，那么它就可能与非缔约国相关。缔结一项编纂公约的过程可以作为其规定是国际法宣言的证据，也可以作为其最终通过影响有关规则的有力证据。① 国际法院在此案中阐释了编纂与习惯规则之间形成三种关联性：（1）编纂构成习惯法的原有规则的体现；（2）编纂代表一项正在出现的习惯规则的凝固；（3）编纂构成一项新的习惯规则形成的出发点。②

与此同时，经编纂的习惯法规则并不因此失去独立的有效性而仅仅依赖于相关的公约。国际法院明确指出："法院不能驳回依据习惯和一般国际法原则所提出的主张，仅仅是因为这些原则已经被嵌入所依据的公约文本中……公认的，上面提到的原则已被编纂或体现在多边协议的事实并不意味着它们停止存在和作为习惯法原则适用，即使是对公约缔约国而言。这样的习惯法原则包括禁止使用武力、不干涉、尊重国家独立和领土完整。在发生疑问时，条约要以习惯国际法为背景加以解释，而且习惯国际法在包含有一项强制法规则而条约与之相抵触的范围内将优于条约。"③

此外，经编纂的旨在阐明一般国际法规则的习惯国际法，即使没有采取普遍适用的具有约束力的条约形式，也受到各国政府、国际组织以及司法和仲裁机构的广泛信赖。前述《1949年国际法调查备忘录》曾预测，国际法委员会提交给联合国大会的编纂草案即使从未以条约形式通过，也将享有相当大的权威。④《维也纳条约法公约》未生效前，国际法院就在"西南非洲案"提出，公约中关于因违约而终止条约关系的规则可以被视为关于该问题现行习惯法的编纂。⑤ 相类似，在"渔业管辖权案"（*Fisheries Jurisdiction*）中，国际法院申明，《维也纳条约法

---

① *North Sea Continental Shelf* (*Federal Republic of Germany/Denmark*; *Federal Republic of Germany/Netherlands*), I. C. J. Report 1969, p. 3, para. 62.

② 王铁崖：《国际法引论》，北京大学出版社1998年版，第148—149页。

③ 姜文忠：《论国际法向成文法发展之趋势》，《武汉大学学报》（人文社会科学版）2001年第4期，第412页。

④ United Nations, Survey of International Law in Relation to the Work of Codification of the International Law Commission, Memorandum submitted by the Secretary-General, UN Doc A/ CN. 4/1/ Rev. 1, 1949, para. 21.

⑤ *Legal Consequences for States of the Continued Presence of South Africa in Namibia* (*South West Africa*), Advisory Opinion, I. C. J. Report 1971, p. 16, paras. 94 and 96.

公约》第 62 条规定因情势变更而终止条约的规定可以被视为关于该问题现行习惯法的编纂。① 再如，在"加布奇科沃—大毛罗斯工程案"中，国际法院认为，1978 年《国家条约继承公约》中关于领土性质条约继承的第 12 条反映了习惯国际法规则。②

此外，国际法委员会编纂工作有力推动习惯法规则的识别。确定习惯国际法规则的国家惯例要素是一项极其困难的工作，即便国际法院在确定一项国际习惯规则时，也很少对国家惯例和法律意见进行广泛审查。国际委员会对习惯国际法规则的编纂工作之一是"对国家法院的判决进行比较评价，作为一种识别和解释国际法的手段"或者"跨国比较不同的法律制度如何以不同的方式解释和适用实质性的国际规范，推动对习惯规则识别方法进行有益的研究。委员会对国家惯例的广泛审查和传播，收集并以系统、有序的方式汇编国家实践纲要构成编纂工作最重要的附加价值。③ 传统评论认为编纂公约是其他国家的国家实践或法律意见的证据。④

概言之，编纂成文的习惯国际法对于强化国际法的权威性具有重要意义。首先，习惯国际法为编纂成果提供了必要的正式合法性，使其作为反映实证法的文本予以考虑和援引。其次，习惯国际法固有的不确定性使成文化编纂变得重要，特别是当由于政治团体主导的国际立法程序创造国际法规范明显不足时，对习惯国际法成文化的编纂往往具有权威性。⑤ 国际法院在 2012 年"德国诉意大利管辖豁免案"（*Jurisdictional Immunities of the State*）中，参考了《联合国国家及其财产管辖豁免公约》第 6 条第 2 款、第 12 条和第 19 条的案文。尽管法院没有确认这些

---

① *Fisheries Jurisdiction* (*United Kingdom v Iceland*), I. C. J. Report 1973, p. 18, paras. 24 and 36.

② *Gabcikovo-Nagymaros Project* (*Hungary/Slovakia*), I. C. J. Report 1997, p. 7, para. 99.

③ Mathias Forteau, "Comparative International Law within, Not against, International Law: Lessons from the International Law Commission", (2015) 109 *American Journal of International Law* 498, pp. 505 – 506.

④ Kristina Daugirdas, "The International Law Commission Reinvents Itself", (2014 – 2015) 108 *AJIL Unbound* 79, p. 79.

⑤ Fernando Lusa Bordin, "Reflections of Customary International Law: The Authority of Codification Conventions and ILC Draft Articles in International Law", (2014) 63 *International and Comparative Law Quarterly* 535, p. 546.

条款是习惯法的一部分（至少不是全部），但它们显然构成了法院在该判决中推理的重要依据。①

二 推动国际"软法"规则的发展

（一）促进软法成果的产生

近年来，国际法委员会编纂工作的成果有时会偏离条款草案和谈判及缔结编纂性公约方式，而产生一些软法性质的文书形式，如原则、宣言草案、指南等。特别是自20世纪90年代以来，国际法委员会越来越多地制定软法，即使拟订了条款草案，也仅仅提请大会通过决议注意，而不是建议召开外交大会缔结公约。这一转变代表了编纂国际法的一种普遍性趋势，即从偏爱载入条约的硬法律规范转向更容易逐渐发展、解释和演变的软法规范。声明、决议和宣言形式表现的软法规则虽然与法律创造过程本身以及习惯法或条约法无关，但对这些规则的编纂可以产生一定作用：（1）引导各国就某一问题采取特定的态度；（2）根据条约或者习惯法为拟订新规则做准备；（3）使各国意识到国际关系中尚未充分管制的某个问题；（4）为尚不明确的习惯规则提供一定精确指引。

国际法委员会拥有资源和既定的工作程序，使其能够研究和整合广泛分散的国家惯例、法院判决和习惯法或制定法律规范的其他证据，以简明和准确的措辞起草这些规范，并发表细致入微的评论，解释并记录调查结果和结论。此外，国际法委员会工作过程的一个决定性特征是直接和深入地与各国进行接触，各国不仅有机会向国际法委员会提供信息，而且有机会在第六委员会讨论其草案并提出书面意见；有关的特别报告员和起草委员会在拟订最后草案时审议并纳入这些辩论和评论。因此，即使国际法委员会的软法成果没有得到国家的明确同意和接受，但也得到国家的充分参与、考虑、分析和认可。②

软法成果所发挥的作用在一定程度上与国际法委员会致力于促进国

---

① *Jurisdictional Immunities of the State（Germany v Italy；Greece Intervening）*, Judgement, I. C. J. Reports 2012, paras. 66, 117 and 129.
② Elena Baylis, "The International Law Commission's Soft Law Influence", (2019) 13 *FIU Law Review* 1007, p. 1016.

际法编纂和逐步发展的职能有相当大的重叠。虽然软法律规范"不会强加具有法律约束力的义务",但可以为习惯规则或条约的逐渐形成奠定基础。在某些情况下,软法"可被视为对一项习惯法规则的宣告性或指示性的方式,或有助于明确习惯法规则"。① 此外,软法也可能有助于塑造国家实践,或引导决策者、学者鼓励法律的建设性发展,还可以作为"工具箱"为国际法从业人员提供指南。② 借助原则、指南等软法替代形式为国际法委员会提供空间,以灵活处理某些领域中因国家实践不够普遍或不具广泛性与代表性而处于不稳定和难以达成共识的规范。国际法委员会可以利用软法编纂现有规范,并本着逐步发展目的颁布其他规范,而不需要停止发展进程。同时,软法成果能够为各国提供一个更灵活的环境,在个案基础上实施和适应新的规范。

概言之,法律发展不一定是自上而下的,而是通过各层面上的众多行动者之间反复接触而推进,同样,国际法的发展并非完全以国家为中心,而是可能由不同政府、政府间、非政府和私人等不同法律主体之间的互动与推动。软法模式强调了在制定和发展国际法律规范中,各种各样的法律行为者发挥不同作用的重要性。在编纂与逐渐发展的并行进程中,软法规则可以越来越多地影响国家的行为,从而形成一种核心模式,并且很容易地转化为法律规则。与条约相比,软法规则的优势在于其无法律约束效力,一旦产生,不必经过正式程序批准,同样能够处理国家间的问题。软法规则的编纂与发展能够更快地对相关领域的快速变化做出反应,有利于国际社会找到应对国际关系新挑战的必要对策。③

(二) 强化自然法规范的效力

19世纪以降实证主义一统天下,国际社会交往和相互依赖的加深为国际法实证化提供契机,自然法作为一般法律原则仅局限于价值宣

---

① Elena Baylis, "The International Law Commission's Soft Law Influence", (2019) 13 *FIU Law Review* 1007, p. 1010.

② Kristina Daugirdas, "The International Law Commission Reinvents Itself", (2014 – 2015) 108 *AJIL Unbound* 79, p. 81.

③ Gerhard Hafner, "The International Law Commission and the Future Codification of International Law", (1996) 2 *ILSA Journal of International & Comparative Law* 671, pp. 676 – 677.

示，这一格局由《国际法院规约》第 38 条确定下来。① 自然法本质上是对社会规律的认识，这种认识具有抽象的正确性，是人类智慧的结晶，需要人类充分运用智慧、透过种种偶然性因素去不断发现社会规律并正确表达之。从这一意义上讲，自然法是一种"发现性规则"。② 自然法作为一种发现性规则对习惯国际法规则形成产生重要影响，乃至国际法性质和约束力的一些理论，也是以自然法为根据的。梅因认为：自然法所尽的最伟大的职能是产生了现代国际法和现代战争法。③

马克思曾经在《论离婚法草案》中论述道："立法者……不是在创造法律，不是在发明法律，而仅仅是在表述法律，他用有意识的实在法把精神关系的内在规律表现出来。"④ 西方思想家和法学家们用种种自然法的方法来认识国际社会秩序中的法律性质、效力和表现形式。西班牙学者弗朗西斯科·维多利亚（Francisco de Vitoria）在《论最新发现的印第安人》中宣称，万国法是自然理性在所有国家之间建立的法，自然法是万国法的渊源，是各国在彼此关系中行动的准绳。⑤ 西班牙学者苏亚雷斯（Suarez）主张："尽管分为不同的民族和国家，但人类仍有一定的统一性。通过要指导共同爱慕和恻隐扩展至全人类，甚至包括来自不论什么国家的外邦人身上的这一训诫体现出来的政治和道德的统一。"⑥

苏亚雷斯—格劳秀斯式的"自然法"与"国际法"的二分法理论中，国际法是自然法的一部分，主权、国家是受自然法和国际法约束的，自各国意志而产生的国际法是以自然法为基础，自然法也是补充这种国际法或从伦理和理性角度评价国际法的渊源。⑦ 自然法是可以经过

---

① 王林彬：《为什么要遵守国际法——国际法与国际关系：质疑与反思》，《国际论坛》2005 年第 4 期，第 7 页。
② 参见罗国强《论自然法的否定之否定与国际法的构成》，《法学评论》2007 年第 4 期，第 39 页。
③ ［英］梅因：《古代法》，沈景一译，商务印书馆 1984 年版，第 55 页。
④ 《马克思恩格斯全集》（第 1 卷），人民出版社 1995 年版，第 347 页。
⑤ 参见［美］阿瑟·努斯鲍姆《简明国际法史》，张小平译，法律出版社 2011 年版，第 46—50 页。
⑥ 参见［美］阿瑟·努斯鲍姆《简明国际法史》，张小平译，法律出版社 2011 年版，第 53—57 页。
⑦ 刘潇：《格劳秀斯与自然法——简评〈战争与和平法〉》，《现代法学》2003 年第 1 期，第 142 页。

一定程序的具体化而被转变为实在法的,因而自然法具有可转化性。在近代国际法产生与发展进程中,自然法作为超越普世法则,逐渐与政体构建、民族国家和世界秩序等制度形态联系在一起,成为系统法律理论构建的基础和国际法效力与法律渊源内容。随着国际法的现代化演进,藉由国际法编纂与逐渐发展的技术手段,自然法与实在法实现了相互转化与融合。例如,格劳秀斯主张海洋自由原则成为国际习惯法所确定的公海自由原则;他提出战事"节制"问题后来逐渐成为国际战争法的一部分,提出对国际罪犯实行"或起诉或引渡"的原则,奠定了近代引渡制度的理论基础。

现代国际法体系之下,自然法转向方法的逻辑指引,被更多地视为一种法律思维方式。现代自然法理论不必以提供描述性社会科学的合理概念性框架(例如正义、自由、平等)为主要目标。它可以用于帮助那些关心如何行为的人进行实践反思。[①] 自然法将国际法置于各民族的某些一致的法律观念基础上发展——在各民族心理上不一致的下面存在着一个共同的和一般性的人类天性。人类根本上同一的规范意识构成对自然法的认识根据……各民族一致的法律原则形成自然法的实定化,这些法律原则有力影响了实证国际法的产生和发展。

第二次世界大战之后,国际关系的自然法总体指导思想进入了范式转换的轨道,迄今已经达到范式转换的初级阶段。[②] 这种范式转化在某种程度上通过国际法委员会拟订国际法律文件得到进一步应用与实践,丰富了国际法渊源。例如,《维也纳条约法公约》所规定的强行法规范实际上也是超越实证规则,是对实证规则进行约束和引导的自然法在条约法律体系中的体现。[③] 最典型例子是国际法委员会所编纂的"纽伦堡原则"。审判纳粹战犯的过程中,人们开始对人类自身价值、人类规范价值进行反思,利用尘封已久的自然法的理念实现了对战犯的处罚。在纽伦堡审判中,分析实证主义法学在一片抨击声中不得不对其基本理论

---

① 潘德勇:《价值的实证与建构:从语言哲学到逻辑实证》,《北方法学》2018年第1期,第8页。

② 何志鹏:《国际关系中自然法的形成与功能》,《国际法研究》2017年第1期,第50页。

③ 何志鹏:《国际关系中自然法的形成与功能》,《国际法研究》2017年第1期,第49页。

做出一些修正。① 纽伦堡审判辩方提出《伦敦宪章》第 6 条是一项追溯既往的法律,与"法无明文不为罪,法无明文不罚"的原则相抵触。对此,法庭认为,首先,《伦敦宪章》不是战胜国任意行使权力的结果,其创立代表了对现存国际法的表达,在这一点上,《伦敦宪章》本身就是对国际法的贡献。② 其次,"法无明文不为罪的原则不是对主权的限制,而是一项普遍正义原则"。③ 德国、日本、意大利都是《巴黎非战公约》的缔约国,尽管该公约没有明确规定侵略罪行,但在解释公约文字时必须记住,国际法规则不仅仅是一个国际立法机构的产物,像《巴黎非战公约》这样的国际协定是依照一般法律原则产生。战争规则不仅存在于条约,而且存在于逐渐得到普遍承认的各国习惯和实践中,以及法学家所适用、并由军事法庭所践行的"一般正义原则"(general principles of justice)中。这种法律规则不是一成不变的,而是随着世界的变化而不断适应的。在许多情况下,条约不过是表达和定义已经存在的法律原则,以便更准确地援引。④ 在此意义上,对"纽伦堡原则"编纂与其说是正义与规则的一体化,毋宁说是将实在法与自然法实现一体化,体现了国际法治的追求。⑤

三 与国际司法实践的互动

国际司法机构在适用法律时,不可避免地会产生一个问题,即存在何种方法来澄清和发展国际法。国际司法机构的裁决在很大程度上有助于对其裁决的案件所涉及国际法规则做出权威说明。在国际司法制度中,继续发展国际法规则,使其更加明确和确定,适应不断变化时代需求是必要的。因此,国际司法机构与其说是判断和决定分歧问题的组

---

① 张进军:《论当代西方自然法思想与实证主义法学思想的交融》,《东岳论丛》2008 年第 3 期,第 173 页。
② "The Charter and Judgment of the Nürnberg Tribunal-History and Analysis", Memorandum submitted by the Secretary-General, A/CN. 4/5, p. 38.
③ "The Charter and Judgment of the Nürnberg Tribunal-History and Analysis", Memorandum submitted by the Secretary-General, A/CN. 4/5, p. 43.
④ "The Charter and Judgment of the Nürnberg Tribunal-History and Analysis", Memorandum submitted by the Secretary-General, A/CN. 4/5, p. 45.
⑤ [美] 哈罗德·J. 伯曼:《论实证法、自然法及历史法三个法理学派的一体化趋势》,《环球法律评论》1989 年第 5 期,第 14—15 页。

织,不如说是推动世界各国就交往中形成规则达成普遍一致的主体。①1801 年,在"托尔伯特诉赛曼案"(*Talbot v Seeman*)中,美国联邦最高法院马歇尔(Marshall)法官强调:"国际法是我们制定这些规则的伟大源泉……这项法律部分是不成文的,部分是惯例。要弄清那些未写出来的东西,我们必须借助于理性和正义的伟大原则。不同国家在不同的情况下对这些原则会有不同的理解,我们认为它们在某种程度上是被一系列的司法判决所固定和稳定的。每一个国家法院的判决,只要是建立在各个国家共同的法律基础上,就会被当作权威而受到尊重。每一国家法院的判决表明,在某一案件中,国际法在该国是如何被理解的,以及成为优先规则而予以考虑。"②

《奥本海国际法》认为,国际法许多规则由于国际法的发展迟缓而必然缺少精确性的情况,引起将国际法编纂为法典的运动,并且这个运动因希望有一部已经确定并经同意的规则以供法庭之用,从而鼓励各国把它们的争端交付司法裁判。③ 在国际联盟时期,编纂国际法与建立常设国际法院之间的互动关系就受到关注与讨论。有学者认为,由于国际法规则具有不确定性,编纂国际法的工作"有必要等到设立国际性法院来解释和发展法律"。例如,巴尔福(Balfour)作为国际联盟理事会成员反对给予常设国际法院强制管辖权,其理由是国际法规则没有编纂成文,难以在司法机构得到适用。还有人提出,应当比照英美法系由法院来发展其国内法的做法,设立国际司法机构来承担编纂国际法的职能,以判例法的形式优化不完善的国际法典化体系。对于这一观点,美国法学家希尔予以反驳,并强调应当将国际法编纂与国际司法机构裁判加以区别。他认为,国内法院的法官基于国家主权行使裁判权,而国际社会并没有单一的国际性主权,如果国际司法机构不受任何法律限制,可以自由根据自己的决定宣布什么是国际法规则,那么无论这些决定多么公

---

① Norman Bierman, "Codification of International Law—A Basis of World Government", (1930) 15 *St. Louis Law Review* 151, p. 164.

② George W. Wickersham, "The Codification of International Law", (1926) 4 *Foreign Affairs* 237, p. 242.

③ [英]劳特派特:《奥本海国际法》(第八版)(上卷第一分册),王铁崖、陈体强译,商务印书馆 1973 年版,第 38 页。

正，也意味着该司法机构拥有并行使优于任何一个国家甚至所有国家加起来的无限主权权利。这是坚持主权原则的国际社会所不能接受的。因此，只有通过制定由主权国家批准的以及由适用该法律的司法机构接受的法律，国际法才能发展。[1]

  编纂国际法的工作和完善国际法院的工作将齐头并进，并且互为补充。编纂的稳妥开展将有助于法院的有效运作，国际法院做出的各项裁决以及它对尚未解决的法律部分所做解释将有助于编纂的任务。一方面，对具有范畴广泛和弹性化的国际法规则进行编纂，不仅不会切断法律的有机增长和国际法规则的未来发展，反而有助于消除错综复杂的惯例与习俗规则的不确定性，从而大大提高国际司法机构的效率。另一方面，当作为国际法规则的特定部分落后于世界的进步时，可以通过国际司法机构的解释适用使之得到修改和修正，以适应不断变化的现实需求。[2] 编纂的目标之一是澄清国际法庭可能适用的法律，如果要达到这一目标，构成国际法典一部分的任何公约似乎都应当含纳国际司法机构适用公约的规定。[3] 法官们和国际法学家们对国际法做贡献的一种显著的途径是：通过对国家实践的解释和当这样的实践已经达到它可能真正地被认为是国际习惯法时发表意见。

  国际法委员会的主要作用在于重述与发展规则，这是它与国际法院建立密切合作的基础。在这方面，国际法委员会被描述为与国际法院建立共生关系的一部分。国际法院一再将条约本身作为具有约束力的文书，并将国际法委员会编写的其他文件作为习惯国际法的有力证据。国际法委员会也在许多情况下直接参照法院的决定或根据法院声明类推的论点拟订条款草案。国际法院与国际法委员会之间的关系有助于促进法治，不仅通过一致和透明的方式适用明确的规则，而且通过不同机构以

---

[1] Norman Bierman, "Codification of International Law—A Basis of World Government", (1930) 15 *St. Louis Law Review* 151, pp. 157 – 158.

[2] Norman Bierman, "Codification of International Law—A Basis of World Government", (1930) 15 *St. Louis Law Review* 151, pp. 166 – 167.

[3] James T. Kenny, "Manley O. Hudson and the Harvard Research in International Law 1927 – 1940", (1977) 11 *International Lawyer* 319, p. 324.

相同的方式确定国际法规则。① 例如，1997 年国际法院中国籍法官史久镛代表国际法院院长赞扬了国际法委员会做出的重大贡献。他表示，国际法院把国际法委员会编拟的条款草案和报告视为法律渊源，至少具有与最知名的国际法学家著作相同的权威性。国际法院在判决时经常提及国际法委员会拟订的条款草案及评注，有时甚至还提到国际法委员会的报告和简要记录。②

在实践中，编纂性公约和国际法委员会条款草案都被援引为法院和法庭认定存在的习惯国际法规则的文本依据。与大多数案件一样，法院和法庭没有对国家的有关做法和意见进行有意义的审查，这些非立法编纂似乎被视为真正具有权威性，而不仅仅是提供有关规则存在证据的文书。③ 例如在"美国驻德黑兰外交人员人质案"中，国际法院指出："维也纳外交关系公约和领事关系公约，编纂了外交和领事关系法以及国家原则和规则，对于维护国家间的和平关系至关重要，被世界上所有信仰、文化和政治肤色的国家所接受。"④ 一项关于在国际法院判决中使用学术著作的实证研究发现，截至 2012 年 5 月，国际法院的判决和咨询意见中对学者观点的引用共有 59 次（截至 2012 年 5 月 1 日），其中 45 次引用了国际法委员会。⑤ 甚至有学者称，国际法委员会高质量的工作得到了广泛的承认，可以毫不夸张地说，它在重要性上已经与作为联合国主要司法机构的国际法院相媲美。⑥

---

① 《国际法委员会年鉴 2008 年》，第二卷（第二部分），A/63/10，第 165 页，第 345 段。
② 《国际法委员会年鉴 1997 年》，第二卷（第二部分），A/52/10，第 73 页，第 242 段。
③ Fernando Lusa Bordin, "Reflections of Customary International Law: The Authority of Codification Conventions and ILC Draft Articles in International Law", (2014) 63 *International and Comparative Law Quarterly* 535, pp. 543 – 545.
④ *US Diplomatic and Consular Staff in Tehran (United States v Iran)*, I. C. J Report 1980, p. 3, para. 45.
⑤ M Peil, "Scholarly Writings as a Source of Law: A Survey of the Use of Doctrine by the International Court of Justice", (2012) 1 *Cambridge Journal of International and Comparative Law* 136, p. 152.
⑥ A. E. Gotlieb, "The International Law Commission", (1966) 4 *Canadian Yearbook of International Law* 64, p. 64.

第二节　中国参与编纂与逐渐发展
国际法的外交实践

一　中国参加国际法编纂工作的历史及贡献

如前文所述，1924年12月国际联盟理事会成立由17名法学家组成的"逐渐编纂国际法专家委员会"。其中，中国代表王宠惠是常设国际法院第一位中国籍法官，[1] 为常设国际法院做出过具有里程碑意义的裁决，被国际社会誉为"杰出法学家"。[2] 在参与国联的"逐渐编纂国际法专家委员会"工作时，他主张，"狭义的编纂可以被理解为仅仅是对现有法律的重述，对在实践中已经接受和采取行动的法律的编写"，而"广义的编纂涉及通过修改现有规则或增加新规则"。[3] "逐渐编纂国际法专家委员会"讨论关于"国家对领土内外国人及其财产造成损害的责任"议题时，王宠惠是专题小组的两名成员之一，负责草拟报告，回答了委员会提出的"一国是否对外国人在其管辖领土内遭受的损害承担责任以及在何种情况下、承担何种程序责任"等问题。[4]

第二次世界大战结束后，中国是成立联合国的发起国之一。1944年，中、美、英、苏召开敦巴顿橡树园会议草拟《关于建立普遍性安全组织的建议草案》（《联合国宪章草案》）时，中国代表提出了7条补充建议，1945年旧金山会议采纳了其中的3条提议，包括提议大会负责提倡研究及建议有关国际法规则与原则的发展与修改，对创立与推动联

---

[1] 参见 Yifeng Chen, "Between Codification and Legislation: A Role for the International Law Commission as an Autonomous Law-Maker", in The United Nations (ed.), Seventy Years of the International Law Commission: Drawing a Balance for the Future (Brill/Nijhoff, 2021), p. 242, footnote. 36。

[2] Ole Spiermann, "Judge Wang Chung-hui at the Permanent Court of International Justice", (2006) 5 Chinese Journal of International Law 115, p. 115.

[3] Yifeng Chen, "Between Codification and Legislation: A Role for the International Law Commission as an Autonomous Law-Maker", in The United Nations (ed.), Seventy Years of the International Law Commission: Drawing a Balance for the Future (Brill/Nijhoff, 2021), p. 243.

[4] Legal of Nations, Committee of Experts for the Progressive Codification of International Law, Questionnaire No. 4, c. 26. m. 23, February 9th, 1926, Annex.

合国编纂与逐渐发展国际法机制做出了卓越的贡献。[1] 出席旧金山会议的中国代表梁鋆立（Yuen-li Liang）应联合国秘书长之聘，从1946年起担任联合国秘书处国际法编纂司司长，主持国际法发展和编纂工作，同时负责《联合国国际法委员会年报》出版。1948年梁鋆立在海牙国际法学院发表演讲，题目为《国际法之发展与编纂》，受到国际法学界推崇和赞誉。

自1972年新中国恢复在联合国合法席位至今，先后共有6位中国籍专家学者担任国际法委员会委员，参与逐渐发展与编纂国际法的工作。他们分别是倪征燠（1982—1984年任职）、黄家华（1985—1986年任职）、史久镛（1987—1993年任职）、贺其志（1994—2001年任职）、薛悍勤（2002—2010年任职）和黄惠康（2010年至今任职）。[2]

二　中国政府参与国际法委员会编纂专题的外交实践

国际法的逐渐发展与编纂是国际法治进程的重要组成部分。《国际法委员会章程》中载有旨在使各国政府有机会在委员会工作的每一阶段表明意见的规定。因此，各国政府在国际法委员会进行编纂和逐步发展国际法工作各个阶段都可以发挥作用。就国际法委员会相关专题和委员会工作发表国别立场和意见通常有两种路径，其一，以在联合国大会第六委员会发言形式就相关问题阐述观点；其二，应国际法委员会根据工作流程的邀请，就相关问题提交书面意见。

中国自恢复在联合国合法席位以来，针对国际法委员会编纂各项专题分别以参加联大六委会议发言方式或者应国际法委员会之请提交书面意见的方式参与审议讨论，构成中国外交实践的重要组成，丰富了参与国际事务的实践经验，有助于维护国家利益。中国参与国际法委员会编纂与逐渐发展体现以下几个特点。

（一）关注与国家重大利益密切相关的广泛的专题

自改革开放以来，中国积极参与联大第六委员会有关国际法编纂与

---

[1] "Chinese Proposals on Dumbarton Oaks Proposals", Documents of the United Nations Conference on International Organization San Francisco, Volume III, Doc. 1 G/1 (a), May 1, 1945, p. 24.

[2] 参见国际法委员会官网，http：//legal.un.org/ilc/guide/annex 2.shtml，最后访问时间：2022年1月30日。

逐渐发展报告的审议工作，先后就国家及其财产豁免、外交保护、条约保留、国家单方面行为、国际刑事法院、国家责任、国际组织责任、国际法不加禁止行为的损害后果的国际责任、跨界含水层系统、习惯国际法的识别、武装冲突对条约的影响、或引渡或起诉义务、驱逐外国人、发生灾害时的人员保护、习惯国际法的识别、条约解释有关的嗣后协定和嗣后实践、保护大气层、条约的暂时适用、强行法规范、普遍管辖权等专题发言或提交书面评论及意见。① 这些问题涉及与国家重大利益密切相关的、传统与新兴的广泛领域，属于国际法渊源、国家主权原则、国家责任等国际法重要的制度规则范畴，体现了中国政府对现行国际体系和秩序从以熟悉适应向参与适应和引导塑造并重的发展态势。②

在国家及其财产豁免专题中，中国政府于 1988 年 12 月 28 日提交书面意见，③ 结合国际法基本原则与中国国情，就这一问题阐释了中国的立场与一般性意见，包括（1）国家及其财产的管辖豁免是建立在国家主权平等基础上的一项长期确立的、公认的国际法原则，委员会拟订的条款草案需要阐明这一原则在国际法中的地位。（2）条款草案应在彻底研究包括社会主义国家和发展中国家在内的各国实践的基础上，实事求是地指出那些其必要性和合理性得到现实证实的"例外"，以适应国际关系的现状和发展，特别是国际经济和商业联系。（3）为国家豁免建立法律制度的目标应是在限制和防止对外滥用国家司法主权与提供公平合理的解决争端手段之间取得必要的平衡，这有利于维护世界和平，发展国际经济合作，促进人民之间的友好交往。④

（二）以维护《联合国宪章》与国际法基本原则为遵循

中国始终是联合国事业的积极支持者和参与者，是《联合国宪章》的坚定维护者和践行者。中国坚定维护以联合国为核心的全球治理体系

---

① 中国代表团在联大六委就国际法委员会相关专题及工作的发言内容，参见中国常驻联合国代表团网站，http://new.fmprc.gov.cn/ce/ceun/chn/zgylhg/flyty/ldlwjh/，最后访问时间：2022 年 1 月 30 日。

② 黄惠康：《中国特色大国外交与国际法》，法律出版社 2019 年版，第 55 页。

③ "Jurisdictional Immunities of States and their Property: Jurisdictional Immunities of States and their Property", A/CN.4/410 and Add. 1–5, 30 March, 1988, p. 47.

④ "Jurisdictional Immunities of States and Their Property: Jurisdictional Immunities of States and Their Property", A/CN.4/410 and Add. 1–5, 30 March, 1988, p. 63.

以及联合国宪章宗旨和原则为基石的国际关系基本准则,也体现在国际法编纂与逐渐发展进程当中。

在国家责任专题中,1979年11月23日中国代表团在联大六委发言指出,"国家对它的一切违反国际义务的行为都应承担法律责任",过去有些国际法著作和国家实践往往把国家责任仅限于外国人在领土内受损害时的责任,而不谈侵略、干涉弱小国家的责任,显然不符合国际形势发展的需要,也不符合《联合国宪章》的精神。[①]

中国政府于2001年1月17日就国家责任问题提交书面意见,围绕条款草案重要的实质性条款表达了中国立场。[②] 中国认为,国家责任问题涉及国家间的权利义务和重大利益,是国际法中一个敏感、容易产生争议的领域。为妥善处理这些问题,有必要对国家责任问题产生的争端的解决做出原则性规定,其中应特别包括严格遵守《联合国宪章》第2条第3款及第33条规定的和平解决国际争端的义务。[③] 关于反措施问题,中国政府认为,在遵守国际法和国际关系基本准则的前提下,反措施可以是遭受国际不法行为侵害国家制止不法侵害,维护自身权益的合法手段之一。但是,鉴于反措施在实践中曾被滥用而且今后也还可能被滥用,在承认受害国有权采取反措施的同时,必须对反措施加以适当的限制,在承认反措施的合法性与防止滥用之间保持适当的平衡。[④]

中国政府就"或引渡或起诉义务"专题发表意见,也强调对《联合国宪章》及国家主权原则的尊重。中国政府认为,自第二次世界大战以来,国际社会通过了一系列国际协定,以打击跨国犯罪和恐怖主义,并在人权和人道主义法领域追究个人刑事责任。除了基于领土和国籍传统因素的管辖外,这些条约通过提供不基于传统因素的管辖权条款来补充管辖权,以确保履行条约的或引渡或起诉义务,并确保缔约国之间在

---

① 陈体强:《国际法论文集》,法律出版社1985年版,第181—182页。
② 《国际法委员会年鉴2001年》,第二卷(第一部分),A/CN.4/515 A/ and Add. 1 - 3,第42页。
③ 《国际法委员会年鉴2001年》,第二卷(第一部分),A/CN.4/515 A/ and Add. 1 - 3,第45页。
④ 《国际法委员会年鉴2001年》,第二卷(第一部分),A/CN.4/515 A/ and Add. 1 - 3,第85,93页。

打击相应罪行方面的有效合作。中国政府强调，或引渡或起诉义务及针对海盗行为的普遍管辖权在内容、适用范围、条件等方面存在明显差异，除必须遵守《联合国宪章》所载的国家主权平等原则和不干涉各国内政原则外，或引渡或起诉规则的执行也受到许多条件和限制，包括：（1）该规则仅适用于相应国际条约规定的罪行，所规定的权利和义务限于相应国际条约的缔约国；（2）该规则以被告在行使主权的缔约国领土内出现为依据，不适用于该领土以外的人；（3）该规则尊重并尽可能优先考虑在其领土上发生犯罪行为的国家或被控犯下该行为的人是其国民的国家行使主权。在其领土内发现被告的国家应立即通知在其领土上犯下罪行的国家或被告是其国民的国家，核实有关事实，并就有关行使主权的问题同该国合作；（4）该规则将事先拥有充分证据作为提起刑事诉讼的先决条件，并严格遵守适当的法律程序，以保障被告人的一切法律程序权利；（5）一国不得在另一国领土内行使主权，也不得履行根据其法律应属于另一国当局的职能；（6）不得违反国际法管辖豁免的规定，特别是外国国家元首、政府领导人和其他官员根据国际法享有的管辖豁免。[①]

（三）及时准确地对国际法理论新发展做出解读

中国紧紧追随着国际法委员会有关国际法重大理论问题专题编纂活动的步伐，先后就国际法渊源中的习惯国际法规则、条约问题以及强行法规范等国际法理论问题发表意见，表明中国对国际法理论与实践的研究顺应国际法发展的潮流，紧扣国际时代变迁的脉搏，较为及时、准确地对国际规则的新发展做出解读和探索。

在习惯国际法识别专题中，中国政府于2017年12月26日提交书面意见，[②] 希望该结论、评注及秘书处的研究结果能为国际法实践提供

[①] 中国政府在参与第六委员会讨论"普遍管辖权"专题时，针对"或引渡或起诉义务"发表了相关意见，参见 Information from and Observations by China on the Scope and Application of the Principle of Universal Jurisdiction, para. 6, https://www.un.org/en/ga/sixth/65/ScopeAppUniJuri_StatesComments/China_E.pdf (last visited 30 January 2022)。

[②] 联合国大会：《习惯国际法的识别：各国政府的评论和意见》，A/CN.4/716，2018年2月14日，第3页。

统一、明确的指导。①

(1) 对于习惯国际法的两要素问题，中国政府认为，识别习惯国际法规则须综合考虑总体背景、规则性质以及具体情况等，对"国家实践"和"法律确信"两个构成要素必须单独予以确定。中方对此不持异议，但考虑到习惯国际法是国际法的重要渊源，总体上应采取严谨而系统的方法审慎识别有关规则。建议结论3增加一款作为第3款，规定"对于习惯国际法规则的识别，应采取严谨而系统的方法"。②

(2) 惯例必须具备一般性与法律确信问题，中国政府认为，有关国家实践是否具有一般性须满足有代表性的要求，评注还表示应考虑"特别参与有关活动或最有可能关注所称规则的国家在多大程度上参与了国家实践"，这实质上认可了国际法院有关判例中强调的"受特殊影响的国家"对识别习惯国际法的重要作用。任何国家，不论大小贫富强弱，只要该国在特定领域的规则形成中有具体利益和实际影响，其实践就应得到充分的重视，该国就可能作为"受特殊影响的国家"对习惯国际法规则的形成发挥作用。建议在结论8和结论9的评注中充实有关内容，强调"受特殊影响的国家"的实践和法律确信应被给予更充分的考虑。③

(3) 对于一贯反对者规则，中国认为，评注中指出"不应期待国家在每个场合做出反应，尤其是在其立场上已广为知晓的情况下"总体上符合国际实践，但认定"一贯反对者"需要根据具体情况，综合考虑各种因素，包括有关国家在特定情况下有无条件做出反对，以及如果有关国家已在适当时候做出清楚无误的反对，该国无需重申反对。建议在结论15的评注中进一步明确上述考虑。④

在武装冲突对条约的影响专题中，中国政府于2009年12月30日

---

① 联合国大会：《习惯国际法的识别：各国政府的评论和意见》，A/CN.4/716，2018年2月14日，第54页。
② 联合国大会：《习惯国际法的识别：各国政府的评论和意见》，A/CN.4/716，2018年2月14日，第10页。
③ 联合国大会：《习惯国际法的识别：各国政府的评论和意见》，A/CN.4/716，2018年2月14日，第28页。
④ 联合国大会：《习惯国际法的识别：各国政府的评论和意见》，A/CN.4/716，2018年2月14日，第46—47页。

提交意见。① 具体内容包括：

（1）条款草案应在维护条约关系的持续性、稳定性和处理武装冲突对条约关系的影响之间取得适当平衡，应只用于补充《维也纳条约法公约》，而非改变其内容。②

（2）随着国际组织参与国际活动日益增多，其与国家缔结条约的实践也不断丰富，武装冲突对这类条约产生影响在所难免，例如，在涉及国际组织与国家的东道国协定时，就会产生该问题。因此，建议委员会在二读时进一步考虑是否包括武装冲突对涉及国际组织的条约的影响。③

（3）发生国内武装冲突的国家和卷入国际性武装冲突的国家对其他国家所承担的责任并不完全相同。原则上，一国无权以国内发生武装冲突为由而主张免除其对外承担的国际义务，除非有关国内武装冲突导致该国丧失履行条约的能力。换言之，一国援引国内武装冲突为由终止或中止条约，其效力与援引国际武装冲突为由终止或中止条约应是不同的。鉴于此，建议委员会对该问题做进一步研究。④

（4）"条约的非自动终止或中止"原则有利于维持国际关系的稳定，中国认为可将其作为草案的基础。中国赞同充分考虑条约缔约方的意图、武装冲突的性质和范围以及武装冲突对条约的影响等因素，以确定是否可能终止、退出或中止条约。中国建议委员会寻找一个适当的办法，以防读者误将本草案视为需要考虑的所有因素的详尽清单。同时，还建议委员会考虑列出需要考虑的其他重要因素，如终止、退出或中止一项条约可能导致的后果。⑤

在一般国际法强制规范（强行法）专题，中国代表团在第六委

---

① 《国际法委员会年鉴2010年》，第二卷（第一部分），A/CN.4/622 and Add.1，第138页。
② 《国际法委员会年鉴2010年》，第二卷（第一部分），A/CN.4/622 and Add.1，第139页。
③ 《国际法委员会年鉴2010年》，第二卷（第一部分），A/CN.4/622 and Add.1，第141页。
④ 《国际法委员会年鉴2010年》，第二卷（第一部分），A/CN.4/622 and Add.1，第142页。
⑤ 《国际法委员会年鉴2010年》，第二卷（第一部分），A/CN.4/622 and Add.1，第151页。

员会发言时深入讨论了《维也纳条约法公约》第 53 条的理论问题。

（1）关于强行法的基本要素。中国认为，特别报告员首次报告中提出的三个基本要素，即"普遍适用性""在规范等级上高于其他国际法规范"和"保护国际社会的基本价值观"，与《维也纳条约法公约》第 53 条规定的要素存在明显差异，不仅超出了该条约的框架，而且缺乏国家实践支持。对此，特别报告员专门做出回应，将上述三个基本要素解释为"描述性要素或特质性要素"，将《公约》第 53 条中的要素解释为"组成性要素或识别标准"，并声称两者不同。中国认为，这种解释难以令人信服，两者的界限模糊，只能在理论抽象中区分，没有实在法依据。更重要的是，上述三个基本要素本身也有争议。如所谓基本价值观，在一个文明多样、价值多元的国际社会中很难界定具体内涵。再如强行法等级优先的结论，也缺乏足够、一致的国家实践和国际司法实践支持。对强行法能否优先于国家官员享有外国刑事管辖豁免等程序性规则，或能否优先于联合国会员国在《联合国宪章》下的义务等，国际社会并未达成共识。

（2）关于强行法的基础。中国认为，由于国际社会对哪些规范属于一般法律原则缺乏普遍共识，且一般法律原则提升为强行法的国家实践十分匮乏，对一般法律原则能否构成强行法的基础，似乎还需要进一步研究和澄清。

（3）关于如何解释强行法识别标准中的"国家之国际社会全体"一词，中国认为，无论是将其解释为"大多数国家"还是"很大多数国家"，实践中都很难操作。这一模糊的数量标准也同样可以用于识别习惯国际法，难以区分以该标准识别强行法和识别习惯国际法有何不同。考虑到准确界定"国家之国际社会全体"的内涵，对确定一项国际法规范是否构成强行法至关重要，对这个问题还需要进行更深入的研究。[①]

[①]《中国代表、外交部条法司司长徐宏在第 72 届联大六委关于"国际法委员会第 69 届会议工作报告"议题的发言》，2017 年 10 月 27 日，http://new.fmprc.gov.cn/ce/ceun/chn/zgylhg/flyty/ldlwjh/t1506785.htm，最后访问时间：2022 年 1 月 30 日。

（四）对专题的参与程度更加主动深入

近年来，中国政府建设性地参与联合国的多边框架与议事规则，主导规则的制定，为维护国家利益和联合国多边体系积极发声。在国际法编纂专题的审议中，中国参与的广度、深度和力度方面均有明显提升。

普遍管辖权专题于2018年列入国际法委员会长期工作计划当中。自2009年以来，第六委员会每年都就此项专题展开广泛的辩论，在澄清关于普遍管辖权的分歧领域方面取得了一定的进展，来自所有地理区域的国家事实上都在第六委员会的不同辩论阶段多次表达了自己意见。中国政府于2010年9月15日提交书面意见，就普遍管辖权问题及理解发表中国立场。[①] 具体内容包括：

（1）"管辖权"的基本原则。管辖权是国家主权的重要组成部分。根据各国主权平等的原则，一国建立和行使主权不得损害其他国家的主权。因此，一个国家主权的建立应以该国与所涉案件之间存在有效和充分的联系为先决条件，并应限于合理的范围。根据国际法的领土主权原则，一个国家对其领土上所犯的罪行拥有主权（领土原则）。此外，在特定条件下，国家有权根据嫌疑人的国籍（积极国籍原则）、受害者的国籍（消极国籍原则）以及损害国家安全和重大利益的有关行为（保护原则）建立域外管辖。[②]

（2）关于"普遍管辖权"的定义。中国政府认为，"普遍管辖权"一词在国际上缺乏一贯明确的定义。按照共同谅解，这意味着各国在不涉及上述任何领土、民族、国家安全或国家利益因素的情况下，可自由建立和行使主权；这种普遍管辖权只存在于处理海盗行为。为了确保在国家管辖区以外从事海盗行为的罪犯被绳之以法，习惯国际法已经规定了所有国家惩罚海盗行为的权利。这种普遍的管辖权亦由1982年《联合国海洋法公约》第105条做出明确规定。"在公海上或在任何国家的

---

① Information from and Observations by China on the Scope and Application of the Principle of Universal Jurisdiction, https：//www.un.org/en/ga/sixth/65/ScopeAppUniJuri_StatesComments/China_E.pdf（last visited 30 January 2022）.

② Information from and Observations by China on the Scope and Application of the Principle of Universal Jurisdiction, paras.1-2, https：//www.un.org/en/ga/sixth/65/ScopeAppUniJuri_StatesComments/China_E.pdf（last visited 30 January 2022）.

管辖权以外的任何其他地方,每个国家可以抓住海盗船舶或飞机,被海盗劫持并受海盗控制的船舶、航空器,并扣押船上人员和财产。执行扣押的国家的法院可决定应施加的惩罚"。中国政府认为,除了海盗行为之外,在其他情况下是否存在普遍管辖权以及适用的范围和条件,不同国家之间具有明显的分歧和争议,相应的习惯国际法规则尚未制定。①

中国政府强调,国际司法机构的刑事管辖权不能被称为"普遍管辖权"。现行国际司法机构对某些罪行的管辖权在具体的国际条约或其他国际法律文件中有明确规定,这些管辖权的建立和行使应严格限于这些国际条约或其他国际法律文件具体规定的条件和范围。将对某些罪行的管辖权授予现有的国际司法机构并不构成一个国家对这些罪行确立普遍管辖权的法律基础。在目前的情况下,普遍管辖权的定义、范围和适用没有形成国际共识,任何行动超越当前国际法律的行为或行使普遍管辖权的任何索赔,都可能导致滥用主权、损害其他国家的主权和尊严,引发国际冲突,危及国际关系的稳定和健康发展。因此,各国应谨慎行事,避免未经现行国际法明确批准而单方面确立或行使普遍管辖权,切实维护国际法基本原则,维护国际社会共同利益。同时,中国政府进一步指出,在国际法没有明确许可的情况下,一个国家的司法机关单方面对外国官员行使所谓的普遍管辖权,违反了国家主权平等原则,构成对国际法的违反。如果一个国家的司法机关不当行使主权损害另一个国家的主权和重大利益,应当承担国际责任,有义务尽快停止不法行为的影响,提供道歉或其他形式的赔偿,并且防止违法行为的再次发生。②

其后,中国代表在历届联合国大会第六委员会"普遍管辖权原则的范围和适用"专题项目发表自己的意见。2019 年 10 月 16 日,中国代表团在第 74 届联大六委关于"普遍管辖权原则的范围和适用"议题上发言,对联大六委为明确普遍管辖权原则的范围和适用问题所做努力表

---

① Information from and Observations by China on the Scope and Application of the Principle of Universal Jurisdiction, paras. 4 – 5, https://www.un.org/en/ga/sixth/65/ScopeAppUniJuri_StatesComments/China_E.pdf (last visited 30 January 2022).

② Information from and Observations by China on the Scope and Application of the Principle of Universal Jurisdiction, paras. 7 – 9, https://www.un.org/en/ga/sixth/65/ScopeAppUniJuri_StatesComments/China_E.pdf (last visited 30 January 2022).

示赞赏,同时,强调设立这一议题的初衷,在于确保各国审慎界定普遍管辖权和避免其滥用,避免损害国际关系的稳定。具体而言:(1)各国关于普遍管辖权的实践和法律确信存在很大差异,相关国际法规则远未形成。除海盗行为外,各国对其他罪行是否及如何适用普遍管辖权存在明显分歧。目前被援引作为所谓"普遍管辖权"基础的国际条约及国家实践,几乎都是基于国际条约规定的或引渡或起诉规则或有关国家的域外管辖权实践,主张管辖权的国家在不同程度上与被管辖主体或犯罪行为存在联系,还有一些实际上是国际司法机构的管辖权。这些均不是真正的"普遍管辖权",不能作为支持普遍管辖权的证据。(2)少数国家以"普遍管辖权"为名,实施不符合现行国际法且得不到普遍接受的域外管辖权,甚至出现政治化滥诉和对外国国家官员豁免权的侵犯。这明显是对普遍管辖权的滥用,不符合国际法,也不利于维护国际关系的稳定。(3)一国确立和行使普遍管辖权,必须严格遵守《联合国宪章》宗旨和原则,特别是恪守国家主权平等和不干涉内政等国际法基本原则,尊重国际法确认的豁免规则,以在打击有罪不罚和维护国际关系稳定之间实现必要的平衡。①

第三节 联合国国际法编纂机制的调适与扩展

一 联合国编纂机制的局限性及自我重塑

(一)国际法委员会功能的局限性

国际法委员会是一个由国际法专家组成的独立机构,仅就特定主题特别是那些尚未详细研究的专题寻求指导,而非真正意义上的国际立法机构。② 国际法委员会工作在总体上是在联大的指导和监督下进行的,

---

① 《中国代表李凯在第74届联大六委关于"普遍管辖权原则的范围和适用"议题的发言》,2019年10月16日,https://www.un.org/en/ga/sixth/74/pdfs/statements/universal_jurisdiction/china.pdf,最后访问时间:2022年1月30日。

② Lizabeth Fielding, "The International Law Commission", (2001) 7 *New England International and Comparative Law Annual* 277, p. 282.

因而其工作进程和速度在很大程度上是由联合国会员国控制，其研究成果的最终去向也是由各会员国决定的。①

国际法委员会面临困难的原因之一是国际法委员会与各国之间缺少直接的沟通途径，因此，没有能力准确反映各国的立场。与其他机构相比，国际法委员会由独立行动的个别专家组成，各国基于政治考量并不情愿无缘无故地委托一个由独立专家组成的机构来制定新的公约。归根结底，严格意义编纂与逐步发展国际法存在着一定差别。严格意义的编纂工作旨在重新制定已经存在的法律规则，可以依靠各国已经众所周知的一贯做法。当各国政府按照国际法委员会的工作惯例传达信息和发表意见时，既不涉及制定新的规则，也没有对影响国家利益的事项做出任何让步，因此，国际法委员会在获得有关不同国家立场的必要资料方面不会遇到重大困难和阻力。然而，在国际法的逐渐发展方面，各国的立场与观点尚未确定，并且没有共同的商定模式。当各国被要求向国际法委员会表明意见时，必须首先明确自己的立场，但同时由于信息不对称而无法获知其他国家是否有同等让步。

因而，一方面，国际法委员会的工作可能会陷入国家间真正的政治谈判进程，并受其裹挟，另一方面，作为一个独立机构，国际法委员会对国家谈判进程的掌控十分有限，难以发挥有效的作用。即便国际法委员会的编纂工作中存有政治妥协，这种政治因素也通常通过联大第六委员会所表达出来，而不是取决于国际法委员会自身。②

从成果来看，编纂性公约成果的局限性较为明显，旨在重申一般国际法而缔结的编纂性公约并没有产生对各国具有正式约束力的"立法编纂"的效果。例如，《维也纳条约法公约》通常被视为"编纂运动"的最高成就，但它花了十多年才生效，最终得到国际社会不到三分之二成员的批准。进入 20 世纪 90 年代以来，国际法委员会再没有产生与以往工作同等重要的公约编纂成果。尽管国际法委员会在许多国际法重要领域继续编写若干重要报告和条款草案，但通常具有争议性，为审议这些

---

① 黄惠康：《论国际法的编纂与逐渐发展——纪念联合国国际法委员会成立七十周年》，《武大国际法评论》2018 年第 6 期，第 28 页。

② D. M. McRae, "The International Law Commission: Codification and Progressive Development after Forty Years", (1987) 25 *Canadian Yearbook of International Law* 355, pp. 360 - 362.

报告而举行的编纂会议没有取得很大成功,一些编纂性公约没有获得普遍广泛的支持,《维也纳关于国家在其对国际组织关系上的代表权公约》《特别使节公约》《关于国家在条约方面的继承的维也纳公约》《关于国家对国家财产、档案和债务的继承的维也纳公约》《关于国家和国际组织间或国际组织相互间条约法的维也纳公约》《联合国国家及其财产管辖豁免公约》等缔约情况都不甚理想。① 由于编纂成果未能被通过为公约,或通过公约后未被各国普遍接受,被一些学者称之为"未完成的编纂",甚至"失败的编纂"。② 一项公约编纂不成功还可能导致"编纂反效果",因为如果各国表现出不愿意批准该公约,条款草案所重申的习惯规则的地位会受到质疑。③

近年来国际形势发生了深刻变化,网络空间、气候环境、公共卫生等新领域规则日趋复杂,非国家行为体在全球治理中作用持续提升,国际体系面临深度结构性调整,传统的国际规则和观念受到冲击。面对复杂多变的国际法发展态势,国际法委员会因其僵化的机制、传统局限的编纂范畴、低下的工作效率而受到越来越多的质疑。有观点认为,国际法委员会以条款草案为基础的准国际立法已不再适用,同时对其传统编纂成果需求也面临枯竭,致使各国渐渐失去兴趣。甚至有一些观点称,"国际法委员会编纂工作已成为一件古老的遗物""国际法委员会是一个过时机构",还有人怀疑"国际法委员会是否有足够的基础可以确保其在未来继续发挥作用"。④

2018年国际法委员会成立70周年之际,中国代表团在"国际法委员会第70届工作报告"发言中指出,国际法委员会在收获一系列成果的同时,也面临新的挑战,突出表现在专题选择、工作方法、与国家的

---

① D. M. McRae, "The International Law Commission: Codification and Progressive Development after Forty Years", (1987) 25 *Canadian Yearbook of International Law* 355, pp. 358 – 359.

② 黄惠康:《论国际法的编纂与逐渐发展——纪念联合国国际法委员会成立七十周年》,《武大国际法评论》2018年第6期,第26页。

③ Fernando Lusa Bordin, "Reflections of Customary International Law: The Authority of Codification Conventions and ILC Draft Articles in International Law", (2014) 63 *International and Comparative Law Quarterly* 535, p. 541.

④ Jacob Katz Cogan, "The Changing Form of the International Law Commission's Work", in Roberto Virzo & Ivan Ingravallo (eds.), *Evolutions in the Law of International Organizations* (Brill | Nijhoff, 2015), p. 14.

互动等问题上。作为联大附属机构,国际法委员会在专题选择上要以服务联合国成员国为目标,优先处理国家在实践中迫切需要解决的法律问题;在工作方法上要以坚实的国家实践为基础,注意平衡编纂和逐渐发展之间的关系,对缺乏普遍共识的重要敏感问题应重点梳理澄清现行法,慎重拟议新法,在工作成果中也应尽可能明确区分现行法与应有法;在与国家互动上,要更加重视听取和采纳成员国在联大六委及其他各种场合阐述的立场,确保工作成果最大程度反映各国共识和需要。[1]

(二) 国际法委员会编纂功能的调整与重塑

国际法委员会作为一个履行编纂与逐渐发展国际法职能的机构,从成立的第一天起,就一直努力在国际社会中找准自己的正确位置,并且伴随国际社会发展而适应不断变化的环境,努力克服不同历史时期所面临的困难与挑战。国际法委员会同其他机构一样,积极思考改进自身的工作进程,如何建设性地与其他机构合作编纂与发展国际法规则,如何在规则要素的多样与统一、政治要素的法律与正义等二元对立中取得平衡。[2]

国际法委员会每年都审查自己的工作方法。近年来,在编纂方法上,国际法委员会通过成立工作组形成一些创新的做法,起草规约的工作组为各国提供了谈判与商定政治意愿的框架。最典型的例子是国际刑事法院规约草案的编纂。委员会设立了一个起草规约的工作组,并将该工作组分成多个小组,每个小组就规约一部分进行编纂。同时,国际法委员会对编纂成果的形式越来越不拘泥于试图通过条款草案编纂并促请联合国召开外交大会缔结条约,而是更多地要求联合国大会"注意"其条款草案,并进行广泛传播。通过采取灵活的方法,国际法委员会的成果依旧可以影响国家惯例和习惯国际法的发展。广泛的国际共识是国际法治不可替代的支撑。这种更强调实质而不是形式的新趋势也促使各国避免在不直接影响其利益的问题上做出承诺,

---

[1] 《中国代表、外交部条法司司长徐宏在第73届联大六委关于"国际法委员会第70届会议工作报告"议题的发言》,2018年10月22日,http://new.fmprc.gov.cn/ce/ceun/chn/zgylhg/flyty/ldlwjh/t1618630.htm,最后访问时间:2022年1月30日。

[2] Sompong Sucharitkul, "The Role of the International Law Commission in the Decade of International Law", (1990) 3 *Leiden Journal of International Law* 15, p.41.

条约应不再被视为制定国际法新规则的唯一手段。国际法委员会利用不同形式的成果文书协助国际社会扩展必要的监管对策，以灵活多元方式应对国际关系的新挑战。① 虽然国际法委员会并没有放弃其传统角色，但在一定程度上以更软性和宽泛的成果形式对其角色进行了调整，尽可能赢得更多的受众者，不仅国家，还包括法官、决策者和学者等，因为其未来发展及地位取决于包括国际法庭和国内法院在内的广泛国际行为体的认可。②

同时，国际法委员会也不断强化编纂与发展国际法规则的技术手段及质量，借鉴了国内法律体系中制定现代法典和成文法的经验。卓越的编纂技术有助于相关国际法规则得到连贯和系统的研究，这对于确保非立法编纂成果被各国及国际司法机构接受和适用具有重要意义。③ 正如一名前委员会成员指出：国际法委员会所遵循的缓慢、有时令人厌烦的重复程序能够确保其草案得到彻底研究，并且注重深思熟虑的措辞，……国际法委员会充分认识到其工作成果的权威性需要由案文的技术质量加以保障。编纂质量取决于特别报告员所提交的出色报告，并经由委员会全体辩论的高标准审查，以及起草委员会一丝不苟的最终审定。④

国际法委员会成立以来的 70 多年，国际法领域一些业已成熟且重大的专题已经编纂完成，如海洋法、条约法、外交关系和领事关系法，并且外交和领事关系法、条约法和海洋法领域的重要公约成为普遍适用的国际法律规范，在各自领域为维护国家间关系正常稳定发挥重要作用。与此同时，国际社会新的实践发展也正在产生需要国际法委员会进

---

① Gerhard Hafner, "The International Law Commission and the Future Codification of International Law", (1996) 2 *ILSA Journal of International & Comparative Law* 671, pp. 674 – 676.

② Jacob Katz Cogan, "The Changing Form of the International Law Commission's Work", in Roberto Virzo & Ivan Ingravallo (eds.), *Evolutions in the Law of International Organizations* (Brill | Nijhoff, 2015), p. 9.

③ Fernando Lusa Bordin, "Reflections of Customary International Law: The Authority of Codification Conventions and ILC Draft Articles in International Law", (2014) 63 *International and Comparative Law Quarterly* 535, p. 541.

④ J Dugard, "How Effective is the International Law Commission in the Development of International Law? A Critique ofthe LC on the Occasion of Its Fiftieth Anniversary", (1998) 23 *The South African Yerabook of International Law* 35, p. 38.

一步探索审议的新难点，例如对条约的保留问题。即使有些领域不需要正式编纂或形成条款草案，但仍然需要加以澄清、发展和阐明。

因此，在国际层面上，"编纂和逐渐发展"应当是一个持续性的进程。国际法委员会作为联合国系统内的专家机构具备与各国政府开展对话的充分能力，可以通过第六委员会向各国政府征求评论意见和获取资料，以及开展区域性协商对话等工作。① 无论如何，国际法委员会作为一个随时准备处理任何法律研究请求的常设机构不应被放弃。国际法委员会的优势在于由世界所有不同区域的相对公平和平衡的方式组建成员，并且以和平和建设性的方式相互合作。国际法委员会为澄清大量、重要议题下的国际法规则发挥了举足轻重的作用。对此，有学者称，如果没有国际法委员会，现代国际法要进入目前发展阶段需要更长的时间。② 国际法的制定及其逐渐发展是一个持续不间断的过程，国际法委员会与国际法院一道，保证国际法规则不断发展并成为调整与规范国际社会主体间行为的有效工具。③

二 联合国其他机构对国际法的编纂与逐渐发展

国际法委员会并非打算成为国际法发展的唯一来源。事实上，《国际法委员会章程》的起草者从未设想将国际法委员会置于某种"垄断地位"。④ 联合国编纂和逐渐发展国际法机制还包括国际法委员会之外机构编纂具有法律意义的文书。这是国际法委员会的非全时性质、某些专题的高度技术性质、某些机构的独特专门知识以及某些问题的区域性质的必然结果。⑤

---

① 《国际法委员会年鉴1996年》，第二卷（第二部分），A/51/10，第91—92页，第167—170段。
② Sompong Sucharitkul, "The Role of the International Law Commission in the Decade of International Law", (1990) 3 *Leiden Journal of International Law* 15, pp. 40 – 41.
③ Christian Tomuschat, "The International Law Commission-An Outdated Institution", (2006) 49 *German Yearbook of International Law* 77, pp. 104 – 105.
④ 黄惠康：《论国际法的编纂与逐渐发展——纪念联合国国际法委员会成立七十周年》，《武汉大学国际法评论》2018年第6期，第28页。
⑤ Robert Rosenstock, "United Nations and the Codification of International Law – 1995 International Law Weekend Dinner Address", (1995 – 1996) 1995 *Proceedings of the American Branch of the International Law Association* 43, pp. 54 – 55.

国家间关系和各种国际机构在过去的几十年中发生了很大变化，对国际法相关领域的编纂工作有着潜在的影响。有关的变化包括：（1）许多新的法律问题凸显了技术和行政特性；（2）需要在区域范围处理某些法律问题，如环境问题，或者在双边范围加以处理的投资保护问题日益增多；（3）联合国各专门机构（国际海事组织、国际民航组织等）普遍开展编纂工作，对特定领域法律规则的创设与发展发挥了重要作用；（4）一些具有特殊职权机构的立法职能不断扩大，例如，联合国国际贸易法委员会或和平利用外空委员会法律小组委员会等常设机构或第三次联合国海洋法会议等，或在某一特定领域的职权机构，例如联合国人权理事会、人权事务委员会的职能不断扩展。①

不能期望国际法委员会能够在国际法的所有领域起草公约草案。国际社会缔结了数以百计的"造法性公约"，其中绝大部分并不是以国际法委员会的条款草案为基础。联合国相关机构间的适当分工并无害处，相反还有助于促进国际法的编纂和发展。②无论这些文书是否可以被视为严格意义上的编纂，它们都属于逐步发展国际法的范围。以下列举几个具有代表性的机构。

（一）联合国人权理事会

联合国人权委员会根据《联合国宪章》于 1946 年在联合国经济社会理事会第一次会议上成立，是联合国系统审议人权问题的主要机构之一，2006 年由人权理事会取代。人权委员会主要职责之一为进行专题研究、提出建议和起草与人权有关的国际文书，因此，在实践中承担了人权领域的国际法律文件编纂。如果说传统上国际法委员会的编纂工作范畴主要关注国家间关系并以此展开，那么联合国促进人权领域编纂工作主要由人权委员会及其继任者人权理事会承担。③

1948 年《世界人权宣言》第十四条第一款宣布人人有权"在其他

---

① 《国际法委员会年鉴1996年》，第二卷（第二部分），A/51/10，第 91 页，第 167—169 段。
② 参见黄惠康《论国际法的编纂与逐渐发展——纪念联合国国际法委员会成立七十周年》，《武汉大学国际法评论》2018 年第 6 期，第 28—29 页。
③ "联合国促进和保护人权"，https: // www. un. org/chinese/hr/issue/un. htm，最后访问时间：2022 年 1 月 30 日。

国家寻求和享受庇护以避免迫害",其最终采用的含糊措辞(未提及被给予庇护的权利)是各国妥协的结果,对此一些国家敦促承认个人获得庇护的权利,并敦促联合国应参与或承担责任。国际法委员会于1949年将"庇护权"列入编纂的暂定清单,并且讨论了将此权利列入《国家权利和义务宣言》草案的建议,但最终予以否决,理由是该权利十分复杂,无法在单独某一条款规定中阐明。其后,国际法委员会对该专题几经讨论而最终放弃对"庇护权"进行编纂。

人权委员会成员普遍认为,人权委员会应在庇护问题的人道主义方面开展自身的编纂工作。1957年,人权委员会为拟订一项领土庇护宣言的问题征求意见,向各国分发了由法国起草的一份草案,并收到23个国家的政府和联合国难民署的答复。人权委员会在1960年会议上,根据修订的法国草案讨论了相关条款,并将《领土庇护宣言草案》经社理事会提交联合国大会审议。1965年,联合国大会决定将《领土庇护宣言草案》的审议工作分配给第六委员会。1967年,第六委员会审议了草案,确认应本着善意而不是随意做出关于庇护的决定。第六委员会注意到,虽然《宣言》不具约束力,但如果《宣言》达到其作为国家实践的指南之目的,最终可能会通过统一做法而产生新的国际习惯法,并规定新的国家义务。[①] 联合国大会1967年第2312(XXII)号决议一致通过了《领土庇护宣言》。[②]

跨国工商企业尤其是跨国公司损害人权的问题一直是联合国经社理事会编纂的重要议题。最初编纂工作由经社理事会建立的跨国公司委员会负责制定关于跨国公司经营行为的准则。1982年,该委员会完成了《跨国公司行动守则草案》的编纂,于1990年由经社理事会提交联合国大会审议,但该草案并未获得通过。2000年,联合国启动了新一轮关于跨国公司人权责任问题的编纂工作,交由人权委员会。2003年,人权委员会向经社理事会提交了《跨国公司和其他工商企业在人权方面的责任准则》,尝试直接为跨国公司等工商企业规定强制性的人权责任,但仍未获通过。2005年人权委员会任命约翰·鲁格(John Ruggie)为人

---

① Guy S. Goodwin-Gill, "The 1967 Declaration on Territorial Asylum", https://legal.un.org/avl/pdf/ha/dta/dta_e.pdf (last visited 30 January 2022).

② "Declaration on Territorial Asylum", A/RES/2312 (XXII), 14 December 1967.

权与跨国公司和其他工商企业问题秘书长特别代表，继续开展相关研究。鲁格于2011年提交了《保护、尊重和救济：工商业与人权框架指导原则》，最终获得通过。2014年6月26日，人权理事会设立"跨国公司和其他工商企业与人权问题的开放型政府间工作组"，授权其拟订一项具有法律约束力的国际文书。2018年，工作组发布了《法律文书（零草案）》以进一步推动跨国公司人权责任问题的编纂进程。[1]

（二）联合国国际贸易法委员会

世界各地经济相互依存度日益提高，建立更完善的法律框架以便利国际贸易和投资的重要性得到各国广泛共识。直到1966年，国际法律界的侧重点——包括国际法委员会的侧重点——一直是国际公法。因此，在制定管辖国际贸易的具有国际私法性质的实体法律规则方面，当时并没有联合国主导的系统做法。匈牙利向联合国大会提出了建立贸易法委员会的建议，题为"审议特为促进国际贸易起见逐渐发展国际私法所应采取之步骤"。[2] 1966年联合国大会通过第2205（XXI）号决议，设立联合国国际贸易法委员会（以下简称贸易法委员会），拟订或提倡采用新国际公约、示范法律与统一法律以及促进国际贸易名词、规则、规定、习惯及惯例的编纂及其广泛采纳，从而推动国际贸易法的逐渐协调与统一。[3] 贸易法委员会在制定国际贸易法框架方面发挥着重要作用，拟订并促进使用和采纳一些重要商法领域的立法和非立法文书，履行促进国际贸易法逐步协调和现代化的任务。由于有了这一国际进程，贸易法委员会的案文被广泛认为可以提供适合不同经济发展阶段的许多不同国家的解决方案。贸易法委员会主要贡献体现在：(1) 拟订世界范围内可接受的公约、示范法律和规则；(2) 拟订具有实用价值的法律建议和立法指南；(3) 更新判例法和统一商法资料；(4) 法律改革项目的技术援助；(5) 举办关于统一商法的区域和国家研讨会。

---

[1] 孙萌、封婷婷：《联合国规制跨国公司人权责任的新发展及挑战》，《人权》2020年第6期，第80页。

[2] 《联合国国际贸易法委员会报告》，联合国大会正式记录，第七十二届会议补编第17号，2017年，A/72/17，第59页，第376段。

[3] "Establishment of the United Nations Commission on International Trade Law", A/RES/2205 (XXI), 17 December 1966, para. 8 (c).

与国际法委员会不同的是，贸易法委员会的成员不是由国际法专家个人组成，而是由联合国的会员国组成，并且由联合国大会决定。最初的成员有29个国家，1973年扩大到36个国家，2002年再次扩大到60个国家。委员会设立了六个工作组，就委员会工作方案内的议题进行实质性筹备工作。每一个工作组都由委员会的所有成员国组成。委员会在年度会议上进行工作，这些会议每隔一年交替在美国纽约联合国总部和奥地利维也纳国际会议中心举行。委员会的每个工作组通常每年举行一届至两届会议，视所涉主题事项而定。贸易法委员会问世50多年来，作为联合国系统在国际贸易法领域的核心法律机构，承担国际贸易法及相关领域公约与规则的拟订与编纂、解释与适用、收集与传播、促进相关机构合作等多项综合性职能，目的是加强活跃于国际贸易法领域的国际组织和区域组织在法律活动上的协调与合作，并在国内和国际上促进这一领域的法治。多年来，贸易法委员会在制定公约、示范法、立法指南及其他法规方面取得了巨大的成就。

贸易法委员会促进法律协调统一方面的主要成果有：（1）有关国际货物销售，1980年《联合国国际货物销售合同公约》（1988年生效），《国际对销贸易交易法律指南》；（2）有关国际货物运输，1978年《联合国海上货物运输公约》（1992年生效，又称《汉堡规则》），《联合国国际贸易运输码头经营者责任公约》；（3）有关国际商事仲裁和调解，1976年《贸易法委员会仲裁规则》，1982年《关于协助仲裁法庭和其他有关机构根据贸易法委员会仲裁规则进行仲裁的建议》，1980年《贸易法委员会调解规则》，1985年《贸易法委员会国际商事仲裁示范法》，1996年《贸易法委员会关于安排仲裁程序的说明》；（4）有关工程合同，1994年《贸易法委员会货物、工程和服务采购示范法》，1988年《贸易法委员会关于起草工业工程国际合同的法律指南》；（5）有关国际支付，1988年《联合国国际汇票和国际本票公约》，1987年《贸易法委员会关于电子资金转移的法律指南》，1992年《贸易法委员会国际贷记划拨示范法》，1995年《联合国独立担保和备用信用证公约》；（6）有关电子商务，1985年《关于计算机记录法律价值的建议》，1996年《贸易法委员会电子商务示范法》，2001年《贸易法委员会电子签名示范法》；（7）有关跨境破产，1997年《贸易法委员会跨境破产示范法》；等等。①

在联合国贸易法委员会成立 50 周年会议上，各国常驻贸易法委员会代表充分肯定了贸易法委员会是法律协调统一方面最有影响力的机关之一，对贸易法委员会制定的法规给予高度评价，其益处通过在实践中有效实施和使用这些法规而逐渐显现出来，并赞誉这项工作是"全球希望和安全的一项杰作"。同时会议提出，贸易法委员会法规的发展潜能反映在多项可持续发展目标中，诸如贸易法委员会所倡导的可预测、稳定和平衡的法律框架使得能够建立并增进贸易伙伴之间的互信，进而得以实现国际贸易的潜在益处。②

（三）联合国和平利用外层空间委员会

1959 年 12 月 13 日，联合国大会通过第 1472 号决议，将特设委员会转为常设委员会，改称"联合国和平利用外层空间委员会"（committee on the peaceful uses of outer space—COPUOS，以下简称外空委员会），下设科学技术小组委员会和法律小组委员会，由包括中国等在内的 67 个成员国组成。法律小组委员会主要审议、研究和平利用外空活动中产生的法律问题，拟订有关的法律文件和公约草案。外空委员会总部设在联合国秘书处下设的联合国外空事务司。外空事务司于 1993 年 9 月从纽约移至维也纳联合国办事处。联合国维也纳办事处外空司同时也是外空委员会的秘书处。自 1994 年起，外空委员会及其小组委员会各届会议均在维也纳联合国办事处举行。③

自 1959 年成立以来，外空委员会已拟订了 3 项宣言、3 套原则和 5 项公约，均已提交联合国大会审议通过。宣言为《各国探索和利用外层空间活动的法律原则宣言》（1963）、《关于开展探索和利用外层空间的国际合作，促进所有国家的福利和利益，并特别要考虑发展中国家需要的宣言》（1996）、《空间千年：关于空间和人类发展的维也

---

① "One World of Commerce: Towards One Commercial Law", https://www.his.com/~dlevy/english/commiss/geninfo.pdf (last visited 30 January 2022).
② 《联合国国际贸易法委员会报告》，联合国大会正式记录，第七十二届会议补编第17号，2017 年，A/72/17，第 58、60 页，第 369—370、386 段。
③ "联合国和平利用外层空间委员会"，http://www.ceode.cas.cn/qysm/xgjg/gwjg/200909/t20090928_2528749.html，最后访问时间：2022 年 1 月 30 日。

纳宣言》（1999）；原则为《各国利用人造地球卫星进行国际电视直播所应遵守的原则》（1982）、《关于从外层空间遥感地球的原则》（1986）、《关于在外层空间使用核动力源的原则》（1992）；公约是《关于各国探索和利用包括月球和其他天体在内的外层空间活动的原则条约》（1967）、《关于援救航天员，送回航天员及送回射入外空之物体之协定》（1968）、《外空物体所造成损害之国际责任公约》（1972）、《关于登记射入外层空间物体的公约》（1975）和《指导各国在月球和其他天体上活动的协定》（1979）。上述五个条约均已生效。

外空委员会的经常性活动有：研究并促进空间减灾、远程医疗、远程教育及气象、通信、导航、直播和遥感地球资源等各种卫星的国际合作；举办国际区域和区域间的研究会议及讨论会和讲习班；促进外空研究的情报交换等。此外，通过联合国空间应用方案同联合国粮农组织、联合国教科文组织、欧洲空间局、国际宇航联合会、国际空间法学会等机构合作，开展技术和学术交流活动；通过联合国开发计划署援助有关国家发展将空间技术应用于经济和社会发展所需要的技术。联合国大会根据外空委员会的建议，分别于1968年8月、1982年8月和1999年7月在维也纳召开了三届联合国探索及和平利用外层空间会议（即第一次、第二次和第三次外空大会）。

概言之，联合国自成立以来，国际法委员会承担专门的"国际法的编纂与逐渐发展"职能，研究讨论了诸多国际法问题，草拟了一系列条约案文，迄今为止，有些案文已在联合国主持下制定成正式条约。这些条约都是在联合国国际法委员会拟就的条约草案的基础上，由国际组织会议和外交会议通过，构成国际法的组成部分。国际法委员会工作具有基础性、权威性，对巩固国际法产生重要影响。它在不同领域建立连贯的规则机制的理性方法使国际社会在形成与发展规则方面得到了以前所缺乏的团结与统一。[①] 除此之外，联合国其他机构针对特定领域的国际法规则开展了多种形式的编纂工作，并有力地推动了这些领域的国际立法活动。在这些准立法以及立法活动的成果基础上，国际法逐步形成了

[①] Elena Baylis, "The International Law Commission's Soft Law Influence",（2019）13 *FIU Law Review* 1007, p. 1014.

一系列新的法律部门,如国际人权法、国际空间法、国际民航法、国际经济法,等等,进一步拓展国际法治进程的发展路径。

对国际法的编纂和逐渐发展是联合国的重大贡献。随着在法律或实践的特定领域负有具体责任的机构不断壮大,国际法委员会与其他机构相互交集协作开展工作的空间进一步扩展。当前,世界格局正处在一个加快演变的历史性进程之中。① 站在新的历史起点上,联合国主导的国际法编纂机制作为引领国际法治与进步的重要引擎之一,需要深入思考如何更好地承担形塑国际法、规范供应与适用等重要职能以及维护世界和平与发展这一重大课题。

---

① 习近平:《携手构建合作共赢新伙伴 同心打造人类命运共同体——在第七十届联合国大会一般性辩论时的讲话》,《人民日报》2015年9月29日第2版。

结　　语

　　法典编纂在历史上为人类制度文明的进步做出了巨大贡献。随着全球化及国际交往进程加快，法典编纂在各国相互之间的法律文化和法律制度的交融、借鉴或移植过程中担负更大的责任，显示了制度文明中的突出地位。① 尽管国际法编纂与国内法编纂因不同法律体系而体现出性质功能迥异的特征，但是与国内法编纂相同，无论在国际法历史进程中抑或在当代国际法多边体制中，国际法编纂对于推动国际法治进步发挥着重要的作用。

　　国际法编纂在近现代国际法发展历史中占据重要的一席之地。自国际法产生以来，人们对其规则效力总是抱有喜忧参半的矛盾心态。国际法原则和规则只有相对的精确度，而不具有绝对的精确度，因为很难找到两个国家以同样的方式理解它们。曾任国际法委员会委员的布赖尔利言及，"人们往往很少认真考虑国际法的性质和历史，认为国际法现在是而且从来就虚有其名。还有人似乎认为它本身具有内在的力量，只要足够的明智，由法学家们动手为各国制定一套详尽的法典，就能和平共处，世界就能平安无事了。愤世嫉俗者与一知半解者哪一个更糟，这很难说"。②

　　国际法编纂运动肇始于边沁的法典化思想，他确信编纂更为精准的国际法典将使规则更为有效。国际法的法典化对近代国际法产生了深远的影响，国际社会充满了一种巨大的期望，即包括国际法在内的法学，

---

① 参见周旺生《法典在制度文明中的位置》，《法学论坛》2002 年第 4 期，第 15 页。
② 转引自［美］汉斯·摩根索：《国家间政治：权力斗争与和平》（第七版），［美］肯尼思·汤普森、戴维·克林顿修订，徐昕、郝望、李保平译，王缉思校，北京大学出版社 1991 年版，第 350 页。

可以被精练为一门科学,而且编纂后的国际法具有更高的效力。① 许多著名的国际法、国际关系专家学者,如惠顿、奥本海、摩根索等都强调运用法律科学方法,客观地确定国际关系的某一特定领域的法律规则,从而有助于提高规则的效力。整个 19 世纪,一些学术团体、个人广泛致力于对国际法进行法典编纂,先后产生了一系列国际法的法典成果。19 世纪末期至第一次世界大战前后,在多边外交机制高歌猛进的大背景下,编纂国际法的私人主体由国际法主体的国家所接管,国际社会在诸多重要领域发展了一般性国际公约,构成国际法治的一个显著发展。

联合国成立后,国际法编纂与逐渐发展是《联合国宪章》第十三条赋予联合国大会的一项专门职能,成为联合国体系下发展与完善国际法的一项重要机制。《联合国宪章》所赋予联合国大会的国际法之逐渐发展与编纂职能具有重要的法治意义。联合国最大的成就之一是主持制定的全部国际规范和标准,涉及人类所面对的所有挑战,包括国与国之间关系、人的尊严以及发展问题。国际一级法治的基本问题是国际法的编纂和逐渐发展以及执行和遵守国际法义务……联合国支持发展国际法以及具有和不具有约束力的规范,并支持发展监督其实施和国家遵守情况的机制。② 国际法委员会现任中国籍委员黄惠康评价道:相互尊重、开放包容、协商一致是国际法委员会宝贵的传承,也是行之有效的工作方法,国际法委员会努力使最终成果反映多元化的世界和不同的法律文明,得到最广泛的接受。③

不同历史时期的国际法编纂成果,无论是旨在为研究国际法提供基础性资料的汇编文件、多边外交会议达成的"造法性公约"抑或联合国框架内的"编纂性公约",都根据特定历史时期国际社会利益、结构和需要,以协调一致的方式表达与确定相关规则,展现了国际法对变幻不定的国际关系具有的影响力和持续意义,对于加强国际法规则效力、增进国际法的确定性、精确度与可预测性发挥了独特作用。

---

① [美]马克·威斯顿·贾尼斯:《美国与国际法:1776—1939》,李明倩译,上海三联书店 2018 年版,第 143 页。

② 联合国大会:《加强和协调联合国法治活动:秘书长的报告》,A/65/318,2010 年 8 月 20 日,第 9—11 段。

③ 参见黄惠康《论国际法的编纂与逐渐发展——纪念联合国国际法委员会成立七十周年》,《武汉大学国际法评论》2018 年第 6 期,第 31 页。

国际法规则的形成与发展是长期的、持续的国家实践过程，无论是条约抑或习惯国际法都是由国家共同参与和共同意志的产物，并非少数国家主导或由国际司法机构"造法"的产物。国际法委员会在编纂国际法专题时，对国际法理论所作的解释与说明以及对待和运用司法判例的方法都充分彰显出对国际法传统的尊重和坚守。国际法委员会的根本出发点和立足点是尊重国家间意志和国家实践，以相对客观方式和严谨态度对待与阐发国际法规则，在激进、创新的学术观点与持续、保守的规则创制和发展之间寻求平衡，使国际法规则能够尽可能体现国家间共同意志及协调一致。尤其是，国际法委员会将各国国内司法判例、国际司法机构判例以及仲裁机构的裁决仅作为证明规则的形成与演变的证据看待，与具有效力的条约、习惯法和一般法律原则这三类国际法律渊源加以区别。国际法委员会的做法与当前一些国际司法机构或仲裁机构奉行"司法造法"的激进主张与实践形成鲜明对比，对于消解国际司法能动主义造成的国际法规则的不确定性、维护国际关系稳定具有重要意义。

中国坚定维护以联合国为核心、以国际法为基础的国际多边秩序。中国应当遵循以主权国家共同意志为先决条件、通过条约和习惯国际法形成法律效力渊源的传统造法路径，审慎对待和客观研判"司法造法"创制国际法规则的动向及影响，不断完善中国的国际法理论体系。在实践中，应当积极主动参与国际规则制定以及国际法编纂工作，洞悉国际法律实践的历史和现实，把握国际法规则发展及应用规律，努力为国际法创新和发展、推动全球治理与国际法治做出更大的贡献。

主要参考文献

一 著作类

（一）国内著作

陈体强：《国际法论文集》，法律出版社1985年版。

封丽霞：《法典编纂论：一个比较法的视角》，清华大学出版社2002年版。

关世杰：《跨文化交流学》，北京大学出版社1995年版。

何勤华等：《法律名词的起源》（上），北京大学出版社2009年版。

何勤华：《西方法学史》，中国政法大学出版社1996年版。

何志鹏：《国家利益维护：国际法的力量》，法律出版社2018年版。

黄惠康：《中国特色大国外交与国际法》，法律出版社2019年版。

江平、米健：《罗马法基础》，中国政法大学出版社2004年版。

李浩培：《国际法的概念和渊源》，贵州人民出版社1994年版。

林榕年主编：《外国法制史》，中国人民大学出版社2001年版。

刘幸义：《法律哲学》，法律出版社2004年版。

吕世伦主编：《西方法律思潮源流论》，中国人民公安大学出版社1993年版。

梅小璈、范忠信选编：《梅汝璈法学文集》，中国政法大学出版社2007年版。

青峰、罗伟主编：《法律编纂研究》，中国法制出版社2005年版。

沈宗灵：《比较法研究》，北京大学出版社1998年版。

时殷宏：《现当代国际关系史：从16世纪到20世纪末》，中国人民大学出版社2006年版。

王铁崖：《国际法引论》，北京大学出版社 1998 年版。

王晓升：《语言与认识》，中国人民大学出版社 1994 年版。

张乃根：《当代西方法哲学主要流派》，复旦大学出版社 1993 年版。

周旺生：《立法学教程》，法律出版社 1995 年版。

(二) 国外译著

[美] 阿瑟·努斯鲍姆：《简明国际法史》，张小平译，法律出版社 2011 年版。

[英] 安托尼·奥斯特：《现代条约法与实践》，江国青译，中国人民大学出版社 2005 年版。

[英] 边沁：《道德与立法原野导论》，时殷弘译，商务印书馆 2000 年版。

[英] 边沁：《政府片论》，沈叔平等译，商务印书馆 1995 年版。

[德] 伯恩哈德·格罗斯菲尔德：《比较法的力量与弱点》，孙世彦、姚建宗译，中国政法大学出版社 2012 年版。

[美] 伯纳德·施瓦茨：《美国法律史》，王军、洪德、杨静辉译，中国政法大学出版社 1989 年版。

[英] 蒂莫西·希利尔：《国际公法原理》，曲波译，中国人民大学出版社 2006 年版。

[加] 哈罗德·伊尼斯：《传播的偏向》，何道宽译，中国人民大学出版社 2003 年版。

[加] 哈罗德·伊尼斯：《帝国与传播》，何道宽译，中国人民大学出版社 2003 年版。

[英] 哈特：《法律的概念》，许家馨、李冠直译，法律出版社 2007 年版。

[英] 哈耶克：《法律、立法和自由》（第一卷），邓正来等译，中国大百科全书出版社 2000 年版。

[奥] 汉斯·凯尔森等：《德意志公法的历史理论与实践》，王银宏译，法律出版社 2019 年版。

[美] 汉斯·凯尔森：《国际法原理》，王铁崖译，华夏出版社 1989 年版。

[美] 汉斯·摩根索：《国家间政治：权力斗争与和平》（第七版），

［美］肯尼思·汤普森、戴维·克林顿修订，徐昕、郝望、李保平译，王缉思校，北京大学出版社1991年版。

［英］亨利·梅因：《古代法与社会原始及现代观念的联系》，郭亮译，法律出版社2016年版。

［美］卡茨等：《媒介研究经典文体解读》，常江译，北京大学出版社2011年版。

［德］卡尔·拉伦茨：《法学方法论》，陈爱娥译，商务印书馆2004年版。

［奥］凯尔森：《法与国家一般理论》，沈宗灵译，商务印书馆2017年版。

［德］考夫曼：《法律哲学》，刘幸义等译，法律出版社2004年版。

［英］劳特派特修订：《奥本海国际法》（第八版），王铁崖、陈体强译，商务印书馆1973年版。

［韩］柳炳华：《国际法》，朴国哲、朴永姬译，中国政法大学出版社1997年版。

［美］路易斯·亨金：《国际法：政治与价值》，张乃根、马忠法、罗国强、中玉、徐珊珊译，张乃根校，中国政法大学出版社2005年版。

［美］罗伯特·基欧汉、约瑟夫·奈：《权力与相互依赖》，林茂祥等译，中国人民公安大学出版社1992年版。

［美］罗斯科·庞德：《法律史解释》，曹玉堂、杨知译，华夏出版社1989年版。

［英］马尔科姆·N. 肖：《国际法》，白桂梅、高健军、朱利江、李永胜、梁晓晖译，北京大学出版社2011年版。

［德］马克斯·韦伯：《经济与社会》，林荣远译，商务印书馆1997年版。

［美］马克·威斯顿·贾尼斯：《美国与国际法：1776—1939》，李明倩译，上海三联书店2018年版。

［英］梅因：《古代法》，沈景一译，商务印书馆1984年版。

［美］克密特·L. 霍尔：《牛津美国法律百科辞典》，林晓云译，法律出版社2008年版。

［新西兰］斯蒂文·罗杰·费希尔：《书写的历史》，李华田、李国玉、

杨玉婉译，中央编译出版社2012年版。

［美］斯特恩斯等：《全球文明史》，赵轶峰译，中华书局2006年版。

［日］穗积陈重：《法典论》，李求轶译，商务印书馆2014年版。

［美］威廉·麦克高希：《世界文明史——观察世界的新视角》，董建中、王大庆译，新华出版社2003年版。

［美］威廉·麦克高希：《世界文明史——观察世界的新视角》，董建中、王大庆译，新华出版社2003年版。

［德］沃尔夫刚·格拉夫·魏智通：《国际法》，吴越、毛晓飞译，法律出版社2001年版。

［美］小奥利弗·温德尔·霍姆斯：《普通法》，冉昊、姚中秋译，中国政法大学出版社2006年版。

［荷］扬·斯密茨：《法学的观念与方法》，魏磊杰、吴雅婷译，法律出版社2017年版。

［美］约翰·M.康利、威廉·M.欧巴尔：《法律、语言与权力》，程朝阳译，法律出版社2007年版。

［美］约翰·梅西·赞恩：《法律简史》，孙运申译，中国友谊出版公司2005年版。

［英］约翰·穆勒：《论边沁与柯勒律治》，余廷明译，中国文学出版社2000年版。

［英］约瑟夫·拉兹：《法律体系的概念》，吴玉章译，商务印书馆2017年版。

［意］朱塞佩·格罗索：《罗马法史》，黄风译，中国政法大学出版社2018年版。

（三）英文著作

Anthea Roberts, *Is International Law International?* (Oxford University Press, 2017).

Beth A. Simmons & Richard H. Steinberg (eds.), *International Law and International Relations* (Cambridge University Press, 2006).

B. S. Chimni, *International Law and World Order: A Critique of Contemporary Approaches* (Cambridge University Press, 2017).

C. G. Weeramantry, *Universalising International Law* (Martinus Nijhoff Publishers, 2004).

China Miéville, *Between Equal Rights: A Marxist Theory of International Law* (Koninklijke Brill NV, 2005).

Christian Reus-Smit & Duncan Snidal (eds.), *International Relations* (Oxford University Press, 2008).

David J. Bederman, *Globalization and International Law* (Palgrave Macmillan, 2008).

David Lieberman, *The Challenge of Codification in English Legal History, Presentation for the Research Institute of Economy* (Trade and Industry, 2009).

Jack L. Goldsmith & Eric A. Posner, *The Limits of International Law* (Oxford University Press, 2005).

James R Crawford, *Brownlie's Principle of Public International Law* (Oxford University Press, 9th ed., 2019).

Johan D. van derVyver, *Implementation of International Law in the United States* (Peter Lang, 2010).

Miodrag A. Jovanovic, *The Nature of International Law* (Cambridge University Press, 2019).

Morten Bergsmo and Emiliano J. Buis (eds), *Philosophical Foundations of International Criminal Law: Correlating Thinkers* (Torkel Opsahl Academic EPublisher, 2018).

Nils Jansen, *The Making of Legal Authority: Non-legislative Codifications in Historical and Comparative Perspective* (Oxford University Press, 2010).

Oscar Schachter, *International Law in Theory and Practice* (Martinus Nijhoff Publishers, 1991).

Philip Jessup, *Transnational Law* (Yale University Press, 1956).

Rosalyn Higgins, *Problems and Process International Law and How We Use It* (Oxford University Press, 1994).

Samantha Besson and Jean d'Aspremont (eds.), *The Oxford Handbook of the Sources of International Law*（Oxford University Press，2017）.

Tanja Aalberts & Thomas Gammeltoft-Hansen（eds.），*The Changing Practices of International Law*（Cambridge University Press，2018）.

二 期刊论文类

（一）中文论文

安曦萌：《论国际司法机构在构建国际法律秩序中的作用——从凯尔森国际法思想出发的考察》，《华东师范大学学报》2011年第4期。

陈融：《美国十九世纪前半期法典编纂运动述评》，《历史教学问题》2012年第5期。

陈一峰：《不干涉原则作为习惯国际法之证明方法》，《法学家》2012年第5期。

程波：《伯克－萨维尼意义上的"历史主义"法学思想》，《时代法学》2011年第2期。

邓慧：《〈德国民法典〉编纂思想的历史考察——法学实证主义的典范》，《求索》2008年第8期。

邓慧、袁古洁：《理性法典化运动背景之探讨及其借鉴——以〈法国民法典〉之编纂为借鉴》，《武汉大学学报》2011年第3期。

董茂云：《大陆法系法典法与普通法系判例法的社会适应力比较》，《法学家》1998年第4期。

杜海英、王秀梅：《法律多元主义视角下的全球法：特征、界分及应对》，《甘肃社会科学》2015年第1期。

杜宴林、张文显：《后现代方法与法学研究范式的转向》，《吉林大学社会科学学报》2001年第3期。

杜宇：《当代刑法实践中的习惯法 一种真实而有力的存在》，《中外法学》2005年第1期。

方梦淳：《法典化、法典法及其未来》，《福建法学》2015年第2期。

封丽霞：《法典法、判例法抑或"混合法"：一个认识论的立场》，《环球法律评论》2003年秋季号。

封丽霞：《世界民法典编纂史上的三次论战——"法典化"与"非

法典化"思想之根源与比较》,《法制与社会发展》2002 年第 4 期。

付淑銮:《论 17 世纪前的欧洲媒介嬗变与传播:文明史视阈的考察》,博士学位论文,东北师范大学,2015 年。

高鸿钧:《比较法律文化视域的英美法》,《中外法学》2012 年第 3 期。

高鸿钧:《英国法的主要特征(上)——与大陆法相比较》,《比较法研究》2012 年第 3 期。

高全喜:《格劳秀斯与他的时代:自然法、海洋法权与国际法秩序》,《比较法研究》2008 年第 4 期。

何勤华:《布莱克斯通与英美法律文化近代化》,《法律科学》1996 年第 6 期。

何勤华:《法律文明的起源——一个历史学、考古学、人类学和法学的跨学科研究》,《现代法学》2019 年第 1 期。

何勤华、周小凡:《我国民法典编纂与德国法律文明的借鉴》,《法学》2020 年第 5 期。

何志鹏:《国际法方法论:以思想与表达为核心》,《武大国际法评论》2011 年第 1 期。

何志鹏:《国际关系中自然法的形成与功能》,《国际法研究》2017 年第 1 期。

何志鹏:《逆全球化潮流与国际软法的趋势》,《武汉大学学报》2017 年第 4 期。

何志鹏、王元:《国际法方法论—法学理论与国际关系理论的地位》,《国际关系与国际法学刊》第 2 卷,厦门大学出版社 2012 年版。

何志鹏、魏晓旭:《速成习惯国际法的重思》,《东北师大学报》2020 年第 1 期。

何志鹏:《中国特色国际法理论:问题与改进》,《华东政法大学学报》2013 年第 1 期。

胡莹:《联合国国际法委员会的工作机制与成效问题研究》,博士学位论文,外交学院,2012 年。

胡玉鸿:《西方三大法学流派方法论检讨》,《比较法研究》2005 年第 2 期。

黄惠康：《国际法委员会的工作与国际法的编纂及发展》，《湖南师范大学社会科学学报》1998年第6期。

黄惠康：《论国际法的编纂与逐渐发展——纪念联合国国际法委员会成立七十周年》，《武大国际法评论》2018年第6期。

黄太云：《国际刑法学界关于惩治国际犯罪战略的研究》，《法学家》1994年第1期。

黄异、周怡良：《有关建构国际法方法论的一些初步看法》，《法学评论》2013年第3期。

贾少学：《国际法与国内法关系论争的时代危机——对一元论和二元论进路的反思》，《法制与社会发展》2009年第2期。

江海平：《现实主义状态下国际法"规范功能"刍议》，《现代国际关系》2004年第1期。

江河：《从大国政治到国际法治：以国际软法为视角》，《政法论坛》2020年第1期。

姜登峰：《法律起源的人性分析——以人性冲突为视角》，《政法论丛》2012年第2期。

姜世波：《论速成国际习惯法》，《学习与探索》2009年第1期。

姜威：《简析卡特挫败纽约州法典化运动的原因》，《理论前沿》2014年第11期。

姜文忠：《论国际法向成文法发展之趋势》，《武汉大学学报》（人文社会科学版）2001年第4期。

姜昕、崔贵斌：《对萨维尼历史法学之解读与反思——从经验主义与理性主义的纠葛谈起》，《云南大学学报》2011年第3期。

解正山：《论古典自然法对近代欧陆民法法典化的影响——以理性主义法典编纂思想为中心》，《江淮论坛》2008年第5期。

雷磊：《适于法治的法律体系模式》，《法学研究》2015年第5期。

李昊、徐海雷：《美国法律重述鸟瞰》，《苏州大学学报》2020年第2期。

李浩：《国际法上的"强行法"规范初探》，《现代法学》2009年第1期。

李红海：《"水和油"抑或"水与乳"：论英国普通法与制定法的关

系》,《中外法学》2011年第2期。

李红海:《早期英国法与古典罗马法发展中的相似性》,《清华法治论衡》2004年第4卷。

李家祥:《当代中国法社会学研究方法的构成——基于三种研究进路的分析》,《社科纵横》2011年第1期。

李建民:《美国私法的形成与发展》,《当代法学》1996年第6期。

李寿平:《试论国际责任制度和现代国际法的新发展》,《武汉大学学报》(社会科学版)2003年第1期。

李伟芳:《〈国际水道公约〉生效中国如何应对》,《法制日报》2014年8月26日。

李晓辉:《"水中之石":普通法传统中的美国法典化》,《人大法律评论》2009年第1期。

李艳华:《近代欧陆法典编纂运动肇起的比较法分析》,载曾宪义主编:《法律文化研究》(第3辑),中国人民大学出版社2007年版。

李莹:《现代国际责任若干问题探析》,《社会科学家》2003年第3期。

梁洁:《习惯国际人道法规则确立方法探析——兼评红十字国际委员会之〈习惯国际人道法〉》,《西南政法大学学报》2008年第1期。

林华:《在神话与现实之间:对"马伯里诉麦迪逊案"法律论证逻辑的再解读》,《研究生法学》2009年第1期。

林彦:《美国法律重述与判例》,《法律适用》2017年第8期。

刘水林:《法学方法论的哲学基础》,《西南民族大学学报》2004年第4期。

刘潇:《格劳秀斯与自然法——简评〈战争与和平法〉》,《现代法学》2003年第1期。

刘志云:《"观念利益观"视野下的国际法》,《甘肃政法学院学报》2008年第5期。

刘志云:《国际法发展进程中的观念及其影响途径》,《现代法学》2007年第4期。

刘志云:《国际法研究的建构主义路径》,《厦门大学学报》2009年第4期。

刘志云：《国家利益理论的演进与现代国际法》，《武大国际法评论》2008 年第 2 期。

柳经纬：《论民法典的编纂思路和体系》，《法学杂志》2004 年第 2 期。

娄开阳、陆俭明：《论立法语言规范中的技术问题》，《修辞学习》2009 年第 2 期。

罗国强：《本体论语境下的国际法研究新进路》，《新疆大学学报》2008 年第 4 期。

罗国强：《当代中国国际法基本理论研究的加强与创新——国家法哲学的本体研究》，《黑龙江社会科学》2009 年第 2 期。

罗国强：《论自然法的否定之否定与国际法的构成》，《法学评论》2007 年第 4 期。

马长山：《多元和谐秩序建构中的法律功能及其实现》，《学习与探索》2007 年第 2 期。

毛国辉：《战争法发展进程中的自然法思想探究》，《当代法学》2007 年第 1 期。

闵敏：《从语言与社会发展看二者的共变》，《西安文理学院报》（社会科学版）2005 年第 8 卷第 5 期。

莫纪宏：《欧洲大陆法典编纂的历史及其特征》，载青锋、罗伟《法律编纂研究》，中国法制出版社 2005 年版。

莫盛凯：《国际法向何处去？——国际法发展的六个法理进路》，《国际论坛》2017 年第 1 期。

倪小璐：《〈国际水道非航行使用法公约〉：中国参与的可行性》，《新西部》2013 年第 9 期。

倪正茂：《试论比较法研究的对象与范围》，《政治与法律》1992 年第 4 期。

潘华仿、高鸿钧、贺卫方：《当代西方两大法系主要法律渊源比较研究》，《比较法研究》1987 年第 3 期。

潘德勇：《价值的实证与建构：从语言哲学到逻辑实证》，《北方法学》2018 年第 1 期。

浦薛凤：《英国功利主义派之政治思想》，《清华学报》1932 年第

7 期。

钱荣贵：《许慎〈说文解字〉的编纂思想及其体系》，《东南大学学报》2009 年第 6 期。

乔伟：《论中国法律起源的途径及其特点》，《山东大学学报》1991 年第 3 期。

秦齐、崔宏岩：《论德国法典化运动与中国民法体系构建——以萨维尼法典化思想为对照》，《吉林师范大学学报》2013 年第 5 期。

秦倩、罗天宇：《国际造法：中国在国际法委员会的参与》，《复旦国际关系评论》2018 年第 21 辑。

青峰、赵振华：《美国法律编纂制度考察报告》，载青峰、罗伟主编《法律编纂研究》，中国法制出版社 2005 年版。

沈国锋：《论判例法在我国古代法律渊源中的地位》，《法学评论》1986 年第 6 期。

沈敏荣：《法律是如何发现的——国际法的经验》，《江苏社会科学》2004 年第 4 期。

石佳友：《法典化的智慧——波塔利斯、法哲学与中国民法法典化》，《中国人民大学学报》2015 年第 6 期。

石佳友：《解码法典化——基于比较法的全景式观察》，《比较法研究》2020 年第 4 期。

时殷弘、霍亚青：《国家主权、普遍道德和国际法——格劳秀斯的国际关系思想》，《欧洲》2000 年第 6 期。

史彤彪：《自然法思想对民法和国际法的贡献》，《北京行政学院学报》2007 年第 3 期。

宋健强：《国际刑法哲学：形态、命题与立场》，《刑事法律评论》2007 年第 20 卷。

孙传香：《国际法进化论》，《湖北经济学院学报》2009 年第 2 期。

孙新强：《论美国〈统一商法典〉的立法特点》，《比较法研究》2007 年第 1 期。

汤唯、何泽锋：《成文法典的供给与需求矛盾》，《烟台大学学报》（哲学社会科学版）2007 年第 2 期。

田昕清：《试析国际强行法自然主义回归的必要性》，《时代法学》

2018 年第 2 期。

汪庆华:《英美法系——真实的存在,抑或虚构的神话——评波斯纳〈英国和美国的法律与法学理论〉》,《比较法研究》2000 年第 4 期。

王斐:《法律中的三个世界——以分析法学为例》,《云南社会科学》2005 年第 5 期。

王军敏:《条约规则成为一般习惯法》,《法学研究》2001 年第 3 期。

王利明:《民法法典化与法律汇编之异同》,《社会科学家》2019 年第 11 期。

王林彬:《为什么要遵守国际法——国际法与国际关系:质疑与反思》,《国际论坛》2005 年第 4 期。

王威:《规范法学派理论浅析》,《现代法学》1981 年第 1 期。

王秀梅:《晚近国际法民间编纂与逐渐发展述评》,《国际法学刊》2020 年第 2 期。

王云霞:《近代欧洲的法典编纂运动》,《华东政法学院学报》2006 年第 2 期。

王德志:《论宪法与国际法的互动》,《中国法学》2019 年第 1 期。

韦志明:《法律习惯化和习惯法律化(上)》,《青海民族研究》2009 年第 3 期。

吴卡:《条约规则成为一般习惯法的条件——兼论"利益受到特别影响的国家"之内涵》,《社会科学家》2008 年第 6 期。

吴卡:《条约规则如何成为一般习惯法——以〈海洋法公约〉为考察重点》,《北京科技大学学报》2011 年第 2 期。

吴向红:《典制中成文法和习惯法的整合》,《法商研究》2007 年第 4 期。

夏春利:《论建构主义维度的国际软法研究及其方法论建构》,《东南学术》2014 年第 2 期。

谢晖:《法律工具主义评析》,《中国法学》1994 年第 1 期。

徐爱国:《再审视作为法学家的边沁》,《华东政法学院学报》2003 年第 3 期。

徐东根:《论欧、美国际私法法典化的不同进路及其法哲学思想》,

《河南省政法管理干部学院学报》2004 年第 3 期。

徐国栋：《边沁的法典编纂思想与实践——以其〈民法典原理〉为中心》，《浙江社会科学》2009 年第 1 期。

徐国栋：《查士丁尼及其立法事业——兼论法典法的弊端及补救》，《法律科学》1990 年第 5 期。

徐国栋：《菲尔德及其〈纽约民法典草案〉——一个半世纪后再论法典编纂之是非》，《河北法学》2007 年第 1 期。

徐国栋：《法律局限性的处理模式分析》，《中国法学》1991 年第 3 期。

徐静琳：《编纂的价值及发展空间——关于规章系统化的探索》，载曾宪义主编《法律文化研究》（第 2 辑），中国人民大学出版社 2006 年版。

徐静琳：《规章编纂研究》，《政府法制研究》2003 年第 11 期。

徐静琳、李瑞：《法的编纂模式比较——兼论规章的系统化》，《政治与法律》2004 年第 4 期。

许庆坤：《美国法学会"法律重述"及其对我国民间法研究之镜鉴》，《暨南学报》2014 年第 6 期。

许中缘：《论普通法系国家法典的编纂》，《比较法研究》2006 年第 5 期。

薛军：《蒂堡对萨维尼的论战及其历史遗产——围绕〈德国民法典〉编纂而展开的学术论战述评》，《清华法学》2003 年第 2 期。

杨丁龙：《两大法系法典文化之基础差异》，《福建法学》2005 年第 2 期。

余敏友：《应重视和加强对国际法的比较研究》，《法学评论》1988 年第 2 期。

张艾清：《略论国际组织的造法作用》，《贵州师范大学学报》1996 年第 2 期。

张宏生：《简评约翰·奥斯丁的分析法学》，《国外法学》1983 年第 6 期。

张虹：《文字传播与文明：基于两种文字系统的起源、发展和特征》，《新闻战线》2019 年第 1 期（下）。

张华：《反思国际法上的"司法造法"问题》，《当代法学》2019年第2期。

张进军：《论当代西方自然法思想与实证主义法学思想的交融》，《东岳丛论》2008年第2期。

张武汉：《语言与法律——从工具论向本体论的认知嬗变》，《河北法学》2010年第7期。

章志远：《法律编纂制度研究》，《政府法制研究》2019年第5期。

赵旭：《论格劳秀斯法权思想的人本化因素》，《法学杂志》2012年第7期。

钟继军：《边沁国际法思想谈论》，《求索》2007年第1期。

周少华：《规范技术和语言权力——语言在法律中的意义》，《法商研究》2006年第6期。

周旺生：《法典在制度文明中的位置》，《法学论坛》2002年第4期。

周忠海：《国际法史与国际法的发展》，《政法论坛》（中国政法大学学报）1994年第5期。

周子伦：《美国〈统一商法典〉的人本体现：语言与法理视角》，《财经法学》2019年第1期。

朱明哲：《从19世纪三次演讲看"法典化时代"的法律观》，《清华法学》2019年第3期。

朱明哲：《"民法典时刻"的自然法——从〈法国民法典〉编纂看自然法话语的使用与变迁》，《苏州大学学报》2016年第2期。

朱淑丽：《欧洲民法典运动及其对传统法制的冲击》，《比较法研究》2010年第5期。

（二）中文译文

［美］艾德华·麦克威利：《法典法与普通法的比较》，梁慧星译，陆元校，《环球法律评论》1996年第5期。

［美］艾德华·麦克威利：《法典法与普通法的比较》，梁慧星译，《环球法律评论》1989年第5期。

［加］布鲁斯·特里格：《文字与早期文明》，司红卫等译，《南方文物》2014年第4期。

[英] D. G. 克莱克尼尔、C. H. 威尔逊:《罗马法的接受和持续影响》,林榕年、王云霞译,《中外法学》1995 年第 2 期。

[美] 戴维·杜鲁贝克:《论当代美国的法律与发展运动》(上),王力威译,《比较法研究》1990 年第 2 期。

[英] G. J. 汉德·G. J. 本特利:《英国的判例法和制定法》,刘赓书译,《环球法律评论》1985 年第 1 期。

[澳] G. 萨维尔:《西方法律的九个要素》,贺卫方译,《环球法律评论》1991 年第 4 期。

[英] H. L. A. 哈特:《实证主义和法律与道德的分离》,翟小波译,《环球法律评论》2001 年夏季号。

[英] J. A. 约洛维奇:《普通大和大陆法的发展》,刘慈忠译,《环球法律评论》1983 年第 1 期。

[瑞典] 杰斯·布加罗普:《凯尔森的法律与正义哲学理论》,张翠梅译,《求是学刊》2019 年第 3 期。

[德] 莱因哈德·齐默尔曼:《法典编纂的历史与当代意义》,朱淼译,魏磊杰校,《北航法律评论》2012 年第 1 辑。

[德] 莱茵哈德·齐默尔曼:《法典编纂的历史与当代意义》,朱淼译,《北航法律评论》2012 年第 1 辑。

[法] 克里斯蒂昂·多米尼塞:《国际法的方法论》,贾中一译,《环球法律评论》1988 年第 2 期。

[美] 罗斯柯·庞德:《法典编纂的源流考察:以民法典的编纂为主要视角》,汪全胜译,张振国、方利平校,载何勤华主编《外国法制史研究》(第 6 卷),法律出版社 2004 年版。

[美] 马丁·普克纳:《文字的力量:文学如何塑造人类、文明和世界历史》,陈芳代译,《国际比较文学》2019 年第 4 期。

[秘鲁] 玛丽亚·路易莎·穆里约:《大陆法系法典编纂的演变:迈向解法典化与法典的重构》,许中缘、周林刚译,《清华法学》2006 年第 8 辑。

[德] 尼尔斯·杨森:《欧洲法律多元格局:国别法、欧洲法以及民间法典编纂》,《求是学刊》2016 年第 1 期。

[法] 皮埃尔·勒格朗:《反对冯·巴尔的欧洲民法典》,周维明译,

《苏州大学学报》2016年第2期。

［法］让·路易·伯格：《法典编纂的主要方法和特征》，郭琛译，《清华法学》2006年第八辑。

［法］涂尔干：《评〈法律思想的起源〉》，李晓晴译，《法哲学与法社会学丛论》2017年第22期。

［德］乌尔斯·金德霍伊泽尔：《论欧洲法学思想中秩序的概念》，陈璇译，《中外法学》2017年第4期。

［美］雅各布·斯科特：《解释的普通法及其法典化规范》（中），吕玉赞译，《法律方法》2016年第2期。

［荷］扬·斯密茨：《信息社会下的民法典——兼论法典化之时代使命》，罗浏虎译，《求是学刊》2015年第1期。

［美］约翰·W. 海德：《法典文化、无序和拥护者：中国、欧洲与北美法典编纂经历中的共同特征（节选）》，《民间法》（第七卷）2008年。

（三）英文论文

A. E. Gotlieb, "The International Law Commission", (1966) 4 *The Canadian Yearbook of International Law* 64.

Alejandro Alvarez, "Impressions Left by the First Hague Conference for the Codification of International Law", (1930) 16 *Transactions of the Grotius Society* 119.

Alejandro Alvarez, "The Reconstruction and Codification of International Law", (1947) 1 *The International Law Quarterly* 33.

Arnold D. McNair, "the Present Position of the Codification of International Law", (1927) 13 *Transactions of the Grotius Society* 129.

Bartlomiej Krzan, "the International Responsibility of the European Union in Light of Codification Efforts of the International Law Commission", (2013) 2 *Polish Review of International and European Law* 35.

Bdwin C. Hoyt, "The Contribution of the International Law Commission", (1965) 59 *American Society of International Law Proceedings* 2.

Cecil Hurst, "A Plea for the Codification of International Law on New lines", (1946) 32 *Transactions for the Year* 135.

Charles G. Fenwick, "Codification of International Law", (1918) 12 *The American Political Science Review* 301.

Christian Tomuschat, "The International Law Commission – An Outdated Institution", (2006) 49 *German Yearbook of International Law* 77.

Cristina-Mihaela Gheghes, "Codification of the International Public Law", (2010) 5 *Jurnalul de Studii Juridice* 99.

Curtis A. Bradley & Mitu Gulati, "Withdrawing from International Custom", (2010) 120 *The Yale Law Journal* 202.

Damian Hubbard, "The International Law Commission and the New International Economic Order", (1979) 22 *German Yearbook of International Law* 80.

David J. Lazerwitz, "The Flow of International Water Law: The International Law Commission's Law of the Non-Navigational Uses of International Watercourses", (1993) 1 *Indiana Journal of Global Legal Studies* 247.

Dire Tladi, "Codification, Progressive Development, New Law, Doctrine, and the Work of the International Law Commission on Peremptory Norms of General International Law (Jus Cogens): Personal Reflections of the Special Rapporteur", (2019) 13 *FIU Law Review* 1137.

Dire Tladi, "Progressive Development and Codification of International Law: The Work of the International Law Commission during its Sixty-Sixth Session", (2013) 38 *South African Yearbook of International Law* 124.

D. M. McRae, "The International Law Commission: Codification and Progressive Development after Forty Years", (1987) 25 *The Canadian Yearbook of International Law* 355.

Dru Stevenson, "Costs of Codification", (2014) 2014 University of Illinois Law Review 1129.

Elena Baylis, "The International Law Commission's Soft Law Influence", (2019) 13 *FIU Law Review* 1007.

Elihu Root, "The Codification of International Law", (1925) 19 *The American Journal of International Law* 675.

Elihu Root, "The Function of Private Codification in International Law",

(1911) 5 *The American Journal of International Law* 577.

Ernest Nys, "The Codification of International Law", (1911) 5 *The American Journal of International Law* 871.

Eugeniusz Wyzner, "Selected Problems of the United Nations Program for the Codification and Progressive Development of International Law", (1962) 56 *American Society of International Law Proceedings* 90.

Fernando Lusa Bordin, "Reflections of Customary International Law: The Authority of Codification Conventions and ILC Draft Articles International Law", (2014) 63 *International and Comparative Law Quarterly* 535.

Frederic R. Coudert, "Codification of International: Two Suggestions for World Stabilization", (1949) 35 *American Bar Association Journal* 557.

Gabriel E. Eckstein, "Commentary on the U. N. International Law Commission's Draft Articles on the Law of Transboundary Aquifers", (2007) 18 *Colorado Journal of International Environmental Law and Policy* 537.

Gabrielle Kaufmann-Kohler, "Soft Law in International Arbitration: Codification and Normativity", (2010) 1 *Journal of International Dispute Settlement* 1.

George D. Haimbaugh, "Conference on the International Law Commission", (1973) 25 *South Carolina Law Review* 549.

George W. Wichersham, "Codification of International Law at Geneva", (1926) 11 *The Cornell Law Quarterly* 439.

George W. Wichersham, "the Codification of International Law", (1926) 4 *Foreign Affairs* 237.

George W. Wickersham, "Codification of International Law", (1925) 11 *American Bar Association Journal* 654.

Gerhard Hafner, "The International Law Commission and the Future Codification of International Law", (1996) 2 *ILSA Journal of Int'l &Comparative Law* 672.

Green H. Hackworth, "The International Court of Justice and the Codification of International Law", (1946) 32 *American Bar Association Journal* 81.

Gunnar M. Ekelove-Slydal, "Jeremy Bentham's Legacy: A Vision of an

International Law for the Greatest Happiness of All Nations", in Morten Bergsmo and Emiliano J. Buis (eds.) *Philosophical Foundations of International Criminal Law: Correlating Thinkers* (Torkel Opsahl Academic EPublisher, 2018).

Gunther A. Weiss, "The Enchantment of Codification in the Common-Law World", (2000) 25 *The Yale Journal of International Law* 435.

Hanqin Xue, "The Role of the ILC's work in Promoting Peace and Security-Definition and Evaluation", in Georg. Nolte (ed.), *Peace through International Law: The Role of the International Law Commission: A Colloquium at the Occasion of its Sixtieth Anniversary* (Springer-Verlag berlin Heidelberg, 2009)

Hartley Shawcross, "The International Law Commission", (1950) 3 *The International Quarterly* 1.

Herbert W. Briggs, "The Work of the International Law Commission", (1963) 17 *JAG Journal* 56.

H. Lauterpacht, "Codification and Development of International Law", (1955) 49 *The American Journal of International Law* 16.

Hollis R. Bailey, "Codification of International Law", (1924) 1924 *Proceedings of American Branch of the International Law Association* 9.

Ivan Kerno, "International Law Commission", (1947) 33 *Women Lawyer Journal* 139.

Jack Goody and Ian Watt, The Consequence of Literacy, (1963) 5 *Comparative Studies in Society and History* 304.

Jacob Katz Cogan, "The Changing Form of the International Law Commissions Work", (2014) 108 *AJIL Unbound* 4.

Jacob Katz Cogan, "The Changing Form of the International Law Commission's Work", in RobertoVirzo & Ivan Ingravallo (eds.), *Evolutions in the Law of International Organizations* (Brill /Nijhoff, 2015).

James Brown Scott, "The American Institute of International Law", (1913) 61 *The University of Pennsylvania Law Review* 580.

James Brown Scott, "The Gradual and Progressive Codification of International Law", (1927) 21 *The American Journal of International Law* 417.

James Crawford, "Prospects for Codification and Development of International Law by the United Nations: The Work of the International Law Commission", (1998) 9 *The Finnish Yearbook of International Law* 9.

James F. Hogg, "The International Law Commission and the Law of Treaties", (1965) 59 *American Society of International Law Proceedings* 8.

James Harrison, "the International Law Commission and the Development of International Investment Law", (2013) 45 *George Washington International Law Review* 413.

James L. Brierly, "The Codification of International Law", (1948) 47 *Michigan Law Review* 2.

James W. Garner, "the Function and Scope of Codification in International Law", (1926) 20 *American Society of International Law Proceedings* 27.

J. Dugard, "How Effective is the International Law Commission in the Development of International Law? A Critique of the LC on the Occasion of Its Fiftieth Anniversary", (1998) 23 *The South African Yearbook of International Law* 35.

Jean Louis Bergel, "Principal Features and Methods of Codification", (1988) 48 *Louisiana Law Review* 1073.

Jerome Frank, "Civil Law Influences on The Common Law-Some Reflections on Comparative and Contrastive Law", (1956) 104 *University of Pennsylvania Law Review* 887.

Jesse S. Reeves, "Progress of the Work of the League of Nations Codification Committee", (1927) 21 *The American Journal of International Law* 659.

Jesse S. Reeves, "Report of the Special Committee for the Progressive Codification of International Law", (1928) 22 *American Society of International Law Proceedings* 26.

Jesse S. Reeves, "The Hague Conference on the Codification of International Law", (1930) 24 *The American Journal of International Law* 52.

Johan G. Lammers, "Immunity of International Organizations the Work of the International Commission", (2014) 10 *International Organizations Law Review* 276.

Julius Stone, "On the Vocation of the International Law Commission", (1957) 57 *Columbia Law Review* 16.

Kristina Daugirdas, "The International Law Commission Reinvents Itself", (2014 – 2015) 108 *AJIL Unbound* 79.

Lizabeth Fielding, "the International Law Commission", (2001) 7 *New England International and Comparative Law Annual* 277.

L Oppenheim, "The Science of International Law: Its Task and Method", (1908) 2 *American Journal of International Law* 313.

Louis B. Sohn, "Committee Reports Methods for Development and Codification of International Law", (1947) 33 *American Bar Association Journal* 831.

Louis B. Sohn, "Definitive Plans Being Made for Development and Codification of International Law", (1947) 33 *American Bar Association Journal* 621.

LouisB. Sohn, "Voting Procedures in United Nations Conferences for the Codification of International Law", (1975) 69 *The American Journal of International Law* 310.

Luke T. Lee, "The International Law Commission Re-examined", (1965) 59 *The American Journal of International Law* 545.

Manley O. Hudson, "The Codification of International Law through the League of Nations", (1923) 123 *The Proceedings of American Branch of the International Law Association* 41.

Manley O. Hudson, "The First Conference for the Codification of International Law", (1930) 24 *The American Journal of International Law* 447.

Manley O. Hudson, "The Progressive Codification of International Law", (1926) 20 *The American Journal of International Law* 655.

Mathias Forteau, "Comparative International Law within, Not against, International Law: Lessons from the International Law Commission", (2015) 109 *American Journal of International Law* 498.

M. Cherif Bassiouni, "Codification of International Criminal Law", (2017) 45 *Denver Journal of International Law and Policy* 333.

Norman Bierman, "Codification of International Law – A basis of World Government", (1930) 15 *ST. Louis Law Review* 151.

Norman Mackenzie, "the Progressive Codification of International Law", (1926) 4 *The Canadian Bar Review* 302.

Pavel Sturma, "the International Law Commission Between Codification, Progressive Development, or a Search for a New Role", (2019) 13 *FIU Law Review* 1125.

Philip Marshall Brown, "the Codification of International Law", (1935) 29 *The American Journal of International Law* 25.

P. J. Baker, "The Codification of International Law", (1924) 5 *British Year Book of International Law* 38.

Quang Trinh, "Interning at the International Law Commission", (2006) 15 *ILSA Quarterly* 25.

Raluca Miga-Besteliu, "The Law of the International Responsibility of States: Codification and Development in the Vision of the UN International Law Commission", (2006) 2 *Romanian Journal of International Law* 15.

Riccardo Pisillo-Mazzeschi, "Treaty and Custom: Reflections on the Codification of International Law", (1997) 23 *Commonwealth Law Bulletin* 549.

Richard W. Flournoy, "Nationality Convention, Protocols and Recommendations Adopted by the First Conference on the Codification of International Law", (1930) 24 *The American Journal of International Law* 467.

Robert Rosenstock, "United Nations and the Codification of International Law – 1995 International Law Weekend Dinner Address", (1995 – 1996) 1995 *Proceedings of the American Branch of the International Law Association* 43.

Roland S. Morris, "Codification of International Law", (1925 – 1926) 74 *University of Pennsylvania Law Review and American Law Register* 452.

R. Q. Quentin-Baxter, "The International Law Commission", (1987)

17 *Victoria University of Wellington Law Review* 1.

R. R Baxter, "Reflections on Codification in Light of the International Law of State Responsibility for Injuries to Aliens", (1965) 16 *Syracuse Law Review* 745.

R. Y. Jennings, "The Progressive Development of International Law and Its Codification", (1947) 24 *British Year Book of International Law* 301.

Sanford D. Cole, "Codification of International Law", (1926) 12 *Transactions of the Grotius Society* 49.

Sanford D. Cole, "Some Notes on Codification of International Law", (1924) 33 *International Law Association Reports of Conferences* 348.

Sean D. Murphy, "Immunity Ratione Personae of Foreign Government Officials and Other Topics: the Sixty-Fifth Session of the International Law Commission", (2014) 108 *American Journal of International Law* 41.

Sean D. Murphy, "The Identification of Customary International Law and Other Topics: the Sixty-Seventh Session of the International Law Commission", (2015) 109 *American Journal of International Law* 822.

Shabtai Rosenne, "The International Law Commission, 1949 – 59", (1960) 36 *British Year Book of International Law* 104.

Shabtai Rosenne, "The role of the International Law Commission", (1970) 64 *American Society of International Law Proceedings* 24.

Sompong Sucharitkul, "The Role of the International Law Commission in the Decade of International Law", (1990) 3 *Leiden Journal of International Law* 15.

Sompong Sucharitkul, "Unification of Private Law and Codification of International Law", (1998) 3 *Uniform Law Studies* 693.

Stanislaw E. Nahlik, "On Codification of International Law", (1986) 15 *Polish Yearbook of International Law* 103.

Stephen Bouwhuis, "The International Law Commission's Definition of International Organizations", (2012) 9 *International Organizations Law Review* 451.

Stephen C. McCaffrey, "International Environmental Law and the Work of the International Law Commission", (1983) 77 *American Society of International Law Proceedings* 414.

Stephen M. Schwebel, "Confrontation, Consensus and Codification in International Law", (1979 - 1980) 1979 *Proceedings of the American Branch of the International Law Association* 14.

Sterling Scott, "Codification of State Responsibility in International Law: A Review and Assessment", (1985) 9 *ASILS International Law Journal* 1.

Thomas H. Healy, "Codification of American International Law", (1925 - 1926) 14 *Georgetown Law Journal. Georgetown Law Journal* 22.

Vilenas Vadapalas, "Codification of the Law of International Responsibility by the International Law Commission: Breach of International Law and Its Consequences", (1997 - 1998) 23 *Polish Yearbook of International Law* 35.

Yifeng Chen, "Between Codification and Legislation: A Role for the International Law Commission as an Autonomous Law-Maker", in The United Nations (ed.), *Seventy Years of the International Law Commission: Drawing a Balance for the Future* (Brill/Nijhoff, 2021).

Yuan-Li Liang, "The General Assembly and the Progressive Development and Codification of International Law", (1948) 42 *American Journal of International Law* 66.

Yuan-Li Liang, "The Progressive Development of International Law and Its Codification under the United Nations", (1947) 41 *American Society of International Law Proceedings* 24.

Yu. Shemshuchenko, "Current Problems of the Codification of National and International Environmental Law", (2011) 3 - 4 *Law of Ukraine: Legal Journal* 4.

三 网络文献

(一) 中文网络文献

中华人民共和国条约数据库: http://treaty.mfa.gov.cn/web/index.jsp.

（二）英文网络文献

Institut DE Droit International：https：//www. idi‐iil. org/en/a‐propos/.

International Court of Justice：https：//www. icj‐cij. org/en.

International Criminal Court：https：//www. icc‐cpi. int.

International Law Association：https：//www. ila‐hq. org.

International Law Commission：https：//legal. un. org/ilc/.

United Nations Treaty Collection：https：//treaties. un. org.

索　引

一、国际法委员会编纂文件

《国家权利和义务宣言草案》　88，224，225

《纽伦堡法庭宪章及法庭判决所确认的国际法原则》　150，260

《危害人类和平及安全治罪法草案》　150，261，263，264，269

《使习惯国际法的证据更易于查考的方法和手段》　150，195，199

《条约法条款草案》　150，161，201-203

《仲裁程序的公约草案》　150，306，307

《仲裁程序示范规则草案》　150，307，308

《公海制度临时草案》　151，279

《多边公约的保留结论意见》　151

《消除未来无国籍状态的公约草案》　151，245

《减少未来无国籍状态的公约草案》　151，245

《领海制度临时草案》　151，281

《外交往来和豁免条款草案》　151，298，300

《国家对国际不法行为的责任条款草案》　151，209，210，229，230，318

《领事往来与豁免条款草案》　151，299

《国家代表与国际组织的关系条款草案》　151

《特别使节条款草案》　152，300

《最惠国条款草案》　152，204，213，214

《国家在条约方面的继承条款草案》　152，164

《国家在国家财产、档案和债务方面的继承条款草案》　152，231

《国家与国际组织间或国际组织相互间的条约法条款草案》　152，167

《国际水道非航行使用法条款草案》 152，286，287
《对应受国际法特别保护人员罪行条款》 152
《外交信使和没有外交信使护送的外交邮袋的地位的条款草案》 153，304
《国家及其财产的管辖豁免条款草案》 153，235，236
《对条约的保留实践指南准则草案》 149，153，175
《国家继承涉及的自然人国籍问题条款草案》 153，229，232
《外交保护条款草案》 53，153，337
《适用于能够产生法律义务的国家单方面声明的指导原则》 153，192
《预防危险活动的跨界损害的条款草案》 153，329
《国际法不成体系问题：国际法多样化和扩展引起的困难》 154，216
《跨界含水层法条款草案》 154，289-291
《危险活动引起跨界损害情况下的损失分配原则草案》 154，329
《国际组织的责任条款草案》 53，154，323-325
《驱逐外国人的条款草案》 154，249
《武装冲突对条约的影响条款草案》 154，185，186
《或引渡或起诉的义务最后报告》 154，274
《发生灾害时的保护人员的条款草案》 155，251
《国家官员的外国刑事管辖豁免条款草案》 155，239
《与条约解释相关的嗣后协定和嗣后实践的结论草案》 155，180
《条约的暂时适用指南草案》 155，188
《习惯国际法的识别的结论草案》 155，198，200，204，207
《与武装冲突有关的环境保护原则草案》 155，292，293
《保护大气层的指南草案》 155，294
《防止及惩治危害人类罪条款草案》 155，265，266

二、公约

《联合国宪章》 45，46，55，62，108，109，111，112，116，117，123，124，163，166，183，185，195，216，220-222，226，244，254，255，301，316，327，332，340，358-360，363，366，372，380

《国际联盟盟约》 93,106,183

《国际法委员会章程》 115-118,122-127,130,131,134,139,140,148,164,175,194-196,199,341,357,371

《常设国际法院规约》 93,108,127,211

《国际法院规约》 70,162,176,189,196,199,211,212,220,298,349

《前南斯拉夫问题国际刑事法庭规约》 260,261

《卢旺达问题国际刑事法庭规约》 260,261

《领海及毗连区公约》 156,282,283

《公海公约》 156,282,283

《捕鱼及养护公海生物资源公约》 156,282,283

《大陆架公约》 156,201,202,282,283

《减少无国籍状态公约》 156,246

《维也纳外交关系公约》 156,298-300,303,305,335,343

《维也纳领事关系公约》 157,299,300,303,305

《特别使节公约》 157,300,301,305,343,368

《维也纳条约法公约》 149,157,159,162,163,166-169,172-178,181,184,188,207,208,210,215,216,218,219,221,223,317,320,340,343,346,351,362,363,367

《关于防止和惩处侵害应受国际保护人员包括外交代表的罪行的公约》 157,302,343

《维也纳关于国家在其对国际组织关系上的代表权公约》 157,243,305,368

《关于国家在条约方面的继承的维也纳公约》 157,163,165,166,172,177,228,368

《关于国家对国家财产、档案和债务的继承的维也纳公约》 157,231,368

《关于国家和国际组织间或国际组织相互间条约法的维也纳公约》 368

《国际水道非航行使用法公约》 157,286-288,343

《国际刑事法院罗马规约》 158,270,271

《联合国国家及其财产管辖豁免公约》 158，235 - 239，343，347，368

三、基本概念

编纂性公约 76，156，203，204，340 - 342，344，345，348，355，367，368，380

传播 2，4，6，132

多边外交会议 49，55，380

媒介 1，4，8，9

德国民法典 19，22

法国民法典 18 - 21

法典编纂 1，10 - 23，25 - 27，29 - 32，34，36，37，40，41，55，57，63，65，67，93，379，380

法律重述 27 - 29，51 - 53，65，111

法律修订 29

法律汇编 12，16，18，29

古代法典 7，8

功利主义学说 35

广义的国际法编纂 44，46，47

狭义的国际法编纂 41，44

国际法编纂机制 62，108，116，366，378

国际法治 34，54，68，71，119，132，352，357，369，378 - 381

国际法方法论 63 - 65

国际立法 47 - 49，51，52，60，63，67，68，92，102，109，119，122，163，247，340 - 342，347，352，366，368，377

国际法委员会年鉴 132

国际法研究院 73 - 76，88，89，93，224，225，287，319

国际法协会 73，76 - 78，93，287

国际法逐渐发展与编纂委员会 110

逐渐编纂国际法专家委员会 93，95，356

海牙编纂会议 50，75，78，99 - 101，319，320

海牙和平会议　81，82

和平解决国际争端　44，59，81，82，89，103，359

伦敦海军会议　82，84

美洲国家间会议　86-91，159，224，319

起草委员会　126，130-136，147，165，188，230，265，285，299，302，317，337，342，343，348，370

形式性编纂　15，16，29

实质性编纂　15，29

私人编纂　55-59，73，92

官方编纂　55，311

习惯国际法　34，47，49，52，53，55，62，66，72，76，82，87，101，102，114，132，138，142，143，149，160，163，165，177，179，181，182，194-207，209，218，219，221，239，261，276，287，295，306，321，339-341，344-347，350，358，360，361，363，364，369，381

现行法　44，47，97，98，240，369

拟议法　47，83，97，98，177，240，241

自然法　11，18，20，36，349-352